首阳教育书系

以题引议　以议破题

指向深度学习的初中《道德与法治》议题式教学设计

第　一　辑

主编　刘秋燕　刘利玲　李俊辉

本书编写组

李英嫦　张翠君　刘　靖　黄奕玲　罗　雪

罗乔乔　陈思颖　王书信　叶梓欣　余　煌

黄淑君　周　秀　刘玉玲

陕西师范大学出版总社　西安

图书代号　JY25N0094SY

图书在版编目（CIP）数据

以题引议，以议破题 ：指向深度学习的初中《道德
与法治》议题式教学设计. 第一辑 ／ 刘秋燕，刘利玲，
李俊辉主编. -- 西安 ：陕西师范大学出版总社有限公司，
2024. 12. -- ISBN 978-7-5695-5182-2

Ⅰ. C633.202

中国国家版本馆 CIP 数据核字第 20242R6T59 号

以题引议，以议破题：指向深度学习的初中《道德与法治》议题式教学设计（第一辑）

YITI YINYI YIYI POTI ZHIXIANG SHENDU XUEXI DE CHUZHONG
《DAODE YU FAZHI》YITISHI JIAOXUE SHEJI (DIYIJI)

刘秋燕　　刘利玲　李俊辉　主编

责任编辑	闫　琳
责任校对	杨发展
装帧设计	诚成文化
出版发行	陕西师范大学出版总社
	（西安市长安南路 199 号　邮编 710062）
网　　址	http://www.snupg.com
印　　刷	中煤地西安地图制印有限公司
开　　本	787 mm×1092 mm　1/16
印　　张	30.5
字　　数	490 千
版　　次	2024 年 12 月第 1 版
印　　次	2024 年 12 月第 1 次印刷
书　　号	ISBN 978-7-5695-5182-2
定　　价	78.00 元

前　言

习近平总书记强调"思政课是落实立德树人根本任务的关键课程","'大思政课'我们要善用之"。何谓"大思政课"？能否以时下流行的议题式教学模式支撑"大思政课"？这已然成为思政课教学教研必须回答的问题。

要回答何谓"大思政课"问题,可以从以下三个维度对"大思政课"的内涵进行建构:其一是责任之大,思政课既发挥一般课程传道、授业、解惑的育人使命,又肩负维护国家意识形态安全、培育时代新人的政治使命;其二是视野之大,"大思政课"不仅要有将思政小课堂和社会大课堂结合起来的广阔视野,还要有综合运用知识解决实际问题的知识视野;其三是立意之大,"大思政课"要求跳出单一学段、单一课堂谋划教学,将统筹推进大中小学思政课一体化建设作为重要工程,将理论课堂和实践课堂有机结合起来。

关于议题式教学模式与"大思政课"建设,首先应明确议题式教学作为一种新兴教学模式,在"大思政课"建设中大有可为。《普通高中思想政治课程标准(2017 年版 2020 年修订)》对议题设置的指引体现了与"大思政课"建设相对应的"大议题观"理念。那么,如何将议题式教学模式转化为"大思政课"的支撑呢？笔者在课堂实践中以"大议题观"指引议题设置,使议题式教学成为"大思政课"三维内涵的载体,构建出如下"大议题—'大思政'"议题式教学框架:

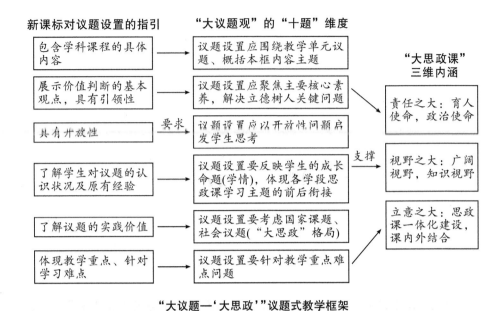

新课标对议题设置的指引　　　"大议题观"的"十题"维度

| 包含学科课程的具体内容 | → | 议题设置应围绕教学单元议题、概括本框内容主题 |

"大思政课"三维内涵

| 展示价值判断的基本观点，具有引领性 | → | 议题设置应聚焦主要核心素养，解决立德树人关键问题 |

责任之大：育人使命，政治使命

| 具有开放性 | 要求→ | 议题设置应以开放性问题启发学生思考 |

| 了解学生对议题的认识状况及原有经验 | → | 议题设置要反映学生的成长命题(学情)，体现各学段思政课学习主题的前后衔接 | 支撑→ |

视野之大：广阔视野，知识视野

| 了解议题的实践价值 | → | 议题设置要考虑国家课题、社会议题("大思政"格局) |

立意之大：思政课一体化建设，课内外结合

| 体现教学重点、针对学习难点 | → | 议题设置要针对教学重点难点问题 |

"大议题—'大思政'"议题式教学框架

以"走近老师"为例，该框系《道德与法治》七年级上册第二单元第五课第一框。从教材内容看，该框从师生关系角度进一步形塑学生人际交往能力，帮助学生走近教师职业，引导学生学会接纳和尊重不同风格的老师，为下一框"珍惜师生情谊"奠定情感基础。从教学背景看，该框与党和国家推进教育强国建设、在全社会弘扬尊师重教的社会风尚相契合；与当前名校毕业生扎堆中小学任教、"子涵式家长"引热议等与教师职业认知有关的社会话题相呼应；与学生自小便与教师打交道并在小学思政课中学习过"走近我们的老师"相关内容的知识经验基础相衔接；与解决学生步入青春期后可能与老师之间产生更多矛盾的现实问题相切合。基于此，本框以"学生为何要'亲其师'"为议题。该议题在展现本框主要内容的同时，为下一框讲"如何'亲其师'"做铺垫，并以"亲"字凸显价值引领。围绕这一议题，以培育学生尊师重教的道德修养和师生交往能力为核心素养目标，设置以下课堂架构：

议题线：品初心·教师这一职业有何使命和特点；颂匠心·如何认识老师的不同风格；筑同心·成为一名教师需要具备哪些能力品质。

情境线：漫画《老师不是放马的》、视频《燃灯者》、名校硕博扎堆中小学任教；教师模仿秀、网络热梗"我家子涵"；模拟教师招聘会。

活动线:比喻老师、研讨"燃灯者们"身上的优秀品质、评析名校硕博任教中小学;模仿身边的教师、评析"子涵"因为不适应教师风格要求更换教师的现象;模拟教师招聘。

知识线:教师职业的使命和特点;尊重不同风格老师的原因和行动;本框综合知识、认识自己相关知识。

这一课堂设计架构不仅能够推动学生打破不同学段、不同教学单元之间的知识壁垒,在课堂获得更为广阔的知识和社会视野,还有利于学生在沉浸式情境探究中自觉形成尊师重教道德品格,发展人际交往能力,助力"大思政课"育人目标达成。类似课堂实践,我们已在初中全面铺开,目前形成涵盖初中全部框题的议题式教学设计并以两辑形式出版,以期为广大思政课教师实践"大议题—'大思政'"议题式教学提供参考。

"大思政课"兹事体大,事关为党育人、为国育才千秋大业。以"大议题观"支撑"大思政课"建设的"三维空间",是新时代"大思政课"建设新气象新作为的题中之义,是学生学深、学懂、真信、真行马克思主义的重要抓手。让精彩的中国故事滋养心田,让"四个自信"扎根脑海,需要思政人以广阔的心胸和视野,精耕细作,久久为功!

刘秋燕　李俊辉

2024 年 9 月 26 日

目录

七年级上册

八年级上册

九年级上册

七年级上册

序　言

　　本书紧扣"成长"这一核心议题,由四个教学单元组成,分别引导学生从审视自我中确立成长的目标、从走近他人与集体中拓展成长的时空、从叩问生命的意义和价值中树立珍爱生命的成长态度、在探寻实现人生价值的具体步骤中沿着正确的成长路径积极成长。全书前两个单元聚焦具体的生命关系,后两个单元走向思考抽象的生命成长,遵循从特殊到一般、从具体到抽象的深度学习规律。

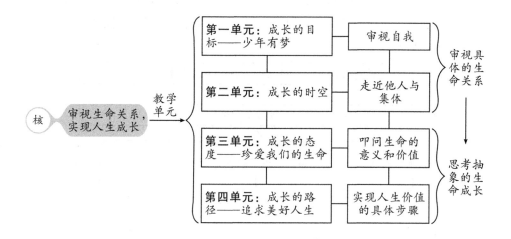

七年级上册第一单元序言

　　本单元聚焦健全人格核心素养的培育,围绕"审视生命关系,实现人生成长"这一全书核心大概念,着眼"学生步入初中这一成长新阶段,其自我意识逐步增强,对世界认识愈发深入,在愈发拓展的个人与世界的互动中主动规划未来"主要学情,以"如何树立和追寻自身梦想"为单元议题,引导学生以中学阶段为新起点,主动规划中学生活,并在正确认识自我的前提下积极完善自我,进而树立积极的人生目标,通过努力学习实现梦想。总而言之,本教学单元聚焦生命关系中的自我关系,从成长的目标角度为教材开篇,为学生由己及人,走近他人与集体等更广阔的成长时空,并从对具体生命关系审视走向对抽象生命成长的思考奠定基础。

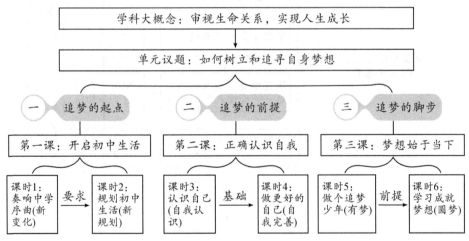

"奏响中学序曲"议题式教学设计

李俊辉　刘秋燕

议题:为什么要珍惜中学时光?

一、设计依据

（一）课程标准分析

本框内容对应《义务教育道德与法治课程标准（2022年版）》"生命安全与健康教育"主题中的"客观认识和对待自己,形成正确的自我认同,提高自我管理能力""树立正确的人生观和价值观,热爱生活,追求生命的高度,成就幸福人生"。

（二）教材内容分析

1.本框地位

"奏响中学序曲"是《道德与法治》七年级上册第一单元第一课第一框内容,其呼应学生步入中学生活这一现实情况,从"中学生活是人生追梦的重要起点"的角度,为本单元"少年有梦"开篇,为本单元内容奠定"中学时代"这一总的背景基调,构成本单元的逻辑起点。

2.本框内容

本框由环环相扣、链条清晰、呈现结构化特征的三部分内容构成。本课首先介绍中学生活显而易见的表面变化,进而透过现象看本质,阐明中学变化对人生的独特价值,最后引导学生思考怎样过好中学生活,为下一框"规划初中生活"奠定基础。

3.本框目标

学生通过辨析中小学生活差异、评议名人或身边人的中学故事、为三年后的自己画自画像等形式多样的议学活动,感悟中学生活新变化,理解中学阶段的独特价值,阐明过好中学生活之道;发展批判性思维、信息获取与加工能力、合作探究能力和生涯规划能力;树立珍惜中学生活的意识并付诸行动,形成良好的学习生活态度,涵养健全人格。

4.本框重难点

教学重点:阐明如何过好中学生活。

教学难点:理解中学生活对人一生的独特价值。

(三)教学背景分析

国家议题:党和国家高度重视基础教育和青少年健康成长。

社会课题:当下,中学生呈现出不同的成长状态,有的成为全面发展的"小孩哥""小孩姐",有的却荒废学业甚至误入歧途,如何引导中学生积极向上一直是社会热议的话题。同时,"双减"政策的落地为中学生的发展创造了更多可能,也提出新的挑战,"双减"背景下如何引导学生过好中学生活成为新的研究课题。

成长命题(学情分析):初一学生处于由儿童向青少年过渡的特殊时期,心智上已经具备一定的感知、对比和分析能力,能够明显地从当下的中学生活中感受到和小学的不同所在。一方面,充满活力的他们跃跃欲试,对新的生活充满期待;另一方面,由于认知能力、思维方式、人格特点和社会经验都有待发展,他们对中学时代的重要意义还缺乏足够的认知,对如何过好中学生活存在较多思虑。

二、设计思路

(一)教学路线

议题线:围绕总议题"为什么要珍惜中学时光",设计议题线:中学之辩·中学生活发生了哪些变化? 中学之变·中学生活会让人生发生怎样的变化? 中学之辩·你心中的"自华少年"是怎么样的?

情境线:游戏中的"小学生行为"、新生入校回顾;名人或身边人的中学生活故事、习近平总书记的中学时光;我校"自华少年"毕业生画像。

活动线:分析中小学生心智特征差异,感受中学生活新变化;搜集、查阅、分析名人或身边人的中学故事,评述习近平总书记的中学生活故事;给三年后的自己画一幅自画像。

知识线:中学生活的新变化;中学生活对人一生的价值,过好中学生活的途径;"奏响中学序曲"综合知识。

（二）教学结构

总议题	环节·议题线	情境线	活动线	任务线	知识线	核心素养
为什么要珍惜中学时光	中学之辨·中学生活发生了哪些变化	"小学生行为"、新生入学回顾	分析思考、对比观察、填写蝴蝶图	衔接、理解	中学生活的新变化	健全人格
	中学之变·中学生活会让人生发生怎样的变化	名人或身边人的中学生活故事、习近平总书记的中学时光	资料搜集、分析思考、故事评述	理解、应用	中学生活对人一生的重要意义；过好中学生活的途径	
	中学之辩·你心中的"自华少年"是怎么样的	我校"自华少年"毕业生画像	给三年后的自己画自画像	迁移、衔接	《奏响中学序曲》综合知识	

三、过程设计

环节一：中学之辨·中学生活发生了哪些变化？

[必备知识]初中生活的新变化。

[新课导入]在游戏中，我们经常听到玩家用"小学生"形容那些在对局中表现不成熟的队友，却很少在游戏中听到"你是不是中学生"这样的吐槽。这是为什么？反映出中学生和小学生有哪些差异？

[答案提示]在游戏中，部分小学生容易冲动，游戏思维比较简单，容易中对方的圈套，失利后常常骂队友或对手。相对于小学生，中学生会深入思考，言行更加自律，更注重集体行动。

[设计意图]以"中小学生在游戏中的不同表现"话题，吸引学生探究兴趣。学生结合自身经验，发现中学生活中的新成长，树立中学生身份意识，为学习"规划中学生活"相关内容奠定情感基础。

[议学情境1]新生入学视频回顾，视频内容摘要如下——

学习篇：课程变多了，除文化课外，五花八门的选修课让人应接不暇。

行为篇：行为要契合学校各项校规校纪的要求。

校园活动篇：第一次军训，第一次参加各种各样的社团，第一次外出研学……

亲友期待篇：在新生大礼包中，既有校长给全体同学的寄语，又有父母给自家孩子写的家书,其中饱含对新生的期待。

[议学任务1]对比小学,你在校园中还有哪些新变化?

[议学任务2]你怎么看待这些变化?请将这些变化写在下面的连环图中:

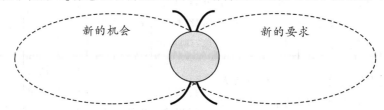

[教师总结]教师在点评学生蝴蝶图的基础上,从以下两个维度进行总结:

①初中阶段为我们的发展提供了新的机会。富有挑战的课程和学习任务,带领我们探索新的知识领域;丰富多彩的社团活动,给我们提供了更多培育兴趣爱好的平台,各种各样的社会实践为我们打开认识社会的大门;在新的集体生活中涵养品格、发展个性、提升自我。

②初中阶段对我们的成长提出了新的要求。家庭、学校、社会寄予我们更高的期望,激励我们加倍努力、不断进步。

[设计意图]以自身经历为情境素材,学生将对初中生活初体验和对小学生活的回顾结合起来,在辨析中发现中小学生活的差异,为下一环节"中学之变"奠定经验、知识和情感的基础。

环节二:中学之变·中学生活会让人生发生怎样的变化?

[必备知识]中学生活的价值与意义;过好中学生活的做法。

[议学活动1]阅读、搜集名人或身边人的初中故事,谈谈你的发现与思考:

人物	人物的初中故事	发现与思考
人物一:校友钟南山院士	母校重视学生全面发展的传统没有变。看到学弟学妹们忙碌于丰富多彩的社团活动,钟南山回忆起自己曾担任班级体育委员,组织同学参与锻炼,带领大家在运动会屡屡夺冠。他表示,"无体育、不华附"的理念让他终身受益,"竞技体育教给我很多东西。一是不服输的精神,二是学会了要抓紧时间。当年我是400米跑的运动员,一年的训练就为了将成绩提高一两秒。这让我懂得分秒的价值,使现在的我能在会诊、门诊、科研、社会活动等众多事务中提高效率。此外,体育还教给我团队精神,而团队协作也是医护工作中非常重要的"。	

续表

人物	人物的初中故事	发现与思考
人物二：钱学森院士	钱学森曾经在北京师范大学附属中学读书。他说："6 年的师大附中学习生活对我的教育很深,对我的一生、对我的知识和人生观起了很大作用。"他表示,从化学、几何学、矿物学、生物学到国文、哲学概论、伦理学、音乐、美术,从基础科学知识体系到做人的伦理道德,中学教育为他的成长打下了坚实基础。钱学森在晚年曾写下一段话,称有 17 个人对自己的一生影响深远,其中 12 个人是求学期间的老师,而中学老师就占 7 个。	
人物三：	由小组共同查阅相关人物资料或采访身边的人后展示	

[教师总结]教师在点评小组学生的人物故事分享后,可从中学生活的价值、如何过好中学生活两个方面总结:

首先,初中阶段对我们的人生具有独特的价值,是我们世界观、人生观、价值观初步形成的重要时期,需要精心引导和栽培。

其次,我们要珍视当下,把握机遇,始终把准人生方向,积极追求进步,确立更高的发展目标,在担当中历练,在尽责中成长,努力使自己成为适应时代发展的有理想、有本领、有担当的中学生。

[设计意图]学生刚步入中学生活,对中学阶段的独特价值缺乏直接的经验感受。因此,此处采用"他山之石,可以攻玉"的做法,以校友钟南山院士、钱学森院士的中学故事创设情境,并以此为例,要求学生进一步寻找其他名人或身边人的中学故事。学生通过分析这些故事,从中阐明中学生活对人一生的重要意义,发展信息获取与加工、语言组织与表达等高阶思维能力。结合上一环节来看,学生经历了从自身经历到身边榜样、从中学生活表面变化到内在价值变化的深度学习过程,实现了思维和知识双进阶。

[知识小结]

(1)为什么要珍惜初中生活?（中学生活对我们有何影响?）

①初中阶段为我们的发展提供了新的机会。

②初中阶段对我们的成长提出了新的要求。

③初中阶段对我们的人生具有独特的价值,是我们世界观、人生观、价值观初步形成的重要时期,需要精心引导和栽培。

(2)如何过好中学生活?

我们要珍视当下,把握机遇,始终把准人生方向,积极追求进步,确立更高的发展目标,在担当中历练,在尽责中成长,努力使自己成为适应时代发展的有理想、有本领、有担当的中学生。

[设计意图]知识小结是课堂知识理解环节的"画龙点睛"之笔,可以帮助学生梳理本课主干知识,引导学生养成总结归纳的学习习惯。同时,为知识应用和知识迁移环节奠定基础,便于学生在理解主干知识基础上运用知识解决实际问题。

[拓展情境1]在北京八一学校,年过七旬的陈秋影是习近平的初中语文老师。她回忆道:早在学生时代,习近平就表现出了沉稳的性格;习近平喜欢读书,尤其"喜欢杜甫的诗,对国学情有独钟";他还善于思考,能够理性看待各种事情。中学时代是人生发展的重要阶段,习近平总书记寄语广大青年学子:"学生时代是人一生最美好的时光,长身体、长知识、长才干,每天都有新收获,每天都有新期待。"

[拓展任务1]

(1)结合材料,中学生活给习近平总书记带来了哪些重要影响?

(2)运用"奏响中学序曲"相关知识,谈谈我们如何才能不负中学时代这一"人一生最美好的时光"?

[答案提示](1)初中阶段对我们的人生具有独特的价值,是我们世界观、人生观、价值观初步形成的重要时期,需要精心引导和栽培。习近平总书记在中学时代就涵养了沉稳的性格,养成了阅读和思考的习惯,这些优良品质对他的人生发展产生了深远影响。

(2)我们要珍视当下,把握机遇,始终把准人生方向,积极追求进步,确立更高的发展目标,在担当中历练,在尽责中成长,努力使自己成为适应时代发展的有理想、有本领、有担当的中学生。

[设计意图]该拓展任务延伸了环节二中的名人中学故事,此处以习近平总书记的中学岁月为情境,当堂评价学生的学习效果。在增强学生政治认同的同时,引导学生进一步认可中学生活的独特价值,树立珍惜中学时光的意识,燃起积极投身中学生活的热情,为下一框"规划初中生活"奠定基础。

环节三:中学之辩·你心中的"自华少年"是怎么样的?

[必备知识]本课综合知识。

[拓展情境2]我校育人目标:让每个华附学子都成为自我赋能、自主成长、自觉升华的"自华少年"。

[拓展任务2]请结合"自华少年"毕业生画像,给三年后的自己画一幅自画像,并在自画像旁以简要文字介绍:三年后的"我"将会是怎么样的? 为了成为三年后的"我",现在的我将抓住哪些机会、战胜哪些挑战?

[设计意图]该拓展任务延伸了课堂情境,充分利用校本资源,引导学生以优秀校友为榜样,以学校育人目标为参照,综合运用本课所学知识,畅想自己的初中生活,树立积极的学习和生活态度,做好三年发展规划,在知识迁移中促进健全人格等学科核心素养生成,达成学科立德树人的根本宗旨。从形式上看,本拓展任务属于实践任务,与前述书面作答任务"习近平总书记的中学时光"相配合,丰富了学习评价方式,完成了"知识理解—知识应用—知识迁移"的课堂闭环。

[板书设计]

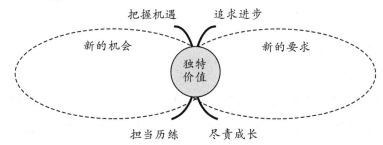

[设计意图]板书设计融合了形象思维和抽象思维,以一只展翅高飞的蝴蝶形象呈现,寓意中学生活让人生破茧成蝶,与中学生活的独特价值相呼应。本课的主干知识随着教学进度的推进在蝴蝶身上呈现,板书因此成为串联和展示教学环节的重要载体,在帮助学生串联巩固所学知识的同时,凸显正面的价值引领。

"规划初中生活"议题式教学设计

李俊辉　刘秋燕

议题:如何充实初中时光?

一、设计依据

（一）课程标准分析

本框内容对应《义务教育道德与法治课程标准(2022年版)》"生命安全与健康教育"主题中的"客观认识和对待自己,形成正确的自我认同,提高自我管理能力""树立正确的人生观和价值观,热爱生活,追求生命的高度,成就幸福人生"。

（二）教材内容分析

1.本框地位

"规划初中生活"是《道德与法治》七年级上册第一单元第一课第二框内容,上承前一框"中学生活对人一生的独特价值"相关内容,进一步启发学生主动规划中学生活,为后面学习"正确认识自我"及"梦想始于当下"奠定基础。

2.本框内容

本框由"为什么初中生活需要规划"和"如何做好初中生活规划"两部分组成,启发学生合理规划初中生活,持之以恒,做好行动方案,向着既定目标前进,珍惜初中生活,收获成长。

3.本框目标

学生通过生活状态回想、时间利用填写、SMART原则分析、榜样人物学习等议学活动,感悟初中生活需要规划,理解规划生活的重要性,阐明如何做好规划;发展批判性思维、信息获取与加工能力、合作探究能力和生涯规划能力;树立珍惜做好初中生活规划的意识并付诸行动,形成良好的学习生活态度,涵养健全人格、提高道德修养。

4.本框重难点

教学重点:阐述如何做好初中生活规划。

教学难点:理解为什么要做好初中生活规划。

(三)教学背景分析

国家议题:党和国家高度重视素质教育和青少年全面发展。

社会课题:当前,社会对中学生初中生活规划这一成长话题仍缺乏专业指导,多数初中生对生活规划的理解较为片面,往往将其等同于完成学业和考上心仪的高中。这种理解忽视了更广泛的意义,对自己未来的生活进行有目的、有计划、有系统的安排缺乏深入思考。尽管部分学生意识到生活需要规划的重要性,但他们往往没有深入思考自己三年及未来的发展方向和目标,容易形成"假努力"现象。

成长命题(学情分析):对于初一学生而言,中学阶段是全新的人生阶段的开始。此时的他们,在思想及行为上处于从幼稚到逐渐成熟的过渡期,内心活动是极其丰富、复杂多变的。许多初中生在进入初中时,对自己的未来目标缺乏明确认识,或者只有短期的、模糊的目标,没有制订详细的长期规划。这可能导致学生在学习过程中缺乏动力和方向,容易随波逐流。

二、设计思路

(一)教学路线

议题线:围绕总议题"如何充实初中时光",设计议题线:常回首·生活需要规划的原因何在;谋对策·初中生活规划该如何落实;绘蓝图·如何描绘初中三年的成长愿景。

情境线:电影《热辣滚烫》主人公前期生活状态;了解"碎片时间";张雪峰老师谈规划应该"以终为始"、SMART原则、"假努力现象";走近榜样人物——滑雪史上的标杆谷爱凌。

活动线:回想自己日常的生活状态;完成"碎片时间"表;写下初中三年的目标、运用SMART原则具体规划、自查是否"假努力"得到的启发;学习谷爱凌的成功历程。

知识线:规划的含义及生活需要规划的原因;如何做好初中生活规划;本框综合知识。

（二）教学结构

总议题	环节·议题线	情境线	活动线	任务线	知识线	核心素养
如何充实初中时光	导入	电影《热辣滚烫》主人公前期生活状态	分享、思考	衔接	日常生活状态	健全人格 道德修养
	常回首·生活需要规划的原因何在	了解"碎片时间"	研讨、分享	理解	规划的含义及生活需要规划的原因	
	谋对策·初中生活规划该如何落实	张雪峰老师谈规划应该"以终为始"、SMART原则、"假努力现象"	分析、填表、自查	理解	如何做好初中生活规划	
	绘蓝图·如何描绘初中三年的成长愿景	走近榜样人物：滑雪史上的标杆谷爱凌	学习、应用	应用、迁移	本框综合知识	

三、过程设计

[新课导入]漫画图片展示：我们的成长状态。

视频：电影《热辣滚烫》，前期主人公乐莹宅家多年，无所事事，漫无目的地度过每一天。

参照图片及视频内容，学生审视自己的生活状态，并思考以下问题：

问题1：提起学习，你的状态是……

问题2：是否经常下定决心做一件事情，坚持5—10分钟后就放弃？

问题3：能否集中注意力完成作业，而不是拖拖拉拉？

[设计意图]以网络上的一系列现实漫画图片及火爆的电影片段这一学生感兴趣的生活情境导入，引爆课堂氛围，集中学生注意力。启发学生思考如何过好中学生活，借此引入本课议题。

环节一：常回首·生活需要规划的原因何在？

[必备知识]规划的含义及生活需要规划的原因。

[议学情境1]了解"碎片时间"："碎片时间"是我们每天都会遇到的那些小

小的时间片段。我们经常认为,在空闲的时间看看书或背背单词,就属于学习。其实,这种碎片时间下的碎片式学习,并不足以构成真正的学习。如果能抓住每天的这一点碎片时间,好好利用,对于提升效率大有裨益。

[议学任务1]

(1)请回想你的日常生活,完成下面的碎片时间表:

碎片时间	日常如何度过	是否利用得当
课间 10 分钟		
等待餐点的时间		
午休前的时间		
堵车/在公共交通时		
晚上准备睡觉前		

(2)完成时间表后,与同学分享你的经历及反思。

[答案提示]规划是对未来的事情进行事先的设计与安排。生活需要规划,没有规划我们容易陷入盲目和无序,合理的规划可以帮助我们更好地度过初中阶段。

[设计意图]通过填写碎片时间表,集中学生注意力,吸引学生兴趣。同时,启发学生应该正确规划好每一天的时间。这一活动设计利用沉浸式学习、探究式学习的方式,有利于发展学生思维能力,唤醒学生珍惜时间、做好规划的自觉意识。

环节二:谋对策·初中生活规划该如何落实?

[必备知识]如何做好初中生活规划?

[议学情境1]视频《张雪峰老师谈规划应该"以终为始"》。

张雪峰老师在做职业生涯规划建议的时候,一直强调要"以终为始",在开始一件事前和做的过程中,都要清晰自己的方向和目标。"以终为始"是一种思维模式,最早出自《黄帝内经》,先人是在告诫后人要在人生的春天就认真思考人生终点的意义和价值。其引申义有三:一是凡事要有目标,二是凡事要有计划,三是凡事要有原则。正所谓"凡事预则立,不预则废"。

[议学任务1]

(1)请同学们思考并写下初中三年的目标。

(2)提问:同学们是否有毫无方向或制订后不知从何着手的感觉?

[设计意图]通过张雪峰的视频,启发学生明晰确立目标的重要性,让学生首先树立相应的意识,对自己初中三年的生活有一个大致的目标定位。同时,借此引导学生目标制订应该要有方向、有对策,从而引出接下来的任务。

[议学任务 2]运用 SMART 原则,制订有效的目标,并一步步落实下去。

以学习道德与法治学科为例:

(1)S(具体的 Specific):我希望道德与法治科目能达到多少分数?

(2)M(可衡量的 Measurable):我将每天花费多长时间学习?

(3)A(可达成的 Attainable):我将采取什么手段提高成绩?

(4)R(相关的 Relevant):可以帮助我实现什么目的?

(5)T(有期限的 Time-bound):我将运用多长时间实现这个目标?

[教师点拨]做好初中生活规划,应当先确定个人发展目标。我们要在老师和家长的帮助下,结合社会需要和性格、能力、兴趣爱好等自身条件,设定合理的发展目标。此外,应当制订切实可行的行动方案。我们可以根据实际情况,对发展目标进行分解,明确实施细节,列出时间表,形成具体行动计划。

[设计意图]学生运用 SMART 原则进行自我分析,在确立明确目标的基础上,明晰初中生活将如何规划的行动路径,从而在对已有知识的迁移中实现对新知识的理解,锻炼生涯发展规划能力,形成更为正确的自我认识,更好地养成积极主动的生活方式。

[议学任务 3]有了规划,我们更应将努力落实在每一天的具体行动中,但现实中很多学生存在"假努力"现象,请同学们自查自己中了几个,并谈谈自己的思考。

(1)上课不是集中注意力听课,而是奋力抄老师的课件内容和板书,过后很少看笔记;

(2)买了很多教辅资料,但发现很少翻开做;

(3)遇到不会的题,不加思考就去问别人或搜题软件搜索;

(4)每天挑灯夜战,白天上课困乏而无法集中精神,晚上继续补,周而复始;

(5)桌上放置的干扰学习的东西多,容易做小动作。

[设计意图]通过简单的自查方式,让学生意识到努力也要讲究方法,要避免形式上的、缺乏真正投入和深度的"假努力"现象,从自身经历到深入思考,从日常生活的惯性做法到引发深思的变化,全面阐释规划后应当如何去努力这个话题。

[知识小结]

(1)什么是规划?

规划是对未来的事情进行事先的设计与安排。

(2)为什么生活需要规划?

生活需要规划,没有规划容易让我们陷入盲目和无序,合理的规划可以帮助我们更好地度过初中阶段。

(3)如何做好初中生活规划?

①做好初中生活规划,应当首先确定个人发展目标。

②做好初中生活规划,还应当制订切实可行的行动方案。

③有了规划,我们更应当持之以恒,向着既定目标前进,将努力落实在每一天的具体行动中。

(4)"努力"有哪些方法?

①分清主次,合理规划和管理时间。

②劳逸结合,学会科学用脑。

③"不积跬步,无以至千里",每天进步一点点。

④"学而不思则罔,思而不学则殆",学思并进。

⑤珍视团队合作。

[设计意图]知识小结是课堂知识理解环节的"画龙点睛"之笔,可以帮助学生梳理主干知识,引导学生养成总结归纳的学习习惯。同时,为知识应用和知识迁移环节奠定基础,便于学生在理解主干知识基础上,运用知识解决实际问题。

环节三:绘蓝图·如何描绘初中三年的成长愿景?

[必备知识]本课综合知识。

[拓展情境]走近榜样人物:滑雪史上的标杆谷爱凌。

谷爱凌在2022年北京冬奥会上,为中国代表团赢得多枚奖牌。她不仅在学业上保持优异的成绩,更在国际赛场上屡创佳绩。她分享自己的经验时说道:"我自己会在许多不同的场合、时间制订训练计划,这些训练是没有人告诉我必须这么做,都是我自己制订的,因为我知道有目标、有规划、肯努力,最终是会有收获的。"

[拓展任务]

(1)结合材料,分析谷爱凌能够在学业和赛场上都成功的原因。

（2）运用"规划初中生活"相关知识，谈谈我们如何才能描绘好初中三年的成长愿景。

[设计意图]该拓展任务要求学生运用本课所学知识，分析"谷爱凌成功的历程"，既有利于学生在知识应用中深化对知识的理解，锻炼信息获取与加工、语言组织与表达能力，又有利于引导学生以谷爱凌为榜样，进一步树立初中生活需要做好规划的意识，涵养健全人格。

[答案提示]（1）①生活需要规划，没有规划容易让我们陷入盲目和无序，合理的规划可以帮助我们更好地度过人生各个阶段。②谷爱凌具有坚持不懈、自强不息、勇于担当的精神品质，激励着她不断努力。

（2）①做好初中生活规划，应当首先确定个人发展目标。②做好初中生活规划，还应当制订切实可行的行动方案。③有了规划，我们更应当持之以恒，向着既定目标前进，将努力落实在每一天的具体行动中。

[板书设计]

[设计意图]板书以一张"清单"呈现，要过好初中三年的生活，就要做好一步步的规划。首先，要认清规划的重要性，而不是表面承诺。其次，要有详细的目标、行动方案及加倍努力的计划。最后，描绘三年的蓝图，寓意要做好规划，就要给自己列出清单，逐步完成。这一板书设计融合形象思维和抽象思维，在帮助学生串联巩固所学知识的同时，凸显正面的人生价值引领。

"认识自己"议题式教学设计

李俊辉　刘秋燕

议题:如何找准人生坐标?

一、设计依据

（一）课程标准分析

本框内容对应《义务教育道德与法治课程标准（2022 年版）》"生命安全与健康教育"主题中的"客观认识和对待自己,形成正确的自我认同,提高自我管理能力""能正确认识自己与同学、朋友的关系,个人与集体的关系""树立正确的人生观和价值观,热爱生活,追求生命的高度,成就幸福人生"。

（二）教材内容分析

1.本框地位

"认识自己"是《道德与法治》七年级上册第一单元第二课第一框内容,从一生的成长课题——认识自我——角度阐发本教学单元主题"少年有梦",与第一课从成长的阶段——中学、成长的滋养——学习构成统一的单元整体。

2.本框内容

本框由三部分组成。首先以"人贵自知"阐释正确认识自己的重要意义,进而详细阐明认识自己的具体途径,在过程中引导学生理性看待他人评价,做到既不盲从又不轻视。三部分内容在知识逻辑上呈现递进关系,因为正确认识自我具有重要意义,所以需要掌握认识自我的方法。

3.本框目标

学生通过参与经历分享、案例分析、情境辨析、简历填写、SWOT 分析等议学活动,阐释正确认识自我的重要意义,阐明认识自我的途径、对待他人评价的正确态度;锻炼信息获取与加工、科学探究与思维建模、批判性思维、语言组织与表达等关键能力;形成积极、客观的自我认同,进而选择积极人生道路,进一步涵养健全人格。

4.本框重难点

教学重点:阐明认识自我的途径。

教学难点:阐释正确认识自我的重要意义、对待他人评价的正确态度。

（三）教学背景分析

国家议题:党和国家高度重视青少年健康成长。

社会课题:在日益激烈的竞争环境中,不少人陷入"跟风内卷"或"躺平摆烂"两种极端,每个人都找准自己的人生定位,方能缓解社会整体焦虑情绪。

成长课题(学情分析):一方面,进入初中,学生的自我意识开始增强,具有探索自我的强烈欲望,同时随着认知能力提升,正确认识自我也具备现实可能性;另一方面,由于初一学生正处于由幼稚走向成熟的过渡时期,其心智水平尚处于发展阶段,自我认知难免会出现偏差、片面性,对他人的评价往往过度在意,需要进一步加以引导。

二、设计思路

（一）教学路线

议题线:围绕总议题"如何找准人生坐标",设计议题线:知己·正确认识自己有何意义;量己·如何正确认识自己;强己·如何从认识自我走向发展自我。

情境线:45°人生,李佳琦花西子事件,酱香拿铁出圈;个人简历表,吴艳妮回应部分网友对自己的质疑;SWOT个人分析模型。

活动线:分享课外学习经历,思考45°人生内涵,辨析"佳琦不佳"与"酱香真香";填写个人简历,分析吴艳妮的回应;评述利用SWOT模型完成自我发展道路分析。

知识线:正确认识自我的重要意义;认识自己的途径;本框综合知识及下一框"做更好的自己"知识。

（二）教学结构

总议题	环节·议题线	情境线	活动线	任务线	知识线	核心素养
如何找准人生坐标	知己·正确认识自己有何意义	45°人生,李佳琦花西子事件,酱香拿铁出圈	分享、思考、辨析	理解	正确认识自己的重要意义	健全人格
	量己·如何正确认识自己	个人简历表,吴艳妮回应质疑	填写简历、案例分析	理解、应用	认识自己的途径	
	强己·如何从认识自我走向发展自我	SWOT个人分析模型	自我发展道路分析	迁移、衔接	本框及下一框综合知识	

三、过程设计

[新课导入]请同学们先预估自己在一分钟内的拍掌次数,然后在一分钟内尽全力拍掌,统计自己实际的一分钟拍掌次数。对比预估和实际拍掌次数,谈谈你的发现和思考。

[设计意图]通过拍掌游戏,进行课前热身,调动课堂氛围,集中学生注意力,吸引学生兴趣。同时,启发学生发现理想自我与现实自我的差距,引发学生探索自我的兴趣,进而引入本框议题。

环节一:知己·正确认识自己有何意义?

[必备知识]正确认识自己的重要意义。

[议学情境1]在"内卷"和"躺平"被频繁使用后,近日,"卷又卷不动,躺又躺不平"的"45°人生"成为新的流行语。有评论认为,所谓"45°人生",就是"卷"自己所感兴趣的或者擅长的,"躺"那些自己不喜欢的或者不擅长的领域,是年轻人找准自我、开启人生另一种可能的理性之举。

[议学任务1]请结合你的课外学习经历,谈谈对"45°人生"的理解——

(1)你参加了哪些课外学习?

(2)你为什么参加这些课外学习,是出于发展兴趣特长而主动参与还是父母担心你落于人后而要求你参加?

(3)不同学习动机下,学习的收获有何不同? 这说明了什么问题?

[设计意图]学生结合自身课外学习经历,通过辨析不同学习动机下的学习收获,阐明正确认识自己对促进自我发展的重要意义,理解"内卷""躺平""45°人生"的深层义涵。这一活动设计体现了沉浸式学习、探究式学习理念,有利于发展学生的批判性思维能力,激发学生探索的内在动力。

[议学情境2]李佳琦回应"花西子越来越贵"引争议;酱香拿铁火爆出圈。

近日,网红带货主播李佳琦在直播间怼网友事件引发全网热议。有网友吐槽李佳琦直播间推荐的花西子眉笔价格越来越贵,遭李佳琦回怼:"有时候找找自己原因,这么多年了工资涨没涨,有没有认真工作?"李佳琦的言论遭到消费者的"口诛笔伐",一夜之间掉粉71万。

近日,另一起"现象级"消费事件则是酱香拿铁火爆出圈。中国白酒领军企业贵州茅台放下身段,尝试融入年轻消费群体,主动联姻咖啡新贵瑞幸,推出联名产品——酱香拿铁,年轻人的第一杯茅台和中老年人的第一杯咖啡在酱香拿铁中相逢,茅台也在这样的跨界合作中成功拓展了市场。

[议学任务 2]小组研讨:

(1)李佳琦的回应给人以什么样的感受、反映了他什么样的自我认知?

(2)茅台作为行业龙头主动融入年轻消费群体,体现了什么样的姿态? 说明茅台酒厂具有什么样的自我认知?

(3)李佳琦的回应遭到网友的口诛笔伐,茅台的主动联姻却赢得消费者青睐,这样的对比说明自我认知对与他人交往有何影响?

[答案提示]李佳琦的回应给人以一种居高临下、咄咄逼人的感受,反映了他的骄傲自大;茅台主动融入年轻消费群体,体现了一种谦虚的姿态,说明对自己的市场占有、消费群体等情况有着清晰认知;从"佳琦不佳"和"酱香真香"的对比中可以看出,正确认识自己可以促进与他人的交往。

[设计意图]化热点情境李佳琦花西子风波、茅台联合瑞幸推出酱香拿铁为议学情境,吸引学生探究兴趣;采用体验式问题组教学策略,学生在问题组的指引下,深入情境体验,经历直观感受、深入分析、对比辨析的由浅入深的议学过程,理解正确认识自己对促进人际交往的重要意义,发展批判性思维能力,进一步激发探索自我的内生动力。

环节二:量己·如何认识自己?

[必备知识]认识自己的途径。

[议学情境 1]下发个人简历表,包括以下内容——

(1)自画像。

(2)基本资料:姓名、性别、年龄;籍贯、民族、家庭关系、毕业小学、就读中学、所在班级、担任职务。

(3)所获荣誉。

(4)自我评价(可以从外表、性格、气质、在家和在校表现等方面评价)。

(5)同学评价(可以从优点、不足等方面评价)。

[议学活动 1]填写个人简历表,并结合个人简历,思考以下问题——

(1)我们可以从哪些方面认识自己?

(2)我们可以通过哪些途径认识自己?

(3)自我评价与同学评价是否有差异? 如有差异,思考:自我评价是否恰当? 同学评价是否准确? 恰当的自我评价有何意义? 如何看待同学评价?

[答案提示](1)我们可以从生理、心理、社会关系来认识自己,生理方面如身材、相貌、体能、性别等;心理方面如性格、气质等;社会关系方面如自己在家

庭或班级中的角色等。

(2)我们可以通过自我评价、他人评价及在社会实践中来认识自己。

(3)恰当的自我评价能帮助我们接受自己,对自己抱有正确的态度,不骄傲也不自卑,能够帮助我们调节和控制自己的行为;他人评价是我们认识自己的一面镜子,有助于我们形成对自己更为客观、完整、清晰的认识。我们要客观冷静地对待他人的评价,既不盲从又不轻视。正确对待他人评价,是我们走向成熟的表现。

[设计意图]学生通过填写个人简历,沉浸式认识自我,阐明认识自己的角度、途径;通过辨析自我评价与同学评价,发展批判性思维能力,理解恰当自我评价的重要意义,阐明对待他人评价的态度,形成客观、完整的自我概念,为下一环节及下一框探索自我发展道路奠定基础。

[拓展情境]每位年轻人都是自己故事里的英雄,吴艳妮自信放光芒。

在成都第 31 届世界大学生夏季运动会女子 100 米栏决赛中,吴艳妮以 12 秒 76 的成绩夺得银牌。然而,吴艳妮在赛场上的一些动作却被一些网友质疑过于高调。对此,吴艳妮坦言,这些言论确实会让自己心里不舒服,但自己不会过多在意。自己的扭肩动作单纯就是为了放松身体,而食指指天是为了纪念过世的外公,以此给自己加油鼓劲。她回应:"我在赛场上低调干啥,我是去战斗的。"

[拓展任务]请结合材料,运用"认识自己"相关知识,分析吴艳妮是如何看待网友对自己的质疑的。

[答案提示]他人的评价是我们认识自己的一面镜子,有助于我们形成对自己更为客观、完整、清晰的认识。我们要客观冷静地对待他人的评价,既不盲从又不轻视。正确对待他人评价是走向成熟的表现。面对网友质疑,吴艳妮没有选择回避,也没有因此消沉,反思、解释自己"行为高调"的原因,肯定自己在赛场上的自信大方。

[设计意图]该拓展任务要求学生运用所学知识,分析"吴艳妮回应质疑"案例,既有利于学生在知识应用中深化理解,进一步突破如何看待他人评价这一学习难点,鼓励学生理性看待他人评价、接纳自己、欣赏自己,又有利于锻炼学生信息获取与加工、语言组织与表达等关键能力。

[知识小结]

(1)正确认识自己有何意义?

①有助于我们增强自信,促进自我发展。

②可以促进与他人的交往,正确处理个人与社会的关系,从而更好地认识和改造外部世界。

(2)如何认识自己?

①通过对自我的全面分析来认识自己。我们可以从生理状况、心理特征、社会关系中来认识自己。

②通过他人评价来认识自己。

③在生活实践中认识自己。

(3)正确对待他人评价有何意义?

他人评价是我们认识自己的一面镜子,有助于我们形成对自己更为客观、完整、清晰的认识。正确对待他人评价是走向成熟的表现。

(4)如何正确对待他人评价?

①我们要客观冷静地对待他人评价,既不盲从又不轻视。

②用心聆听。

③勇于面对。

④注重沟通。

⑤理性应对。

[设计意图]知识小结是课堂知识理解环节的"画龙点睛"之笔,可以帮助学生梳理本节课主干知识,引导学生养成总结归纳的学习习惯。同时,它可以为知识的应用、迁移奠定基础,便于学生在理解主干知识基础上,运用知识解决实际问题。

环节三:强己·如何从认识自我走向发展自我?

[必备知识]"认识自己""做更好的自己"综合知识。

[拓展情境]SWOT自我分析模型,包括以下内容:

S(Strengths 优势):我有哪些优点、长处、潜能?

W(Weaknesses 劣势):我有哪些缺点、短板?

O(Opportunities 机会):有哪些利于发挥自身优点和长处、发展自身潜能的外部因素? 有哪些利于改正自己缺点的外部因素?

T(Threats 威胁):有哪些阻碍发挥自身优点和长处、发展自身潜能的外部因素? 有哪些阻碍改正自己缺点的外部因素?

[拓展任务]利用SWOT模型完成自我分析,并思考:我们可以从哪些方面

促进自我发展?

[设计意图]该拓展任务是对本节课的延伸,引导学生迁移本节课所学知识,在填写简历基础上进一步完善自我认识,同时衔接下一框"做更好的自己"相关内容,引导学生从认识自我走向发展自我,进一步涵养健全人格,达成学科立德树人根本目标。从形式上看,本拓展任务属于实践任务,与前述书面作答任务分析"吴艳妮回应质疑"案例相配合,丰富学习评价方式,完成"知识理解—知识应用—知识迁移"课堂闭环。

[板书设计]

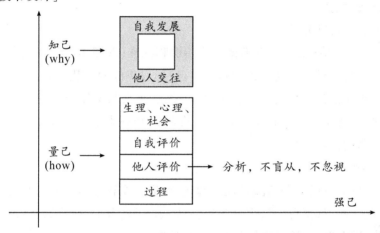

[设计意图]板书随着课堂进度的推进而逐步呈现,成为串联和展示教学环节的重要载体,最终板书成型于一个位于坐标系第一象限(横纵坐标都为正)的英文字母"i"(自我),寓意正确认识自我能够使人生走向正面发展道路。这一板书设计融合了形象思维和抽象思维,帮助学生在串联巩固所学知识的同时,凸显了正面人生价值引领。

"做更好的自己"议题式教学设计

李俊辉　刘秋燕

议题:如何成就更好的自我?

一、设计依据

（一）课程标准分析

本框内容对应《义务教育道德与法治课程标准(2022年版)》"生命安全与健康教育"主题中的"客观认识和对待自己,形成正确的自我认同,提高自我管理能力""能正确认识自己与同学、朋友的关系,个人与集体的关系""树立正确的人生观和价值观,热爱生活,追求生命的高度,成就幸福人生"。

（二）教材内容分析

1.本框地位

"做更好的自己"是《道德与法治》七年级上册第一单元第二课第二框内容,上承前一框"认识自己",引导学生在认识自己的基础上,欣赏与接纳自我,完善自我,进而更好回答"成长"这一人生课题。

2.本框内容

本框围绕"做更好的自己"主题,递进展开。首先,本框重在引导学生全面、准确地把握欣赏与接纳自我的内涵;其次,引导学生进一步探究欣赏、接纳自己和做更好的自己的关系,思考不断发展和完善自我的有关问题,更准确地理解做更好的自己的含义。

3.本框目标

学生通过参与情境商议、观点争议、自我评议、评议他人等议学活动,阐释欣赏与接纳自己的内涵和要求,阐明自我完善、自我发展之道;发展信息获取与加工、语言组织与表达、科学探究与思维建模等关键能力;形成正确的自我认同,能够正确处理自我与他人的关系,步入积极的人生路径,涵养健全人格。

4.本框重难点

教学重点:阐明如何成就更好的自我。

教学难点:阐释欣赏与接纳自我的内涵。

（三）教学背景分析

国家议题:党和国家高度重视培养德智体美劳全面发展的社会主义建设者和接班人。

社会课题:随着社会竞争压力的增大,不少人陷入"内卷"或"躺平"两种极端。学会欣赏与接纳自我、走向完善自我,是缓解焦虑情绪、治愈"精神内耗"的良方。

成长命题(学情分析):一方面,初中学生自我意识开始增强,更加注重自己在他人心目中的形象,而且越来越期望做更好的自己;另一方面,初一学生的认知经验与能力、思维方式、性格品质都有待发展,他们对成为更好的自己的理解更多停留在表层,对如何做到欣赏自我、如何接纳自己的不完美、如何做更好的自己等成长关键问题缺乏深入的、辩证的逻辑思考。

二、设计思路

（一）教学路线

议题线:围绕总议题"如何成就更好的自我",设计议题线:自信·如何欣赏与接纳自我;自强·如何做更好的自己;自立·如何活出自己的精彩。

情境线:晓蓉的累,"板凳男孩"方宇翔的故事;SWOT 分析模型;易建联的篮球之路。

活动线:分析"晓蓉的累",研讨"板凳男孩"的故事,观点辨析;利用 SWOT 模型进行自我分析;评析易建联的篮球成长之路。

知识线:欣赏与接纳自我的内涵;做更好的自己的途径;"做更好的自己"综合知识。

（二）教学结构

总议题	环节·议题线	情境线	活动线	任务线	知识线	核心素养
如何成就更好的自我	自信·如何接纳与欣赏自我	晓蓉的累,"板凳男孩"的故事	分析、研讨、辨析	理解	欣赏与接纳自我的内涵	健全人格
	自强·如何做更好的自己	SWOT 分析模型	自我分析	迁移、理解	做更好的自己的途径	
	自立·如何活出自己的精彩	易建联的篮球成长之路	评析	应用	本框综合知识	

三、过程设计

环节一:自信·如何欣赏与接纳自我?

[必备知识]欣赏与接纳自我的内涵。

[议学情境1]晓蓉的累。

进入初中以后,晓蓉比以前更加关注自己,她觉得自己是这样的:学习勤奋,做事认真,对自己认为重要的事情会思前想后,对别人很关心,在音乐方面有些天赋,在穿着打扮上比较保守,遇到一些事情喜欢哭……有时候,晓蓉会为自己感到骄傲,但有时候又很羡慕别人:别人能把她认为平淡无奇的事情神采飞扬地讲出来,并引来一群听众和阵阵笑声;别人对她认为重要而需要思前想后的事情却一笑了之;别人打扮时尚而自己太过保守;她甚至觉得自己的名字也有些土气……有时,她会学着别人的样子讲话、做事,这又让她觉得很累。

[议学任务1]请结合你的经历分析:晓蓉为什么会觉得累? 如何才能摆脱这种累?

[答案提示]晓蓉没有认识到自己的独特性,不能接纳自己的不完美,处处模仿别人,所以感到很累。要摆脱这种累,她就需要学会欣赏自己。欣赏自己的长处和优势,学会接纳自己,接纳自己的全部尤其是自己的不完美。

[设计意图]"晓蓉的累"契合学情,反映了大部分学生的现实情况,具有很强的针对性,能够引起学生的探究兴趣。学生从自身经历出发,通过沉浸式分析"晓蓉的累",阐明欣赏和接纳自己的重要意义,建立积极的自我认同。

[议学情境2]播放视频《"板凳男孩"方宇翔:没有腿一样军训与"奔跑"》。

方宇翔两岁半时因车祸失去了双腿。在父母的引导下,方宇翔慢慢接受了残疾。他说:"因为我的生命还在,还有个聪明的大脑,以及这么多爱我的人。虽然我失去了双腿,但同样可以快乐地生活。"

今年,方宇翔以全县前100名的中考成绩进入远安一中。在学校,他努力学习,主动帮班里同学辅导作业;课后,他为独居老人演奏葫芦丝;在家,他帮父母洗衣服、做饭、擦地。他认为生活很充实。他的故事感动了万千网友,人们纷纷点赞:我没有看到什么特殊男孩,只看到一个小个子的巨人。

[议学任务2]小组研讨:没有双腿却依旧"闯"出生命的精彩,方宇翔是如何做到的? 对我们有何启示?

[答案提示]方宇翔以乐观的心态接受自己的残疾,勇敢面对生活。他努力学习,并充分发挥自己的特长、兴趣爱好,帮助他人,活出了自我价值。他的故事启示我们:我们需要学会欣赏自己,欣赏自己的长处和优势,欣赏自己认真做事的态度、善于合作的品质、勤奋努力的精神,欣赏自己为他人的奉献;我们还要学会接纳自己,尤其是要以乐观的心态、勇气和智慧,接纳自己的不完美。

[设计意图]学生通过分析"板凳男孩"方宇翔的故事,进一步阐明如何欣

赏自我、如何接纳不完美的自己;发展信息获取与加工、语言组织与表达能力;汲取榜样人物正能量,锻炼积极的心理品质和生活态度。

[议学任务3]观点评析。

观点一:接纳自己意味着自己的上限就达到了,可以理所当然地"躺平"了。

观点二:欣赏自己意味着只有自己是正确的,别人的看法都是错误的。

[答案提示]接纳自己并不意味着"躺平",接纳自己要接纳自己的全部,既接纳自己的优点,又接纳自己的不完美,是为了让自己不因为不完美而陷入自卑,是为了在更准确的自我认知基础上以更加积极的心态发展自我;欣赏自己不意味孤芳自赏、骄傲自大,而是在成长道路上,面对压力与挫折自我鼓励和自我奋进。欣赏自己的同时要善于向他人学习,会欣赏他人的人才能真正欣赏自己。

[设计意图]学生通过辨析观点,发展批判性思维能力,进一步理解欣赏和接纳自己的内涵,形成正确的人生态度,为在正确认识自我基础上发展自我奠定基础。

环节二:自强·如何做更好的自己?

[必备知识]做更好的自己的途径。

[议学任务]用SWOT模型进行自我发展道路分析。

(1)内部环境分析

S(Strengths 优势):我有哪些优点、长处、潜能?

W(Weaknesses 劣势):我有哪些缺点、短板?

(2)外部环境分析

O(Opportunities 机会):有哪些利于发挥自身优点和长处、发展自身潜能的外部因素? 有哪些利于改正自己缺点的外部因素?

T(Threats 威胁):有哪些阻碍发挥自身优点和长处、发展自身潜能的外部因素? 有哪些阻碍改正自己缺点的外部因素?

(3)SWOT 策略分析

SO、ST 战略:我如何发扬自己的优点和长处? 如何发展自己的潜能?

WO、WT 战略:我如何改正自己的缺点?

(4)SWOT 自我分析总结:如何做更好的自己?

[设计意图]学生通过运用SWOT模型进行自我分析,在认识自己、接纳自己(不足)、欣赏自己(优点)的基础上,明晰发展自我的行动路径,从而在对已有知识的迁移中实现对新知识的理解,锻炼科学探究与思维建模能力、生涯发展规划能力,形成更为正确的自我认同,树立更加积极有为的人生态度。

[知识小结]如何做更好的自己?

(1)做更好的自己,要学会欣赏和接纳自己。

(2)做更好的自己,需要不断完善自己。

(3)做更好的自己,需要改正缺点。

(4)做更好的自己,需要发掘自己的潜能。

(5)更好的自己,是在为他人、社会带来福祉的过程中实现的。

[设计意图]知识小结是课堂知识理解环节的“画龙点睛”之笔,可以帮助学生梳理本节课主干知识,引导学生养成总结归纳的学习习惯。同时,为知识应用和知识迁移环节奠定基础,便于学生在理解主干知识基础上运用知识解决实际问题。

环节三:自立·如何活出自己的精彩?

[必备知识]本课综合知识。

[拓展情境]“易”路成长,写就传奇,中国篮球运动员易建联宣告退役。

材料一:易建联初登职业赛场,便被誉为“天才少年”,球迷对他的期待也随着他顺利进入 NBA 而达到高潮。然而,由于频繁的伤病困扰,他慢慢失去了出场机会,对他铺天盖地的质疑随之而来。在最艰难的时候,他仍相信自己还可以继续打球。为了打更多的比赛,他选择回国发展,并且更加努力地投入训练和比赛。他通过高强度的力量训练,提升了自己在内线的优势;注重身体的保养和体能的锻炼,弥补在身体和体能上的短板;开发出更稳定的投篮和更流畅的组织能力,让自己的技术更加全面。除了专注个人发展,作为球队领袖,他总是在球队最需要自己的时候挺身而出,激励队友,带动年轻球员成长。

[拓展任务](1)请结合材料一,运用“做更好的自己”相关知识,分析易建联是如何在篮球之路上写就传奇的。

[答案提示]①做更好的自己,要学会接纳和欣赏自己。易建联没有向挫折低头,接纳了自己在 NBA 遭遇的挫折,坚信自己仍然能够征战球场。

②做更好的自己,需要不断完善自己。易建联通过高强度的力量训练提升自己在内线的优势,通过加强身体的保养和体能的锻炼弥补在身体与体能上的短板。

③做更好的自己,需要不断发掘自己的潜能。易建联开发出了更多元的篮球技能,让自己的技术更加全面。

④更好的自己,是在为他人、为社会带来福祉的过程中实现的。易建联总是在球队需要自己的时候站出来作贡献,帮助年轻球员成长。

[设计意图]该拓展任务要求学生运用本课所学知识,分析"易建联的篮球成长之路",既有利于学生在知识的应用中深化理解,锻炼信息获取与加工、语言组织与表达等能力,又为学生自我发展树立了榜样,鼓励学生自我接纳、自我鼓励、自我完善,达至人生新高度。

材料二:自易建联崭露头角,他与姚明的比较便相伴相随。在退役仪式上,易建联对姚明说"以前很多人都希望我能追上你,甚至超过你。21 年了,我试过各种方法,用尽各种手段,最终也只是停留在了 2 米 13(注:指身高)。作为我的大哥、良师益友,你的谦虚努力、坚定信念和领导力都感染着我。你让我懂得我要追逐的不是某一个人,而是寻找自己的路。"姚明回应道:"经过那么多年的风风雨雨,我们也听过很多的下一个某某某,但最终,阿联成为最真实的他自己,我相信,这也是每一个下一代篮球运动员要走的路。"

(2)我们每个人都有自己的短板,也时常会羡慕他人在某方面的长处。请结合材料和本课所学知识,谈谈我们应如何处理好接纳自己与欣赏他人的关系。

[设计意图]该情境材料与环节一中的"晓蓉的累"首尾呼应,学生在经历全课学习后,再次思考和回答课堂伊始提出的问题,有利于帮助学生进一步巩固和理解课堂所学,突破接纳自我与欣赏自我、欣赏自我与欣赏他人之间的关系等成长困惑问题,引导学生进一步形成正确的自我认同,妥善认识自我与他人的关系,在接纳与欣赏自我的同时善于向他人学习,实现自我新突破。

[板书设计]

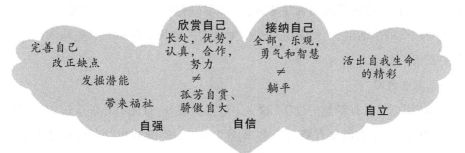

[设计意图]板书以欲展翅高飞的翅膀呈现,翅膀的中心是一个爱心,对应课堂的"自信"环节,两翼分别对应"自强"和"自信"环节,既串联课堂的各个环节,又对应欣赏与接纳自我是发展自己、走向自强自立的前提这一课题逻辑。课堂的关键知识被简要概括在板书之中,提纲挈领地帮助学生巩固所学知识。同时,板书融合形象思维与抽象思维,爱心寓意积极的自我认同,展开的翅膀寓意展翅高飞、做更好的自己,呼应本课主题,凸显正向价值引领。

"做有梦想的少年"议题式教学设计

李俊辉　刘秋燕

议题:少年如何勇逐梦?

一、设计依据

(一)课程标准分析

本框内容对应《义务教育道德与法治课程标准(2022年版)》"生命安全与健康教育"主题中的"客观认识和对待自己,形成正确的自我认同,提高自我管理能力""树立正确的人生观和价值观,热爱生活,追求生命的高度,成就幸福人生"。

(二)教材内容分析

1.本框地位

"做有梦想的少年"是《道德与法治》七年级上册第一单元第三课第一框内容,上承前一课"正确认识自我",引导学生在充分认识自己的基础上,编织人生梦想,并且将自己的梦想与人生志向、中国梦、时代脉搏紧密联系起来,建立努力就有改变的生活信念,使学生对初中生活这一成长的新阶段有更深入的思考和更积极的行动。

2.本框内容

本框围绕"做有梦想的少年"这一主题递进展开,首先引导学生认识梦想的意义,阐明"少年为何要有梦";其次,阐释"少年如何圆梦想"问题,阐述少年的梦想与个人志向紧密相连,与时代脉搏、中国梦密不可分,激励学生珍惜机会,早立志、立大志、立长志,努力成为担当民族复兴大任的时代新人。

3.本框目标

学生在共同商议"誓师女孩"圆梦大学的故事中,思考"梦想能否大声说出来""梦想如果不能实现是否还有意义""真努力与假努力区别何在"等问题,深入理解勇于编织人生梦想的重要意义;由彼及己、应用迁移,通过评议人物故事、给未来的自己写信等议学活动,在进一步发展信息获取与加工、语言组织与表达、生涯规划能力的同时,感受梦想的力量,坚信有梦就有希望,将自己的梦想与人生志向、中国梦、时代脉搏紧密联系起来,早立志,勤努力,涵养健全人格和责任意识。

4.本框重难点

教学重点:阐明少年如何实现梦想。

教学难点:阐释少年为何要有梦想。

(三)教学背景分析

国家议题:党和国家高度重视对青少年的理想信念教育。

社会课题:社会上不乏嘲笑他人梦想、讥讽他人努力的现象,尤其是在竞争加剧的当下,总有人借批判"内卷"而为"躺平"找借口。为梦想正名,是营造积极向上的社会氛围所需要的正能量。

成长命题(学情分析):初一学生处于由儿童向青少年过渡的特殊时期。一方面,他们朝气蓬勃、充满活力,对未来生活有着许多美好而感性的设想;另一方面,初一学生的认知能力、思维方式、人格特点和社会经验都有待发展,他们对梦想的意义缺乏全面的、深入的思考,对努力的理解也只是停留在态度、经验的浅层上。

二、设计思路

(一)教学路线

议题线:围绕总议题"少年如何勇逐梦",设计议题线:唤心动·少年为何要有梦;践行动·少年如何去圆梦;畅联动·少年如何向未来。

情境线:"誓师女孩"激情演讲遭网暴;"誓师女孩"的梦想宣言;"誓师女孩"圆梦高考,"假努力"现象;网球新锐郑钦文圆梦澳网。

活动线:思考、分享"梦想能否大声说出来";感受和研讨"誓师女孩"的大学梦,交流彼此的梦想;师生对话"誓师女孩"的圆梦之路,辨析"真努力"与"假努力";评析郑钦文的"网球梦",给20年后的自己写封信。

知识线:对梦想的个人见解;少年有梦的重要意义;少年实现梦想的途径;"做有梦想的少年"综合知识。

（二）教学结构

总议题	环节·议题线	情境线	活动线	任务线	知识线	核心素养
少年如何勇逐梦	导入	"誓师女孩"遭网暴	思考、分享	衔接	对梦想的个人见解	健全人格 责任意识
	唤心动·少年为何要有梦	"誓师女孩"的梦想宣言	感受、研讨、交流	埋解	少年有梦的重要意义	
	践行动·少年如何去圆梦	"誓师女孩"圆梦高考，"假努力"	对话、辨析	理解	少年实现梦想的途径	
	畅联动·少年如何向未来	网球新锐郑钦文圆梦澳网	评析、写信	应用、迁移	本框综合知识	

三、过程设计

[情境引入]高三女孩激情誓师遭网暴。

湖南桑植县某中学高考冲刺百日誓师大会的视频在网络流传，一名高三女生激情澎湃的发言燃爆全场。然而，部分网友对女生的语气、仪态冷嘲热讽，有网友评论称"咬牙切齿的样子真难看"。

[新课导入]把梦想大声说出来，是一件很丢人的事情吗？请结合该案例，分享你的看法。

[设计意图]以热点事件"誓师女孩遭网暴"引出梦想话题，抛出"是否要把梦想大声说出来"这一问题，引导学生表达对梦想的初步见解，引发学生进一步探究梦想话题的兴趣，鼓励学生敢于有梦、勇于追梦，进而引出本框议题，奠定全课正向价值引领基调。

环节一：唤心动·少年为何要有梦？

[必备知识]少年有梦的重要意义。

[议学情境]播放视频《誓师女孩的梦想宣言》。

100天很短，短到转瞬即逝；100天又很长，长到可以改变人生。师长在期待着我们，家乡在盼望着我们，未来在等待着我们，这一次你怎能退缩？没有人是生来的弱者，没有人是命定的草芥，同样是寒窗苦读、明明暗灯，我们凭什么甘于人后？同样是披星戴月、夙兴夜寐，为什么不能是我为人先？百舸争流，奋楫者先；中流击水，勇进者胜！凌晨六点的校园真的很黑，但600多分的成绩真的很耀眼！追风逐月莫停留，策马扬鞭正当时，十年寒窗无人问，一举成名天下知！

[议学任务1](1)听了这位高三学姐的演讲,你有什么样的直观感受?

(2)试想在高三紧张的学习压力之下,这样的梦想宣言会带给她和她的同学什么样的力量?

[答案提示]学姐的发言让作为旁观者的我们感到满满的热情和力量。对于身处高三的她和她的同学而言,这样的激情发言不仅有利于宣泄备考压力,更带给他们克服前行路上困难的勇气、圆梦大学的坚定信念和希望。

[知识小结]梦想是对未来美好生活的愿望,能不断激发我们对生命的热情和勇气,让生活更有色彩。有梦想,就会有希望。

[设计意图]学生在问题组指引下,从直观感受到代入思考,沉浸式探究情境案例,从中领略少年有梦的体验感。

[议学任务2]小组讨论:高考成绩放榜前,就有人造谣"誓师女孩"高考失利,意图借此讽刺其当初的激情发言。倘若"誓师女孩"真的高考失利,她的梦想宣言就该被嘲笑吗?

[答案提示]她的梦想即便没有实现,也不该被嘲笑。有梦想,就会有希望。人类需要有梦想,因为有了梦想,人类社会才能不断进步和发展。

[设计意图]学生结合案例研讨"如果梦想不能实现,梦想是否还有意义"这一批判性话题,深化对梦想意义的理解,发展批判性思维能力,树立敢于有梦、勇于追梦的积极人生态度。

[议学任务3]请同学们在便利贴上写上自己的梦想,贴在梦想树上,并和同学交流以此为梦的原因。

[知识小结]少年的梦想,与个人志向紧密相连;少年的梦想,与时代的脉搏紧密相连,与中国梦密不可分。

[设计意图]学生由"誓师女孩"触及自身,在理解梦想意义基础上迁移思考自身梦想,并通过交流以此为梦之原因,进一步理解梦想引领人生方向、攸关国家发展的重要意义,主动做志存高远的新时代少年。

环节二:践行动·少年如何去圆梦?

[必备知识]少年实现梦想的途径。

[议学情境]真的很耀眼!"誓师女孩"高考历史类645分,被重点大学录取。

据报道,"誓师女孩"平时学习非常刻苦自律,每天6点多就到教室学习。此次的舆论风波并没有过多影响她的学习状态,她依旧心无旁骛地坚持着自己的理想大学梦。她从不轻易言弃,即便偶尔考试发挥不好,她也总是马上重整旗鼓,认真分析,不断优化学习方法。

[议学任务 1]师生对话:600 多分的成绩是无数个日夜的艰苦奋斗换来的,这说明让梦想成为现实的途径是什么?

[答案提示]①实现梦想需要立志。"志不立,天下无可成之事。"志向是人生的航标,是奋斗的原动力。我们要早立志、立大志、立长志。

②实现梦想需要努力。生活在新时代的我们,共同享有人生出彩的机会,共同享有梦想成真的机会,共同享有同祖国和时代一起成长与进步的机会。中华民族伟大复兴的美好前景,为我们提供了更广阔的舞台,也提出了更高的要求,我们要努力成为担当民族复兴大任的时代新人。

[议学任务 2]小组研讨:努力经常被我们挂在嘴边,有些人平时也看似很努力,但却鲜有收获。请你结合"誓师女孩"努力圆梦的经历,对以下"努力学习"的现象进行评析——

现象一:刷了大量的题,但做的都是会做的题,难题碰到就跳。另外,学习情绪波动大,很容易斗志昂扬,遇到困难也很容易泄气。

现象二:每天都很忙,一会忙这个,一会忙那个,不知道自己想要干什么。

现象三:用最好的本子、最好的笔,写最长的计划、发最励志的朋友圈、做最短的坚持。

现象四:上课只顾抄笔记,老师讲什么不知道,课后错题本抄得整齐却没有看过。

[答案提示]①誓师舆论风波、模考失利等挫折都没有影响"誓师女孩"对理想大学的坚定追求。这说明,真正的努力是一种生活态度,是一种不服输的坚忍和失败后从头再来的勇气,是对自我的坚定信念和对美好的不懈追求。那些在学习过程中避难就易、一遇到困难就退缩的人缺乏这样的努力态度,只能原地踏步。

②为了实现自己的理想大学梦,"誓师女孩"每天坚持刻苦学习。这说明,真正的努力需要立志、需要坚持。那些每天都很忙却不知道自己在忙什么的人缺乏志向的指引,那些做最长的计划却作最短坚持的人没有做到持之以恒地努力。

③"誓师女孩"不断从考试中反思,优化学习方法。这说明,努力还需要方法。上课只顾埋头抄笔记不听课、课后不复习笔记的人看似很努力,实则用错了方法,事倍功半。

[设计意图]学生结合"誓师女孩"刻苦学习以实现梦想的故事,阐释实现梦想需要立志和努力,辨析"真努力"与"假努力",锻炼信息获取与加工能力和

批判性思维能力,建立起努力就有改变的生活信念,明晰自身如何实现梦想,为下一环节制订圆梦计划奠定基础。

[知识小结]

(1)少年为何要有梦?

①梦想是对未来美好生活的愿望,能不断激发我们生命的热情和勇气,让生活更有色彩。有梦想,就会有希望。

②人类需要这样的梦想,因为有了梦想,人类社会才能不断进步和发展。

③少年的梦想,与个人志向紧密相连,与时代脉搏紧密相连,与中国梦密不可分。

(2)少年如何实现梦想?

①实现梦想需要立志。"志不立,天下无可成之事。"志向是人生的航标,是奋斗的原动力。我们要早立志、立大志、立长志。

②实现梦想需要努力。生活在新时代的我们,共同享有人生出彩的机会,共同享有梦想成真的机会,共同享有同祖国和时代一起成长与进步的机会。中华民族伟大复兴的美好前景,为我们提供了更广阔的舞台,也提出了更高的要求,我们要努力成为担当民族复兴大任的时代新人。

环节三:畅联动·少年如何向未来?

[必备知识]本课综合知识。

[拓展情境]梦想花开,郑钦文圆梦澳网。

材料一:在2024年澳大利亚网球公开赛女子单打决赛中,21岁的中国选手郑钦文获得亚军,成为继李娜后又一位闯入大满贯单打决赛的中国"金花"。谈及偶像李娜,郑钦文说:"我不会忘记她在澳网夺冠的那场比赛,是她将梦想的种子种进了我的心里。"十年来,郑钦文一直希望能够像李娜一样为国争光,证明中国人也能在网球运动上做得出色。十年后的今天,梦想的种子已经长成参天大树,郑钦文成为第二位进入世界排名前十的中国网协选手。

[拓展任务1]请结合材料一,运用"少年有梦"相关知识,分析梦想对郑钦文网球之路的成功产生了什么样的作用。

[答案提示]①编织人生梦想,是青少年时期的重要生命主题。梦想能不断激发我们生命的热情和勇气,有梦想,就有希望。郑钦文从小就在心中埋下了网球梦,这激励着她一路努力拼搏,最终成功圆梦。

②少年的梦想,不仅与个人的人生目标紧密相连,还与时代的脉搏紧密相连、与中国梦密不可分。网球梦不仅让郑钦文找到了奋斗的方向,还驱使着她

努力训练、为国争光。

[拓展任务2]给二十年后的自己写一封信,包括但不限于以下要点:给二十年后的自己介绍现在的自己;畅想二十年后的自己;现在的自己为何会嬗变成二十年后的自己。

[设计意图]该拓展任务既是课堂的延伸,又是课堂的落地,引导学生以优秀人物为榜样,勇于有梦、追梦,在知识的迁移中促进健全人格等学科核心素养落地,达成学科立德树人根本宗旨。从形式上看,本拓展任务属于实践任务,与前述书面作答任务分析"郑钦文圆梦澳网"相配合,丰富了学习评价方式,完成了"知识理解—知识应用—知识迁移"的课堂闭环。

[结束语]自古英雄出少年。少年有梦,是"少年负壮气,奋烈自有时"的希望,是"欲与天公试比高""敢教日月换新天"的豪情,是"大鹏一日同风起,扶摇直上九万里"的志向,是"为我国家扶厄运""岂曰无衣,与子同袍"的担当。当然,没有谁能够随随便便成功,在追寻梦想的路上,哪怕"畏途巉岩不可攀",也要"何妨吟啸且徐行";哪怕"无人会登临意",也要"猛志固常在"。只要我们有梦想,终将"会当凌绝顶,一览众山小"!

[板书设计]

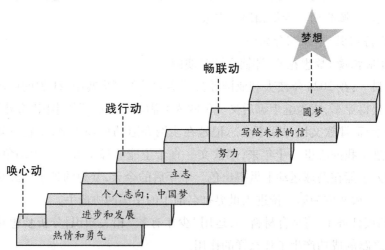

[设计意图]板书以向上的阶梯呈现,不同颜色的阶梯对应课堂各环节,拾级而上不只是课堂主线的依次展开,还是实现梦想的路径,寓意少年勇攀登、一步一个台阶奔赴梦想的高峰。这一板书设计融合形象思维和抽象思维,成为串联和展示教学环节的重要载体,在帮助学生串联巩固所学知识的同时,凸显正向价值引领。

"学习成就梦想"议题式教学设计

李俊辉　刘秋燕

议题:学习何以架起通往梦想的桥梁?

一、设计依据

(一)课程标准分析

本框内容对应《义务教育道德与法治课程标准(2022年版)》"生命安全与健康教育"主题的"客观认识和对待自己,形成正确的自我认同,提高自我管理能力""树立正确的人生观和价值观,热爱生活,追求生命的高度,成就幸福人生"。

(二)教材内容分析

1.本框地位

"学习成就梦想"是《道德与法治》七年级上册第一单元第三课第二框内容,承接前一框"做有梦想的少年",在体会梦想重要性后,进一步明确追寻梦想的路径。同时,作为本单元最后一节课,呼应单元主题——"少年有梦",启示中学生始于当下,追寻未来,做好生涯规划。

2.本框内容

本框立足时代背景,引导学生理解学习的内涵、感悟学习的意义,带领学生探寻如何通过学习实现自身梦想。

3.本框目标

本框以桂海潮从小镇做题家到"摘星星"的人的历程为背景,通过头脑风暴、微辩论等活动,理解学习的内涵,涵养"大学习观",在明晰学习内涵的基础上,分析桂海潮通过学习实现梦想的故事,思考自己参与各项学习活动的心得收获,感悟学习对个人成长的重要意义,树立积极学习的态度。在此基础上,建立自己的梦想清单,探寻自身实现梦想的途径并为之努力,涵养健全人格。

4.本框重难点

教学重点:阐释学习的意义。

教学难点:理解"大学习观"的内涵。

（三）教学背景分析

国家议题:建设学习型社会,培育能够担当民族复兴大任的时代新人。

社会课题:当前社会,"学习无用论"甚嚣尘上,网络不良风向的干扰让学生心态浮躁,一味地向往诗与远方,缺乏脚踏实地的努力。

成长命题(学情分析):初一学生对学习概念并不陌生,并在多种场合接受过学习重要性的教育,但他们的人生观、价值观还没有完全形成,人格还处在塑造阶段,容易受社会不良价值观的影响。一些中学生缺乏学习动力,不知为何而学习。

二、设计思路

（一）教学路线

议题线:围绕总议题"学习如何架起通往梦想的桥梁",设计议题线:知学·如何理解学习;乐学·学习有何意义;会学·如何通过有效的学习圆梦。

情境线:桂海潮的中学时代;桂海潮的追梦故事;桂海潮的学习经验分享。

活动线:观点辨析,表格完善,经历分享;快问快答,小组探究;填写梦想清单。

知识线:学习的内涵;学习的意义;圆梦的有效学习方法。

（二）教学结构

总议题	环节·议题线	情境线	活动线	任务线	知识线	核心素养
学习如何架起通往梦想的桥梁	导入	桂海潮的背影照片	感悟	衔接		健全人格责任意识
	知学·如何理解学习	桂海潮的中学时代	观点辨析经历分享	理解	如何理解学习	
	乐学·学习有何意义	桂海潮的追梦故事	快问快答小组探究	理解	学习有何意义	
	会学·如何通过有效的学习圆梦	桂海潮的学习经验分享	经验分享梦想清单	应用、迁移	如何通过有效方法圆梦	

三、过程设计

[新课导入]照片展示:宇航员桂海潮回到自己长大的那间老宅,看到满墙奖状,那是自己曾经为了追逐年少时的梦想而付出的一切。学生猜背对着的宇

航员是谁,并分享看到这幅照片的感悟。

[设计意图]以这张富有艺术性和震撼力的照片导入,激发学生兴趣,引爆课堂氛围,同时让学生分享看到照片的第一印象,引发学生对桂海潮人生故事的兴趣。

环节一:知学·如何理解学习?

[必备知识]学习的内涵。

[议学情境1]学生时代的桂海潮——桂海潮的逆袭,堪称"小镇做题家"的典范。他老家在云南省保山市施甸县,上大学前一直在县里求学。老师们回顾桂海潮时,对他热爱学习的态度印象深刻。上小学的桂海潮总是坐第一排,老师对他的印象是"非常喜欢提问",有些问题让人意想不到,甚至老师也答不上来。当下课铃声响起,当同学们纷纷奔向食堂,桂海潮总会抓住老师问问题,一问就是半个小时,他还总是最早一个到教室、最晚一个回宿舍。上了高中,他的大部分时间都用在做题上,他的成绩总是名列前茅。他做的那一道道习题,在他的脚下层层叠叠,将他送出边陲小镇。

[议学任务1]问题探究:是什么奠定了桂海潮从偏远小镇到遥远太空的基础?

[设计意图]以桂海潮学生时代的故事为背景,能很好地引发学生共鸣,明白伟大的宇航员也是从学生时代一步步努力走来的,让学生明确读书学习是我们现阶段的重要任务。

[议学任务2]判断桂海潮的下列行为是否属于学习的表现。完成表格并概括学习的特点。

桂海潮的行为	学习内容	学习地点	学习表现
疯狂刷题,废寝忘食			
每天放学帮父母放羊			
2008年参加奥运会志愿者			
时常练习书法,亲手用毛笔书写博士毕业论文答辩公告			
经常参加长跑、骑车、游泳等体育活动			

[议学任务3]回忆你的生活经历,除了书本学习,还有哪些不同形式的学习活动令你印象深刻?

[设计意图]学生通过分析桂海潮的学习行为,通过回顾自身参与的学习活

动,加深对"大学习观"的理解,进一步明确学习的内涵。

[知识小结]如何理解学习?

①学习的内容:读书学习是我们现阶段的重要任务,初中阶段的学习,既有知识的获取,又有能力的提升、品德的培养。

②学习的范围:学习不仅仅局限在学校,我们所看、所听、所尝、所触、所做,都可以是学习。

③学习的表现:接受、掌握、探究、发现、体验和感悟。

环节二:乐学·学习有何意义?

[必备知识]学习的意义。

[议学活动1]快问快答:你为何而学?

[设计意图]学习是学生熟悉的事情,但是为何而学是很多人没有思考过的问题,以接龙和快问快答的形式,鼓励学生思考和分享,在讨论中让学生初步感知学习的意义。

[议学情境]追梦少年桂海潮——少年时代,桂海潮喜欢从书中探索广袤的未知世界,对书中问题的刨根问底涵养了坚持、勇敢的性格。有一次,他在书中认识了"中国航天之父"钱学森。越是深入了解钱学森的生平,他就越是震撼。忽然间,他意识到自己高二那年,从广播中得知杨利伟飞上太空的消息,便在心中种下了航天梦想。那一天,少年仰望星空:"我要上天,我要在航空领域有所建树!"后来,他以优异的成绩考入北航,在专业知识的学习中愈发坚定了航天梦。2023年5月30日,神州十六号成功发射,桂海潮成为我国首位非军人出身的航天员、空间站首位载荷科学家。

[议学活动2]小组合作探究:桂海潮的故事启示我们学习有哪些重要意义?

[议学活动3]课堂分享:分享你在某项学习活动中的心得收获。(阅读了一本好书;习得某项技能;参与某项社会实践……)

[设计意图]此环节以连续的三个议学活动串联,在学生自行思考学习意义的基础上,辅以桂海潮的追梦故事,再到回顾自己的亲身经历,从模糊到清晰,从抽象到具体,学习的意义越来越深刻地呈现在眼前。

[知识小结]学习的意义?

学习可以提升我们的思想品德和精神境界,增强我们的能力,增长我们的智慧,让我们面前的世界更广阔、更精彩,让我们拥有实现梦想源源不断的力量。

环节三:会学·如何通过学习圆梦?

[必备知识]如何通过学习实现梦想?

[议学情境]视频《桂海潮小课堂之"敲黑板,中学怎么学"》

[议学任务]小组探究分享:圆梦需要学习,学习需要方法,结合视频中桂海潮的学习方法和你的自身经验,分享你有效的学习方法(可结合不同科目)。

[知识小结]如何通过有效的学习圆梦?

①梦想的努力需要我们努力学习、善于学习。

②发现并保持对学习的兴趣,更加自觉主动地学习。

③养成良好的学习习惯,掌握科学的学习方法。

④积极参加社会实践活动,获得更多启迪。

[议学活动]结合上节课内容和本节课所学,思考:自己有什么梦想? 要实现梦想,哪些事情必须现在做、哪些事情可以将来做、哪些事情需要用一生做?

必须现在做的事情	可以将来做的事情	需要用一生做的事情

[板书设计]

[设计意图]板书以一座桥的形象呈现,要跨过"学习"这座桥到达"梦想",需一步步跨越,经过知学(知道学习的内涵)、乐学(明白学习的意义)、会学(有效的学习方法),最后才能实现梦想。这一板书设计既有形象思维又有抽象思维,成为串联和展示教学环节的重要载体,在帮助学生串联与巩固所学知识的同时,凸显了正向价值引领。

七年级上册第二单元序言

　　本单元主要立足培养学生的健全人格核心素养,围绕"审视生命关系,实现人生成长"这一全书核心大概念,在第一单元学生把握中学新阶段、规划初中新生活,并充分认识自己、了解自己,努力学习、追求梦想的基础上,将关注点从自我扩展到周边的人和世界,学会正确认识和处理自己与家人、老师、朋友及集体的关系。本单元着眼于"学生正处于青春期,情绪波动大,独立思考能力和处理问题的能力还较为薄弱,道德和心理不断得到发展,在发展中不太能妥善处理好与他人的关系,在成长过程中面临一系列烦恼"的学情,与学生一起讨论交往的话题,引导初中学生在不断扩展的生活中,在真实情景中,直面烦恼和冲突,理解家人的爱,努力构建和谐家庭;感受老师的良苦用心,建立良好的师生关系;感悟友谊的真谛,掌握缔结真挚友谊的方法;积极融入集体,在集体生活中勇于承担、成就自我。

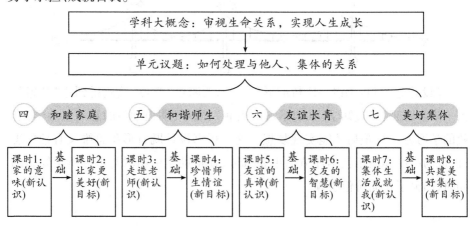

"家的意味"议题式教学设计

黄奕玲　刘秋燕

一、设计依据

（一）课程标准分析

本框内容对应《义务教育道德与法治课程标准（2022 年版）》"生命安全与健康教育"主题中的"理解不同的社会角色，形成亲社会行为"、"法治教育"主题中的"自觉履行法定义务"、"中华优秀传统文化教育"主题中的"理解中华民族孝悌忠顺、礼义廉耻的荣誉观念，崇德向善、见贤思齐的社会风尚"。

（二）教材内容分析

1. 本框地位

"家的意味"是《道德与法治》七年级上册第二单元第四课第一框内容，本框的家庭知识与学生实际生活密切相关，教材内容层次则是先讲解基本知识，再引导学生深入认识和理解，从而引发学生情感共鸣。本框内容具有承上启下的作用。

2. 本框内容

本框主要介绍家的内涵与意义，得出"家"对我们的重要性的结论，阐释中国家庭的独特文化内涵，引导学生落实建设美好家庭行动。本框教学能够落实学生道德修养、健全人格和责任意识等核心素养培育，让学生感受家人之间的爱，培养与亲人共建共享家庭美德的意识和能力，培养认同中华文化和热爱家人的情感。

3. 本框目标

学生通过欣赏音乐《我想有个家》、简笔画画出"我的家"等体验式活动，通过汉字"家"字的解读、春节放假回家热议等探究式、辨析式活动，理解家庭的普遍功能及其在中国人心中的特殊地位。结合生活经历和传统文化,阐释家庭在中国人观念中的重要意义,在课后能够向父母敞开心扉,将"欠父母的话"勇敢说出来,进一步增强与父母的向心力,升华孝敬父母的道德情操,培养关爱家庭和家人的意识与能力。

4.本框重难点

教学重点:家的意义。

教学难点:树立家庭责任意识,深刻理解长辈的关爱之情并与家人共同营造温馨的家庭氛围。

(三)教学背景分析

国家议题:涵养新时代良好家风。

社会课题:亲子关系紧张成为普遍的社会问题。一方面,家庭的和谐关乎社会的稳定;另一方面,随着人口老龄化的进程及人口政策的调整,随着交通、网络等科技的发展,家庭的结构、人们的家庭观念、家庭成员之间的沟通方式等都在发生着变化,深入认识时代变革背景下的家庭关系,有利于促进新时代家庭关系的和谐。

成长命题(学情分析):一方面,学生的成长离不开温馨的家庭环境;另一方面,随着青春期学生自我意识的觉醒,他们的家庭责任意识淡薄,与家庭成员之间的关系也发生了微妙变化,亲子摩擦增加。培育正确的家庭观,引导学生与家人良好沟通,对学生身心发展具有重要意义。

二、设计思路

(一)教学路线

议题线:围绕总议题"何以为家",设计议题线:身心所栖·家是什么;亲情所系·家的意义是什么。

情境线:音乐《我想有个家》;"我的家"的画像;汉字"家"字的解读;MV《欠父亲的话》;春节放假热议。

活动线:欣赏音乐并思考家的意味;用简笔画画出"我的家";写出不同语言中的"家"并探讨其中"家"的功能;观看 MV 并谈谈家和父母在我们成长中的作用;思考春节放假安排备受关注背后的原因;课后拓展:"欠父母的话"。

知识线:家庭的内涵;家的意义。

（二）教学结构

总议题	环节·议题线	情境线	活动线	任务线	知识线	核心素养
何以为家	导入	音乐《我想有个家》	欣赏音乐并思考家的意味	衔接		道德修养法治观念健全人格责任意识
	身心所栖·家是什么	"我的家"的画像	简笔画画出"我的家"	理解	家庭的内涵	
		汉字"家"字的解读	写出不同"家"的语言、探讨"家"的功能	理解	家的意义	
	亲情所系·家的意义是什么	MV《欠父亲的话》	谈谈家和父母在我们成长中的作用	理解	家的意义	
		春节放假热议	探讨春节放假背后蕴含的亲情味道	应用	家的意义	

三、过程设计

[音乐导入]潘美辰的歌曲《我想有个家》。

[设计意图]以悠扬熟悉的歌曲为新课导入,能够吸引学生注意力,刺激学生听觉感官,可以营造让学生身临其境感受家的氛围感,引导学生思考家的意味是什么。

子议题1:身心所栖·家是什么?

[必备知识]家庭的内涵。

[议学任务1]画出"我的家"——用三分钟时间,使用简笔画画出你的家。

思考:"你的家"由哪些元素构成?

与你的前后左右交换作品,看看"同学们的家"又由哪些元素构成。

综合说说"家"是什么。

[答案提示]学生的简笔画勾勒出家是由一群人、家庭成员的各自身份与角色责任、房子、一起开心生活等元素构成。理解家庭是由婚姻关系、血缘关系或收养关系结合成的亲属生活组织。

[设计意图]勾勒家的简笔画活动,通过结合学生实际生活,引导学生从不同角度感受家庭的内涵与外延,培养学生创新思维能力和发散思维能力,为讲家庭含义提供素材、做好铺垫,引导学生感受自己在家庭中感受到的情感,培养

学生爱家、爱家人的情感。

［议学情境1］播放视频《汉字"家"字的解读》。

汉字蕴含大智慧，是中华民族智慧的结晶，是中华民族灿烂的瑰宝。汉字具有丰富的文化内涵和审美意蕴，其中的横竖撇捺更是蕴含着大智慧。

"家"字在《说文解字》中释为：家，居也。家是一个会意字，甲骨文字形。从字形可以看出，家是由人、房屋（地址）和财富组成的全要素。一个简单的汉字形象，能够把中国文化、人民生活概括起来，这在世界上是独一无二的。家整体由上下结构组成，上面一个宝盖头"宀"，"宀为屋也"，如同房屋四周被墙壁所覆盖、保护；"豕为猪也"，两字合写为"家"字，说明有家就有猪，猪就是财富，无猪不成家。家的造字本意是圈养猪的稳定居所。在商代甲骨文中，家有两种写法，第一是宝盖头里边的豕为雄性，第二种写法较简单，不强调性别。到了周代金文时，以不强调性别的家字为主，后世的家字也是由这种写法演变而来的。家的延伸："灾"指房屋着火，灾难；"安"房屋里有妻子儿女，安宁。

［议学任务2］思考：在你掌握的语言中，"家"是怎么表达的？写出不同语言中的"家"，探讨家的功能。

［答案提示］

Family —— House —— Home
（家人）　　　　　　（房子）　　　（共同居住的地方，带有情感色彩）

［设计意图］通过这一思考活动，引导学生深刻感受家庭带来的温暖，充分理解家庭的功能，进而感恩家人给予我们的各种关爱、支持和帮助，感受家是生命的居所、心灵的港湾，让我们有所依靠。

子议题2：亲情所系·家的意义是什么？

［必备知识］家的意义。

［议学情境2］播放视频：MV《欠父亲的话》。

MV简介：《欠父亲的话》是电影《我爸没说的那件事》的主题曲，由歌手赵雷深情演唱。

围绕影片中父子之间的亲情故事，赵雷缓缓地用细腻的诠释方式，唱出对父爱迟来的理解，以及对父亲深深的歉疚与思念。

电影以传统糕点"冰晶糕"为线索，展现了匠人的匠心和蕴藏其中的文化传承。故事中，父子之间存在着误解和隔阂，但这种误解却源于他们埋在心底深沉的爱。

正如歌曲中所唱"人生有太多路口,太多的人忘了看身后",以前不懂怎么开口说出爱,却在分离成为常态后才发现太多的话在喉咙中哽咽,那些大道理和唠叨现在才被参透,但已经太晚了。时间只能仰望回眸,欠父亲的话,那句"对不起",那句"好想你",也只能含着泪水藏在歌里。

[议学任务3]聆听歌曲,结合歌词和你的生活经历,谈谈家和父母在我们成长中的作用。

[答案提示]在我们的成长过程中,家庭环境和父母的角色起着举足轻重的作用。父母作为家庭的重要一员,对孩子性格、思想、情感和行为具有重要影响。理解家是我们的第一所学校,是我们的修身之所。父母是我们的第一任老师,我们在父母等家人的言传身教中学习为人处世,扣好"人生第一粒扣子"。

[议学情境3]资讯:世界再大,也要回家过年。

10月25日,国务院办公厅发布2024年节假日安排,其中春节连休八天,但除夕不放假,鼓励各单位结合带薪年休假等制度,安排职工在除夕这一天休息。此安排公布后,迅速引起热议。有网友认为"年夜饭都吃不上,还谈什么过年",也有网友表示"大多单位还是会选择除夕放假,所以春节连休八天,除夕不放假是隐形福利"。

[议学任务4]为什么每次春节放假安排都备受关注?过年回家对中国人来说意味着什么?请结合你的经历谈谈。

[答案提示]春节,这个充满浓厚中华传统文化氛围的重要节日,是中华民族团圆和欢庆的重要时光,每年的春节放假安排备受关注,是因为春节回家过年直接关系千家万户的团圆和欢庆时光。理解家是代代传承、血脉相连的生活共同体。

[设计意图]本活动通过引导学生思考春节放假备受关注背后的原因,体会春节放假背后流淌的是最具有中国味的浓浓亲情,帮助学生理解家有着深厚的意味、丰富的内涵。总之,千言万语道不尽"家"的意味。

[知识小结]
(1)家庭的内涵
家庭是由婚姻关系、血缘关系或收养关系结合成的亲属生活组织。
(2)家的意义是什么
①家是生命的居所,是心灵的港湾。每个人都有属于自己的家,我们的生

命是父母给予的,我们的成长也离不开家庭的哺育和支持。家不只是一所房子,家里有亲人,家中有亲情,家让我们的心灵有所依托。

②家是我们的第一所学校,是我们的修身之所。父母是我们的第一任老师,我们在父母等家人的言传身教中学习为人处世,扣好"人生第一粒扣子"。

③家是代代传承、血脉相连的生活共同体。在薪火相传中,我们不仅接续着祖先的生命,还传承着家风。优良家风作为一种无形的力量,会融入家庭成员的血脉,潜移默化地影响我们的价值观念、性格特征、道德修养和行为习惯。优良家风引导人们向上向善,促进家庭幸福和谐。

[课后拓展]

尽孝在当下:你有没有想对父母说但一直没说的话?"欠父母的话",不妨今天回去和父母说说。

[设计意图]引导学生学会关爱父母和家人,弘扬中华传统美德,从小感受父母爱的伟大和无私,学会感恩父母的爱和付出,达到孝亲敬长,实现知行合一。此活动并非终极目的,关键是培养孩子的亲情意识和孝顺感恩心态。

[板书设计]

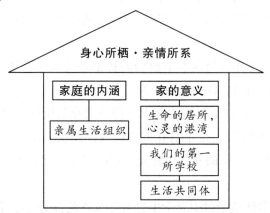

[设计意图]板书以屋子图形呈现"家"的意味,以简洁流畅的家的外观图提炼本节课主干知识,融合形象思维和抽象思维,突出正面价值引领,符合学生认知发展规律,有利于帮助学生在把握本课内容逻辑的基础上巩固所学知识。

"让家更美好"议题式教学设计

黄奕玲　刘秋燕

议题:家有儿女,其乐何以无穷?

一、设计依据

(一)课程标准分析

本框内容对应《义务教育道德与法治课程标准(2022年版)》"生命安全与健康教育"主题中的"理解不同的社会角色,形成亲社会的行为"、"法治教育"主题中的"自觉履行公民义务"、"中华优秀传统文化教育"主题中的"理解中华民族孝悌忠信、礼义廉耻的荣辱观念,崇德向善、见贤思齐的社会风尚"。

(二)教材内容分析

1.本框地位

"让家更美好"是《道德与法治》七年级上册第二单元第四课第二框内容,是在"家的意味"基础上的升华和延展,将对家的爱深入推进,由初识家到学会表达爱,让家更美好。本框是在前面知识基础上的延续,对后一个单元"珍爱我们的生命"起奠基作用,重要地位显而易见。

2.本框内容

"让家更美好"帮助学生了解怎样建设美好家庭,引导学生在实际行动中增强与家人共创和谐家庭的意识和能力,促使学生主动为家庭建设出力,共建共享美好的家庭生活。

3.本框目标

学生通过欣赏音乐视频《阳光女孩 阳光男孩》、感悟情景电视剧《家有儿女》的幸福之道等体验式活动,通过参与研讨化解家庭矛盾启示、发表对"家务卡"的看法等探究式、辨析式活动,阐明通向美好家庭之道。在整合本节课所学基础上,分析"学渣"的父亲暖心发言、冠军滑板少年背后的冠军父亲等热点话题,迁移思考并拟订美好家庭建设计划,进一步增强建设美好家庭的责任感,树立正确的家庭观。

4.本框重难点

教学重点:学会与家庭成员和睦相处,学会创建美好家庭。

教学难点:增强与家人共创共享家庭美德的意识和能力。

(三)教学背景分析

国家议题:弘扬传承新时代良好家风。

社会课题:亲子关系紧张成为普遍的社会问题。家庭是社会的细胞,和谐家庭是和谐社会的基石。建设和谐家庭,既关乎每一个小家庭的幸福美满,也事关社会大家庭的和谐稳定。培养学生为家庭负责的观念,能够促进学生整体责任感培养,有助于社会和谐,有利于推动社会进步。

成长命题(学情分析):初中学生与父母关系紧张的现象比较普遍。提高与父母沟通交流能力,是中学生必须面对的实际问题,有助于形成他们的社会性。初一学生进入青春期,生理和心理发生变化,加上学业压力,他们渴望得到父母的爱护、关注和关爱,希望能够感受家庭的温馨,但却容易与父母产生冲突,甚至产生逆反心理。部分学生的家庭责任意识较淡薄,很少关心父母和家人,缺乏共同营造温馨家庭氛围、共建共享家庭美德的责任意识。

二、设计思路

(一)教学路线

议题线:围绕总议题"家有儿女,其乐何以无穷",设计议题线:与爱偕行·如何感受与反哺亲情之爱;同心同德·建设美好家庭除了爱还需做什么。

情境线:音乐视频《阳光女孩 阳光男孩》;情景电视剧《家有儿女》讲述的一个充满爱的重组家庭的故事;《家有儿女》的幸福之道:化解家庭成员矛盾;《家有儿女》的幸福之道:传承中华民族传统家庭美德;家务卡制度。

活动线:探讨如何感受到情境中重组家庭满满都是爱;探讨《家有儿女》的片段对化解家庭矛盾的启示;探讨剧中家庭体现的中华民族传统家庭美德;发表对"家务卡"的看法及自身参与家庭劳动的心得体会;课后拓展:拟订美好家庭建设计划。

知识线:怎样建设美好家庭的不同要求。

（二）教学结构

总议题	环节·议题线	情境线	活动线	任务线	知识线	核心素养
家有儿女，其乐何以无穷	导入	音乐视频《阳光女孩 阳光男孩》	分享、思考	衔接	怎样建设美好家庭	道德修养健全人格责任意识
	与爱偕行·如何感受与反哺亲情之爱	《家有儿女》讲述的一个重组家庭的故事	探讨如何感受这个重组家庭满满都是爱	理解		
		《家有儿女》的幸福之道：化解家庭成员之间的矛盾	探讨《家有儿女》片段对化解家庭矛盾的启示	理解		
	同心同德·建设美好家庭除了爱还需做什么	《家有儿女》的幸福之道：传承中华民族传统家庭美德	探讨剧中家庭体现的中华民族传统家庭美德	应用		
		家务卡制度	思考家务卡带来的启示	应用		

三、过程设计

[导入]播放《家有儿女》主题曲《阳光男孩 阳光女孩》。

《阳光女孩 阳光男孩》这首歌因为《家有儿女》被大家所熟知。歌词容易引发共鸣，特别是"你的童年我的童年好像都一样"让人印象深刻。

《家有儿女》是以家庭教育为主题的情景喜剧，讲述了两个离异家庭重组后发生在父母和三个孩子间的各种有趣故事。夏东海和刘梅的共同特点是富有爱心，用心陪伴孩子成长，希望培养出自信乐观的下一代，而生活在同一屋檐下的仨姐弟，虽然不是同一母亲所生，年龄也不同，但相处特别和谐。

[设计意图]通过富有感染力的歌曲导入，迅速吸引学生注意力，引发学生共鸣，引导学生理解和感受美好家庭，引出课题，激发学生探究兴趣，营造良好课堂氛围。

子议题1：与爱偕行·如何感受与反哺亲情之爱？

[必备知识]怎样建设美好家庭。

[议学情境1]《家有儿女》之充满爱的家庭。

《家有儿女》展示的是一个重组家庭的故事,虽然是重组家庭,但家庭氛围非常和谐,满满都是爱。

"刀子嘴,豆腐心"的妈妈刘梅,虽然总被儿子刘星的调皮捣蛋气得火冒三丈,但发现自己错怪孩子时,会认真道歉。面对继女小雪、继子小雨,刘梅努力走进他们的世界,呵护其自尊心,一点一点弥补小雪和小雨缺失的母爱。

爸爸夏东海是一名儿童剧编剧,他是妈妈的好帮手、孩子的好朋友,家中发生矛盾时总能理性、冷静地调解。爸爸尊重、理解孩子,关心、宽慰太太,是位有担当的爸爸。

三个孩子之间虽然争吵不断,但在关键时刻总能相互支持,渐渐生出了暖暖的手足之情。还有老古板爷爷和疼孩子的姥姥,热热闹闹的大家庭。

[议学任务1]如何感受这个重组家庭的氛围非常和谐,满满都是爱?

[答案提示]刘梅和夏东海对孩子们无私关爱。作为重组家庭中的父母,他们并没有因为孩子们不是亲生的就有所偏爱或冷落。刘梅作为继母,视夏雪和夏雨如己出,用心呵护他们的成长。夏东海也把刘星当作亲生儿子一样关爱,两人共同营造了一个充满爱的家庭氛围。三个孩子虽然经常吵吵闹闹,但在关键时刻总能相互支持,展现出姐弟之间深厚的感情。爷爷和姥姥也对三个孩子关爱有加。我们看到了一个温暖、充满爱的家庭,也感受到了亲情的可贵。建设美好家庭,需要用心体会亲情之爱。每个家庭的亲情表现不尽相同,有的温馨和睦,有的磕磕绊绊,有的内敛深沉,有的随和自然……我们有时可能因为平常而忽略它,有时似乎感受不到自己渴望的亲情。只要我们用心体悟,就会发现家人间的爱蕴含在生活的点滴之中。

[议学情境2]《家有儿女》的幸福之道:如何化解家庭成员之间的矛盾?

生活中,由于价值观念和生活方式差异、缺乏有效沟通等缘故,家庭成员之间的矛盾不可避免。在《家有儿女》中,有一段关于处理家庭矛盾的片段值得我们深思:夏东海和刘梅的结婚纪念日就要到了,由于创作陷入困境,夏东海心情很是烦躁,夫妻俩产生了矛盾。孩子们为了能让爸妈和好,分别以爸爸、妈妈的名义写情书给对方,不想引起误会升级,甚至把各自准备好的结婚纪念日礼物都扔了出去。孩子们见事与愿违,赶紧说明真相,夫妻恍然大悟。经此矛盾,一家人的感情更牢固了。

[议学任务2]这一片段对化解家庭矛盾有何启示?可以结合你的经历谈谈。

[答案提示]由于夏东海的创作陷入困境,心情很是烦躁,夫妻俩产生了矛盾。但在一个家庭中,家庭成员之间的矛盾难以避免,家庭成员之间有着不同的价值观念、生活方式和工作学习压力,这些都可能带来家庭成员间的矛盾,而家庭成员之间互相体谅则可以化解矛盾。我们要学会换位思考,有事多商量,主动化解矛盾,增进情感。因此,建设美好家庭,需要学会爱、奉献爱。

夏东海夫妇产生矛盾,孩子们为了能让爸妈和好,想了各种办法。这启示我们,当家庭成员之间发生矛盾或冲突时,我们可以充当"黏合剂",相互关爱,彼此尊重。

子议题2:同心同德·建设美好家庭除了爱还需做什么?

[议学任务3]《家有儿女》的幸福之道:这个家体现了哪些中华民族传统家庭美德? 这对我们建设美好家庭有什么启发?

[答案提示]剧中一家人相亲相爱、向上向善,夫妻相敬如宾、尊老爱幼。建设美好家庭,需要传承中华民族传统家庭美德。家庭是道德养成的起点,我们要培育和弘扬社会主义核心价值观,发扬光大中华民族传统家庭美德,追求爱国爱家、相亲相爱、向上向善、共建共享的社会主义家庭文明新风尚,让美德在家庭中生根、在亲情中升华。

[议学情境3]《家有儿女》的幸福之道:家务活动怎么分配?

为了鼓励三个孩子干家务,夏东海制订了家务卡制度,奖励做家务的人零花钱。孩子们抢着干活,一天拖好几次地、做好几次饭。孩子们为了得到更多的奖励,做家务只求数量、不求质量。

夏东海的本意是为了让孩子认识到,做家务是每个家庭成员的义务和责任,结果孩子全冲着奖励去了。夏东海决定取消家务卡制度,侧重引导孩子们理解劳动的重要性,以及培养孩子共同承担家庭责任的意识。

[议学任务4]家务是家庭生活中不可或缺的活动,家务分配也是家庭矛盾的高发诱因。

(1)结合《家有儿女》片段,谈谈你对做家务换取零花钱这一措施的看法。

(2)学校每周都会布置家庭劳动作业,请分享你的心得体会。

[答案提示](1)孩子本身就是家庭的一分子,家务需要每个家庭成员共同承担,不应该用明码标价的方式鼓励孩子做本就应该完成的事情。建设美好家庭是家庭成员的共同责任。在家庭生活中,我们有自己的角色,家庭成员共同分担、相互协作,有助于营造良好家庭氛围。我们要不断提高自我管理能力,增

强家庭责任意识,为家庭建设作出贡献。

(2)积极参与家庭劳动能够促进我们全面发展,不断提高自我管理能力,增强家庭责任意识,为建设和谐家庭作贡献。在劳动过程中,我们能够树立各种良好的道德价值观念,并自觉转化为成长的重要财富,助推我们发展。

[知识小结]怎样建设美好家庭?

①建设美好家庭,需要用心体会亲情之爱。每个家庭的亲情表现不尽相同,有的温馨和睦,有的磕磕绊绊,有的内敛深沉,有的随和自然……我们有时因为平常而忽略它,有时似乎感受不到自己渴望的亲情。只要我们用心体悟,就会发现家人间的爱蕴含在生活点滴之中。

②建设美好家庭,需要相互关爱、彼此尊重。家庭成员之间相互关爱是家庭幸福美满的重要条件。在接受关爱的同时,也要学会回报爱。对父母长辈,我们要孝顺敬重;对兄弟姐妹,我们要相携相助。在生活中,家庭成员之间的矛盾有时难以避免。我们要学会换位思考,有事多商量,主动化解矛盾、增进情感。

③建设美好家庭,需要传承中华民族传统家庭美德。家庭是道德养成的起点,我们要培育和弘扬社会主义核心价值观,发扬中华民族传统家庭美德,追求推动形成爱国爱家、相亲相爱、向上向善、共建共享的社会主义家庭文明新风尚,让美德在家庭中生根、在亲情中升华。

④建设美好家庭,是家庭成员的共同责任。在家庭生活中,我们有自己的角色,家庭成员共同分担、相互协作,有助于营造良好家庭氛围。我们要不断提高自我管理能力,增强家庭责任意识,为家庭建设作贡献。

[课后拓展]材料一:"我的儿子是学渣,但是我依然相信他完全有可能成为国之栋梁。""我的儿子心理特别强大。"这段"学渣"爸爸在家长会上的发言火上热搜。

材料二:15岁的广东中山少年陈烨为中国滑板队摘得亚运会首金,他的父亲可谓"花光积蓄砸锅卖铁也要支持他"。父子二人共同奋斗,相互鼓励,携手克服困难。陈烨的父亲甚至成为他的私人教练,虽然自己是一名舞蹈老师,但上网查找高难度滑板动作,并亲自教导儿子拆解和学习这些动作。这种毫无保留的支持和父子间的默契,成就了陈烨的冠军之路。

分析"学渣"父亲暖心发言、滑板冠军父亲等热点话题,迁移思考如何拟订美好家庭建设计划。

[设计意图]该拓展任务延伸了课堂情境,综合运用本节课所学知识,引导学生思考、拟订美好家庭建设计划。在知识迁移中促进健全人格等学科核心素养落地,达成立德树人根本目标。本拓展任务属于实践任务,可以丰富学习评价方式,完成"知识理解—知识应用—知识迁移"的课堂闭环。

[板书设计]

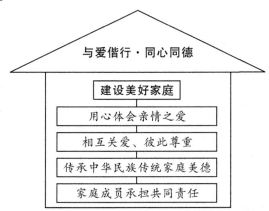

与爱偕行·同心同德

建设美好家庭

用心体会亲情之爱

相互关爱、彼此尊重

传承中华民族传统家庭美德

家庭成员承担共同责任

[设计意图]板书以房屋的形状呈现美好的"家",以简洁流畅的家的外观图提炼本节课核心知识点,突出价值观引领,让学生明白自己是家庭的一员,要承担相应的家庭责任,与家人共同构建和谐美好的家庭。

"走近老师"议题式教学设计

黄奕玲　　刘秋燕

议题:学生为何要"亲其师"?

一、设计依据

(一)课程标准分析

本框内容对应《义务教育道德与法治课程标准(2022年版)》"生命安全与健康教育"主题中的"理解不同的社会角色,形成亲社会的行为"、"中华优秀传统文化教育"主题中的"理解中华民族孝悌忠信、礼义廉耻的荣辱观念,崇德向善、见贤思齐的社会风尚"。

(二)教材内容分析

1.本框地位

"走近老师"是《道德与法治》七年级上册第二单元第五课第一框内容,衔接小学《道德与法治》三年级上册第二单元第五课"走近我们的老师"相关内容。本框在第二单元讲述亲情关系的基础上,基于青春期的独立性与依赖性的矛盾,从师生关系角度进一步形塑学生的人际交往能力,围绕学生不断扩展的校园生活,帮助学生走近教师这一职业,为下一框"珍惜师生情谊"奠定情感基础。

2.本框内容

"走近老师"主要帮助学生了解人类文明的传承离不开教师,了解教师的职业特点及在学生成长过程中的重要作用,增强对教师职业的认同,真正懂得尊师重道。

3.本框目标

学生通过参与比喻教师、评议名校硕博到中小学任教、参与研讨"燃灯者"故事等探究式、辨析式活动,理解教师职业的特点和使命,发展信息获取与加工、语言组织与表达、批判性思考、职业生涯规划等关键能力,以尊师重教传统美德涵养学生健全人格,进一步发展人际交往能力。

4.本框重难点

教学重点:理解新时代"四有"好老师的内涵。

教学难点:理解老师在学生成长过程中发挥着不可替代的作用。

(三)教学背景分析

国家议题:建设教育强国是全面建设社会主义现代化国家的必然要求,必须在全党全社会大力弘扬尊师重教的社会风尚。

社会课题:一方面,非师范类名校的硕博毕业生扎堆中小学任教已屡见不鲜,教师职业因相对稳定成为求职的"香饽饽";另一方面,名校硕博毕业生到中小学任教反映了社会对教师职业的认知存在信息不对称现象。走近教师职业,对建设"四有"好老师队伍、弘扬尊师重教社会风尚具有重要意义。

成长命题(学情分析):一方面,学生自进入学校以来,就开始跟老师打交道,在小学《道德与法治》课中也学习过"教师"主题相关内容,对老师这一职业和身边的老师并不陌生,同时也具有向师性;另一方面,学生对教师的了解还停留在经验和感性层面,随着学生自我意识增强、信息获取渠道多元化,他们对老师的权威性产生怀疑,师生之间可能产生矛盾和冲突。因此,需要引导学生进一步深入认识教师、理解教师、尊重教师。

二、设计思路

(一)教学路线

议题线:围绕总议题"学生为何要'亲其师'",设计议题线:品初心·教师这一职业有何使命和特点;筑同心·如何认识好老师在学生成长中的作用;颂匠心·如何以实际行动表达对老师的感恩之心。

情境线:漫画《老师不是放马的》;名校硕博扎堆中小学任教;视频《燃灯者》。

活动线:比喻老师;评析名校硕博任教中小学现象;研讨"燃灯者"们身上的优秀品质。

知识线:教师职业的使命和特点;怎么正确认识教师职业;本框综合知识。

（二）教学结构

总议题	环节·议题线	情境线	活动线	任务线	知识线	核心素养
学生为何要"亲其师"	品初心·教师这一职业有何使命和特点	漫画《老师不是放马的》	比喻老师	理解	教师职业的使命和特点	道德修养 健全人格
		名校硕博毕业生扎堆中小学任教	热点评析	应用		
	筑同心·如何认识好老师在学生成长中的作用	视频《燃灯者》	案例研讨	理解	怎么正确认识教师职业	
	颂匠心·以实际行动表达对老师的感恩之心	我为老师颁个奖		迁移		

三、过程设计

环节一：品初心·教师这一职业有何使命和特点

[必备知识]教师职业的使命和特点。

[议学情境1]小林漫画一则。老师说："期中考我可以放你一马,摸底考可以放你一马,水平考也可以放你一马,但我是教书的,不是放马的。"

[议学任务1]（1）你觉得老师像什么？为什么？

（2）结合学生对老师的比喻,你认为教师具有什么样的使命和特点？

（3）古往今来,你了解哪些著名教师的思想或故事？

[答案提示]老师像灯塔、蜡烛、园丁,奉献自己,引领学生发展。教师是履行教育教学职责的专业人员,承担着教书育人使命。古往今来,我国涌现出孔子、陶行知、张桂梅等优秀教师,正是因为有一批批优秀老师的存在,中华文明的传承才得到保障。教师作为教育工作者,是人类文明的传承者之一。

[设计意图]以趣味漫画引发学生结合生活经验思考教师形象的兴趣,在问题组指引下,经历从比喻教师到认识教师职业特点和使命的学习过程,培养创新思维能力和语言表达能力,自觉理解老师、体谅老师、尊敬老师。

[议学情境2]近年来,越来越多名校硕博毕业生扎堆中小学任教,一些地区甚至直接以硕士博士为教师招聘门槛。对此,有观点认为名校硕博毕业生到

中小学任教有利于提升教师队伍整体素养,也有观点认为名校毕业生不等于名师,教师招聘不应"唯学历"论。

[议学任务2](1)结合你对教师这一职业的理解和教师法有关规定,谈谈对此现象的看法。

(2)举行模拟教师招聘会:应聘者向考官作一分钟自我推介,由考官对应聘者进行点评和决定是否录用。

[答案提示]名校硕博毕业生往往具有扎实的知识功底,这是他们的优势,但一个好老师还应具备过硬的教学能力、勤勉的教学态度和科学的教学方法,非师范学校的名校硕博毕业生在专业技能上可能有所欠缺。更重要的是,一名好老师应有崇高的理想信念,意识到自己的使命和职责。教师是履行教育教学职责的专业人员,《中华人民共和国教师法》明确规定了教师的资格、任用、培养和培训等要求。教师作为人类文明的传承者,承载着传播知识、传播思想、传播真理、塑造灵魂、塑造生命、塑造新人的重任。

[设计意图]以"名校硕博毕业生到中小学扎堆任教"这一热议话题启发学生辩证思考,引导学生应用所学知识分析现实问题。这也是一场基于社会现实的小型生涯教育活动,帮助学生更好了解当下教师的就业条件和环境,激发学生职业规划意识。

环节二:筑同心·如何认识好老师在我们成长中的作用

[必备知识]深刻理解教师职业。

[议学情境3]视频《燃灯者》。

在大山深处,有这样的一群"燃灯者",自觉肩负起为党育人、为国育才的使命:身患多种疾病的张桂梅老师走遍大山进行家访,行程超过10万公里,她建立起中国第一所全免费女子高中,把奖金、工资全部拿出来补贴学校和学生,帮助1300多名女孩走出大山;80后"白发校长"张鹏程坚持拿自己的工资补贴学生的餐费,他说"农村的孩子,总要有人来陪他们";96岁的退休教师叶连平创办了"留守儿童之家",以专业的知识和过硬的教学能力连续23年免费为上千名孩子辅导,他唯一的希望是最后一口气是在三尺讲台上呼出去的。

[议学任务3]小组讨论:结合"燃灯者"的故事,谈谈教师在我们成长过程中的作用,以及一位好老师应该具备哪些条件。

[答案提示]老师在我们的成长过程中发挥着不可替代的作用。老师是我们锤炼品格的引路人,是我们学习知识的引路人,是我们创新思维的引路人,是

我们奉献祖国的引路人。好老师应有理想信念，"燃灯者"始终秉持为党育人、为国育才的崇高信念；好老师应具有道德情操、仁爱之心，"燃灯者"关爱学生、无私奉献、道德高尚，起到了以德施教的榜样作用；好老师还应具备扎实学识，"燃灯者"以专业的知识素养、过硬的教学能力，培育了一批批优秀学生。

[设计意图]以张桂梅等伟大的"燃灯者"的故事，给学生视觉和思想上的震撼，将"四有"好老师具象化，帮助学生更好理解知识，形成自觉尊敬老师的习惯，同时引导学生向"燃灯者"学习，树立崇高的理想信念。

[知识小结]

（1）教师这一职业有何特点？

①教师是一个神圣的职业，承担教书育人使命。

②教师是履行教育教学职责的专业人员。

（2）怎么正确认识教师这一职业？

①老师在我们的成长过程中发挥着不可替代的作用，是我们锤炼品格的引路人，是我们学习知识的引路人，是我们创新思维的引路人，是我们奉献祖国的引路人。

②随着时代的发展，老师不断改变工作理念和工作方式，不断提高自身素养，努力成为有理想信念、有道德情操、有扎实学识、有仁爱之心的好老师。

[设计意图]知识小结是课堂知识理解环节的"画龙点睛"之笔，可以帮助学生梳理本节课主干知识，引导学生养成总结归纳的学习习惯，同时为知识应用和迁移奠定基础，便于学生在理解主干知识基础上运用知识解决实际问题。

环节三：颂匠心·以实际行动表达对老师的感恩之心

[必备知识]本课综合知识。

[拓展情境]我为老师颁个奖。

[拓展任务]依据任课教师的风格，组内商讨决定为老师颁发一个奖项，送上"量身定做"的奖状和颁奖词。

[设计意图]该拓展任务目的在于延伸课堂情境，引导学生认识教师职业，尊重老师，拉近师生之间的距离，建立和谐的师生关系，进一步理解老师的工作。考查学生对走近老师等相关知识的理解与迁移运用，也可考查、锻炼学生的组织与表达等能力，丰富对学生学习的评价方式，完成"知识理解—知识应用—知识迁移"的完整课堂建构。

[板书设计]

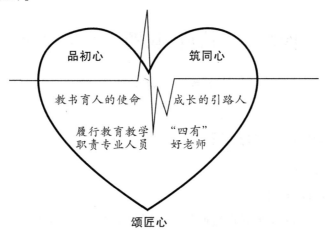

[设计意图]从整体上看,板书呈现为一颗爱心形状,寓意学生要理解教师的良苦用心,主动与教师以心相交,融合形象思维和抽象思维,凸显正面价值引领;从板书组成要素来看,随着教学的推进,爱心的上端和底端将先后呈现本框三个议题及其对应主干知识,有利于学生在把握本节课内容逻辑的基础上,巩固本节课所学知识。

"珍惜师生情谊"议题式教学设计

黄奕玲　刘秋燕

议题:如何与老师"双向奔赴"?

一、设计依据

(一)课程标准分析

本框内容对应《义务教育道德与法治课程标准(2022年版)》"生命安全与健康教育"主题中的"理解不同的社会角色,形成亲社会行为"、"中华优秀传统文化教育"主题中的"理解中华民族孝悌忠信、礼义廉耻的荣辱观念,崇德向善、见贤思齐的社会风尚"。

(二)教材内容分析

1.本框地位

"珍惜师生情谊"是《道德与法治》七年级上册第二单元第五课第二框内容,是初中学生人际交往的延展,引导学生从双向互动角度进一步思考师生关系:师生之间是平等的,需要彼此尊重、携手共进;在接受老师关爱的同时,学会主动理解、关心老师,与老师建立良好合作关系,共度教育好时光。

2.本框内容

本框强调师生之间和谐相处,引导学生正确看待老师的教育和指导,深刻理解师生交往的要领,通过实际行动建立和谐的师生关系,营造师生交往理想而美好的氛围。

3.本框目标

学生通过参与交往能力测试、师生沙龙等体验式活动与教学反馈会、奖惩经历的问卷调查等探究式、辨析式活动,主动加深与老师的感情,愿意与老师交往,学会正确对待老师的表扬和批评,与老师的交往能够达到良好状态,在日常学习生活中能够用实际行动尊敬老师;发展学生信息获取与加工、语言组织与表达、批判性思维与创新思维等关键能力,以尊师重教传统美德涵养健全人格和品德修养。

4.本框重难点

教学重点:认识师生交往的良好状态并学会构建良好的师生关系。

教学难点:正确对待老师的表扬和批评;尊重并适应不同风格的老师。

(三)教学背景分析

国家议题:尊师重教是事关国家和民族兴旺发达的重要课题。

社会课题:随着教育观念革新、教育法规完善、教师队伍年轻化,师生关系发生着许多变化,也变得更为敏感,老师不敢管、不想管等有关教育惩戒的话题成为社会关注的焦点。在互联网和人工智能背景下,教师的教学地位被弱化,师生之间的交流变得更加平等和开放。

成长命题(学情分析):一方面,尊师重教是中华民族传统美德,也是学生的基本行为规范;另一方面,老师是学生成长的引路人,学生只有"亲其师",才能"信其道",才能更好学习发展。初中生存在向师性特点,大部分学生非常渴望得到老师的鼓励和关爱,但由于他们自我意识和独立意识增强、获取信息渠道多元化,难免会质疑老师的权威性。在日常学习生活中,大多数学生愿意听老师的表扬或鼓励,但面对老师的批评教育,则可能产生抵触情绪,有的甚至因此讨厌老师。引导学生理解、尊重老师,建立亦师亦友的和谐师生关系,是新时代师生关系发展的迫切需求。

二、设计思路

(一)教学路线

议题线:围绕总议题"如何与老师'双向奔赴'",设计议题线:亦师亦友·如何与老师建立良好的关系;长善救失·如何对待老师的指引与评价;独树一帜·如何认识老师的不同风格。

情境线:交往能力测试;印象最深刻的一节课;《中小学教育惩戒规则(试行)》的推行;90后、00后走上讲台后师生关系的"画风"。

活动线:交往能力测试;分享印象最深刻的一节课,并对老师的教学提建议;奖惩经历的问卷调查;沙龙会分享师生交往的美好回忆和思考如何处理好师生关系;课后拓展:校长信箱。

知识线:师生交往理想而美好的状态;如何构建良好的师生关系。

（二）教学结构

总议题	环节·议题线	情境线	活动线	任务线	知识线	核心素养
如何与老师"双向奔赴"	导入	交往能力测试		衔接		道德修养 健全人格
	亦师亦友·如何与老师建立良好的关系	分享印象最深刻的一节课		理解	师生交往理想而美好的状态、如何构建良好的师生关系	
	长善救失·如何对待老师的指引与评价	《中小学教育惩戒规则（试行）》的推行	奖惩经历的问卷调查	应用	如何构建良好的师生关系	
	独树一帜·如何认识老师的不同风格	90后、00后走上讲台后师生关系的"画风"	师生沙龙会	理解、应用	如何构建良好的师生关系	
		给校长写一封信		迁移	"珍惜师生情谊"综合知识	

三、过程设计

[测试导入]通过与老师打招呼的方式测试你懂不懂如何与老师交往。

第一种：有问题会及时请教老师，在路上遇到老师会热情主动打招呼（属于积极主动与老师交往，人际交往能力较强）。

第二种：老师先来找你谈话沟通，在路上见到老师不好意思问好且马上溜走（属于被动与老师交往，人际交往能力一般）。

第三种：会与老师起冲突，见到老师从不问好，对老师能躲多远则躲多远（属于不愿与老师交往，人际交往能力较弱）。

[设计意图]以"交往能力测试"为课堂导入，能够引起学生反思，让学生重新审视与老师的交往方式，顺利导入新课。

[开始新课]新课过程以模拟会议形式展开。

会议背景：为促进初一年级学生尽快适应初中学习生活，构建良好师生关系，学校拟围绕"如何与老师'双向奔赴'"议题，邀请校领导、任课老师和学生，从三个方面开展现场座谈。

座谈会一：亦师亦友·如何与老师建立良好的关系？

[必备知识]师生交往理想而美好的状态、如何与老师建立良好的关系。

[议学情境1]教学反馈·如何与老师共同上好一堂课?

[议学任务1]

环节一:分享你印象最深刻的一节课。

在这堂课上,你收获了什么?

在这堂课上,老师如何引导学生学习?

在这堂课上,你如何跟着老师的节奏学习?

环节二:结合同学们的发言,从老师视角围绕"如何与老师共同上好一堂课"提出建议。

[设计意图]以老师与学生交往常见的场景——课堂——为背景,启发、引导学生思考师生关系的状况、各自的角色责任和作用,引导学生学会与老师交往,努力建立和谐的师生关系;引导学生理解、关心老师,发自内心地尊重老师,善于从老师的教诲中汲取成长的营养,以勤学好问、积极主动的态度与老师沟通交流。

座谈会二:长善救失·如何对待老师的指引与评价?

[必备知识]正确对待老师的表扬和批评。

[议学情境2]圆桌论坛·解读《中小学教育惩戒规则(试行)》。

[议学任务2]问卷调查·我的奖惩经历。

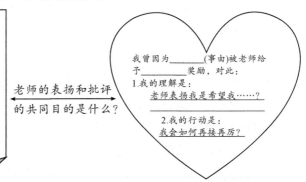

我曾因为_____(事由)被老师处以_____惩戒,对此:

1.我的理解是:
老师为什么要对我进行惩戒?你觉得老师的惩戒是否合法合理?

2.我的行动是:
面对老师的批评,你采取了哪些改进措施?如果你觉得老师的惩戒不合理,你会怎么与老师进行沟通?(P69方法与技能)

老师的表扬和批评的共同目的是什么?

我曾因为_____(事由)被老师给予_____奖励,对此:

1.我的理解是:
老师表扬我是希望我……?
_____

2.我的行动是:
我会如何再接再厉?

[设计意图]问卷调查的设计具有开放性,引导学生回顾自身的奖惩经历,将自己对待老师表扬与批评的心态具象化,充分发挥学生主体作用,引导学生理性看待老师的表扬与批评,理解老师的良苦用心,虚心接受老师的批评教育,进而达到预期的教育效果。

座谈会三:独树一帜·如何认识老师的不同风格?

[必备知识]师生交往的良好状态。

[议学情境3]师生沙龙·当90后、00后走上讲台,师生关系"画风"如何?

近年来,学校引进了一批90后、00后的年轻教师。同学们和他们"打成一片",成为校园里独特的风景线。

邀请若干年轻教师代表、学生代表开展沙龙活动,分享同学与年轻老师之间的故事。

[议学任务3]探究分享。

(1)为什么同学们更容易与年轻老师亲近?这对我们处理好师生关系有何启发?

(2)如果某位老师的风格不是自己喜欢的,还要尊重他吗?课后思考自己平时不太喜欢的老师的教育行为之目的,回想他们打动自己的瞬间,并思考如何与他们沟通交流。

[答案提示]年轻老师更有活力、能够与学生平等交流、尊重学生个性发展,我们要学会和老师成为朋友。

由于年龄、专业、阅历、性格等差异,每位老师的教育教学方式有所不同。不同风格的老师都有值得我们学习的地方。即使某位老师的风格不是自己喜欢的,也要尊重他。

[设计意图]通过沙龙会分享师生交往故事,描绘良好师生交往场景,触动学生心灵,与老师建立良好合作关系,尊重并适应不同风格的老师。

[知识小结]

(1)什么是师生交往理想而美好的状态?

彼此尊重、教学相长、携手共进,是师生交往理想而美好的状态。

(2)如何构建良好的师生关系?

①老师是我们敬重的长辈,是我们的良师益友,也是有血有肉、有喜怒哀乐的普通人,我们应主动理解、关心老师。

②真诚接受老师的引领和指导。我们的成长离不开老师的悉心教导,应该发自内心地尊重老师,善于从老师的教诲中汲取成长的营养,以勤学好问、积极主动的态度与老师交流。

③正确对待老师的表扬和批评。老师的表扬意味着肯定、鼓励和期待,激励我们更好地学习和发展。对待老师的表扬,我们应戒骄戒躁,再接再厉,争取做得更好。老师的批评意味着关心、提醒和劝诫,帮助我们反省自己、完善自

我。对待老师的批评,我们应把注意力放在批评的内容上,理解老师的良苦用心。

④尊重并适应不同风格的老师。由于年龄、专业、阅历、性格等差异,每位老师的教育教学方式有所不同。不同风格的老师都有值得我们学习的地方。

[拓展空间]校长信箱·如何用好课间10分钟?

近日,"消失的课间十分钟"冲上热搜。一些学校由于担心学生在课间活动出事要担责,便选择把学生留在教室。与此同时,有学校推出"20分钟课间",把老师、学生"赶出"教室、"拉上"操场,其出发点是通过增加户外活动时间,提高学生身体素质,促进师生、生生深度交流。

查阅相关资料,结合你与同学的"课间十分钟",给校长信箱投出你对"如何用好课间10分钟"的建议信。

[板书设计]

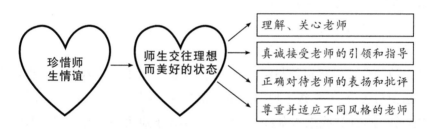

[设计意图]板书以心连心的图形呈现,表明师生之间要真心相待,引导学生懂得怎么做才能达到师生交往理想而美好的状态。板书结合形象思维和抽象思维,突出关键词,帮助学生在把握本框内容逻辑的基础上巩固所学知识,有助于学生健全人格培养,凸显尊师重教的价值引领。

"友谊的真谛"议题式教学设计

李英嫦　刘秋燕

议题:如何把握友谊的真谛?

一、设计依据

(一)课程标准分析

本框内容对应《义务教育道德与法治课程标准(2022年版)》"生命安全与健康教育"主题中的"能正确认识和处理自己与同学、朋友的关系,个人和集体的关系,在团队活动中增强合作精神"。

(二)教材内容分析

1.本框地位

"友谊的真谛"是《道德与法治》七年级上册第二单元第六课第一框内容,衔接《道德与法治》一年级上册第一单元第二课"拉拉手交朋友"、一年级下册第四单元第十三课"我想和你们一起玩"、三年级下册第一单元"同学相伴"、四年级下册第一单元"同伴与交往"。小学阶段对朋友、友谊的认识与实践为学生理解友谊的真谛奠定坚实的情感基础。初中生在不断扩展的生活领域,需要学会用合适的方式处理与自我、他人、集体、国家和社会等方面的关系。友谊是学生成长过程中非常重要的一个学习主题,贯穿学生成长各个阶段。学会与同伴友好相处,懂得个人成长离不开社会和他人的支持,处理好与朋友的关系,也是一个十分重要的生命主题。本框聚焦学生对友谊的体验和认知,理解何谓真正的友谊,为如何缔结真挚的友谊做认知和情感上的准备。

2.本框内容

本框带领学生回溯自己友谊成长之路,使学生感受美好友谊的深厚力量,进而启发学生体悟友谊的重要特质,帮助学生更好地认识、理解和珍视身边的友谊,阐释"我们需要什么样的友谊"这一问题。两部分内容相互补充,不断深化学生对友谊的认识,引导学生真正感受友谊的真谛,形成对友谊更为全面理性的认识,在成长路上珍惜每一段情谊。

3.本框目标

学生通过参与评议("搭子"社交)、商议("朋友影响力"图和"我的影响力"图)、评议(马克思与恩格斯的友谊)、建议(未来友谊画卷)等议学活动,感受中学交友的新变化,领悟友谊在成长路上的独特价值和意义,学会正确看待友谊,并在把握交友原则的基础上,发展辨析能力和合作能力,领悟友谊的真谛,正确认识和处理自己与同学、朋友的关系,培育健全人格。

4.本框重难点

教学重点:友谊的特质。

教学难点:友谊是一种心灵的相遇。

(三)教学背景分析

国家议题:"积极交往,有效互动,建立和维持良好的人际关系"被作为中国学生发展应具备的核心素养。良好的交往品质和交往技能,可以帮助学生适应终身发展和社会发展的需要。

社会课题:中学生个性特征不断发展。一方面,渴望认识更多朋友,但由于感情丰富且较为敏感、情绪变化快,使同伴关系缺乏稳定性,容易出现各种交友问题。另一方面,学生在谋求同伴的认同与接纳的同时,更容易形成小团体。由于学生辨别是非能力较弱,容易受到同学不良行为影响,做一些违纪违规的事情。真正理解友谊的特质,对塑造学生正确的世界观、人生观、价值观,促进学生健康发展,有着重要意义。

成长命题:对处于青少年时期的中学生来说,同伴交往和友谊是这一时期的重要主题,与同龄人深入交往、建立真挚友情成为学生迫切的心理需求。深厚友谊的形成,对学生成长有着潜移默化的影响。但是,在与同伴相处过程中,他们只有一些模糊的情感体验,还没上升到理性认识。处理朋友关系也存在诸多问题,不能有效地处理与朋友之间的矛盾,影响友谊关系。因此,在初中生活的起步阶段安排友谊相关内容,既是重视学生道德和心理发展需求的体现,也是对初中生活逐步展开后学生实际需要的回应。

二、设计思路

(一)教学路线

议题线:围绕主议题"如何把握友谊的真谛",设计议题线:我们为什么需要友谊;我们需要什么样的友谊;三年后我们将会收获什么样的友谊。

情境线:"搭子"社交;"朋友影响力"图和"我的影响力"图;成长过程中的

友谊故事;马克思与恩格斯的友谊;学长庄梓铨中学时期的友谊。

活动线:描述"搭子"社交;绘制"朋友影响力"图和"我的影响力"图;分享成长过程中的友谊故事;分析马克思与恩格斯的友谊;感受学长庄梓铨中学时期的友谊。

知识线:友谊的重要性;友谊的特质;"友谊的真谛"综合知识。

(二)教学结构

总议题	环节·议题线	情境线	活动线	任务线	知识线	核心素养
如何把握友谊的真谛	我们为什么需要友谊	"搭子"社交,"朋友影响力"图和"我的影响力"图	分析思考绘图分享	衔接理解	友谊的重要性	健全人格
	我们需要什么样的友谊	成长过程中的友谊故事　马克思与恩格斯的友谊	分享讨论描述分析	理解应用	友谊的特质	
	三年后我们将会收获什么样的友谊	学长庄梓铨中学时期的友谊带给他的影响	绘制未来友谊画卷	运用迁移	"友谊的真谛"综合知识	

三、教学过程设计

环节一:我们为什么需要友谊?

[新课导入(议学情境1)]2023年,"搭子"社交一词条冲上微博热搜,"饭搭子""旅游搭子""考研搭子"等名词层出不穷,甚至还有"遛娃搭子""逛街搭子""减肥搭子"……通过社交平台,年轻人万事皆可搭。"搭子",方言里原指"一起打牌的人",如今年轻人中流行的"搭子",反映了一种新型的社交关系模式。在《咬文嚼字》编辑部发布的2023年十大流行语中,"搭子"赫然在列。

[议学任务1]我们为什么需要"搭子"?

[答案提示]我们每个人都不可孤立生存于这个世界,连接人与人的是各种社会关系,支持人的是各种亲密关系,如友谊,而"搭子"只是对友谊的一种新诠释和新延伸。

[设计意图]以"搭子"这一贴近同学们生活实际的热词导入,通过网络热

搜反映年轻人新型社交的出现,自然引出本节课的核心概念"朋友""友谊",能够快速吸引学生学习兴趣,激发学生学习热情,为课堂内容的学习奠定良好的基调。

[议学情境2]填写"朋友影响力"图

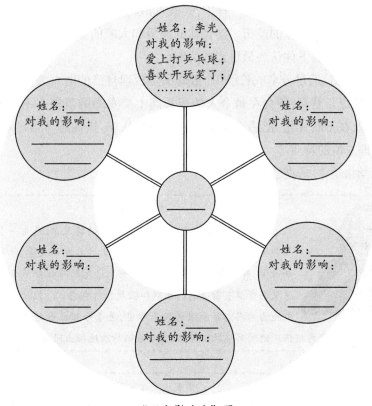

"朋友影响力"图

[议学任务2]找几位与你关系亲近、交往较长的"搭子",分享你与他们的故事,谈谈他们对你的影响。同时,思索自己对其他朋友有着怎样的影响,并绘制"我的影响力"图,思考友谊给我们带来了哪些收获。

[设计意图]通过"朋友影响力"图与"我的影响力"图,学生从主客体角度思考,表达所思所想,进一步梳理友谊带给自己及自己带给他人的力量,从而更加珍惜友情,增强自我认同感,为展开本框核心内容教学做好铺垫。

[教师总结]友谊是人生永恒的话题,伴随着我们生命成长的全过程。友谊让我们感受到生活的美好,在我们的成长路上不可或缺。

在共同的学习和生活中,我们从陌生变得越来越熟悉,逐渐建立了友谊。

在与朋友的交往中,有欢笑也有泪水,有甜蜜也有苦涩。在友谊的长河里,我们有着不同的体验,积累着各自的感受,体悟着友谊的真谛。

环节二:我们需要什么样的友谊?

[必备知识]友谊的特质。

[议学任务1]在你的成长历程中,哪些友谊越来越稳固?哪些友谊的小船已经说翻就翻?分享你的经历。结合你的经历和大家的分享,你觉得友谊中哪些特质最重要?写下你认为最重要的关键词。

[设计意图]通过分享成长经历,帮助学生梳理自己的朋友关系,感受经历带给自身的成长意义,领会在每个人的成长路上交友圈的范围在不断变化,交友圈的朋友在不断变化,把感性体验上升到理性认识,进而思考自己对友谊的期待,把握友谊的特质。

[议学情境1]马克思与恩格斯的个人简介。

卡尔·马克思

卡尔·马克思1818年出生于德国的特里尔,来自一个犹太律师家庭,受过良好的教育。在波恩大学和柏林大学,学习法律和哲学,并深受黑格尔哲学的影响。马克思对社会不公和资本主义的弊端有着深刻的理解和强烈的批判意识。他是一位富有创造力的思想家和激进的革命者,善于分析社会结构和经济体系,且文字表达能力极强。他的写作风格犀利,常常能够精准地指出问题的核心。

弗里德里希·恩格斯

弗里德里希·恩格斯1820年出生于德国的巴门,生活在一个富裕的纺织工厂主家庭。尽管家境优越,但恩格斯对工人阶级的生活状况有着深入的了解,并对此深感同情。他在英国曼彻斯特工作期间,亲身体验了工业革命带来的社会问题,并开始写作以揭露工人阶级的艰辛生活。恩格斯是一个实践型的知识分子,具有丰富的实地调查经验和敏锐的社会观察能力。

[议学任务2]结合马克思和恩格斯的成长经历,你认为他们能成为好朋友的理由是什么?

[答案提示]虽然他们的家庭背景、成长经历各不相同,但他们都有着对工人阶级的同情,都对资本主义持批判态度,并致力于社会变革。这使得他们在

理念上产生很强的共鸣性,共同的价值观、心灵的相遇促成了他们深厚的友谊佳话。

[议学情境2]伟大的革命友谊。

卡尔·马克思和弗里德里希·恩格斯是马克思主义创始人。马克思和恩格斯都全心全意地为共同的事业而奋斗。为了从经济上支持马克思的研究,恩格斯违心地接受了父亲的经商要求,并把挣来的钱不断寄给马克思。当马克思还没有精通英文时,恩格斯就帮他翻译;当恩格斯写文章时,马克思也放下自己的工作,帮他写作有关部分。

《资本论》第一卷出版后,马克思在写给恩格斯的信中说:"没有你,我永远不能完成这部著作。"马克思去世后,恩格斯放下自己的研究工作,全力以赴地整理《资本论》第二卷和第三卷,直至出版。这些著作里也包含着他的劳动,闪烁着他的智慧。对此,恩格斯却十分谦虚地说:"我一生所做的是我注定要做的事,就是拉第二小提琴,而且我想我做得还不错。我很高兴我有像马克思这样出色的第一小提琴手。"

伟大的革命友谊成就了两位伟人,两位伟人也成就了伟大的革命友谊。

[议学任务3]谈谈你对马克思与恩格斯之间友谊的认识,并和同学探讨什么是真正的友谊。

[答案提示]马克思和恩格斯都有着推翻资本主义社会、建立共产主义社会的共同理想,他们共同创立了马克思主义,并为此不懈努力。他们的友谊是基于对社会公正和变革的深刻理解和共同追求,是一种心灵的相遇。马克思和恩格斯在写作和研究上相互支持、彼此帮助、毫不保留、亲密无间;马克思在《资本论》出版后,承认没有恩格斯的帮助他无法完成这部著作,体现了他对恩格斯的尊重和感激。这是一种平等的、双向的友谊。

[设计意图]通过引入马克思和恩格斯的友谊故事,让学生清晰认识真正的友谊需要具备的特质——亲密的关系、心灵的相遇、平等的双向性,培养学生的材料分析能力和解读能力。通过伟人间的友谊,向学生传递共同的理想和价值观的重要性,帮助学生树立正确价值观。

[知识小结]友谊的特质——

①友谊是一种亲密的关系。在真正的友谊中,我们能够得到朋友的理解和帮助、信任和忠诚、肯定和关心,享受到更多的快乐和温暖,得到精神上的支持和满足。

②友谊是一种心灵的相遇。人之相识,贵在相知;人之相知,贵在知心。友

谊的美好在于它可以超越物质条件、家庭背景、学业成绩等，实现心灵的沟通与契合。志趣相投、志同道合的友谊更能够经得住时间的考验和风雨的洗礼，让我们更深刻地体悟人生的美好。

③友谊是平等的、双向的。接受朋友的帮助，也主动帮助对方；感受朋友的关怀，也主动关怀对方。我们共同分享、相互分担，在相处中体验积极情感，在交流中共同成长。

[拓展情境1]从斯里兰卡最大的燃煤电站到卡塔尔世界杯主体育场再到塔吉克斯坦国家图书馆……近年来，越来越多的"中国建造"被印在外国货币上。2011年，中国承建的普特拉姆电站图像印在了斯里兰卡100面额卢比纸币上。作为"一带一路"标志性工程，普特拉姆电站是斯里兰卡第一座燃煤电站，也是斯里兰卡建国以来最大的政府建设项目，被当地人民称为"维多利亚之光"，成为见证中斯友谊的又一丰碑。2020年12月，卡塔尔将卢赛尔体育场印在新发行的10里亚尔纸币上，这项工程是目前中国企业在海外承建的规模最大、容纳人数最多的专业体育场馆，也是中国企业首次承建世界杯主场馆主体工程。

在2023年杭州亚运开幕式上，仅有8人的叙利亚代表团高举国旗入场，善良的中国观众为远道而来的朋友送上最热烈的欢呼和掌声。这也是叙利亚巴沙尔·阿萨德时隔19年再次访问中国，巴沙尔访华回国后，叙媒纷纷夸赞，称与中国友谊历久弥坚。

[拓展任务1]国与国之间需要什么样的友谊？

[设计意图]由人与人之间的友谊延伸到国与国之间的友谊，有助于开拓学生的国际视野，实现知识延展。同时，可以让学生感受到中国在遵循和平与发展的道路上，致力于与他国搞好关系，建立深厚的友谊，进一步增强学生的国家认同感和自豪感。

环节三:未来三年我们将会获得什么样的友谊？

[必备知识]"友谊的真谛"综合知识。

[议学情境]华附学子、2010届庄梓铨:从潮州到奥校，启航抵达约翰霍普金斯的彼岸，人生不设限！

庄梓铨现为美国约翰霍普金斯大学长聘副教授，从事代数几何方面的研究。在附中奥校这几年，庄梓铨结识了一群非常优秀且有趣的同学，自由成长的环境对他积极乐观的性格塑造起到了重要作用。同学们背景各不相同，也各有特长，长期相处让他了解到许多不同的语言和文化，也给予他尝试新事物的勇气。当问及在奥校中度过的最美好的时光是什么时，庄梓铨回答道："与奥校同学一起经历过的点点滴滴本身就是我在奥校生活中最美好的回忆,他们当中有不少更是成为我长期以来的挚友。"

[议学任务]未来友谊画卷。

(1)绘制理想:结合学长庄梓铨的成长经历,明确对友谊的期待,并用绘画或图形方式创作一幅未来友谊画卷。可以包括友谊的类型、朋友之间的互动场景、理想中的友谊特质。

(2)分享和讨论:完成画卷后,学生可以选择向全班同学分享他们的作品,并解释画中表达的友谊理念。在分享过程中,鼓励同学之间提问和互动。

(3)小组讨论:将学生分成小组,讨论各自画卷的共同点和不同点,同时分享对未来友谊的共鸣和期待。

[设计意图]通过展示友谊对庄梓铨的影响,发挥榜样示范、价值引领作用,延伸课堂情境,让学生综合运用所学知识,实现知识迁移与运用,并以创新方式表达对友谊的期望,更深刻地思考友谊的特质。这不仅具有实操性,还能够激发学生对友谊话题的深层思考。

[板书设计]

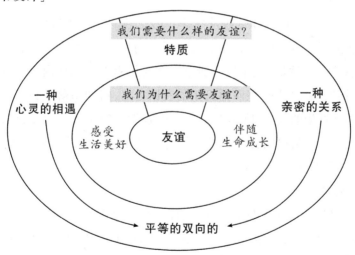

[设计意图]板书基于核心概念"友谊",以不断扩大的圆圈呈现,本节课的主干知识也随着教学的推进而不断展开,分别是友谊的重要性、友谊的特质。从图形寓意来看,学生不断树立对友谊的正确认识,有助于扩展交往圈,在友谊的陪伴下实现更好成长。这种形式的板书设计可以直观地看到友谊的核心概念以及主干知识关联,而不断扩大的圆圈则象征着他们对友谊认知的不断深化和扩展。

"交友的智慧"议题式教学设计

李英嫦　刘秋燕

议题:如何缔结真挚的友谊?

一、设计依据

（一）课程标准分析

本框内容对应《义务教育道德与法治课程标准（2022 年版）》"生命安全与健康教育"主题中的"能正确认识和处理自己与同学、朋友的关系,个人和集体的关系,在团队活动中增强合作精神"。

（二）教材内容分析

1.本框地位

在大中小学思政课一体化建设背景下,交友主题一直贯穿学生义务教育阶段道德与法治课学习。在小学阶段,学生掌握了一些具体的交友策略。"交友的智慧"是《道德与法治》七年级上册第二单元第六课第二框内容,承接上一框"友谊的真谛"。在学生掌握何谓真正的友谊之后,将知识落实到生活实践中,探讨如何缔结真挚的友谊,既是对上一框内容学习的延续和深化,也是对小学阶段所学具体交友策略的方法总结和提升。基于初中生的发展特点和交友现状,为他们交友提供方法指导。

2.本框内容

"交友的智慧"首先指明了交友的前提,即志趣相投,进而阐述了以真诚和热情为基础主动交往,并学会理性辨别、慎重选择,挑选出真正值得深交的朋友。在与朋友的相处中,则需要关心和尊重对方,以及学会理智处理矛盾和冲突,在触及原则的事情上,一定要坚持正确立场,守住底线,形成良好人际关系。通过以上内容的学习,学生可以理解和掌握缔结真挚友谊的智慧,借以建立健康的、和谐的人际关系。

3.本框目标

学生通过评议（社交倾向）、建议（给小树洞回信）、商议（《友谊长青手册》）

等议学活动,从他人回归自身,从理论落于实践,逐步掌握缔结和维护友谊的方法。在活动过程中,提高学生团结协作能力,引导学生从敢于交友到善于交友再到能交益友,逐步提升交友质量;促进学生健全人格形成,通过实践友谊的原则,树立正确的交友观。

4.本框重难点

教学重点:掌握缔结真挚友谊的方法。

教学难点:交友需要讲原则。

(三)教学背景分析

国家议题:"积极交往,有效互动,建立和维持良好的人际关系"是中国学生发展应具备的核心素养之一。良好的交往品质和交往技能不仅是学生学校生活的重要组成部分,也能帮助学生适应终身发展和社会发展的需要。在教育过程中,培养学生交往能力和社交素养显得尤为重要。

社会课题:学会与人交往是青少年成长中的重要生命主题。在校园,许多学生由于缺乏交友技巧和经验,导致社交屡屡受挫,进而产生社交焦虑。同时,学生之间关系不和谐会引发校园霸凌、厌学等问题。良好的同伴关系对儿童和青少年的身心健康有着深远影响,不良的同伴关系不仅会严重危害学生心理和情感健康,还可能导致学生在高中阶段乃至成年后产生严重心理问题。

成长命题(学情分析):每个人都希望获得真正的、持久的友谊,但并非所有人都能妥善处理与朋友交往中遇到的问题。许多学生是独生子女,从小在家庭中得到的关爱较多,形成了以自我为中心的习惯,容易忽视他人的感受,遇事较为冲动,缺乏与同伴相处的经验和技巧,在处理朋友关系时常常难以妥善解决冲突。此外,随着互联网的发展,网络交友平台层出不穷,成为中学生交友的重要途径。部分学生热衷于结交网友,但由于思想单纯、缺乏社会经验和辨识能力,容易上当受骗,也会因此影响现实生活中与朋友和家人的关系。

二、设计思路

(一)教学路线

议题线:围绕主议题"如何缔结真挚的友谊",设计议题线:友之广·如何开启一段高质量友谊;友之深·如何呵护一段高质量友谊;友之久·如何让我们的友谊之树长青。

情境线:"I人"和"E人"的社交倾向;友谊大冒险之兴趣匹配、真诚表达、慎重选择;小树洞来信;制作《友谊长青手册》。

活动线:评析、思考"I人"和"E人"的社交倾向;分享交友兴趣;讨论在交友情境中如何真诚表达;识别真正朋友;商议小树洞来信;制作《友谊长青手册》。

知识线:不同类型人的社交特点;缔结真挚友谊的方法;"交友的智慧"综合知识。

（二）教学结构

总议题	环节·议题线	情境线	活动线	任务线	知识线	核心素养
如何缔结真挚的友谊	友之广·如何开启一段高质量友谊	"I人"和"E人"的社交倾向,友谊大冒险之兴趣匹配、真诚表达、慎重选择	评析、思考讨论、分享写兴趣卡片	衔接理解掌握	不同类型人的社交特点缔结真挚友谊的方法	健全人格
	友之深·如何呵护一段高质量友谊	小树洞来信	思考、讨论分享回信小树洞	理解掌握	缔结真挚友谊的方法	
	友之久·如何让我们的友谊之树长青		思考、讨论分享制作《友谊长青手册》	运用迁移	"交友的智慧"综合知识	

三、过程设计

环节一:友之广·如何开启一段高质量友谊?

[新课导入]"I人"和"E人"是从MBTI人格测试中诞生的一种网络用语。

"I"即"Introverted",代表内向、内倾型,偏向"社恐"。

"E"即"Extroverted",代表外向、外倾型,偏向"社牛"。

在交友方式上,"E人"和"I人"有明显差别,"E人"更喜欢主动出击,而"I人"大多等待同类或同频的人发现自己。每次分班对"I人"来说都是煎熬,如果身边没有一个熟人,"I人"会感觉到很不自在。据调查,"I人"之所以社恐,是因为害怕被拒绝。而"E人"则能够在新集体中迅速交到朋友。

[设计意图]以网络热议的"I人"和"E人"为切入口,分析这两种类型的人的社交特点。一方面吸引学生学习兴趣,另一方面引发学生思考个体的社交偏好对交友方式和效果的影响,有效导入本节课主题。

[必备知识]缔结真挚友谊的做法。

[议学活动1]友谊大冒险——兴趣匹配。

(1)学生在卡片上写下自己的兴趣爱好,随机抽取与自己兴趣相似的卡片,找到对应的同学组成小组。如果有学生没有找到与自己兴趣相同的同学,可以加入一个兴趣相近的小组,或者老师帮助这些学生组成一个新的小组,让他们探索共同的兴趣点。为了更好地给学生提供参考,可以划分运动类、艺术类、游戏与科技类、旅行与户外类等类别,也可以多写几个。

(2)小组内讨论为什么志趣相投的人更容易成为朋友,并分享个人经历。

[议学活动2]友谊大冒险——真诚表达。

场景卡片——

●迎接新同学:你是班里的热心同学。新学期开始,有一个新同学加入班级。你如何表示欢迎并帮助他(她)适应新环境?

●朋友遇到困难:你的朋友考试成绩不理想,情绪低落。你会如何安慰和鼓励他(她)?

●组织小组活动:你们班准备组织一次班级郊游活动。你如何积极参与并展示你的热情,让活动顺利进行?

●分享好消息:你刚刚获得了一个重要比赛的奖项,想和朋友分享这份喜悦。你会如何分享并让朋友感受你的喜悦?

●朋友的生日:得知朋友的生日快到了,你会如何为他(她)准备一个惊喜的生日庆祝活动?

●欢迎新邻居:你们家附近搬来一个新邻居,他(她)和你年龄相仿。你会如何主动打招呼并邀请他(她)一起玩?

[议学任务2]表演结束后,小组投票,选出"最真诚热情组",全班讨论哪些行为体现了真诚和热情、哪些行为可以改进。

[议学活动3]友谊大冒险——慎重选择。

小组讨论什么样的朋友值得交往,并制订交友准则。每组展示3~5条准则,全班讨论和补充,达成班级共识,形成交友准则。

[设计意图]通过"友谊大冒险"活动,串联起课程内容学习,将课程内容活动化,寓教于乐,以学生亲身体验的形式认识交友过程。通过填写和匹配兴趣爱好,学生可以发现志趣相投的朋友,从而更容易建立起友谊;通过不同的场景卡片,让学生在模拟情境中练习如何真诚表达,增强学生交友能力;通过讨论什

么样的朋友值得交往,学生可以学会理性判断和选择朋友,避免盲目交友,增强独立思考能力。

[知识小结]如何缔结真挚的友谊?

①志趣相投,才能走到一起,成为朋友。朋友间要互相鼓励,互相劝勉,互相切磋,共同进步。

②交友需要真诚和热情。人与人之间不会自然而然地产生友谊,友谊是用心培育的结果。敞开心扉,主动表达,热情待人,朋友才不会彼此错过。我们只有抱着真诚和热情的态度与他人交往,才会获得真挚的友谊。

③交友需要慎重选择。孔子说:"友直,友谅,友多闻益矣。"与正直、诚信和见识广的人交朋友,是有益的。无论是现实生活中的交友还是网上交友,我们都应学会理性辨别、慎重选择。

环节二:友之深·如何呵护一段高质量友谊?

[必备知识]缔结真挚友谊的做法。

[议学活动]友谊维护工作坊——小树洞来信。

小树洞来信1:昨天,我发现小刚不对劲,眉头紧锁,下课发呆。凭我对他的了解,肯定是出了什么事。放学时,我向他打听,他却支支吾吾不肯说。我决定今天一定要问个明白,看怎么做能帮助他。没想到,我刚问了几句,他就不耐烦地说:"你不要再问了,我不想说!"看到他这样,我非常生气!朋友之间需要保持一定的距离吗?我该怎么做呢?我和小刚还能继续做朋友吗?

小树洞来信2:前天,我和小丽一起做小组作业。小丽负责收集资料,我负责整理和撰写报告。昨天提交报告时,小丽发现有几处她提供的资料没有被用到,认为我没有尊重她的劳动成果,很生气地质问我。我解释说那些资料不太适合主题,但小丽坚持认为我故意忽略她的努力。结果,我们吵了起来,甚至在同学面前互相指责。现在,我们都不愿意和对方说话。朋友之间发生矛盾该如何处理?我和小丽还能继续合作吗?

小树洞来信3:上课时,小川总是和我说话。小川认为我只能是他的好朋友,不允许我与其他人交往。小川和别人闹矛盾,约我一起去教训那人。作为小川的好朋友,我该怎么做?我们应该为朋友做任何事情吗?

[议学任务]小组随机抽取问题,讨论该如何应对,并形成有建设性的建议。

[设计意图]将所学内容转化为情境问题,让学生通过了解、分析、解决情境中的问题,习得交友的方法与技能。在对实际案例分析和讨论过程中,培养学

生批判性思维和判断力。通过分析他人的行为和情感,学生能够更好地理解友谊的复杂性和多样性,提升社交能力和人际关系质量。

[知识小结]交友的智慧——

①志趣相投,才能走到一起,成为朋友。朋友间要互相鼓励,互相劝勉,互相切磋,共同进步。

②交友需要真诚和热情。人与人之间不会自然而然地产生友谊,友谊是用心培育的结果。敞开心扉,主动表达,热情待人,朋友才不会彼此错过。我们只有抱着真诚和热情的态度与他人交往,才会获得真挚的友谊。

③交友需要慎重选择。孔子说:"友直,友谅,友多闻益矣。"与正直、诚信和见识广的人交朋友,是有益的。无论是现实生活中的交友还是网上交友,我们都应学会理性辨别、慎重选择。

④交友需要学会关心和尊重对方。体会朋友的需要,在朋友需要的时候,以行动向朋友表达关心和支持。关心朋友也要尊重对方,要把握好彼此的界限和分寸,可以给予朋友积极合理的建议,但不要替朋友作决定。

⑤交友需要学会处理朋友之间的矛盾和冲突。与朋友相处时,矛盾和冲突有时是难以避免的。发生矛盾和冲突,我们可以一起协商,寻找彼此能够接受的解决方式。

⑥交友需要讲原则。友谊需要信任和忠诚,但不等于不加分辨地为朋友做任何事。当朋友做错事甚至误入歧途时,我们要坚持正确立场,不随波逐流,并积极地予以规劝,帮助朋友及时改正错误。

[教师提示]当我们满怀热情去交友时,要记住我们不可能和所有人都成为朋友,但应学会以诚待人,同多数人和睦相处,努力构建和谐的人际关系。

环节三:友之久·如何让我们的友谊之树长青?

[必备知识]"交友的智慧"综合知识。

[议学活动]为了让真挚的友谊能长久地伴随我们成长,并不断生根发芽,长成繁茂大树,作为"植树人",我们要制作《友谊长青手册》。手册需要写明如何才能保障友谊之树健康成长,不超过五条,言简意赅。每个小组派代表简述本小组的手册内容,简要说明各个条款的作用。

[答案提示]

(1)扎根沃土——真诚待人:始终以真诚的态度对待朋友,开诚布公,坦率交流。(真诚是友谊的基石,能够增进彼此的信任感,使友谊更加稳固)

（2）生长空间——相互尊重：尊重朋友的观点、隐私和选择，即使存在分歧也要友好对待。（尊重能够避免矛盾升级，维护友谊的和谐与长久）

（3）充足阳光——互相关心与支持：在朋友需要帮助时，给予支持和鼓励，共同面对困难和挑战。（互相支持能够增强彼此依赖和信任，使友谊更有深度）

（4）生长"冷静"水——解决冲突：遇到矛盾时，冷静处理，通过沟通和协商解决问题，避免争执。（解决冲突有助于保持友谊的稳定，防止关系破裂）

（5）合作肥料——共同参与活动：积极参与朋友的兴趣爱好和活动，增进互动和交流。（共同活动能够增加相处的愉悦感，使友谊更加亲密和持久）

［设计意图］通过制作《友谊长青手册》，让学生在总结和应用知识过程中进一步巩固所学内容。从制订、解释具体条款中，学生能够更好地理解友谊的维护方法，并将其应用于实际生活。

［板书设计］

［设计意图］板书以树为造型，将友谊比喻为一棵树，寓意友谊的坚固和长青。这不仅传递人与人之间建立友谊的重要性，还强调呵护友谊的责任和价值观。利用形象思维帮助学生理解和记忆课程内容，能够激发学生联想能力，内容之间体现串联逻辑，还能够提高他们对课程内容的感知和理解，培养学生逻辑思维能力。这样的板书设计，不仅巧妙地将主题和内容相结合，还能够引导学生形成积极的情感态度和实用性行为技能，促进他们全面发展。

"集体生活成就我"议题式教学设计

李英嫦　刘秋燕

议题:集体生活对于我们有什么重要意义?

一、设计依据

(一)课程标准分析

本框内容对应《义务教育道德与法治课程标准(2022年版)》"生命安全与健康教育"主题中的"能正确认识和处理个人和集体的关系,在团队活动中增强合作意识",对应核心素养责任意识中的"主人翁意识""关心集体""提升对集体的责任感"。

(二)教材内容分析

1.本框地位

"集体生活成就我"是《道德与法治》七年级上册第二单元第七课第一框内容,将道德学习从认识自我、与人交往扩展到集体生活。衔接《道德与法治》二年级上册第二单元"我们的班级"、四年级上册第一单元"与班级共成长"、五年级上册第二单元"我们是班级的主人"。在小学阶段的学习中,学生学会参与、管理班级的具体事务。从班级到集体,由具体入抽象,由经验体会提升为思想认识,让学生在感受集体温暖的基础上,探讨集体对个人成长的价值与意义。这也为下一框"共建美好集体"学习奠定情感基础,在单元学习中起到承上启下的作用。

2.本框内容

本框由思路贯通、前后承接的三部分构成。第一部分对集体作简单定义,并表达了两层意思:一是每个人都有过集体生活的需要;二是集体生活不仅能影响甚至改变一个人,也能带给我们温暖。第二部分主要帮助学生明确集体生活如何成就自己:学会与人交往、培养责任感、发展个性,探讨集体生活对个人的价值和意义,引导学生发现集体生活的美好,激发学生热爱集体、关心集体、积极投入集体生活的情感。第三部分引导学生在集体这一共同成长的平台上相互促进、相互成就,激发学生过集体生活的渴望,学会处理与他人和集体的关系,更好地投入集体生活。

3.本框目标

学生通过评议(个人、班级在军训前后的模样)、建议(温暖链条)、评议(张雨霏与中国游泳队)、商议(班级情境案例、个人与中国梦)等议学活动,感受集体和自身的变化,以及集体带给个体的温暖并提供平台发展自己。让学生意识到每个人与集体是密不可分的,学会正确认识自己,认同集体对个人成长的意义,愿意主动在集体中展示个性、发展个性、认识和完善自我。增强个人在集体生活中的价值感和责任感,增强主人翁意识。对自己负责,关心集体,处理好与集体中其他成员的关系,在交往中学会彼此接纳、尊重、理解和包容,学会友好相处,学习他人优点,培养健全人格和责任意识。

4.本框重难点

教学重点:集体对于个人成长的重要作用。

教学难点:集体生活在某种程度上可以影响甚至改变一个人。

(三)教学背景分析

国家议题:集体主义精神是中华民族精神的重要组成部分,更是践行社会主义核心价值观的内在要求。国家高度重视对学生的集体主义教育,感受集体的作用和意义,培养集体意识,实现社会性发展与个性发展齐头并进。

社会课题:随着城市化进程加快、互联网普及、家庭物质生活条件改善,青少年表现出比以往更强的独立性。一方面,他们敢于拒绝不合理的以集体之名"绑架"个人;另一方面,不少人过分强调个性发展,以自我为中心,缺乏责任感,在人际交往中过分"挑剔",导致游离于集体边缘。基于青少年的这些特点,开展集体主题的价值教育对引领学生健康成长、构建和谐社会具有重要意义。因此,我们需要帮助初中生正确认识并妥善处理个人与集体之间的关系,注重培养个人的责任担当意识,着力发掘集体对个人成长的价值,强调集体对个体个性的丰富与完善,引导学生学会过共同生活,使集体主义教育体现社会主义核心价值观的要求。

成长命题(学情分析):过集体生活是初中生的情感需要,也是初中生成长必不可少的,是从家庭生活到社会生活的过渡。七年级学生对集体生活并不陌生,在已有的集体生活中对集体产生了一定程度的归属感,具有本单元学习的思想基础。在日常集体生活中,学生不自觉地体验责任感和人际交往,为学习本节课内容提供了生活经验,教师应引导学生体味、探究集体生活中的这些经验。随着初中生自我意识的觉醒,部分初中生逆反心理比较严重,公然挑战集体权威,甚至不屑参加集体活动。因此,引导初中生意识到集体生活对自我成长具有重要意义,有利于学生形成正确的自我意识,促进人格健全。集体生活给初中生的成长提供了广阔平台,学会在集体生活中与他人合作,学习集体中他人的优秀品质,寻找自己在集体中的位置,有助于初中生获得归属感,找到个人成长的力量之源。

二、设计思路

(一)教学路线

议题线:围绕主议题"集体生活对我们有什么重要意义",设计议题线:集体生活给我们带来了什么;集体生活是如何成就我们的;如何充分利用好集体这个平台而实现共同发展。

情境线:学生军训视频,温暖链条;张雨霏与中国游泳队;班集体生活中遇到的实际问题;个人与中国梦。

活动线:对比集体军训前后的个人及集体模样;制作温暖链条;分析张雨霏与中国游泳队;讨论班集体生活中遇到的实际问题;思考个人与中国梦。

知识线:集体生活的意义;集体生活成就我们的表现;"集体生活成就我"综合知识。

(二)教学结构

总议题	环节·议题线	情境线	活动线	任务线	知识线	核心素养
集体生活对我们有什么重要意义	集体生活给我们带来了什么	学生军训视频 温暖链条	对比思考 分享讨论	衔接 理解	集体生活的意义	健全人格 责任意识
	集体生活是如何成就我们的	张雨霏与中国游泳队	分析讨论	理解 认同	集体生活成就我的表现	
	如何充分利用好集体这个平台而实现共同发展	班集体生活中遇到的实际问题 个人与中国梦	思考 实践	应用 迁移	"集体生活成就我"综合知识	

三、过程设计

环节一:集体生活给我们带来了什么?

[必备知识]集体生活的意义。

[新课导入]学生入学军训前后的对比视频。

[议学任务]通过观看视频,你感受到军训给你和班级带来了什么变化?

[答案提示]军训带给我们的不仅是体能的提升,还是精神和心理的成长。这段经历让我们变得更加坚强、自律,通过一起训练、一起生活,彼此之间更加了解和信任。大家互相鼓励、互相帮助,共同克服困难,让班级变得更加紧密和富有战斗力。

[设计意图]从学生军训这一共同经历入手,以其变化反映本次活动带给个人与集体的巨大成长。案例素材贴近生活,从前后对比中更能鲜明地反映集体对个人发展的重要性,从而自然地引出集体这一核心概念,为内容讲解奠定良好的情感基调。

[议学活动]温暖链条制作与分享。

教师准备一些纸条和彩笔,学生在纸条上写下一件集体生活曾经给自己带来温暖的事情,可以是一次朋友的支持、一次班级的帮助、一次集体的努力、一次老师的鼓励,然后将这些纸条连成一个链条。

学生们依次分享写下的温暖经历,并将自己的纸条添加到温暖链条上。在分享过程中,其他学生可根据分享内容给链条画爱心点赞,表达对他们的认同和支持,共同感受集体的温暖,并思考这些温暖给当事人与旁听的同学带来了什么。

[设计意图]在班集体共同生活的一个学期里,同学之间发生过很多暖心的小故事。温暖链条是针对集体温暖主题的创新设计,能够激发学生创造力和发散思维能力。通过分享温暖经历,学生能够产生情感共鸣,增强班级成员之间的情感联系和支持体系。通过制订温暖行动计划,将个人行动转化为集体行动,学生将共同努力为班级营造更加温馨的氛围。

[教师总结]集体不是个体的简单相加,而是人们联合起来的有组织的整体。结合上述活动,可以总结归纳出集体生活的意义——

①每个人都有过集体生活的需要,集体生活在某种程度上可以影响甚至改变一个人。

②集体生活能带给我们温暖。一般来说,集体的联结度越高,个体感知到

的温暖就越多。集体成员间相互体贴、团结互助,传递着关爱和温暖,让我们获得安全感和归属感。

环节二:集体生活是如何成就我们的?

[必备知识]集体生活成就我的表现。

[议学情境1]感动中国2023年度人物张雨霏:做世界的"蝶后"。

2015年,查出先天脊柱侧弯,对运动员而言是巨大挑战;

2016年,里约奥运会因缺乏经验,只拿到200米蝶泳第六名,世锦赛未进入半决赛;

2023年全年,张雨霏在国际赛场夺得23枚金牌,在世界杯布达佩斯站摘得王冠。

2021年,东京奥运会100米仰泳项目,中国游泳选手徐嘉余无缘领奖台,赛后颇为自责,并说可能会在男女4×100米混合泳接力中成为队友的"拖油瓶"。张雨霏听了大笑着说:"自责啥啊,不用担心。"她想起此前自己参加世锦赛时实力不足,其他三位队友也没有说过她。如今,张雨霏已经成为中国游泳队里的"老资历",队里的小队员们紧张时,张雨霏总会说"有我们在,你怕什么?本来就是队友,可以借你肩膀靠"。

[议学任务1]张雨霏当年因缺乏经验而"拖后腿"时,她的队友是如何对待她的? 如今,她成了队里的"老资历",她又是如何对待队友的失利、小队员的紧张的? 这启示我们在集体生活中应如何与他人相处? 说明集体有利于培养我们哪方面的品格?

[答案提示]集体生活有助于我们学会与人交往。集体生活为我们搭建交往的平台。每个人都有着不同的生活经历和性格特点,在集体生活中,我们要学会接纳和尊重,学会理解和包容,彼此友好相处。

集体生活有助于培养我们的责任感。在集体生活中,每个人都有不同的角色,承担不同的职责。我们在认真做事的过程中,体现自己的价值,体验责任感,做有担当的人。

[议学情境2]张雨霏在一次采访中谈到同组队友"蛙泳王"覃海洋。她表示自己不是特别细心和努力的运动员,学习东西没有长久性,但覃海洋是一个很有毅力和持久力的人。在他身边训练,自己不能输,要比他更努力、动作练得更细致。对此,网友们纷纷表示:"覃海洋来了,就像一条鲶鱼,激活了整个鱼缸里的鱼,典型的鲶鱼效应。""张雨霏太聪明了,覃海洋更踏实,两个人很互补。"

[议学任务 2]张雨霏和覃海洋在对待训练上有何差异？覃海洋的到来让张雨霏作出了哪些改变？我们如何在集体中完善自我？

[答案提示]集体生活有助于我们发展个性。人与人之间的差异是我们发展个性的"明镜"，在集体中学习他人的优点，有助于我们不断完善自己，发挥自己的优势和特长。

[知识小结]集体生活成就我们的表现——

①集体生活有助于我们学会与人交往。集体生活为我们搭建交往的平台。每个人有着不同的生活经历和性格特点，我们在集体生活中学会接纳和尊重，学会理解和包容，彼此友好相处。

②集体生活有助于培养我们的责任感。在集体生活中，每个人都有不同的角色，承担不同的职责。我们在认真做事的过程中体现自己的价值，体验责任感，做有担当的人。

③集体生活有助于我们发展个性。人与人之间的差异是我们发展个性的"明镜"，在集体中学习他人的优点，有助于我们不断完善自己，发挥自己的优势和特长。

环节三：如何充分利用好集体这个平台而实现共同发展？

[必备知识]"集体生活成就我"综合知识。

[议学活动 1]在班级生活中，我们应如何充分利用班集体平台相互促进、相互成就，请结合以下具体情境，谈谈你的做法。

(1)小明比较淘气，班级出游分组时，有些小组不希望小明加入自己的组别。

　　如果你是小明，希望同学如何对你：＿＿＿＿＿＿＿＿＿＿＿＿＿＿＿。

　　你会如何对待小明：＿＿＿＿＿＿＿＿＿＿＿＿＿＿＿＿＿＿＿。

(2)关于班级值日安排，小张提出了不同的意见。

　　如果你是小张，希望同学如何对你：＿＿＿＿＿＿＿＿＿＿＿＿＿。

　　你会如何对待小张：＿＿＿＿＿＿＿＿＿＿＿＿＿＿＿＿＿＿＿。

(3)小陈学习基础稍差，他希望老师上课时能讲慢一点。

　　如果你是小陈，希望同学如何对你：＿＿＿＿＿＿＿＿＿＿＿＿＿。

　　你会如何对待小陈：＿＿＿＿＿＿＿＿＿＿＿＿＿＿＿＿＿＿＿。

(4)在校友会 4×100 接力赛中，小李在接棒过程中不小心丢棒，导致班级错失冠军。

如果你是小李,希望同学如何对你:_____。

你会如何对待小李:_____。

［答案提示］

(1)小明比较淘气,班级出游分组时,有些小组不希望小明加入自己的组别。

如果你是小明,希望同学如何对你:被接纳。

你会如何对待小明:接纳他,并采用适当方式提醒他。

(2)关于班级值日安排,小张提出了不同的意见。

如果你是小张,希望同学如何对你:自己的意见被尊重。

你会如何对待小张:尊重他的意见,如合理则采纳。

(3)小陈学习基础稍差,他希望老师上课时能讲慢一点。

如果你是小陈,希望同学如何对你:被理解。

你会如何对待小陈:理解他,课后主动帮扶小陈。

(4)在校友会 4×100 接力赛中,小李在接棒过程中不小心丢棒,导致班级错失冠军。

如果你是小李,希望同学如何对你:被包容。

你会如何对待小李:包容他、安慰她,告诉他没关系。

［设计意图］通过应对各种具体情境的活动,让学生领悟接纳、尊重、理解和包容的重要性,发展解决实际问题的能力。让学生亲身参与和体验不同情境,体现以学生为中心的教学理念。学生在活动中自主思考、自主决策,不仅能够在理论上理解集体生活的重要性,更能在实际行动中感受集体生活带来的成长与成就。

［议学活动 2］中国梦让每个中国人共享人生出彩的机会。

习近平总书记指出:"中国梦是国家梦、民族梦,也是每个中华儿女的梦。""生活在我们伟大祖国和伟大时代的中国人民,共同享有人生出彩的机会,共同享有梦想成真的机会,共同享有同祖国和时代一起成长与进步的机会。"这些话语振奋人心,激励我们接力实现中华民族伟大复兴中国梦。运用"集体生活成就我"相关知识,回答以下问题:

(1)如何理解在实现中国梦征程中,每个中国人都享有人生出彩的机会?

(2)共圆中华民族伟大复兴中国梦,个人可以如何作为?

［答案提示］(1)①集体生活为个性发展搭建起了平台,祖国的繁荣昌盛为

个人的发展提供了舞台。②实现集体共同目标的过程,也为个人发展提供了条件和可能。中国梦是国家的梦、民族的梦,也是我们每个中华儿女的梦,我们在投身实现中国梦的过程中,个人的梦想也能够得到实现。

(2)①在集体中,我们每个人都有不同的角色,承担不同的职责。在共圆中国梦过程中,我们应担起属于自己的那份责任。②我们应在国家为我们提供的平台上,充分展示和发展自己的个性,通过完善自身,为实现中国梦作出更大贡献。③我们要积极投身实现中国梦这一伟大实践,在共圆中国梦过程中做到相互学习,彼此接纳、尊重、理解和包容,汇聚实现中国梦的磅礴力量。

[设计意图]从个人与班集体上升为个人与国家,学生在探讨过程中进一步理解个人在社会中的角色和责任,在国家发展中找到自己的位置,实现自己的人生目标和梦想。这将培养学生的社会参与意识,激励他们积极参与社会实践,为国家和社会进步贡献力量。这一设计体现"全人教育"理念,致力于培养学生政治认同素养,为他们未来发展打下坚实的基础。

[板书设计]

[设计意图]该板书设计以火箭为原型,呈现集体生活给个体成长带来的作用。火箭作为一个整体,各个零部件协同才能顺利发射,强调团队合作的重要性。同时,火箭发射过程中会产生巨大能量,象征着集体发展会推动个人能力提升和健康成长。板书设计生动展示集体的重要性,激励集体中的人们积极参与集体生活,共同发展。

"共建美好集体"议题式教学设计

李英嫦　刘秋燕

一、设计依据

（一）课程标准分析

本框内容对应《义务教育道德与法治课程标准(2022年版)》"生命安全与健康教育"主题中的"能正确认识和处理自己与同学、朋友的关系,个人和集体的关系,在团队活动中增强合作精神"。

该框题核心内容为建设美好集体,突出对学生责任意识和健全人格核心素养培养。一是责任意识核心素养中的主人翁意识。学生能够关心集体,提升对集体的责任感,增强担当精神和参与能力。二是健全人格核心素养中的理性平和。学生能够具备开放包容精神,理性表达意见,相互支持,相互帮助,学会处理与他人、集体的关系。

（二）教材内容分析

1.本框地位

"共建美好集体"是《道德与法治》七年级上册第二单元第七课第二框内容,将道德学习从自我认识、与人交往扩展到集体生活。衔接《道德与法治》二年级上册第二单元"我们的班级"、四年级上册第一单元"与班级共成长"、五年级上册第二单元"我们是班级的主人"。在小学阶段的学习中,学生学会参与、管理班级的具体事务。在上一框感受集体生活带给个人成长的重要作用的基础上,引导学生共建美好集体、共享美好集体,将与集体共成长理念内化于心、外化于行。同时,通过在集体生活中渗入公共生活要素,为后面聚焦法治教育及展开社会公共生活学习奠定基础。

2.本框内容

本框共分为两部分内容。首先,在上一框了解集体生活促进个人成长内容的基础上,自然引入美好集体建设需要我们共同参与和努力。然后,阐明努力的方向和做法——确定共同愿景、自觉承担责任、有序参与、相互合作和良性竞争、坚持集体主义原则,进一步说明美好集体的形成离不开每个人的努力和积极主动性。学生积极参与集体建设,贡献智慧和力量,磨砺自我,有所成就,实现与集体共成长。

3.本框目标

学生通过参与争议(美好集体的模样)、商议("中国战舰的摇篮"成长之路)、评议(现实中的班级情况)、建议(班级中存在的问题以及如何解决)、评议(个体在集体中的责任)等议学活动,感受个体在建设美好集体中发挥的作用,增强主人翁意识,知道如何为集体建设贡献力量,乐于共建、共享美好集体,学会承担责任,与集体共成长,培养健全人格和责任意识,促进自我成长。

4.本框重难点

教学重点:共建美好集体的做法。

教学难点:个人利益与集体利益的关系。

(三)教学背景分析

国家议题:集体主义精神是中华民族精神的重要组成部分,更是践行社会主义核心价值观的内在要求。国家高度重视对青少年学生的集体主义教育,培养学生的集体意识,处理好个人与集体的关系,培育担当民族复兴大任的时代新人。

社会课题:一方面受西方新自由主义思想的冲击,另一方面"职场PUA"、"996是福报"等以集体之名"绑架"个人,曲解了集体与个人的关系,使部分人出现对集体的抵触情绪。事实上,集体与个人是辩证统一的关系,可以共同成长。对集体与个人关系的错误认知"拨乱反正",有利于集体的和谐与发展,也能够让个人在集体中收获情感支持与发展。社会上存在不少精致的利己主义者,他们只关注个人成长,视集体为可有可无的存在,甚至认为一些集体行为毫无意义。一方面,他们的存在会影响集体的整体氛围;另一方面,对于他人、集体缺乏应有的责任担当,不利于培养时代新人。因此,有必要引导学生学会过共同生活,在群体中找到定位,在促进自我发展的同时担当责任,促进集体、社会的发展。

成长命题(学情分析):从知识基础看,学生对集体生活的认识已实现知(理解集体生活的意义)、情(有过集体生活的情感需要)、意(能够参与到集体建设中去)的统一。因此,本框重点应落在"行"(如何建设美好集体)上。从生活经验看,由于家庭教育的溺爱和学校教育过于理想化等原因,部分学生以自我为中心,忽视他人和集体的存在,缺乏集体责任感。部分学生虽对集体有热情,但责任感强于行动能力。教师需要进一步培养学生的行动能力。

二、设计思路

(一)教学路线

议题线:围绕主议题"如何共同创造并维护一个美好集体",设计议题线:如何理解美好集体;如何建设美好集体;如何为美好集体贡献个人力量。

情境线:三个神秘数字:701、36、18;美好集体的模样;"中国战舰的摇篮"成长之路;班级现实的模样和存在的问题;我的角色我的责任。

活动线:猜701、36、18数字谜;列举生活中的美好集体;描摹美好集体的模样;分析"中国战舰的摇篮"成长之路;描述班级现实的情况和反思存在的不足;填写"我的角色责任表"。

知识线:共建美好集体的必要性;建设美好集体的做法;"共建美好集体"综合知识。

(二)教学结构

总议题	环节·议题线	情境线	活动线	任务线	知识线	核心素养
如何共同建设并成就一个美好集体	为什么要共建美好集体	三个神秘数字:701、36、18 美好集体的模样	思考讨论分享	衔接	共建美好集体的必要性	责任意识健全人格
	如何建设美好集体	"中国战舰的摇篮"成长之路	思考讨论分析	分析理解认同	建设美好集体的做法	
	如何为美好集体贡献个人力量	班级现实的模样和存在的问题 我的角色责任	评析自我评价和他人评价	应用迁移	"共建美好集体"综合知识	

三、过程设计

环节一:如何理解美好集体?

[必备知识]共建美好集体的必要性。

[新课导入]利剑出海!航母是如何建成的——从三个神秘数字说起:701、

36、18。

[议学任务 1]猜一猜数字背后分别代表的是什么?

[答案提示]由 80 后总设计师王硕威领衔的福建舰设计团队,平均年龄只有 36 岁。

中船重工 701 研究所位于武汉,辽宁舰、山东舰、福建舰及多款主力驱逐舰、护卫舰、常规潜艇等都是从这里设计研发而驶向万里海疆的。因此,这里被称为"中国战舰的摇篮"。

[议学任务 2]结合 701 研究所这一美好集体的例子,思考心中的美好集体是什么样的,以及为什么向往这样一个集体,学生分享自己的建议和想法。

[设计意图]本课以航母福建舰海试导入,围绕与福建舰有关的三个数字——701、36、18,启发学生探究兴趣。通过思考美好集体的样子,激发他们对美好集体的认识和理解。通过观察和思考身边的集体,可以完善学生对美好集体的理解和认识。

[知识小结]共建美好集体的必要性——

在美好集体中,我们能感受集体的关爱,凝聚拼搏向上的力量,坚定自己的生活信念。建设美好集体离不开你我他,需要我们共同参与、共同努力。

环节二:如何建设美好集体?

[必备知识]共建美好集体的做法。

[议学情境]材料一:在 701 研究所,科研人员常常畅想着自己设计的船舰驰骋在祖国的海疆上,守卫国防。他们心中都有一个共同的愿望——兴装强军、舰船报国。

材料二:作为军工单位科研人员,701 人始终自觉严格遵守保密等各项规则,始终自觉把兴装强军、舰船报国作为使命,人均每月加班超过 100 个小时,部分科研工作者每年超 300 天在海上,全身心主动投入舰船的设计制造工作,无怨无悔。

材料三:701 所为每一位新员工配备了导师。导师对新员工关爱入微,耐心细致地一一讲解各系统原理,手把手教会相关操作,成为新员工最坚强的后盾。在注重团结合作的同时,701 所还鼓励员工开展劳动竞赛,激励员工相互竞争、超越自我。

材料四:王硕威的父母都是船舶设计师,受父母影响,他从小就对舰船设计充满兴趣。那时,与万里海疆形成鲜明对比的是军舰自主设计道路上的坎坷,王硕威心中萌生出为国家海防事业作贡献的想法。后来,王硕威考入华中科技大学的船电系。毕业后,大多数同学都选择北上广深的高薪 IT 企业,但王硕威却选择到武汉 701 所。有很多人劝过他,说在研究所工作很辛苦。从辽宁舰的研发改造人员、山东舰的副总设计师到福建舰的总设计师⋯⋯整整 17 年的时光,王硕威投入两代驱逐舰(现共有四代驱逐舰)和三代航母设计,为国家的海军事业奉献青春与汗水,他和团队几乎全年无休。为了解决白天的问题、提高航行测试效率,他们经常会在深夜进行实验。他说:"当舰船报国的火炬传递到我们这一代人手上时,必须勇于担当,才能接好班。"

[议学任务]阅读上述四则材料,以小组为单位展开讨论,思考 36 岁的他们是如何缔造"中国战舰的摇篮"的。

[知识总结]共建美好集体的做法——

①建设美好集体,需要我们确定共同的愿景。愿景是集体的精神动力之源,是推动集体发展的内驱力。拥有共同的梦想,向往美好的未来,承担共同的使命,认同正确的价值观,形成一致的目标和追求,这就是美好集体的愿景。共同的愿景引领集体成员团结一致、开拓进取。

②建设美好集体,需要我们树立主人翁意识,自觉承担集体责任。集体中没有旁观者,每个人都是集体的主人。在美好集体建设中,我们应主动作为,贡献各自的智慧和力量,各负其责,各尽其能。

③建设美好集体,需要我们有序参与集体生活。对于集体的共同规则,我们要自觉遵守;对于集体的事务,我们应积极参与、共同商定;对于集体中的不合理因素,我们可以通过恰当的方式表达自己的意见,提出改进建议,使集体生活得以有序开展。

④建设美好集体,需要我们树立正确的合作与竞争观念。集体的发展既有赖于成员间相互合作,也需要成员间良性竞争。我们既要敢于竞争、勇于挑战,又要善于合作、共同进步。

⑤建设美好集体,需要我们坚持集体主义原则,发扬集体主义精神。当个人利益与集体利益发生冲突时,应把集体利益放在个人利益之上。同时,要充分重视和保障个人的正当利益,促进集体和个人不断发展。

[拓展情境]为什么让我去?

XXX 同学,把地上的垃圾捡一下;

你把讲台稍微整理一下;

地板还很脏,你把地板扫一下;

参加人数还不够多,你也报名参加跳绳比赛吧;

其他值日生都跑了,你留下来等检查可以吗……

[拓展任务]在现实生活中会遇到诸如此类的问题,利用个人利益与集体利益的关系思考这些问题。

[答案提示]为什么有时候会觉得这些事情不应该由自己去做? 这些任务对个人利益、对集体利益有什么影响? 如果每个人都不愿意去做,这些事情会发生什么结果? 如何平衡个人利益和集体利益?

[教师总结]集体利益和个人利益在本质上是一致的。当个人利益与集体利益发生冲突时,应把集体利益放在个人利益之上。同时,要充分重视和保障个人的正当利益,促进集体和个人不断发展。

集体的成功就是每个人的成功。我们要主动承担起应有的责任,为集体贡献自己的力量,共同创造一个和谐美好的集体环境。希望同学们在以后的学习和生活中,继续发扬这种精神,做一个对集体有贡献、有责任感的人。

环节三:如何为美好集体贡献个人力量?

[必备知识]"共建美好集体"综合知识。

[议学任务1]在畅想理想中的美好集体、观摩现实中的美好集体后,立足自身现实,客观描述和评价班级的实际情况。小组内部进行讨论,对比现实和理想的集体,先说一说班级优点,再找一找班级不足。

[设计意图]学生在畅想美好集体之后,回归现实,客观描述和评价班级实际情况,培养客观思考、客观评价能力,学会以理性和客观的态度看待集体的优点和不足。帮助学生更加深入地了解集体的现状,从而更好地明确集体建设的方向和目标,为改进班级提供参考和建议,促进集体建设和改进,增强班级凝聚力和归属感。

[议学情境]案例1:在班里,小华是一个成绩优秀、性格内向的学生。然而,他并不喜欢参加集体活动,害怕被同学们嘲笑和评头论足。对于班级组织的集体活动,他不发挥自己的最大能力,总是敷衍了事。这种情况引起班级内部的一些问题和矛盾。一方面,班级其他成员感到困惑和不满,觉得小华的行为影响了整个班级的团结和凝聚力;另一方面,小华感到了压力和矛盾,想要融入班级,但害怕被排斥和孤立,于是选择逃避。

案例2:在课余时间,有几位同学喜欢写一些小纸条,吐槽班里其他同学的所作所为,并含有人身攻击。其他同学看到后,心存芥蒂,同学之间的关系闹得比较僵。

案例3:班干部号召创作班歌,响应者寥寥无几。大家都不上心,即使是有乐理知识基础的几位同学也接连谦让,表示自己没有能力。创作班歌这件事情毫无进展,一时陷入停滞状态。

[议学任务2]班级建设改进情景模拟。

全班学生分小组模拟上述情境,组内扮演不同角色,如当事人、旁观者、班级干部等,自己所扮演的角色与其他角色合作提出解决方案,并以小组为单位在班内分享。

[设计意图]通过扮演不同角色,包括当事人、旁观者、班级干部等,模拟现实,让学生身临其境感受问题的严重性和复杂性,更加深入地理解问题的本质,培养解决问题能力。同时,通过讨论和提出解决方案,学生将深入了解班级内部存在的问题和矛盾,并寻找有效的解决途径。这样,有助于学生从中归纳出促进班级建设的措施,有针对性地提升班级凝聚力和团结性,由现实中的班级慢慢向理想中的美好集体靠近。

[议学任务3]我的角色责任。

在集体建设过程中,你做了什么? 你觉得自己做得怎么样? 集体中的其他人也这么认为吗?

表1　我的角色责任

我为集体做过的事及担任的角色	自我评价及我在其中的收获	他人评价	我还可以做什么

[设计意图]通过填写"我的角色责任"表格,使学生清晰直观地认识自己在集体担当中的收获和成长,既是对学生行为的认可,也可以提升学生成就感,增强学生责任意识与担当精神。同时,通过与他人评价的对比,了解自我评价与他人评价之间存在的差异,促使学生更加客观地认识自己在班级建设中所做工作体现出的优点和存在的不足,为今后更好地参与集体建设提供反思和指导。最后一栏"我还可以做什么",进一步激发学生建设班级的热情,并投之于

实际行动。

　　[板书设计]

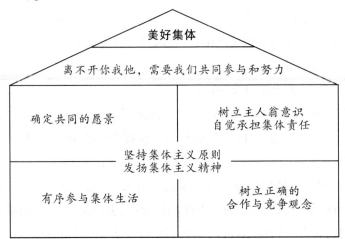

　　[设计意图]板书整体造型为一栋房子，象征着想要成就美好集体，共同愿景、每个成员的自主行动、有序参与、相互合作与良性竞争并存、发扬集体主义精神是基石，成员的共同参与和努力是核心。在建设美好集体过程中，实现个体成长，促进集体发展。通过形象化的表达，让学生对共建美好集体的举措一目了然。

七年级上册第三单元序言

　　本单元聚焦健全人格、道德修养核心素养培育,是落实"妥善处理各种生命关系,实现生命意义与价值"这一全书核心大概念的关键单元。本单元在七年级上册教材体系中处于核心地位,在前两个单元如何处理与自己、他人及集体关系基础上,着眼"学生处于青春期,对事物、观点的分辨能力、理解能力和自控能力还比较薄弱,在生命中容易因为挫折打击、情感匮乏、多种生命体验缺失等对生命价值产生困惑,从而采取伤害自己或他人生命的极端行为"的学情,引导学生从认识生命到敬畏生命,从增强安全意识到提高防护能力,从爱护身体到滋养心灵,深化科学的生命价值观,对生命怀有敬畏之心,强身健体,涵养精神,在社会生活中不断提升自我防护能力。本单元是前两个单元的价值升华,为学生一生的健康成长打好生命底色。

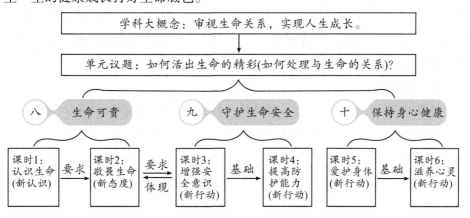

"认识生命"议题式教学设计

张翠君

议题：生命可以永恒吗？

一、设计依据

（一）课程标准分析

本框内容对应《义务教育道德与法治课程标准（2022年版）》的"生命安全与健康教育"主题，具体内容涉及"树立正确的人生观和价值观，尊重和敬畏生命，热爱生活，追求生命高度，成就幸福人生"。

（二）教材内容分析

1.本框地位

"认识生命"是《道德与法治》七年级上册第三单元"珍爱我们的生命"第八课第一框内容，与小学三年级上册第三单元第七课"生命最宝贵"相衔接。本单元是生命教育专题单元，本框从生命特点角度为生命教育开篇，是本教学单元的逻辑起点，为全单元教学奠定情感基调。

2.本框内容

本框内容分为两部分，第一部分从个体生命的微观视角，引导学生理解生命的来之不易、独特、不可逆和有限的特点，第二部分从人类社会生生不息的宏观角度，引导学生审视个人生命与人类生命的关系，明白生命的接续分为生命的代代接续和精神生命的不断传承，完成对生命的探问，为下一框"敬畏生命"奠定基础。

3.本框目标

学生置身立遗嘱年轻化情境，思考、分享这部分群体提前立遗嘱的考量，并通过4张图片探究与归纳生命的特点；完成"生命倒计时规划：我想给这个世界留下什么"表格，分析两大遗嘱典型案例中的传承关系并拓展梳理孙中山先生的遗嘱，从而理解生命接续的意义还包括精神生命的传承，提高生涯规划能力，树立正确的世界观、人生观和价值观，在时代发展中担当责任，实现人生价值，涵养健全人格。

4.本框重难点

教学重点:理解生命的特点,树立珍惜生命意识;理解生命接续的内涵与意义,自觉担当在生命接续中的责任。

教学难点:理解生命接续的内涵与意义。

(三)教学背景分析

国家议题:党和国家高度重视中小学生生命安全教育,印发《生命安全与健康教育进中小学课程教材指南》;高度重视理想信念教育,说明每一代人有每一代人的长征路,每一代人都要走好自己的长征路。

社会课题:社会生活节奏的加快带来前所未有的压力,互联网的加速发展容易让人迷失在虚拟世界,一些社会成员尤其是年轻人群体缺乏生命价值体验。由于生命教育的缺失,他们长期找不到生命价值感,会积聚大量的负面情绪,一些人甚至做出伤害自己或他人的极端行为,给自己、他人和社会带来巨大痛苦,生命教育成为当今社会亟待补上的必修课。

成长命题(学情分析):一方面,学生自小就在各种场合接受了基本的生命安全教育,能够理解生命的宝贵,初步具备珍惜生命的意识;另一方面,随着自我意识不断发展,初一学生已经自觉或不自觉地开始探问生命,思考生命的意义和价值。然而,受制于认知发展水平,他们对生命的理解还不够全面、深刻,甚至会产生偏差,尤其是青春期学生情绪不稳定,情绪反应强烈,容易走向极端,导致伤害自身或他人生命的行为发生。因此,引导学生系统理解生命对于个体、家族乃至全社会的意义,坚守善待生命的底线,担当生命使命,具有重要意义。

二、设计思路

(一)教学路线

议题线:围绕总议题"生命可以永恒吗",设计议题线:生命理解·个体生命有何特点;生命接续·生命何以代代传承。

情境线:立遗嘱群体年轻化;四张照片,"生命倒计时规划书";中华遗嘱库中的两大典型案例(担心女儿婚姻出现变故而将遗产定向传承给女儿,老党员将遗产捐给国家);孙中山先生的三份遗嘱。

活动线:思考、分享这一届年轻人立遗嘱的考量;分析图片以归纳生命的特点;完成"生命倒计时规划书";填写表格,从两个典型遗嘱案例中总结传承关系;梳理孙中山先生遗嘱中的生命传承关系。

知识线:立遗嘱的考量;生命的特点;生命接续的内涵;生命接续的现实思考。

(二)教学结构

总议题	环节·议题线	情境线	活动线	任务线	知识线	核心素养
生命可以永恒吗	导入	立遗嘱群体年轻化	思考、分享	衔接	立遗嘱的考量	健全人格
	生命理解·个体生命有何特点	四张照片	归纳、探究	理解	生命的特点	
		生命倒计时规划:我可以给这个世界留下什么	完成规划图	应用	生命的特点;生命接续的内涵	
	生命接续·生命何以代代传承	两大典型遗嘱案例	分析、填表	理解	生命接续的内涵	
		孙中山先生的三份遗嘱	分析	应用、迁移	生命接续的现实思考	

三、过程设计

[新课导入]观看视频:中华遗嘱库管委会主任陈凯接受媒体采访时表示,30多岁是立遗嘱的最佳时间。立遗嘱呈现人群年轻化、遗嘱内容新增虚拟财产的特点。

[议学任务]在原有印象中,人一般是在生命垂垂老矣时立下遗嘱,根据数据思考:为什么这届年轻人开始立遗嘱了? 他们立遗嘱是出于怎样的考虑?

[答案提示]对生命提前进行规划;对生命的认识更加成熟;避免财产下落不明……

[设计意图]导入通过立遗嘱这一情境,活跃课堂氛围,将学生视线聚焦到立遗嘱这一行为上,启发学生对生命的深度思考,认识立遗嘱是人们珍重生命的一种具体行为表达,自然导入本课议题。

环节一:生命理解·个体生命有何特点?

[必备知识]个体生命的特点。

[议学情境]图片展示生命孕育的艰辛、每个人指纹的独一无二、《西游记》

中长生不老的美好愿景、人生老病死的现实过程。

[议学任务1]以上图片体现了个体生命的哪些特点？我们为什么要珍惜生命？

[答案提示]生命是来之不易的；生命是独特的；生命是不可逆的；生命是有限的。

[设计意图]通过几张人生照片,学生感悟"婴儿—儿童—青年—老年—生命逝去"的过程,几张图片便道出生命的特点,实现知识高效生成。

[拓展任务]死亡是一生的课题,年轻人出于生命健康的不确定,提前对生命进行规划,通过遗嘱方式表达出来。假如现在我们能够预知生命的倒计时,请思考:你想给这个世界留下什么?

生命倒计时规划:我想给这个世界留下什么
我的想法：_____
自我认识：_____
目标分析：_____
如果生命进入倒计时,你会做什么
剩 1 天：_____
剩 1 月：_____
剩 1 年：_____
剩 5 年：_____
剩 10 年：_____
第 15 年：_____
第 20 年：_____

[教师总结]李诞说,如果死亡能按你想的来就不叫死亡了。其实,我们每个人都处在死亡倒计时中,不同的是大家对待死亡的态度和行动。习近平总书记说:"每一代人有每一代人的长征路,每一代人都要走好自己的长征路。今天,我们这一代人的长征,就是要实现'两个一百年'奋斗目标、实现中华民族伟大复兴的中国梦。"在这样的责任面前,很多人勇于承担,如钟南山院士在抗击非典和新冠疫情中作出突出贡献,于敏在核武器研究和核试验中作出突出贡献。还有许许多多这样的榜样,面对死亡,自觉担当生命的责任,实现生命的代代传承。

[设计意图]随着学生课堂学习的推进,"生命倒计时规划"这一拓展任务紧随而至深入,引导学生从树立珍视生命的意识到生命倒计时规划行动的视角,认真审视生命,与自己内心对话,将课堂所学关于生命有限与自身生命发展

规划相关联,启迪学生将有限的生命投入到有意义的活动中去。该环节实现知情意行的统一,从生命的规划中衔接精神生命的传承。

环节二:生命接续·生命何以代代传承?

[必备知识]生命接续的内涵与意义。

[议学情境]2023年中华遗嘱库十大经典案例中的两个案例

遗嘱案例	为后辈(世)留下的财富
案例1:保护财产传承,传承优良家风,金奶奶将财产传承给住在海外的儿子	
案例2:50多年党龄老同志秦老立遗嘱,将遗产捐赠给国家	

案例1:保护财产传承 传承优良家风。时年85岁的金奶奶在35岁离异后,独自抚养儿子长大成人,现儿子一家已定居海外。其间,金奶奶通过进修不断学习,参加成人高考,成为一名受人尊敬的大学老师。金奶奶订立遗嘱,要求名下的房产和银行卡由儿子继承。她希望通过订立遗嘱,保护自己的财产传承,以及将自己活到老、学到老的精神传承下去。

案例2:50多年党龄老同志立遗嘱,将遗产捐赠给国家,回报党的恩情。有着50多年党龄的秦老,一路从风雨中走来,始终铭记党和国家的恩情。一次生病住院后,他意识到了遗嘱的重要性。于是,秦老找到中华遗嘱库,订立了一份遗嘱,将自己50%的遗产无偿捐赠给国家。秦老表示,自己获得的一切都是党和国家给的,要尽己所能回馈国家。对此,他的孩子们也表示非常理解和支持。

[议学任务]遗嘱里不止有财产,还有很多美好、纯真的情感寄托。从两个经典案例主人公立遗嘱的初衷出发,小组讨论两位位老人的遗嘱分别为后辈、后世留下了什么,请将讨论结果填写表格。

[答案提示]

遗嘱案例	为后辈(世)留下的财富	生命接续的内容
案例1:保护财产传承,传承优良家风,金奶奶将财产传承给住在海外的儿子	将孩子抚养成人,并以财产传承保障儿子的生命	人的生命是代代接续的
案例2:50多年党龄老同志秦老立遗嘱,将遗产捐赠给国家	用遗产回报党的恩情,不仅给子女们也给广大党员上了生动一课,实现了爱党爱国精神信念的生命接续	人的精神生命是不断传承的

[设计意图]生命接续对学生而言是抽象的,本环节精心挑选了两个具有典型代表性的遗嘱个案,将生命接续的内容与意义具象化。学生通过分析案例,在情境走向知识的分析过程中,不仅突破生命接续这一学习难点,还可以锻炼信息获取与加工能力,并能够从案例中汲取生命营养,主动传承优良家风、社风、国风,理解生命接续的意义,在生命接续中勇于担当责任。

[拓展任务]孙中山在去世前立有三份遗嘱:《国事篇》、《致苏联遗书》与《家事篇》。

国事遗嘱:余致力国民革命凡四十年,其目的在求中国之自由平等。积四十年之经验,深知欲达到此目的,必须唤起民众及联合世界上以平等待我之民族,共同奋斗。

致苏联遗书:我遗下的是国民党。我希望国民党在完成其由帝国主义制度解放中国及其被侵略国之历史的工作中,与你们合力共作。命运使我必须放下我未竟之业,移交与彼谨守国民党主义与教训而组织我真正同志之人。

家事遗嘱:余因尽瘁国事,不治家产。其所遗之书籍、衣物、住宅等,一切均付吾妻宋庆龄,以为纪念。余之儿女已长成,能自立,望各自爱,以继余志。此嘱。

结合材料,分析孙中山先生的遗嘱体现了哪些生命传承关系。

[参考答案]

①孙中山谋求中国解放,在中国大地上传递自由平等,实现了精神生命的传承。

②孙中山在前人革命基础上,致力国民革命,追求自由平等,去世后呼吁同志之人完成未竟之业,实现了精神生命的传承。

③孙中山先生抚养孩子长大成人,教育子女自立自爱,实现了个体生命的代代接续。

[设计意图]教师在引导学生梳理孙中山先生三份遗嘱的生命传承关系中,丰富针对学生的学习评价方式,同时完成了“知识理解—知识应用—知识迁移”的完整课堂建构。

[知识小结]

(1)生命的特点是什么?

①生命来之不易。

②生命是独特的。

③生命是不可逆的。

④生命是有限的。

（2）如何理解生命的接续？

①生命的代代接续。

②精神生命的不断传承。

[设计意图]知识小结是课堂知识理解环节的"画龙点睛"之笔，叮以帮助学生梳理本节课主干知识，引导学生养成总结归纳的学习习惯。同时，为知识应用和知识迁移奠定基础，便于学生在理解主干知识基础上运用知识解决实际问题。

[板书设计]

个体生命

生命接续：
个体生命　精神生命

个体生命

生命的特点：来之不易
独特的
不可逆的
有限的

人类文明向前发展

[设计意图]本板书以方块形象展示个体生命的特点，同时在个体生命间建构桥梁，标出生命接续的两方面内容，生动展示生命接续，旨在引导学生理解人类文明是通过一个个有限的个体生命接续起来的，青少年在青年时期就要敢于立志，为人类文明、国家发展担当时代使命并贡献青春力量。

"敬畏生命"议题式教学设计

张翠君　　刘秋燕

议题：我们应以何种态度对待生命？

一、设计依据

(一)课程标准分析

在《义务教育道德与法治课程标准(2022年版)》中，本框内容对应主题"生命安全与健康教育"，内容要求为"树立正确的人生观和价值观，尊重和敬畏生命，热爱生活，追求生命高度，成就幸福人生"。

(二)教材内容分析

1.本框地位

"敬畏生命"是《道德与法治》七年级上册第三单元第七课第二框内容，在学生认识生命的基础上，引领学生继续感受每个生命都有存在的意义和价值，为第八课生命安全作知识和情感上的铺垫。

2.本框内容

本框由呈递进关系的两部分组成。引导学生感悟生命至上，思考为什么要敬畏生命，进而将敬畏生命落到实处，从尊重并遵循生命存在和发展的规律、关爱他人的生命、坚持人民至上和生命至上三个角度，引导学生深化珍爱生命、敬畏生命的意识和生命道德观念，过积极向上的道德生活。

3.本框目标

学生通过商议(概括微笑女孩、敬礼娃娃美好品质、抗"疫"中板蓝根被抢购和寻找长生不老药行为)，评议(汶川地震伤亡人数及救援、汶川女孩佘沙执着驰援武汉的价值追求)，争议(辨析生命通道堵塞与礼让消防车、"米丽雷特号问题")等议学活动，感受生命的脆弱、坚强与神圣，懂得敬畏生命要遵循生命存在和发展的规律，能从自己、他人、社会层面做到敬畏生命，在比较复杂的社会生活中作出正确选择，提高对生命问题的辩证分析能力，深化珍爱生命、敬畏生命的意识和生命道德观念，涵养健全人格。

4.本框重难点

教学重点:将敬畏生命落实在日常生活中。

教学难点:学会珍爱自我生命,关怀和善待他人生命,做到敬畏生命。

(三)教学背景分析

国家议题:坚持人民至上、生命至上,是新时代中国共产党人初心使命的有力践行。面对汶川地震、新冠疫情等,无论是国家公职人员还是普通人民群众,都身体力行地表达着对生命的敬畏。敬畏生命,有利于弘扬社会主义核心价值观,构建人类命运共同体。

社会课题:敬畏生命与社会公德紧密相连,扶不扶摔倒的老人、防范高空抛物、畅通生命通道、网暴等社会道德话题的本质就是对生命的敬畏。面对这些复杂的社会问题,青少年要在正确价值观下作出价值判断和行为选择,保持自身独立的思考和判断,不人云亦云、跟风模仿。因此,引导社会形成对生命的敬畏,让正确的生命观蔚然成风,有利于倡导见义勇为的社会风气,弘扬社会正能量,构建和谐社会。

成长命题(学情分析):每个生命都有其存在的意义和价值,初一阶段的学生正处于“三观”形成的关键时期,要引导学生从珍惜自己的生命推己及人,走向敬畏他人的生命,形成正确“三观”。相比小学阶段,初中阶段的生命教育更具知识含量,要以生动形象的真实案例引发学生思考;相比高中阶段,初中阶段的生命教育更具情境体验,应当设置一些角色扮演等开放性活动,感悟生命的价值。特别是面对一些复杂的社会问题,要引导学生分析不同行为做法的立场和价值考量,从而尝试运用知识解决现实生活中的问题。

二、设计思路

(一)教学路线

议题线:围绕总议题“我们应以何种态度对待生命”,设计议题线:举国行动·我们为什么要敬畏生命;千里驰援·我们应怎样敬畏生命;择善而行·中学生如何在日常生活中传递善的力量。

情境线:微笑女孩、敬礼娃娃励志故事;汶川地震伤亡人数、汶川地震大救援、新冠疫情6张图片、抗疫中板蓝根被抢购、长生不老药事件;佘沙心怀感恩支援抗疫;“我是一个生命”诗歌、生命通道堵塞与礼让消防车、“米丽雷特号”。

活动线:概括分享“微笑女孩”高莹、“敬礼娃娃”郎铮的美好品质;探究、分享汶川地震、抗疫中的生命思考,探究抗疫中板蓝根被抢购、长生不老药事件中的生命态度;辨析余沙驰援武汉的行为做法;朗诵"生命承诺墙书"、角色扮演——当生命通道堵塞时的做法、从敬畏生命角度思考"米丽雷特号"问题。

知识线:生命的特征;敬畏生命的意义;敬畏生命的做法;敬畏生命综合知识。

（二）教学结构

总议题	环节·议题线	情境线	活动线	任务线	知识线	核心素养
我们应以何种态度对待生命	导入	微笑女孩、敬礼娃娃	思考、分享	衔接	生命的特征	健全人格
	举国行动·我们为什么要敬畏生命	汶川地震伤亡人数、汶川地震大救援	分析、分享	理解认同	敬畏生命的意义	
		新冠疫情6张图片	分析、分享			
	千里驰援·我们应怎样敬畏生命	播放图片:从"非典"到新冠疫情板蓝根被抢购一空;为寻"长生不老药"被骗	讨论、分享	理解认同		
		余沙心怀感恩支援抗疫	讨论、分享	理解	敬畏生命的做法	
		"我是一个生命"诗歌	朗读			
	择善而行·中学生如何在日常生活中传递善的力量	生命通道堵塞与礼让消防车	角色扮演	应用		
		"米丽雷特号"问题	分析	应用迁移	本框综合知识	

三、过程设计

[新课导入]

（1）视频展示:汶川地震中的"微笑女孩"高莹结婚。在震后废墟下被埋了20个小时之后,高莹被抢救了出来,却永远失去了双腿。面对所有的救援人员和医务人员,她总是微笑着说:"要勇敢,不要哭。"截肢后,高莹积极融入社会生活,参与多地的骑行活动,将生命的韧性身体力行地展现出来,鼓励大家面对困难要积极乐观、勇敢面对。

（2）图片展示:"敬礼娃娃"郎铮考入北京大学登上热搜。年仅3岁的小郎铮被困20多个小时后终于获救。当时,左手受伤的他躺在一块用小木板制成的临时担架上,忍着疼痛,举起稚嫩的右手,向周围抬着他的解放军战士敬了一个礼。

[议学任务]为什么时隔多年,提起汶川地震中的生命,我们仍然热泪盈眶?请用几个词概括他们身上的精神品质。

[设计意图]学生结合汶川地震中的"微笑女孩"结婚和"敬礼娃娃"考上北大引热议一事,感受他们面对困难的美好精神品质,感悟生命的韧性。

环节一:举国行动·我们为什么要敬畏生命?

[必备知识]敬畏生命的重要性。

[议学情境1]图片:汶川地震伤亡人数、汶川地震大救援、"微笑女孩"和"敬礼娃娃"。

[议学任务1]灾难以极其悲痛的方式,教育我们要敬畏生命。从"微笑女孩"和"敬礼娃娃"的故事中,谈谈你眼中的生命是怎样的。

生命表现	生命特点
汶川地震伤亡人数巨大;"微笑女孩"和"敬礼娃娃"在地震中受到生命伤害	生命是脆弱的、艰难的
"微笑女孩"公益骑行;"敬礼娃娃"考入北京大学	生命是坚强的、崇高的、神圣的;生命重于泰山

[议学情境2]

图片1:2023年2月,武汉,一女孩追殡葬车哭喊妈妈;

图片2:患者救治、全员核酸、疫苗接种国家财政全额负担;

图片3:习近平同志指出,人民群众生命安全和身体健康始终是第一位的;

图片4:2020年,全国各地驰援武汉,广东援鄂医疗队集结准备上车;

图片5:2020年1月,钟南山院士在赶往武汉抗疫一线途中闭目养神;

图片6:2020年8月,郑州,通宵做核酸的"大白"累倒在路边。

[议学任务2]新冠疫情让我们对生命有了更深刻的理解。你有哪些印象深刻的瞬间,谈谈你对生命的思考。

[答案提示]新冠疫情是一堂生动的生命教育课,教会我们生命至上。可举例生活中抗疫的温暖故事。

[设计意图]在第一个子议题中,学生结合汶川地震中的"微笑女孩"结婚引热议、"敬礼娃娃"考入北京大学事例,能够感受到生命的脆弱、坚强与神圣。

同时,回到学生更有感触的新冠疫情,通过6个感人的瞬间,进一步感悟生命的宝贵和至高无上,懂得敬畏生命不只是珍惜自己的生命,也要承认他人的生命同等重要。从"生命的特点"到"生命的思考",问题呈递进关系,引导学生多角度逐步深入分析,提高分析能力。

环节二:千里驰援·我们应怎样敬畏生命?

[必备知识]敬畏生命的做法。

[议学情境1]播放视频:从"非典"到新冠疫情,板蓝根能够有效治疗的说法从未停止,导致人们争先恐后地前往医院、诊所、药店抢购板蓝根的扫货现象。除此之外,还有不少为寻"长生不老药"被骗的新闻案例。

[议学任务1]

(1)"非典"、新冠乃至流感都能用,板蓝根真的是万用神药吗?

(2)"长生不老药"真的存在吗? 我们应该以一种怎样的方式对待生命中的生老病死?

[答案提示](1)生活中常见的板蓝根,是具有解热、抗病毒、增强免疫力作用的传统中草药。但是,它是否具有治疗"非典"、新冠的功效,还没有研究给出这样的结论,不应听信谣言。

(3)世界上没有"长生不老药",敬畏生命,要尊重并遵循生命存在和发展的规律。

[教师升华]敬畏生命,应当学会接受生命中的生老病死,积极就医,而不是因害怕死亡或是害怕衰老而失去理智、病急乱投医。

[设计意图]生老病死是一种自然现象。该环节主要通过日常生活中的几个小故事,引导学生正确对待疾病、衰老和死亡,遵循生命存在和发展的规律,进一步深化对生命特点的理解。

[议学情境2]汶川女孩佘沙:心怀感恩　支援抗疫

①2008年汶川地震,佘沙才小学五年级。当时,余震不断,公路损毁,信号全无。但是,佘沙很快就在废墟中看见了驰援的医疗队员。佘沙说:"感觉救死扶伤的他们很神圣。当时我就在想,如果能成为他们中的一员就好了。"

②四川省第四人民医院护士佘沙请战支援武汉的聊天记录:"我和其他护士一样,我是汶川的呀! 我必须去!"

③抵达武汉后,佘沙接到的第一个任务,是在驻地酒店负责"院感"和后勤工作。"驻地工作做好后,我就希望能尽快去医院。"之后,佘沙又三次提交申

请,最终通过。在武汉的医护同行对她的评价:"佘沙有热情、有干劲,做事情很有效率,把各个细节都做得很好,年纪这么小都这么有担当!"

④湖北省人民医院东院叶曼朋友圈图片展示:2008年,我是武汉大学人民医院的新职工,参加汶川抗震救灾的志愿者,不求回报,无愧于心,做自己该做的事。如今,我们武汉处于危难时得到了四川队的帮助,我莫名地感动!

[议学任务2]

(1)做好事就像一个圆。当年的受助者佘沙,今天成为善意的援助者。三次请战,佘沙为什么执着于驰援武汉?

(2)驰援四川的叶曼,驰援武汉的佘沙,以及所有救援者的善举,终将汇成一个"圆"。这彰显了怎样的价值追求? 她们作出这样的选择是有所求的吗?

[答案提示]

(1)汶川地震中的驰援医疗队员,让佘沙意识到敬畏生命需要尊重、关怀和善待身边的每一个人。(敬畏生命,就要关爱他人的生命)

(2)当人民的生命遭遇天灾人祸时,竭尽全力挽救和保护最广大人民的生命,是我们对"生命最宝贵"的生动诠释。(敬畏生命要坚持人民至上、生命至上)

[教师升华]面对自然的生老病死,我们应学会坦然接受。面对天灾人祸,我们敬畏生命的态度就是要珍惜生命,珍惜自己的生命,竭尽全力保护最广大人民的生命。

[设计意图]汶川地震,佘沙是幸存者,是受援者;抗击疫情,佘沙是志愿者,是驰援者。四川和武汉的两个姑娘,在爱与善意中完成了相聚。这样一个"圆"的故事,以佘沙和叶曼的语言传递出抗疫志愿者的价值追求,对引导学生自主生成如何敬畏生命的知识更具意义。

[知识小结]

(1)为什么要敬畏生命?

①生命是脆弱的、艰难的;生命是坚强的、崇高的、神圣的。

②生命重于泰山,每个人的生命都比金钱、权势等身外之物更为重要。

(2)我们应如何敬畏生命?

①敬畏生命,就要尊重并遵循生命存在和发展的规律。

②敬畏生命,就要关爱他人的生命。

③敬畏生命,就要坚持人民至上、生命至上。

[设计意图]知识小结是课堂知识理解环节的"画龙点睛"之笔,可以帮助学生梳理本节课主干知识,引导学生养成归纳总结的学习习惯。同时,为知识

应用和知识迁移奠定基础,便于学生在理解主干知识基础上运用知识解决实际问题。

环节三:择善而行·中学生如何在日常生活中传递善的力量?

[必备知识]本框综合知识。

[拓展情境1]"敬畏生命"承诺书——

我是一个生命,我要好好活着,

我害怕伤害和痛苦,渴望关怀与快乐,

我的周围有与我同样的生命。

不管他们和我有没有交往,

他们对生命的愿望,跟我是一样的。

我必须以同样的敬畏心来尊重他人的生命,而不是对他们视而不见。

承诺人:XXX

[拓展任务1]朗读"敬畏生命"承诺书,表达自己对生命的尊重和承诺。

[设计意图]朗诵"我是一个生命"诗歌,共同作出敬畏自己生命和他人生命的庄重承诺,在满满仪式感中进一步认识生命的重要性。

[拓展情境2]

图片展示:消防通道被占,生命通道堵塞;行人、车辆主动礼让消防车。

[拓展任务2]

(1)角色扮演:当你看到消防通道被占、生命通道堵塞时,你会怎么做?

(2)请从敬畏生命的角度,对堵塞生命通道和礼让消防车的行为进行对比评析。

[答案提示]

(1)遇到火灾隐患立即投诉,拨打12345政务服务便民热线。

(2)①堵塞生命通道的行为是不正确的,礼让消防车的行为是正确的。

②生命是脆弱的、艰难的,又是崇高的、神圣的。生命是宝贵的,生命价值高于一切。生命通道与消防车都是举国上下保障生命需要争分夺秒的救援力量,稍有不妥将直接影响生命的救治。

③敬畏生命,让我们从对自己生命的珍惜走向对他人生命的关怀,谨慎对待生命关系,处理生命问题。在日常生活中,我们应保持生命通道畅通,主动礼让消防车,将敬畏生命落到细节中。

[设计意图]通过生命通道堵塞和礼让消防车两种行为对比,延伸课堂情境至现实生活,在角色扮演中实现知识迁移,在对比评析中深化学生对生命真实

问题的思考,进一步感悟如何敬畏生命。

[拓展情境3]生命可以进行量化比较吗?

1884 年,一艘名叫"米丽雷特号"的轮船在暴风雨中沉没,4 名船员包括船长杜德利、大副史迪芬斯、船员布鲁克斯、杂役帕克,被迫逃到救生艇上。帕克由于不听劝告喝了海水,奄奄一息。

四人在吃掉了救生艇上所有的食物后,已经有八天没有进食了。在漂泊 19 天后,船长杜德利决定将已经气若游丝的帕克杀死,大副史迪芬斯表示同意,于是杜德利将帕克杀死,没有丝毫反抗能力的帕克只能发出微弱的反抗声:"为什么是我?"三人靠帕克的血和肉存活下来,获救后均被以谋杀罪起诉。

[拓展任务3]该案在法律界争论不休,请课下检索资料,从敬畏生命角度对三人的行为进行评析。

[答案提示]三人的行为是不敬畏生命的表现。生命至上,并不意味着只看到自己生命的重要性,我们也必须承认别人的生命同样重要。即使身处缺乏食物的环境,也不应牺牲帕克的生命来维持自身的生命。

[设计意图]"米丽雷特号"问题是涉及生命问题的经典话题,该话题旨在引导学生在道德两难问题中明确生命的底线,基于道德层面实现生命的美好,激发学生对生命的深层次思考。

[板书设计]

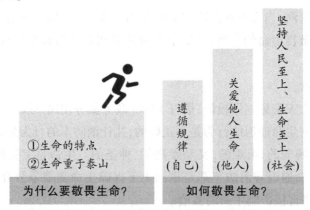

[设计意图]板书围绕两个关键问题"为什么要敬畏生命""怎样敬畏生命",设计了一位跑步者在攀登更高阶梯的形象。只有懂得生命的重要意义,才能在日常生活中做到敬畏生命。同时,敬畏生命的三个层面通过不等高的阶梯呈现出逻辑关系,寓意从自己层面到他人层面再到社会层面做到敬畏生命,是逐层升华的,是需要奔跑一生去完成的。

"增强安全意识"议题式教学设计

李英嫦　刘秋燕

议题:我们如何全面提升安全意识?

一、设计依据

(一)课程标准分析

本框内容对应《义务教育道德与法治课程标准(2022年版)》"生命安全与健康教育"主题中的"能够正确看待生活中的挫折,具备迎接挑战的能力""树立正确的人生观和价值观,尊重和敬畏生命","法治教育"主题中的"辨别媒体中的不良信息,了解网络环境中如何保护未成年人隐私等合法权益"。

(二)教材内容分析

1.本框地位

"增强安全意识"是《道德与法治》七年级上册第三单元第九课第一框内容,衔接小学《道德与法治》一年级上册第三单元第十一课"别伤着自己"、三年级上册第三单元第八课"安全记心上"相关内容。本框在第八课"认识生命""敬畏生命"的认知基础上,在学生树立对生命的认可的情感基调上,进一步增强学生守护生命安全的意识,为下一框"提高防护能力"做思想上的准备。

2.本框内容

本框由环环相扣、逻辑清晰的两部分内容构成。首先从守护生命安全的角度,旗帜鲜明地提出要树立安全意识,这样才能保护我们的生命;进一步深化增强安全意识不仅是对自己的生命安全负责,也是对家庭和社会负责。内容首尾呼应、层层递进,强调安全意识的必要性和重要性。同时,从树立规则意识、增强风险意识两方面说明如何增强我们的安全意识,为守护生命提供意识上、方向上的指导和引领。

3.本框目标

学生通过辩论、观看视频、填写安全自查表、为新校区安全建设建言献策等多种议学活动,领悟树立安全意识的重要性,了解和识别可能危害自身安全的行为,学习如何增强安全意识;提升调研和分析能力、表达能力和创意思维;理解个人在安全问题上对自己、家庭和社会的责任,增强责任意识,并具备良好的生命安全意识和自我保护能力,预防和远离伤害,培养法治观念。

4.本框重难点

教学重点:形成规则意识、风险意识等安全意识。

教学难点:把握安全意识对守护生命安全的重要性。

(三)教学背景分析

国家议题:党和国家高度重视对学生的安全教育。中华人民共和国教育部强调安全教育是学生教育必不可少的一部分,并通过将安全教育课程化,形成安全教育合力,将安全意识的"种子"撒进学生心田,有效减少意外事故的发生,确保学生在学校和家庭的安全。

社会课题:在当前社会背景下,中学生的成长环境和生活方式发生显著变化,安全问题愈发受到关注。学生课余时间的活动多样化,如果缺乏足够的安全意识和防护措施,可能面临更多的安全风险。比如,在进行户外活动时,缺乏对环境的了解和自我保护意识,容易发生意外;在上网时,不具备足够的网络安全知识,容易受到不法分子侵害。青少年溺水事件、驾驶电动自行车出事故等情况屡屡发生,刺激着人们的神经,也促使社会各界更加重视学生安全意识教育。

成长命题(学情分析):初一学生处于由儿童向青少年过渡的特殊时期,心智水平已有所提高,具备一定的感知、对比和分析能力。这一阶段的学生对周围环境有较强的好奇心和探索欲望,喜欢尝试新鲜事物,追求自我独特性,但安全意识相对薄弱。系统的安全教育可以增强学生自我保护能力,减少安全隐患,为他们健康成长提供有力保障。

二、设计思路

(一)教学路线

议题线:围绕总议题"我们如何全面提升安全意识",设计议题线:安全之思·为什么需要安全意识;安全之规·如何树立和增强安全意识;安全之责·如何承担安全责任。

情境线:安全意识大讨论,教育警示视频《我不会出事》;日常行为盘点,江西南昌"1·8"重大道路交通事故;新校区安全建设。

活动线:对安全意识的重要性进行辩论,思考视频中安全意识所发挥的作用;对自己日常不安全行为进行盘点并填写安全自查表,对重大交通事故进行评析;调研新校区安全建设情况,撰写改进建议及安全宣传标语。

知识线:明确安全意识的重要性;明晰增强安全意识的做法;"增强安全意识"综合知识。

（二）教学结构

总议题	环节·议题线	情境线	活动线	任务线	知识线	核心素养
我们如何全面提升安全意识	安全之思·为什么需要安全意识	安全意识大讨论,教育警示视频《我不会出事》	讨论辩论分析思考	衔接理解认同	明确安全意识的重要性	法治观念
	安全之规·如何树立和增强安全意识	日常行为盘点,江西南昌"1·8"重大道路交通事故	反思分析、事故评析、填写"我的安全自查表"	理解应用	增强安全意识的做法	
	安全之责·如何承担安全责任	新校区安全建设	安全改进报告、设计安全宣传标语	迁移衔接	"增强安全意识"综合知识	

三、过程设计

环节一:安全之思·为什么需要安全意识?

[必备知识]增强安全意识的必要性。

[新课导入]针对课前布置的课外实践作业,学生查找并拍摄学校和家里周边的博物馆、公共交通工具等的安全标志和安全提示语,以小组形式在班内展开探究,分享自己的实践收获。

[设计意图]课前布置的小实践作业贴近学生、贴近实际。这种方法不仅能激发学生兴趣,还能让他们在实际生活中观察和发现安全问题。让学生去查找并拍摄安全标志和安全提示语,有助于培养他们的观察能力和细心程度。这种能力不仅对学习安全知识有帮助,而且有助于直观地理解安全标志和安全提示语的意义,进而增强自身安全意识。

[议学情境1]安全意识大讨论——

小华:我的游泳技术很好,我不会在河里溺水的。

小美:学校实验室的墙上贴着安全须知,虽然我没有认真读过,但也没有出过事。

小英:我去电影院看电影,入场后先查找安全疏散通道的标志。

[议学任务1]学生通过了解小华、小美、小英的想法和做法,基于讨论内容,从安全意识对守护生命安全的重要性这一核心话题展开讨论,可采取辩论形式——正方观点:有良好的技能或环境规则就能保证安全;反方观点:安全意识不可或缺。

[设计意图]通过学生对安全意识常有的疑问引入,直面困惑,其本质为侥幸心理。以辩论形式激发学生的参与热情和主动性,在讨论中加深学生对观点的认识,促使学生从不同角度思考问题,增强分析和判断能力,培养批判性思维。辩论的主题和内容可使学生认清侥幸心理、强化安全意识。

[议学情境2]播放教育警示视频《我不会出事》。

视频内容梗概:据有关部门统计,90%的工伤事故由人为因素引起,而人为因素中90%由安全意识不足引起。他们总会把一句口头禅挂在嘴边:"哪有那么容易出事?"易燃化学品与管道摩擦产生静电火花引发爆炸;一物流中转站人员因将未熄灭的香烟丢弃在地上,引发电器包装箱起火,造成7人死亡:这些都引发人们警醒起来。

[议学任务2]观看视频,思考事故发生的原因以及带给我们的启示。

[设计意图]在"安全意识大讨论"环节,学生会发现即使有良好的技能或环境规则,如果缺乏安全意识,仍然存在危险,从而增强他们对安全意识的重视。为了强化这种意识,层层铺垫,以展示视频这一更直观的形式,引导学生深刻理解安全意识的重要性。

[教师总结]通过学生讨论和视频呈现,突出增强安全意识的必要性。

在日常生活中,我们要牢固树立安全意识,对那些可能会对自己或他人造成伤害的外在环境、人为侵害有所警觉和戒备,保护好我们的生命。

环节二:安全之规·如何树立和增强安全意识?

[必备知识]增强安全意识的做法。

[议学活动1-1]我是安全自查员。

学生通过回顾自己的日常生活,识别出生活中潜在的安全隐患,并填写"我的安全自查表",列出自己在日常生活中可能存在的不安全行为(可从交通安全、家庭安全、户外活动安全、网络安全等方面思考),并在班内进行分享。

[答案提示]

(1)交通安全

行人:不遵守交通信号灯,随意横穿马路;不走人行横道或天桥;在道路上玩耍或使用手机而分心。

骑行者:不佩戴头盔;逆行或闯红灯;在车流中穿梭,不遵守交通规则。

(2)家庭安全

用电安全:使用劣质或老化电器设备;超负荷使用插座或插板;电器长时间无人看管。

燃气安全:使用燃气灶具时离人;不定期检查燃气管道是否泄漏;燃气热水器安装在不通风的狭小空间。

防火安全:在床上或沙发上吸烟;使用蜡烛、煤油灯等明火时不注意安全;厨房做饭时离开,造成油锅起火。

(3)户外活动安全

游泳:在没有安全保障的野外水域游泳;下水前不做充分准备,不了解水域情况。

登山和露营:不带足够的水和食物;不了解天气情况和路线;单独行动,没有告知他人行程计划。

运动:运动前,不做热身和拉伸;运动时,不佩戴必要的防护装备。

(4)网络安全

个人信息保护:随意在网上泄露个人信息,如身份证号、家庭住址等;使用简单密码,且不定期更换。

网络行为:随意点击陌生链接或下载可疑文件;不注意识别钓鱼网站或诈骗邮件。

社交媒体:在社交媒体上发布过多的个人生活细节;轻信陌生人,接受不明来历的好友请求。

[议学活动1-2]基于自填的安全自查表,开展以下任务:

(1)(后果设想)这些不安全行为可能会造成什么后果?

(2)(原因分析)判断这些不安全行为是规则意识缺失还是防范风险不到位?

(3)(措施改进)我们应当如何规范自己的行为以更好地守护自己的生命?

[教师总结]教师通过了解学生日常生活中存在的不安全行为,明确其行为

背后是安全意识缺失,并基于行为改进引导学生探析如何增强安全意识。

(1)树立规则意识。生活中的诸多"禁令"看似是对我们的限制,其实是对我们自由和生命安全的保障。我们要自觉遵守规则,对自身行为作出恰当评估,并及时纠正自己的不当行为,以有效保护我们的生命。

(2)增强风险意识。"居安思危,思则有备,有备无患。"我们要能够觉察潜在的威胁生命安全的因素,不因好奇去做一些危险的事情,也不盲目触碰一些危险的领域。只有远离危险,才能平安生活。

[设计意图]组织"我是安全自查员"活动,让学生通过回顾和思考日常生活中的不安全行为,从交通安全、家庭安全、户外活动安全和网络安全方面进行全面自查,并在分享中促进自我反思,从真实的社会情境角度进行安全意识教育,强化生活体验和实践。活动旨在逐步引导学生养成良好的安全习惯,强化学生安全意识和自我保护能力。

[议学情境]《江西南昌"1·8"重大道路交通事故调查报告》。

(一)事故发生经过

2023年1月7日,驾驶人程某才驾驶赣H52958/赣HH089挂重型半挂牵引货车,在江西省乐平市万年青上堡矿业有限公司装运砂石,运往南昌市南昌县。在南昌县幽兰镇桃岭村路段,程某才超速驶入同向路面正在占道开展丧事活动的人群,造成17人当场死亡、3人经抢救无效死亡、19人受伤。

(二)事故原因分析

经调查并综合分析,认定造成事故发生的直接原因系两个方面因素的共同作用、相互影响:

一方面,驾驶人程某才驾驶赣H52958/赣HH089挂重型半挂牵引货车,途经前方因烟雾影响视线的路段仍超速行驶,遇紧急情况未采取有效安全避让措施,且车辆严重超限超载,致使制动性能下降、制动距离延长,连续碰撞送殡人员,是造成事故发生的因素之一;

另一方面,丧事活动组织者及参与者安全意识淡薄,丧事活动违法占用公路开展"路祭"活动,未采取任何安全防护措施,且在"路祭"过程中烧纸钱、燃放爆竹形成烟雾,影响行车视线,也是造成事故发生的因素之一。

[议学任务]请学生充当安全行为评估员,思考以下问题——

(1)案例中有哪些不安全行为?这些不安全行为造成了什么后果?

(2)如果遵守规则或提前防范,这些事故是否可以避免?

(3)这些规则和防范措施是什么?

[教师总结]这是一起因货运驾驶人驾驶严重超限超载的重型半挂牵引货车超速行驶,路遇正在占道开展丧事活动的人群,未采取有效安全避让措施,同时因丧事活动烧纸钱、燃放爆竹形成烟雾,影响行车视线,导致车辆碰撞人群的生产安全责任事故。双方安全意识都较为淡薄,无视交通规则约束,并对路况缺乏风险预判与防范,从而造成这一惨痛结果。

总结得出:安全与每个人息息相关,我们所做的事情不仅影响自己,也影响他人。我们用心对待和做好事关安全的每一件事,既是对自己的生命安全负责,也是对家庭和社会负责。

[知识小结]

(1)为什么要增强安全意识?

①在日常生活中,我们要牢固树立安全意识,对那些可能会对自己或他人造成伤害的外在环境、人为侵害有所警觉和戒备,保护好我们的生命。

②安全与每个人息息相关,我们所做的事情不仅影响自己,也影响他人。我们用心对待和做好事关安全的每一件事,既是对自己的生命安全负责,也是对家庭和社会负责。

(2)如何增强安全意识?

①树立规则意识。生活中的诸多"禁令"看似是对我们的限制,其实是对我们自由和生命安全的保障。我们要自觉遵守规则,对自身行为是否安全作出恰当评估,并及时纠正自己的不当行为,以有效保护我们的生命。

②增强风险意识。"居安思危,思则有备,有备无患。"我们要能够觉察潜在的威胁生命安全的因素,不因好奇去做一些危险的事情,也不盲目触碰一些危险的领域。

[设计意图]知识小结是课堂知识理解环节的"画龙点睛"之笔,可以帮助学生梳理本节课主干知识,引导学生养成总结归纳的学习习惯。同时,为知识应用和知识迁移环节奠定基础,便于学生在理解主干知识基础上运用知识解决实际问题。

环节三:安全之责·如何承担安全责任?

[必备知识]本课综合知识。

[拓展情境1]我校自2023年以来,形成"一校三区"格局,而知识城新校区面积大、空间广、场馆丰富,更需要营造一个安全的校园环境,促进全校师生健

康、安全地生活。

[拓展任务 1]成为安全小先锋。

同学们通过在学校里面开展走访、调研,完成以下两个小任务:

(1)撰写安全改进报告。查找校园内的安全隐患,写一份详细的报告,并提出改进建议。

(2)设计校园安全宣传标语,在高楼层、实验室、近水处、电闸处张贴安全标语,如"高楼层,远离边缘""电闸处,禁止触摸"。

[设计意图]通过"成为安全小先锋"活动,针对学生所处校园环境,主动查找和识别校园内的安全隐患,并提出切实可行的改进建议,撰写宣传标语,以实际行动为营造一个安全的校园环境贡献力量。这不仅可以提升学生的观察能力和问题解决能力,还可以培养他们的责任感和团队合作精神,促进全校师生健康、安全地生活。

[板书设计]

[设计意图]教师将教学板书设计成盾牌形状。盾牌象征着保护和安全,从视觉上可以吸引学生注意力,使教学内容更加生动有趣。从设计理念看,能让学生联想到防护和安全,有助于增强他们对安全意识的重视程度,直观地传达"安全意识"主题的核心理念——保护自己和他人的生命。通过视觉化和象征化的设计,学生更容易记住和理解安全知识,并在日常生活中将安全意识牢记于心,像一个盾牌一样保护自己和他人。

"提高防护能力"议题式教学设计

张翠君　刘秋燕

一、设计依据

(一)课程标准分析

本框内容对应《义务教育道德与法治课程标准(2022年版)》"生命安全与健康教育"主题中的"树立正确的人生观和价值观,尊重和敬畏生命,热爱生活,追求生命高度,成就幸福人生"。

(二)教材内容分析

1.本框地位

"提高防护能力"是《道德与法治》七年级上册第三单元第九课第二框内容。本框呼应当前社会中存在的溺水、践踏等安全事故频发这一现实情况,在第八课认识生命、敬畏生命基础上,继续探讨守护生命安全话题。"增强安全意识"与"提高防护能力"形成递进关系。

2.本框内容

本框内容呈现并列关系,围绕"如何提高防护能力"展开。包括三个角度:一是提高危险预判能力;二是提高避险和逃生能力;三是学习防护和急救知识与技能,将守护安全落到实处。

3.本框目标

学生通过看云识天气,探究踩踏、火灾、地震、溺水中的避难逃生方式和保护姿势,练习海姆立克腹部冲击法,开展知识竞赛等活动,增强安全意识,提高自身危险判断能力、避险和逃生能力、个人防护和急救能力,守护生命安全,涵养健全人格。

4.本框重难点

教学重点:掌握自救自护的基本方法,不断提高自我保护意识和能力。

教学难点:不断提高自我保护意识和能力。

(三)教学背景分析

国家议题:党和国家高度重视基础教育和青少年健康成长。

社会课题:随着社会快速发展和变革,中学生面临的安全风险也在不断增加。这些风险包括但不限于交通事故、溺水、火灾、自然灾害,还有近期出现的踩踏事件。风险的多样性和复杂性,要求中学生必须具备一定的防护能力,应对潜在危险,如学会预判楼梯和狭窄走廊中拥挤的危险、遇到踩踏事件时如何快速寻找安全出口、如何保护自己不被推倒、如何呼救。这些技能在关键时刻能够挽救生命。

成长命题(学情分析):初一学生处在由儿童向青少年过渡的特殊时期,具备小学生命教育的基础,同时参与了每年学校组织的安全逃生演练,对生命的认识和对常见灾害发生时的自救自护知识有一定了解,但安全意识不够强,风险预判能力和应急避难能力较弱。

二、设计思路

(一)教学路线

议题线:围绕总议题"如何构铸自我防护之盾",设计议题线:我会预判·如何预判生活中潜在的危险;我会逃生·如何化险为夷、逃出危险;我会应急·如何抓住急救的黄金时间。

情境线:生活中的危险,展示不同云的状态;某中学踩踏事件、火灾、地震、溺水事件;交警采用海姆立克腹部冲击法帮助男子吐出阻塞物,中学生安全知识竞赛。

活动线:预判生活中潜在的危险,看云识天气;找找身边会拥挤的地方,上台示范拥挤中地震、火灾、溺水的自救思路或正确的避震姿势;练习海姆立克腹部冲击法,开展知识竞赛。

知识线:注意提高自身危险判断能力;注意提高避险和逃生能力;注意学习防护和急救的知识与技能。

（二）教学结构

总议题	环节·议题线	情境线	活动线	任务线	知识线	核心素养
如何构铸自我防护之盾	我会预判·如何预判生活中潜在的危险	生活中的危险,展示不同云的状态	分析思考分享	衔接、理解	注意提高自身危险判断能力	健全人格责任意识
	我会逃生·如何化险为夷、逃出危险	某一中学踩踏事件	小组讨论上台展示	理解、应用	注意提高避险和逃生能力	
		火灾、地震、溺水	场景模拟			
	我会应急·如何抓住急救的黄金时间	交警采用海姆立克腹部冲击法帮助男子吐出阻塞物	现场教学分组练习	理解、应用	注意学习防护和急救的知识与技能	
		中学生安全知识竞赛	知识竞赛	应用、迁移	本框综合知识	

三、过程设计

环节一:我会预判·如何预判生活中潜在的危险?

[新课导入]在生活中,我们可以通过一些信号判断潜在的危险。你都知道哪些呢?

[答案提示]发芽的土豆不能吃;豆浆要将全部泡沫煮至消除才能喝;燕子低飞的时候,表示天要下雨;下雨天远离大树、墙和电线杆……

[议学情境1]展示卷积云、卷云、卷层云、高积云、高层云、低空云、积云、雨层云、层积云、层云等照片。

[议学任务1]判断不同云可能带来怎样的天气变化。

[答案提示]卷积云——好天气;卷云——好天气;卷层云——雨雪即将在12—24小时内到来;高积云——好天气;高层云——降雨即将到来;低空云——强风、雷电甚至是冰雹;积云——好天气;雨层云——带来数小时的雨雪;层积云——暴雨;层云——毛毛细雨。

[设计意图]虽然现代科技已经使天气预报更加准确,但这些看云识天气的生活经验,体现了中国人对自然现象的观察和理解,以及人们对天气变化的关注和对生活的适应。看云识天气引导学生关注生活现象,时刻保持警惕。

[议学情境2]视频内容:好心大哥看到涨潮时仍有一家六口下堤坝,通过一声吼"涨潮了,快跑",救了全家人。

展示素材:17名外地人员自行来到漳州市漳浦县前亭镇江口村附近海滩。他们在接近海水处手拉手拍照,突然被海浪卷入海中。其中,11人经抢救无效死亡,6人生命体征平稳。

[议学任务2]

(1)你知道海边游玩的安全注意事项吗?

(2)我们可以从中得到什么启示?

[答案提示](1)警惕潮汐变化,不要在涨潮时下水;不要碰沙滩上的水母;小心"离岸流";小心中暑……

(2)要注意提高自身危险预判能力。在日常生活中,主动学习安全知识,对潜在的危险作出科学判断,防患于未然。

[设计意图]通过真实的涨潮视频和死亡数据,让学生直观认识生活中的危险,意识到要注意提高自身危险预判能力。

环节二:我会逃生·如何化险为夷、逃出危险?

[议学情境1]2010年至2022年间,全球至少发生60起较大规模的踩踏事件。教师展示韩国梨泰院踩踏事故照片,以及某中学学生因上下楼梯发生拥挤摔倒受伤的事件通报。

[议学任务1]

(1)小组讨论,找找身边会拥挤的地方。

(2)遇到拥挤踩踏,我们应如何保护自己?(请学生上台示范)

[答案提示]

(1)楼梯、走廊等狭窄但人流量大的地方;饭堂等人员密集的地方……

(2)①逃生口诀:要逃、要躲、要稳住;不呼喊、不逆行、不下蹲、不窒息。②结合课本《方法与技能》,学生总结两个姿势——一是保持呼吸的姿势:用一只手紧握另一只手的手腕,手肘撑开,平放于胸前,微微向前弯腰,形成空间以保持呼吸畅通;二是摔倒后自我保护的姿势:蜷缩成球状,双手护颈,手臂护头,双膝缩至胸前,护住胸腔和腹腔。

[议学任务 2]场景模拟:当遇到一些火灾、地震、溺水事件时,你知道怎样自救自保吗?(分别创设地震、火灾、溺水情境,请学生回答基本的自救思路或者展示正确的避震姿势)

[答案提示]

①火灾:要保持镇静,不要惊慌,不盲目行动;要想办法利用周围一切可利用的条件逃生;用毛巾或布捂住口鼻,减少烟气吸入。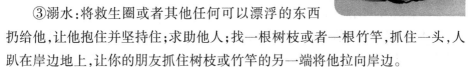

②地震:千万不要跳楼;暂避洗手间跨度小的地方;切断电闸,关掉煤气;牢记正确的避震姿势(尽量使身体的重心降低,保护好头部)。

③溺水:将救生圈或者其他任何可以漂浮的东西扔给他,让他抱住并坚持住;求助他人;找一根树枝或者一根竹竿,抓住一头,人趴在岸边地上,让你的朋友抓住树枝或竹竿的另一端将他拉向岸边。

[教师总结]当遇到一些意外灾害时,我们要提高避险和逃生能力,平时积极参加安全演练活动,在危险来临时,保持头脑清醒,就近、快速逃离到安全地带。同时,我们可以有效利用各种资源,以便求救和逃生。

[设计意图]在踩踏事件逃生和地震、火灾、溺水自救模拟当中,教师引导学生感悟避险和逃生能力的重要性;在小组合作、场景模拟的课堂氛围中,深化安全意识。

环节三:我会应急·如何抓住急救的黄金时间?

[拓展情境]播放视频:一男子吃东西被噎住,快速穿过马路找到交警求助。交警使用海姆立克法,帮助该男子吐出阻塞物。

[拓展任务 1]课前邀请两位同学提前学习海姆立克腹部冲击法中的徒手、借物两种手法,课堂上请学生展示教学。学员分组练习,模拟有人发生气道异物梗阻时如何进行急救。

[教师总结]如果不幸被异物卡喉,4—10 分钟之内是急救的黄金时间。海姆立克腹部冲击法也被称为"生命的拥抱",挽救了无数患者的生命。生活中,学习防护和急救知识与技能十分重要。

[知识清单]如何提高防护能力?

①提高危险预判能力。

②提高避险和逃生能力。

③学习防护和急救的知识与技能。

[拓展任务2]开展知识竞赛,通过小插件开展中学生安全知识竞赛,判断日常生活中的做法哪些是正确的、哪些是错误的。

①被烫伤后,应马上采取的措施是将烫起的水泡挑破。

②被犬咬伤,要注意进行正确的伤口处理并尽快就医。

③高温环境持续一段时间后,出现全身疲倦乏力、大汗、口干、注意力不集中、体温升至37.5C以上,要迅速离开高温环境,移至阴凉通风处。

④若看到有人倒地,轻拍双肩,没有反应立即拨打120,并观察胸部、腹部是否有起伏,若没有起伏,立即进行心肺复苏。

…………

[答案提示]①错误;②正确;③正确;④正确。

[设计意图]从内容上看,本环节旨在引导学生掌握急救知识和技能,注意个人防护。从形式上看,本环节安排学生提前学习海姆立克腹部冲击法并于课堂展示,学员分组练习,彰显学科活动型课堂的特点,让学生在实际操作中感悟急救知识与技能,认识到这是一种敬畏生命的态度,承接第八课内容,并为第十课"爱护身体"奠定基础。

[板书设计]

如何提高防护能力
①提高危险预判能力
②提高避险和逃生能力
③学习防护和急救的知识与技能

[设计意图]

该板书选择盾牌之形,一是因为盾牌自古以来就是战场上保护战士免受伤害的重要装备,象征着防御、保护与勇气,能够向学生传达增强防护、守护自我的思想。二是将如何提高防护能力的三个角度融入盾牌,由它们组成自我防护之盾,凸显正向价值引领。

"爱护身体"议题式教学设计

张翠君　刘秋燕

议题:如何脱掉"脆皮"、过上硬朗人生?

一、设计依据

（一）课程标准分析

在《义务教育道德与法治课程标准（2022年版）》中,本框对应"生命安全与健康教育"主题中的"树立正确的人生观和价值观,尊重和敬畏生命,热爱生活,追求生命高度,成就幸福人生"。

（二）教材内容分析

1.本框地位

"爱护身体"是《道德与法治》七年级上册第三单元第十课第一框内容。在第八课认识、生命敬畏生命的基础上,继续探讨如何珍爱生命、如何实现身体健康话题,与第二框"滋养心灵"为并列关系。

2.本框内容

本框由呈递进关系的两部分内容组成,依照"为什么要爱护身体—如何爱护身体"逻辑层层推进,旨在启示学生要守护生命,关心自己的身体状况,养成健康生活方式,积极参与体育锻炼,守护好自己的身体健康。

3.本框目标

学生通过商议（"脆皮大学生""喝出'老年病'""癌症的3个身体求救信号""刘畊宏女孩"运动受伤）、评议（Citywalk户外高温徒步）等议学活动,知道保持身体健康的重要性,明确从关注自己身体状况、养成健康生活方式、科学锻炼身体三方面爱护身体,不断强健体魄,提高身体健康管理能力,更加珍惜和守护自己的生命,涵养健全人格。

4.本框重难点

教学重点:知道保持身体健康的重要性,懂得怎样爱护身体。

教学难点:养成健康生活方式,科学锻炼。

(三)教学背景分析

国家议题:推进健康中国建设;建设社会主义精神文明。

社会课题:随着社会生活节奏加快,越来越多的年轻人承受着前所未有的压力。日常生活中,不少年轻人出现运动不充分、作息不规律、膳食不合理、熬夜、意外受伤等状况,身体"亮红灯",被戏称"脆皮"。年轻人体质下降呈"亚健康"状况,引起社会广泛关注。关注年轻人的身体健康状态并作正向引导,有利于形成良好社会风尚,促进社会持续、稳定、健康发展。

成长命题(学情分析):初一阶段的学生具备小学生命教育的基础,但对生命的敬畏感还不够,特别是对不吃早餐、熬夜写作业等坏习惯的认识不够全面,以为对身体影响不大。初中学生正处于身心快速发展的时期,引导他们在这一人生奠基期养成关注自己身体状况、形成健康生活方式、科学锻炼身体的意识,对学生终身发展具有重要意义。

二、设计思路

(一)教学路线

议题线:围绕总议题"如何脱掉'脆皮'、过上硬朗人生",设计议题线:守护生命·探"脆皮"之因;守护生命·解"脆皮"之困;守护生命·过硬朗人生。

情境线:"脆皮大学生";大学生熬夜玩游戏,喝出"老年病",癌症的3个求救信号,"刘畊宏女孩"运动受伤;Citywalk户外高温徒步。

活动线:探究"脆皮大学生"为何"脆";提取两则新闻,癌症的3个求救信号,"刘畊宏女孩"运动受伤中的身体健康密码;评析Citywalk,为Citywalk写宣传语。

知识线:影响身体健康的行为,为什么要爱护身体;如何爱护身体;"守护生命"综合知识。

（二）教学结构

总议题	环节·议题线	情境线	活动线	任务线	知识线	核心素养
如何脱掉"脆皮"、过上硬朗人生	守护生命·探"脆皮"之因	"脆皮大学生"	思考	衔接	影响身体健康的行为；为什么要爱护身体	健全人格
	守护生命·解"脆皮"之困	大学生熬夜玩游戏进ICU；年轻人喝出"老年病"	探究分享	理解应用	如何爱护身体	
		癌症的3个身体信号	探究分享	理解应用		
		"刘畊宏女孩"运动受伤	分享	理解应用		
	守护生命·过硬朗人生	Citywalk	评析宣传	应用迁移	"守护生命"综合知识	

三、过程设计

环节一：守护生命·探"脆皮"之因

［必备知识］为什么要爱护身体？

［议学情境］视频："脆皮大学生"受伤时各种意想不到的意外。

"脆皮大学生"指的是新一代大学生容易受伤或情绪崩溃，主要表现为身体素质较弱，如"伸个懒腰腰断了""刷视频嗌笑鼻动脉裂了，血流不止"。

［议学任务1］为什么本该最有活力、最青春健康的大学生反而被贴上了"脆皮"标签？你知道有哪些因素导致大学生出现这样的身体状况吗？

［答案提示］健康观念缺失、自律能力不强、精神压力大等。

［议学任务2］为什么全社会都在关注年轻人的身体状况，戏称之"脆皮"？

［答案提示］身体是生命存在的根本，身体健康关系国家的人口素质和社会发展。

［设计意图］"脆皮大学生"一词走红网络，被学生熟知，且"脆皮"的各种意外引人发笑，在激发学生兴趣的同时，将学生注意力集中在身体健康话题上，重视身体健康，自然进入本课学习。

环节二：守护生命·解"脆皮"之困

［必备知识］爱护身体的做法。

［议学情境 1］

新闻 1：大二男生熬夜玩游戏后，突然全身抽搐、口吐白沫、昏迷进 ICU。

新闻 2：年轻人喝出"老年病"，深圳两小伙把饮料当水喝，造成酮症酸中毒。

［议学任务 1］

(1)"脆皮大学生"是天生"脆皮"吗？他们的生活方式健康吗？

(2)你知道有哪些健康的生活作息吗？反思自己的生活，你觉得有哪些生活中的作息是需要改进的？

(3)你知道这些行为会对我们的身体造成怎样的伤害吗？

［答案提示］

(1)非天生"脆皮"。生活方式不健康。

(2)合理饮食，适当运动，规律作息……

(3)消化性溃疡——不规律吃饭；心律不齐——熬夜晚睡；干眼——总看手机，过度用眼；高血压——吃得太咸，重口味；牙周疾病——不好好刷牙；食管癌——烫食，趁热吃；腰肌劳损——长时间跷二郎腿。

［设计意图］教师通过年轻人的真实案例，引导学生明确健康生活方式的重要性，并反思自己的生活方式，以常见的一些不合理的生活方式，提醒学生保持警惕，明白健康生活重在自律，这是一种对生命负责的态度。

［议学情境 2］播放视频，癌症的 3 个身体求救信号。

［议学任务 2］想一想：我们怎样才能够读懂这些信号？

［答案提示］①掌握判断自己身体是否处于正常状态的基本能力，如出现长时间不明原因的消化不良，应当及时就医。②定期进行健康体检，主动获取自身健康状况。

［议学情境 3］前段时间，刘畊宏的燃脂健身操火了，跟着他跳操的人也被称为"刘畊宏男孩/女孩"。从《本草纲目》到《龙拳》，明星刘畊宏凭借与妻子直播跳操迅速出圈，成为"全民健身教练"，掀起居家运动热。但是，在跳操过程中，没有运动习惯的人，很容易从"刘畊宏女孩"变成"受伤女孩"。不少女孩跟刘畊宏跳健身操时，因脚部扭伤而就医。

［议学任务 3］

(1)我们对待体育锻炼应该持有怎样的态度？你有没有一些在锻炼中受伤的经历，请与大家分享。

(2)为了预防锻炼中受伤，你有什么小建议吗？

［答案提示］

(1)科学锻炼。

(2)运动前要热身;运动后要拉伸;注意使用防护用具;注意个人身体情况,不盲目跟风,不做危险动作……

[设计意图]引导学生在分享个人经历中传递科学锻炼身体信息,并总结体育锻炼的注意事项,不断深化体育锻炼要科学意识。

环节三:守护生命·过硬朗人生

[必备知识]本框综合知识。

[议学情境1]从"特种兵式旅游"到"Citywalk",人们与城市产生链接的步调放缓,开始注重对一座城市的内在感知。然而,一些 Citywalk 爱好者仍在三伏天里冒着40℃高温户外行走,或者是深夜 Citywalk。在部分网友看来"无法理解",他们认为"高温天遛弯大可不必",熬夜散步也不利于身体健康。对这一新风尚表示赞同的网友,则倾向于将 Citywalk 说成压马路,认为它带有和三五好友散步聊天的浪漫氛围。

[议学任务1]从"爱护身体"角度,请你为在三伏天里冒着40℃高温在户外行走的 Citywalk 爱好者提供一些小建议。

[答案提示]

①我们要关注自己的身体状况。三伏天气温高,人容易出现中暑现象,要及时关注自己的身体状况,如是否有头晕、脱水等情况。如有不适,及时到阴凉处休息,严重时及时就医。

②我们要养成健康生活方式。长时间暴晒、熬夜等都是不健康的生活习惯,需要制订更为健康、清凉的 Citywalk 路线。

[议学情境2]广州有三条经典的 Citywalk 路线受到大家欢迎——

①沙面岛→人民桥→沿江西路→圣心大教堂→海珠广场→大佛寺(欧陆建筑、民国风情、千与千寻)。

②珠江新城→海心沙→二沙岛→海心桥→广州塔→有轨电车→琶醍(至 in 至潮、新中轴、新地标)。

③泮塘路→荔湾湖公园→荔枝湾→粤剧博物馆→永庆坊→恩宁路(地道小吃、市井生活、西关岁月)。

[议学任务2]Citywalk 传递出健康生活态度。请你从爱护身体角度,任选一条 Citywalk 路线并写宣传语。

[答案提示]

◇享受传统美食

◇感受市井生活

◇身临西关岁月

◇"走"起来就好

[设计意图]呈现广州富有城市印记的三条 Citywalk 路线,让学生在感受城市魅力之余,有意识地关注高温户外徒步的注意事项,在参与户外活动时提高警惕、爱护身体。同时,让学生撰写宣传语,引导学生深入思考 Citywalk 有助于锻炼身体、形成健康方式、放松心情,是对本框知识的综合运用。

[知识小结]

(1)为什么要爱护身体?

①身体是生命存在的根本。

②身体健康既关系个人的成长和发展,也关系家庭的生活质量,还关系国家的人口素质和社会发展。

(2)如何爱护身体?

①守护生命,应当关注自己的身体状况。我们要关注自身身体健康状况,定期进行健康体检,合理利用卫生保健服务,维护自身健康;积极主动获取健康信息,知道生理健康的基本标准,能够判断自己的身体是否处于正常状态。如有不适,应及时科学就医。

②爱护身体,应当养成健康生活方式。我们要自觉自律,注重饮食有节、起居有常、动静结合,杜绝不良嗜好。

③爱护身体,应当积极、主动、科学地锻炼身体,强健体魄。我们要参加适合的体育锻炼,选择合理的运动负荷。

[设计意图]知识小结是课堂知识理解环节的"画龙点睛"之笔,可以帮助学生梳理本节课主干知识,引导学生养成总结归纳的学习习惯。同时,为知识应用和知识迁移奠定基础,便于学生在理解主干知识基础上运用知识解决实际问题。

[板书设计]

[设计意图]该板书以奖杯领奖台为元素,将如何爱护身体的三个层面"关注自己的身体状况""养成健康的生活方式""科学地锻炼身体"展示为登上领奖台拿到奖杯(硬朗人生)的台阶,形象生动地说明爱护身体的三个注意事项,具有逻辑性、可视性。

"滋养心灵"议题式教学设计

张翠君　刘秋燕

议题:"内心戏"太多,如何守护心灵之花?

一、设计依据

(一)课程标准分析

本框内容对应《义务教育道德与法治课程标准(2022年版)》"生命安全与健康教育"主题中的"正确认识顺境和逆境的关系,学会情绪控制,能够正确看待生活中的挫折,具备迎接挑战的能力""树立正确的人生观和价值观,尊重和敬畏生命,热爱生活,追求生命高度,成就幸福人生",对应"中华优秀传统文化教育"主题中的"践行中华民族自强不息、敬业乐群、脚踏实地、实事求是的思想"的内容要求。

(二)教材内容分析

1.本框地位

"滋养心灵"是《道德与法治》七年级上册第三单元第十课第二框内容,在第八课"生命可贵"、第九课"守护生命安全"基础上,继续学习如何正确对待生命成长中的挫折,培养面对困难、挫折的勇气和坚强意志,为绽放生命之花、活出生命精彩奠定基础。

在高中《思想政治》教材中,必修4《哲学与文化》第六课引导学生了解价值观的驱动作用,以作出正确的价值判断和价值选择。本框题学习为高中"价值"主题学习奠定知识基础。

2.本框内容

本框设置《生活观察》栏目,引导学生保持心理健康;设置增强生命韧性《方法与技能》栏目,引导学生磨炼意志、丰富精神世界。从三个角度启发学生滋养心灵,挖掘自身的生命力量,养成勇于克服困难、开拓进取的美好品质,实现自身生命价值。

3.本框目标

学生通过分享嘴巴有异味、体毛旺盛、亲子关系等"内心戏",理解滋养心灵要保持心理健康;分析脑瘫少年涛涛成长蜕变的原因,懂得滋养心灵要磨砺意志,增强生命的韧性;为涛涛自主设计广州旅游线路,探究如何丰富精神世界,从而增强承受挫折能力,形成直面挫折、克服困难的人生态度,滋养心灵,涵养健全人格。

4.本框重难点

教学重点:懂得如何增强生命的韧性,知道如何滋养心灵。

教学难点:形成勇于克服困难的人生态度;在个人精神世界的充盈中弘扬民族精神、自觉滋养心灵。

(三)教学背景分析

国家议题:①弘扬自强不息的中华民族精神;②在全球化背景下,我国全面深化改革开放,走出一条中国式现代化道路。在不同境遇保持开拓进取的积极心态,滋养心灵,是新时代青年的重要能力。

社会课题:①人们生活条件逐渐变好,不少家庭出现溺爱孩子现象,过度保护孩子,导致孩子缺乏应对挫折能力;②社会竞争愈发激烈,需要学生具备良好心理素质,能够独立解决问题。滋养心灵能够帮助学生学会面对失败和挑战,增强适应社会能力,在面对未来的不确定性和挑战时,保持积极心态不放弃,这对于个人成长和社会发展具有重要意义。

成长命题(学情分析):初一学生处于青春期早期,这个阶段的学生心理和生理都在迅速发展变化之中,抽象思维能力正在发展,但对复杂问题的分析和解决能力尚不成熟。青春期学生情绪波动较大,可能尚未掌握有效的情绪调节策略。同时,他们在小学阶段可能习惯了较为简单和保护性的学习环境,进入初中后,学习内容的难度和复杂性显著增加,同伴竞争也更为激烈。此外,初中生开始更加关注自我形象和同伴评价,对于失败和挫折的感受可能更为敏感和强烈。不少青少年遇到成长中的挫折,有很多正面或负面的"内心戏",缺乏勇敢面对的勇气、态度和方法,不敢也不善直面并战胜挫折,而是逃避或绕开,有的甚至用损害自己生命的方式应对,意志薄弱,承受能力不强。因此,要引导学生正视自身的"内心戏",养成健康心理,积极面对学习生活中的挫折,逐渐建立较强的心理承受能力和适应能力,不断增强生命韧性,将来迎接调整、适应社会奠定坚实基础。

二、设计思路

(一)教学路线

议题线:围绕总议题"'内心戏'太多,如何守护心灵之花",设计议题线:生活初探·社会中的我有着怎样的"内心戏";生活之困·假如生活欺骗了我;生活之道·如何回归心灵的平静。

情境线:"内心戏"拍手游戏,嘴巴有异味,体毛旺盛,亲子关系;脑瘫少年涛涛卖爆米花;广州旅游线路。

活动线:参与"内心戏"拍手游戏,分享关于嘴巴有异味、体毛旺盛、亲子关系的"内心戏";分析脑瘫少年涛涛成长变化的原因;小组讨论制订广州旅游线路。

知识线:心理健康的表现,滋养心灵要保持心理健康;如何磨砺意志以增强生命的韧性;如何丰富精神世界。

(二)教学结构

总议题	环节·议题线	情境线	活动线	任务线	知识线	核心素养
"内心戏"太多,如何守护心灵之花	生活初探·社会中的我有着怎样的"内心戏"	"内心戏"拍手游戏;分享"内心戏"	游戏、分享	理解	滋养心灵需要保持心理健康	健全人格
	生活之困·假如生活欺骗了我	脑瘫少年卖爆米花	分析	理解、应用	滋养心灵需要磨砺意志,增强生命的韧性	
	生活之道·如何回归心灵的平静	广州旅游线路	小组讨论	理解、迁移	滋养心灵需要丰富精神世界;本框综合知识	

三、过程设计

环节一:生活初探·社会中的我有着怎样的"内心戏"?

[新课导入]播放暖场音乐,老师念一些句子,如果学生认同就拍拍手,不认同就保持安静。

举例:初中三年,我希望每天开开心心。

初中三年,我希望作业每天都能写完。

我希望数学考试及格。

我希望体育课下大雨。

我希望班会课看电影。

我希望考试都能考出理想成绩。

[议学任务1]生活在很多时候不会按照我们的想法来。面对这些生活的小插曲,我们也有自己的"内心戏"。生活中,你是否有这些疑惑,愿意跟大家分享吗?

问题1:嘴巴里好像有异味,怎样才可以消除口臭呢?

问题2:体毛旺盛怎么办?

问题3:我再也不想跟妈妈讲话了,她什么事情都要唠叨!

[答案提示]

(1)谁都有可能出现口臭。当唾液量减少时,引起口臭的物质就多了。所以,可以尝试多喝水来解决这个问题。

(2)体毛有自己的作用,稍微处理一下就好。

(3)青春期是一个特殊阶段,学生生理发育十分迅速,而心理发展速度相对滞后,从而引起种种心理发展上的矛盾,出现矛盾心理,体现为对父母的反抗与依赖,不愿意父母处处管着自己。

[教师总结]面对生活,我们会遇到很多平时没有接触过的事情,可能变得狭隘、对别人怀有嫉妒之心、将别人无意中的话当作对自己的轻视或嘲笑,或者是感觉到自卑,这些都是中学生常见的心理表现。我们要认识它、克服它,主动学习心理健康知识,掌握自我调节方法,必要时积极寻找专业帮助,促进心理健康。

心理健康是一种良好而持续的心理状态,表现为个人具有生活的活力、积极的内心体验、良好的社会适应能力,并能有效激发个人潜能。

[设计意图]游戏导入,以学生关心的作业、体育课、看电影等跟学生互动,从学生鼓掌或者保持安静的反馈中,引导学生关注自己的"内心戏",轻松诙谐,激发学生兴趣。

环节二:生活之困·假如生活欺骗了我?

[必备知识]增强生命韧性的方法。

[议学情境]播放视频《卖爆米花的脑瘫少年涛涛》。涛涛的母亲姚传华介

绍涛涛出生时缺氧导致脑瘫,先后经历过四次手术,因为身体原因,他逐渐把自己封闭起来。姚传华说,她现在有些着急,一方面是涛涛越来越大,另一方面担心自己身体无法永远照顾他。她鼓励涛涛走出家门,用摆摊卖爆米花的方式独立起来,多与外界沟通交流。经过几天的锻炼,这个曾经内向的少年逐渐变得阳光自信,也能够自己吆喝卖爆米花了。涛涛的故事感动了众多网友。近日,当地特教团队以送教上门的形式,教授他相关文化知识,圆了他的学习梦。

[议学任务]

(1)面对自己的身体缺陷,涛涛起初的态度是怎样的? 后来的态度发生了什么样的变化?

(2)涛涛成长变化的原因有哪些?

(3)当生活欺骗了我们,我们可以怎样应对以增强生命的韧性?

[答案提示]

(1)封闭自己;接纳自身的不足。

(2)父母的帮助;网友的支持;社会人士的送教上门……

(3)说服自己接纳挫折;培养幽默感;积极寻求帮助;培养兴趣爱好;眼光放长远;关心帮助他人,丰富精神世界……

[设计意图]直面同一年龄段其他孩子经历的真实挫折,在分析别人面对挫折的态度及转变中体会挫折面前生命的韧性。同时,引导学生从具体事例中概括应对挫折的措施,注重学生知识自主生成。

环节三:生活之道·如何回归心灵的平静?

[议学情境]图片:广州市黄花岗七十二烈士墓、广州塔、西关大屋、骑楼、红墙洋楼、陈家祠、永庆坊、沙面、饮早茶、逛花街、从化温泉、最美乡村……

[议学任务]涛涛在网上看到,广州是一座有着丰富文化内涵的城市,想要跟父母到广州走一走,丰富自己的精神世界。小组讨论:请结合生活经验,不局限于图片范围,为他们设计一条2日广州旅游路线,并派出代表简要介绍路线特点。

[答案提示]学生可围绕主题如红色广州革命之城游(广州市黄花岗七十二烈士墓、黄埔陆军军官学校旧址、中共三大会址纪念馆),千年广州古城体验游(广州美术馆、北京路、沙面、永庆坊),食在广州寻味体验游(荔枝湾景区、上下九步行街、北京路、广州酒家),艺术广州建筑艺术体验游(永庆坊、沙面、东山口、黄埔古港)等进行设计,也可以按时间(春节期间可以饮早茶、逛花街、买年货)思路进行设计。

[设计意图]以涛涛为例设计情境,呈现关于广州的经典地标和风俗文化,让学生自主设计旅游线路,挖掘学生旅游线路中的文化内核,引导学生从优秀民族文化中拓展生活阅历,丰富个人精神世界,体现课堂实践性特点。

[知识小结]

(1)如何滋养心灵?

①滋养心灵,需要我们保持心理健康。

②滋养心灵,需要我们磨炼意志。增强生命韧性的方法:说服自己接纳挫折;培养幽默感;积极寻求帮助;培养兴趣爱好;眼光放长远;关心帮助他人,丰富精神世界……

③滋养心灵,需要我们不断丰富自己的精神世界。

[设计意图]知识小结是课堂知识理解环节的"画龙点睛"之笔,可以帮助学生梳理本节课主干知识,引导学生养成归纳总结的学习习惯。同时,为知识应用和知识迁移奠定基础,便于学生在理解主干知识基础上运用知识解决实际问题。

[板书设计]

[设计意图]围绕"'内心戏'太多,如何守护生命之花"总议题,板书以一朵"花"的形象呈现,每一片花瓣为一种滋养心灵的方法,第四片花瓣寓意滋养心灵还有其他的方式方法,每个人都要找寻到属于自己的那一瓣。只有每一片花瓣的要求达到了,才能绽开绚烂的花朵,实现生命的健康成长。

七年级上册第四单元序言

　　本单元主要培养学生健全人格核心素养,是七年级上册最后一个单元。在充分认识自己、与他人和集体进行良好互动、叩问生命的价值和意义的基础上,展望未来,科学规划自己的人生,在个人与社会的统一中坚持正确成长路径,确立正确人生目标,在生活中拥有积极的人生态度,在奉献中成就精彩人生,最终培养起正确的世界观、人生观和价值观。本单元着眼"中考分流制度背景下进一步引导学生树立正确的职业观、根据自身实际与社会需要树立正确的人生观"的社会背景,以及"初一学生正处于'拔节孕穗期',对未来较迷茫,情绪波动大,抗挫折能力较弱,部分学生会产生学习无意义感、生命无价值感"的学情,进一步探索正确的人生目标,增强抗挫折能力,保持积极人生态度,在正确的人生道路上成长成才,在奉献中收获美好人生。

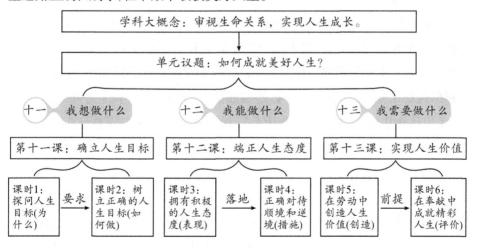

"探问人生目标"议题式教学设计

刘　靖　刘秋燕

议题:我们为何要定向标?

一、设计依据

(一)课程标准分析

本框内容对应《义务教育道德与法治课程标准(2022年版)》"生命安全与健康教育"主题中的"客观认识和对待自己,形成正确的自我认同,提高自我管理能力""树立正确的人生观和价值观,尊重和敬畏生命,热爱生活,追求生命高度,成就幸福人生"。

(二)教材内容分析

1.本框地位

"探问人生目标"是新教材《道德与法治》七年级上册第四单元第十一课第一框。本单元围绕"追求美好人生",关乎学生未来发展,聚焦未来人生道路,助力生涯规划。本框指明坚持正确人生目标的重要性,旨在引导学生既具备长远目标的规划视野,又具备短期目标的实践能力,为下一框"树立正确的人生目标"奠定认知基础,明晰"我想做什么",构成本单元第十二课探索"我能做什么"、第十三课探索"我需要做什么"的逻辑起点。

2.本框内容

本框主要包含三方面内容:一是阐明人的生命活动方式与动物生命活动方式的区别,说明人能够积极主动地规划人生、确定目标;二是强调人生目标的地位及作用,引导学生意识到人需要有正确的人生目标;三是指明人生目标的类型,阐述长远目标与近期目标的关系,启发学生要有长远目标的格局,要有近期目标的脚踏实地,沿着正确的人生道路成长成才。三方面核心知识由"人能够拥有人生目标"到"人需要树立人生目标"再到"人如何实现人生目标"循序渐进,共同回答"我们为什么要确立人生目标"核心议题。

3.本框目标

学生通过体验式(迷宫体验)、探究式(迷宫对比及案例分析)、参与式(人生鱼骨图)等议学活动,理解人与动物活动的区别,体验树立人生目标的重要性,实操自我人生规划,并综合运用本框所学知识分析时政热点人物、"赤膊教授"王林生的人生故事,在进一步发展信息获取与加工、语言组织与表达、科学探究与思维建模、生涯规划等关键能力的同时,正确认识自我,初探人生方向,合理规划人生,形成有目标、有方向的生活节奏,涵养健全人格。

4.本框重难点

教学重点:阐释树立人生目标的重要性。

教学难点:有效管理长远目标与近期目标,有步骤、有计划地实现人生目标。

(三)教学背景分析

国家议题:青年目标关乎国家未来。青年只有志存高远,才能激发奋进的潜力。

社会课题:当下,中学生呈现不同的成长状态,有的成为全面发展的"小孩哥""小孩姐",有的却荒废学业甚至误入歧途。如何引导学生重视人生目标,是他们走上正确人生道路的重要起点。同时,"普职分流焦虑"一度成为社会各界关注的教育热点话题。初中人生规划愈显重要,"一个初中生的人生规划火了,年纪轻轻就参透了一生"成为热搜,需要引导学生明确长远目标与短期目标,科学规划美好人生。

成长命题(学情分析):初一学生刚进入青春期,正处于建立自我同一性的关键时期。基于前面的学习,学生已经基本能够适应所处社会环境,基于一定的自我认知和社会资源进行人生规划,开始思考未来的人生道路。同时,由于认知能力、思维方式和人格有待发展,他们主动制订目标并有计划执行目标的意识不强,接触信息有限,对未来发展的多样性认知不足,需要进一步加以引导。

二、设计思路

(一)教学路线

议题线:围绕总议题"我们为何要定向标",设计议题线:析可能·为什么人能够树立人生目标;明发展·为什么人需要树立人生目标;向未来·人可以树立何种目标导向成长。

情境线:迷宫实验;蚂蚁走迷宫视频,辨析生成式人工智能;迷宫对比,"赤膊教授"王林生的故事;人生鱼骨图;日本著名马拉松运动员山田本一的智慧。

活动线:绘制走迷宫路线;视频体验,辨析生成式人工智能;前后迷宫对比,分析"赤膊教授"王林生的故事;绘制个人人生鱼骨图;分析马拉松运动员山田本一的智慧。

知识线:感受目标的重要性;人的生命活动方式与动物的区别;树立人生目标的重要性;人生目标的类型;"探问人生目标"综合知识。

(二)教学结构

总议题	环节·议题线	情境线	活动线	任务线	知识线	核心素养
我们为何要定向标	新课导入	迷宫实验	体验、研讨	参与	感受目标的重要性	健全人格
	析可能·为什么人能够树立人生目标	蚂蚁走迷宫视频,辨析生成式人工智能	观看、比较	辨析	人的生命活动方式与动物的区别	
	明发展·为什么人需要树立人生目标	前后迷宫对比,"赤膊教授"王林生的故事	分析、思考	理解	树立人生目标的重要性	
	向未来·人可以树立何种目标导向成长	人生鱼骨图	绘画、分享	应用	人生目标的类型	
	布置作业	马拉松运动员山田本一的智慧,完善人生鱼骨图	分析、绘画	应用、迁移	本框综合知识	

三、过程设计

[迷宫实验]呈现迷宫图案,激趣导入。

[新课导入]以小组为单位绘制走出迷宫的路线,并结合小组实践经验,思

考如何更高效地走出迷宫。派小组代表分享走迷宫的技巧和方法。

[答案提示]确定起点和终点,观察路线,在路口处留下记号,找到目标物。

[设计意图]以小游戏"迷宫实验"导入,吸引学生注意,激发学生兴趣,训练学生空间思维,引导学生从实践中总结"如何更高效地走迷宫"的经验,思考相应的方法策略,以此为本框"人的活动是有意识、有目的的活动""树立目标的重要性"知识做铺垫,引入本框议题。

环节一:析可能·为什么人能够树立人生目标?

[必备知识]人的生命活动方式与动物的区别。

[议学情境1]视频《国外小哥用蚂蚁做实验,看能否走出迷宫》。

[议学任务1]结合视频中蚂蚁的行动轨迹,思考:为什么蚂蚁最终回到了原点? 同学们走迷宫与蚂蚁走迷宫有什么区别?

[答案提示]蚂蚁拥有一种特殊的腺体,能够根据所分泌的信息素找到来时的路,但由于没有特殊的动机和目的,所以蚂蚁并不会避开重复的路而爬向终点,只能最终回到原点。我们走迷宫的时候,带着具体的任务和强烈的主观意愿,能够避开走错的方向,通过观察路线、做记号等方式,在头脑中预先构想走迷宫的路线,从而更快地到达终点。

[设计意图]通过学生的亲身体验及经验总结,对比动物的具体实验,感受人与动物在具体完成某一件事时的区别,理解人的生命活动方式与动物生命活动方式的不同,体会自然界中人的独特魅力,感受人具有主观能动性。

[知识小结]人的生命活动方式与动物不同,动物的活动是无意识的、本能的活动,人的活动则是有意识、有目的的活动。人能够积极主动地规划人生,确立自己的人生目标,过有意识、有目的的生活。

[议学情境2]师生现场对话人工智能助教"文心一言",打开网页 https://yiyan.baidu.com,由学生任意提问,AI 回答,或由教师演示布置 AI 的具体任务,如"你是一位经验丰富的美食作家,请根据"麻婆豆腐"写一篇 500 字左右的美食文章。要求:①给读者展示这种美食的制造方法,包括材料背景、制作步骤、品鉴经验和相关文化意义等。②使用口语化语言,用词简单易懂"。师生共同感受生成式人工智能的即时反馈。

[议学任务2]以"对话+创作"为基础的生成式人工智能,开启全面智能化时代。有人认为,随着技术的发展,生成式人工智能将进一步产生自主意识并控制人类。请运用"探问人生目标"知识,对该观点进行辨析。

[答案提示]该观点是错误的。尽管目前生成式人工智能在文本生成、图像创作等多个领域体现出惊人能力,但其作为人类社会实践的产物,只能在人类设定的算法和规则下运行,不具备自主意识。我们应该保持理性,积极主动地探索生成式人工智能的合理、安全运用问题。

[设计意图]结合当前时代发展的热点话题,鼓励学生深入探讨生成式人工智能与人类关系的深刻议题,给予学生复杂且充满想象的空间,引导学生运用"人的生命活动方式与动物的区别"新知看待新事物、新现象,锻炼学生批判性思维能力,引导学生主动适应社会环境变化,对符合时代发展潮流的新事物持积极的态度和开放的心态。

环节二:明发展·为什么人需要树立人生目标?

[必备知识]树立人生目标的重要性。

[议学情境1]呈现每个路口都有标记的迷宫图。

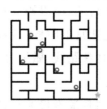

[议学任务1]个人完成新迷宫实验,对比第一幅迷宫图,说明哪个更快完成及其原因。

[答案提示]有标记的迷宫图更快完成,因为第二幅迷宫图在每一个分岔路口都标记了小红旗,在出口也标记了星星,让我们减少了试错的时间。

[设计意图]呼应导入的迷宫实验,教学活动环环相扣,有利于学生跟上课堂节奏,并以自己的直观体验理解树立人生目标的重要性,引导学生将迷宫实验迁移至自身的人生发展,进一步深化感知。

[知识小结]人生的长篇就像一个巨大的迷宫,有很多的路等着我们去探索,如果没有进行很详细的规划,必然会走错,甚至进入死胡同。第二幅迷宫图上的每一个小红旗,就像人生道路上各个阶段的小目标,规划好了每一步路的方向,就可以很顺畅地到达终点,说明树立正确的目标对我们走上正确的道路起着重要作用。

[议学情境2]"赤膊教授"王林生的育种故事。

近日,河南科技大学的王林生教授赤膊在客厅筛麦种的视频引发网友关注。采访中,王林生谈及儿时梦想时说,他出身农村,那时条件不好,平时只能吃红薯面、窝窝头,到了春节才能吃上一顿白面馒头。那时候,他便暗暗定下人生目标:"要让大家顿顿都能吃上白面馍!"1982年,17岁的王林生进入豫西农专学习,报考专业时第一志愿就是农学。自此,王林生的生活就开始围着麦子转。

小麦育种是一项充满挑战的科技工程,结果往往不会完全按照事先预想的展开,这种不确定性更需要育种专家不断进行尝试和调整。王林生隔三岔五就要下田观察、记录小麦生长情况,经常早晨五六点出门,晚上看不清麦子才肯离开,在地里凑合着解决吃饭问题也是家常便饭。经过日复一日的坚持和研究,2021年,由王林生团队培育的"科大1026"入选河南省优质专用小麦指导性计划推广骨干品种,已在陕西、河南、江苏、安徽四省推广种植。

[议学任务2]

(1)为什么王林生会走上小麦遗传育种研究之路?他是如何一步步实现人生目标的?

(2)王林生在研究过程中经历了哪些困难?为什么能坚持下来?

[答案提示](1)小时候生活的贫穷激励王林生立志"要让大家顿顿都能吃上白面馍"。为了实现这一目标,他报考专业时选择农学,并几十年如一日扎根地头,终于研发出优质小麦并指导推广,让人民都能吃上白面馍,保障国家粮食安全。

[知识小结]人生目标的地位:人生目标体现了人在社会实践中对未来的向往和追求,决定了人生道路的发展方向。

[答案提示](2)小麦育种需要王林生常年起早贪黑下地工作,不惧风吹日晒。尽管小麦育种需要不断调整和尝试,既辛苦又枯燥,但王林生仍坚持"要让大家顿顿都能吃上白面馍"的初心,凭借对小麦研究的热爱和痴迷,克服困难,几十年如一日坚定前行,最终实现了自己的人生目标。

[知识小结]正确的人生目标的意义:正确的人生目标会带来稳定而持久的内在激励,让我们排除干扰、克服困难、坚定前行,指引我们走上正确的人生道路。

[设计意图]通过时政热点切入,选取王林生教授这一榜样人物,引导学生在问题组的探究中感悟树立人生目标的重要性。从迷宫体验的直观感受到榜样事例的探究思考,培养学生信息获取与加工能力,激发学生勇于担当的责任

感。通过问题探讨,导出长远目标与短期目标的知识。

环节三:向未来·人可以树立何种目标导向成长?

[必备知识]人生目标的类型。

[议学情境]生涯规划工具——人生鱼骨图。

[议学任务]人生鱼骨图:听完王林生教授的故事,你的人生目标又是什么? 为实现这一目标,你将付出怎样的努力? 请在鱼骨图中画出不同年龄阶段你为此付出的努力。

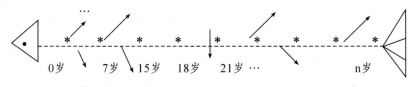

[答案提示]教师可以展示个别学生的鱼骨图,并适时追问。若是短期目标,便进一步深挖,引发学生思考,进行适当价值引领;若是长远目标,便进一步追问"如何实现,做什么准备",引出一个个小目标。

[知识小结]人生目标可以分为长远目标和短期目标。实现一个个近期目标带来的成就感和喜悦感,可以鼓舞我们朝着实现长远目标迈进,所有近期目标都围绕长远目标展开。

[设计意图]从榜样故事启发到个人成长思考,通过人生鱼骨图,引导学生回顾自己的成长、展望自己的未来,通过长远目标及短期目标的制订规划自己的人生,树立生涯规划意识,并在师生互动中理解长远目标与短期目标的关系。

[知识小结]

(1)人为什么能够树立人生目标?

①人的生命活动方式与动物不同,动物的活动是无意识、本能的活动,人的活动是有意识、有目的的活动。

②人能够积极主动地规划人生,确立自己的人生目标,过有意识、有目的的生活。

(2)人为什么需要树立人生目标?

①人生目标体现着人在社会实践中对未来的向往和追求,决定着人生道路的发展方向。

②正确的人生目标会带来稳定而持久的内在激励,让我们排除干扰、克服困难、坚定前行、少走弯路,指引我们走上正确的人生道路。

（3）树立何种人生目标导向成长？

①人生目标可以分为长远目标和近期目标。

②所有近期目标都围绕长远目标展开。

③只有分阶段实现一个个近期目标，才能实现长远目标。

④实现每一个近期目标带来的成就感和喜悦感，鼓舞我们继续奋发向上，朝着实现长远目标迈进。

[设计意图]知识小结是课堂中知识理解环节的"画龙点睛"之笔，可以帮助学生梳理本课主干知识，引导学生养成归纳总结的学习习惯；同时，为知识应用和知识迁移环节奠定基础，便于学生在理解主干知识基础上运用知识解决实际问题。

[板书设计]

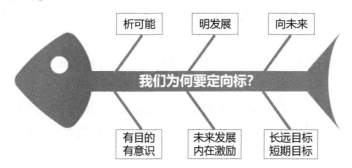

[设计意图]板书以鱼骨图的形式呈现，主心骨是本课的总议题。在内容上，鱼骨图的上面是围绕总议题的三个环节，从人生目标的可能性、重要性和实践性角度展开，下面分别对应本节课的三个主干知识，教学环节与主干知识一一对应。学生能够迅速捕捉信息，明确重点，形成知识结构。在形式上，板书设计结合本课教学工具——人生鱼骨图。同学们将个人实践与本课知识有机交融，有利于形成记忆点，同时寓意同学们的未来人生道路如鱼得水、一往无前。

[拓展情境1]日本著名马拉松运动员山田本一的智慧

在东京国际马拉松邀请赛中，名不见经传的日本选手山田本一出人意料地夺得了世界冠军。当记者问他是如何取得如此惊人的成绩时，他说："我用智慧战胜了对手。"大家都对他的回答感到非常好奇。直到十年后，他在自传中揭秘：每次比赛之前，我都要乘车把比赛的线路仔细地看一遍，并把沿途比较醒目的标志画下来，如第一个标志是银行，第二个标志是一棵大树……这样一直画到赛程的终点。比赛开始后，我就以百米冲刺的速度奋力向第一个目标冲去，等到达第一个目标后,我又以同样的速度向第二个目标冲去。40多公里的赛程,就这么被我分解成几个小目标轻松地跑完了。

[拓展任务1]结合材料,运用"探问人生目标"知识,谈谈山田本一"用智慧战胜对手"的"智慧"具体指什么。

[答案提示]①正确的人生目标会带来稳定而持久的内在激励。山田本一将每一个目标作为前进的动力,进而实现自己的梦想。②所有近期目标都要围绕长远目标展开,山田本一在比赛前,按照比赛路线仔细观看,并将重要的标志画下来作为短期目标。③实现每一个近期目标带来的成就感和喜悦感,鼓舞我们继续奋发向上,朝着实现长远目标迈进。山田本一将马拉松的最终目标分解为小目标,在实现每一个近期目标时获得正面激励,使其更有动力跑完全程。

[设计意图]拓展情境着眼本课重难点知识,要求学生运用本课所学知识,分析山田本一的比赛故事,既有利于学生在知识应用中深化理解,巩固本节课重难点知识,锻炼信息获取与加工、语言组织与表达能力,又有利于学生学习榜样人物,感受在日常学习中将长远目标分解为短期目标的重要性,进一步指导人生道路规划。

[拓展任务2]结合本课所学知识,请思考:我们应该树立怎样的人生目标?树立人生目标需要考虑哪些因素?为实现人生目标我们将在人生的各个阶段完成什么任务?

[设计意图]该拓展任务延伸了课堂使用的生涯工具,要求学生在体悟山田本一的智慧后,进一步将其运用于个人人生目标制订,综合运用本课所学知识,思考自己的人生目标及实现它所需完成的近期目标,畅想自己的未来,在知识迁移中促进健全人格等学科核心素养落地,同时为下一节课"树立正确的人生目标"奠定认知基础。

"树立正确的人生目标"议题式教学设计

刘 靖 刘秋燕

议题:少年应如何找准人生方向?

一、设计依据

(一)课程标准分析

本框内容对应《义务教育道德与法治课程标准(2022年版)》"生命安全与健康教育"主题中的"客观认识和对待自己,形成正确的自我认同,提高自我管理能力""树立正确的人生观和价值观,追求生命的高度,成就幸福人生",对应"中华优秀传统文化教育"主题中的"感悟天下兴亡、匹夫有责的担当意识,厚植爱国主义情怀"。

(二)教材内容分析

1.本框地位

"树立正确的人生目标"是《道德与法治》七年级上册第四单元第十一课第二框,上承第一框"探问人生目标",引导学生在认识到树立人生目标重要性的基础上,进一步解答如何树立正确的人生目标,为学生找准人生方向提供"脚手架",使学生能够在个人与社会的统一中主动担当,树立符合人类福祉、国家发展、个人实际的人生目标,助力学生走好人生道路。

2.本框内容

本框知识结构是"总—分"呈现方式,阐明树立人生目标的必要前提是正确认识个人与社会的关系,依据是社会由个人组成、个人发展离不开社会,从而亮明观点"树立人生目标需要坚持个人与社会的统一"。树立人生目标坚持个人与社会的统一,具体表现为从自身实际出发,与国家、民族和人民利益相结合,与人类福祉相统一。

3.本框目标

学生通过人生鱼骨图绘画作品、黄埔军校AR导览、校门对联、人物画像、党史展品等不同载体进行新知学习,在展示分享人生鱼骨图、AR云游黄埔军校、辨析"时势造英雄"与"英雄造时势"观点、分析研讨《陆军军官学校调查表》展品、感悟袁隆平的不平凡人生、填写人生目标决策单等活动中,发展语言组织与表达、信息获取与加工、批判性思维与创新思维,能理解树立人生目标需要将个人与社会相统一,培养担当意识,将个人发展与国家、社会发展相结合,在革命故事中厚植爱国主义情怀,树立正确的世界观、人生观、价值观,涵养健全人格,培育政治认同。

4.本框重难点

教学重点:阐明少年如何树立正确的人生目标。

教学难点:阐释树立人生目标的重要前提是正确认识个人与社会的关系。

(三)教学背景分析

国家议题:党和国家高度重视对青少年的理想信念教育。

社会课题:虽然社会稳定、物质丰裕、父母关爱有加,但这代孩子的心理问题发生率、自残与自杀比例却连年增长。社会上,努力上进的人被借机批判为"内卷","躺平"成为人们追逐的生活方式,归根结底是对当下生活的厌倦、对未来前景的迷茫、对人生价值的低估。有明确目标,能将个人理想与国家发展、人类福祉相结合,形成积极向上的社会氛围,进而人人担当、人人奋进。

成长命题(学情分析):初一学生处于由儿童向青少年过渡的特殊时期。一方面,他们朝气蓬勃、充满活力,对未来生活有着许多美好而感性的设想;另一方面,他们自主性进一步增强、情绪波动大,认为学习是为满足家人和社会的期待,由此产生抵触心理,学习动力不足。与此同时,过早进入学业竞争,高强度学习,容易给学生带来枯竭感,生命无价值感随之而来,需要进一步引导学生树立正确的人生目标。

二、设计思路

(一)教学路线

议题线:围绕总议题"少年应如何找准人生方向",设计议题线:观英雄群像·树立人生目标需要坚持什么原则;瞻革命先烈·如何树立正确的人生目标;仿身边楷模·未来青年应如何勇担当立大志。

情境线:人生鱼骨图及案例分析;黄埔军校 AR 导览,时势造英雄与英雄造时势观点;《陆军军官学校调查表》展品,袁隆平的"两个梦"。

活动线:分享展示人生鱼骨图及分析案例;AR 云游黄埔军校,辨析时势造英雄与英雄造时势观点;分析、研讨《陆军军官学校调查表》展品,评析袁隆平的两个梦,填写人生目标决策单。

知识线:对人生目标的个人见解;树立人生目标的必要前提;树立人生目标的途径;"树立人生目标"综合知识。

(二)教学结构

总议题	环节·议题线	情境线	活动线	任务线	知识线	核心素养
少年应如何找准人生方向	导入	分享人生鱼骨图及案例分析	分享、研讨	衔接	对人生目标的个人见解	健全人格
	观英雄群像·树立人生目标需要坚持什么原则	AR云游黄埔军校——校门口对联,时势造英雄与英雄造时势	感受、辨析	理解	树立人生目标的必要前提	
	瞻革命先烈·如何树立正确的人生目标	《陆军军官学校调查表》展品	归纳、交流	理解	树立人生目标的途径	
	仿身边楷模·未来青年应如何勇担当立大志	袁隆平的"两个梦",填写人生目标决策单	评析、填表	应用、迁移	本框综合知识	

三、过程设计

[展示导入]课前已布置学生结合上一节课所学知识进行人生鱼骨图绘制,思考个人的人生目标及不同阶段可以完成的短期目标,本节课开篇请学生代表向大家展示自己的人生鱼骨图,并分享自己的人生目标是什么、为什么制订该人生目标。

[案例分析]教师对本班学生代表分享进行适当引导,通过追问、归纳了解分享学生树立人生目标的影响因素,并呈现以下案例,引导学生思考案例中学生树立人生目标时考虑了哪些因素——

案例一:我是学校社团小记者。我喜欢与人沟通,擅长写文章,长大后我想当一名记者。

案例二:我给同学讲题时,很有成就感。长大后,我想成为一名学生喜欢的好老师。

案例三:我的父母都是警察,我很佩服他们。长大后,我也要当警察。

[知识小结]树立人生目标,应当从自身实际出发;树立人生目标,需要综合

评估、全面考虑个人的兴趣爱好、性格特征、知识能力、家庭环境等因素。不能仅仅考虑个人因素,由此进入本节课议题——如何找准人生方向。

[设计意图]以学生绘制的人生鱼骨图导入,及时对课后作业进行反馈,有利于激发学生学习成就感,有利于培养学生语言组织和表达能力;该导入前接上一节课知识,后联本节课内容,有效巩固旧知,引出新知;通过学生分享人生目标,对学生进行前测调查,了解学生树立人生目标既有意识和能力,经过本节课学习后再进行后测练习,了解本课教学目标实现程度。

环节一:观英雄群像·树立人生目标需要坚持什么原则?

[必备知识]树立人生目标的必要前提。

[议学情境]AR 云游黄埔军校

6 月 16 日,习近平总书记在致黄埔军校建校 100 周年暨黄埔军校同学会成立 40 周年贺信中强调指出,新征程上要继续弘扬"爱国、革命"的黄埔精神。黄埔军校被誉为中国近代史上的英雄摇篮,接下来让我们一起通过 AR 云游黄埔军校,了解其中的英雄故事。

场景一:黄埔军校校门口的对联"升官发财请走别路,贪生怕死莫入斯门",横批是"革命者来"。

讲解词:1924 年,中国正处于军阀割据的时代,连年兵祸导致民不聊生。孙中山先生进行多年革命之后,愈发意识到建立一支忠诚于革命的军队的重要性。在中国共产党和苏联的帮助下,孙中山于广州黄埔岛上创办黄埔军校,并在开学典礼中强调"要从今天起,立一个志愿,一生一世,都不存在升官发财的心理,只知道做救国救民的事业"。

为了挽救国家危亡,一批又一批热血青年先后来到广州,继而投身革命。从 1924 年 5 月起,黄埔军校培养了四万多名学员。在金戈铁马的年代,黄埔军校这所"革命的熔炉"培养了大批军事、政治干部,堪称"将军的摇篮"。抗日战争爆发后,军校的教官和学员统领全国三分之二的抗日之师,成为抗日战场的中坚力量。从北伐战争、抗日战争、解放战争……他们的生命历程,深深地影响了中国近代史。

[议学任务 1]结合材料,请概括黄埔军校师生与当时动荡社会的关系,思考为什么说黄埔军校师生深深地影响了中国近代史。

[答案提示]黄埔军校师生通过严格的军事训练与政治教育,掌握了各种军事战略知识,形成卓越的领导能力,在金戈铁马的时代凸显才华,成为革命将

领,说明个人的发展离不开社会。抗日战争爆发后,军校的师生们成为抗日战场的中坚力量,在北伐战争、解放战争中挺身而出,深深地影响了中国近代史,说明社会由个人组成。

[知识小结]社会是由个人组成的,个人的发展离不开社会。

[设计意图]学生在问题组指引下,在获取和解读材料信息过程中理解个人与社会的关系,感悟黄埔军校在中国近代史上的重要地位,培养学生爱国主义精神。同时,充分利用地方资源,培养学生家乡认同感。

[议学任务2]有人说:"黄埔军校师生的事迹充分证明'时势造英雄,英雄也能造时势'。"请小组辨析该观点。

[答案提示]该观点是片面的。"时势造英雄"是正确的,个人成长离不开社会提供的客观条件,"英雄造时势"有失偏颇,杰出个人在一定程度上能影响社会,但社会由众多个人组成,靠单个人无法改变历史发展进程。因此,我们要坚持个人与社会相统一。

[知识小结]正如孙中山所说:"立一个志愿,一生一世,都不存在升官发财的心理,只知道做救国救民的事业。"正确认识个人与社会的关系,是我们树立人生目标的必要前提,只有在个人与社会的统一中明确人生目标,才能沿着正确方向走好人生道路。

[设计意图]学生通过辨析"时势造英雄""英雄造时势"观点,深化对坚持个人与社会的统一的理解,发展批判性思维能力,适当与高中"实现人生价值""历史唯物主义"知识相衔接,利用学生最近发展区内化知识,引导学生树立科学思维。

环节二:瞻革命先烈·如何树立正确的人生目标?

[必备知识]树立人生目标的途径。

[议学情境]场景二:《陆军军官学校调查表》展品

《陆军军官学校调查表》是每一位进入黄埔军校的学生都需要填写的档案文件,现存百份左右。在这份调查表中,最打动人的就是"何以要入本校"一栏,从那些各异字体中,我们能一睹当时涌动的革命精神。

蒋先云:"磨炼革命精神,造成一健全革命分子!"

刘仇西:"期锻炼健强、有主义、守军纪的军人,分担革命事业的责任。"

刘云:"因志愿在救国。"

李树森:"为求主义之真理,改造社会。"

陈赓:"锻炼一个有革命精神的军人来为主义牺牲。"

杨其纲:"欲挽救中华民族之衰微,民权之旁落,民生之凋敝,非用有组织有主义的、强有力的军队不可。"

[议学任务]每一份手写的《陆军军官学校调查表》都承载着黄埔学员们的理想与抱负。革命先烈们的目标指向了哪些方面?为什么?

[答案提示]指向革命胜利、救国救民、民族独立、人民解放、坚持真理、坚持共产主义等。革命先烈们的目标源于时代的呼唤和民族的需要,将个人的发展牢牢根植于国家、民族和人民的需要,根植于中华民族伟大复兴的事业。

[知识小结]树立人生目标,应当与国家、民族和人民的利益相结合。

[设计意图]以革命先烈们亲自填写的入学调查表为学习探索情境,引导学生理解树立人生目标需与国家、民族和人民的利益相结合。同时,从字里行间感受革命烈士的报国之志,感悟"爱国、革命"的黄埔精神,激励自己人生规划要勇担时代大任、培养爱国情怀和责任意识。

环节三:效身边楷模·未来青年应如何勇担当立大志?

[必备知识]本课综合知识。

[拓展情境]袁隆平的禾下乘凉梦和杂交水稻覆盖全球梦——

"新中国成立之前,中华大地上到处灾荒战乱,人民生活颠沛流离,少年时我就被迫从一个城市辗转到另一个城市,虽然少不更事,但每当看到沿路举家逃难、面如菜色的同胞,看到荒芜的田野和满目疮痍的土地,我的内心总会泛起一阵阵痛楚。报考大学时,我就对父母说,我要学农。母亲听了,吓一跳,说傻孩子,学农多苦啊,你以为好玩儿呢?但我是真正爱上了农业,死活要学,还摆出大道理:吃饭可是天下第一桩大事,没有饭吃,人类怎么生存?最后,父母尊重我的选择。

科学探索无止境,在这条漫长而又艰辛的杂交水稻研究之路上,我一直有两个梦,一个是'禾下乘凉梦',就是要选育出高产、更高产的杂交水稻,让中国人的饭碗牢牢端在自己手里;另一个就是'杂交水稻覆盖全球梦',将杂交水稻推广到世界上其他国家和地区,造福更多的老百姓。"

——《人民日报》袁隆平《我的两个梦》(节选)

[拓展任务1]结合材料及本节课所学知识,思考袁隆平的禾下乘凉梦带给我们的启示。

[答案提示]①树立人生目标,应当从自身实际出发。袁隆平少年时颠沛流离,看到了很多因为没有粮食而造成的惨状。受到身边环境及个人兴趣的影响,袁隆平在报考大学时坚定选择了农业。②树立人生目标,应当与国家、民族

和人民的利益相结合。袁隆平的"禾下乘凉梦"是希望保障国家粮食安全,人民能够吃饱饭,将个人发展牢牢根植于国家、民族和人民的需要。③树立人生目标,应当与人类的福祉相统一。袁隆平的"杂交水稻覆盖全球梦",是希望造福世界上更多的国家、更多的人类,愿天下人都有饱饭吃。

[设计意图]该拓展任务要求学生运用本节课所学知识,分析袁隆平院士的"禾下乘凉梦"和"杂交水稻覆盖全球梦",既有利于检测学生对本课知识的掌握情况,引导学生在知识应用中深化理解,锻炼信息获取与加工、语言组织与表达能力,又将本课素材从历史的革命烈士转向身边的时代楷模,为学生成长树立优秀榜样,指引学生进一步树立正确的人生目标,理解个人与国家、人类的关系,涵养健全人格。

[拓展任务2]填写人生目标决策单

姓名:	班级:	学号:
自身实际	兴趣爱好	
	性格特征	
	知识能力	
	家庭环境	
社会发展	国家政策	
	民族团结	
	人民需求	
人类福祉	影响他国	
	人类进步	
我的目标	人生目标	
	职业目标	
	专业目标	
	大学目标	
计划方案	学年计划	
	学期计划	
	每日计划	

[设计意图]该拓展任务既是课堂的延伸,也是知识要求的落地,引导学生以课堂涉及人物为榜样,运用、迁移本课所学知识,明确如何树立正确的人生目

标,促进健全人格、责任意识等学科核心素养落地,助力立德树人目标实现。从形式上看,本拓展任务属于实践任务,与导入的前测相呼应,完成后测练习,了解学生本节课知识掌握情况,丰富学习评价方式,实现过程性评价。

[结束语]无论是动荡时代的革命烈士,还是心系天下的袁隆平院士,他们都将国家发展、人民利益放在首位,立志为主义、为人类福祉而奋斗终生。我们要学习他们的精神,勇担责任。这种传承跨越百年时光,实现两代人思想交汇、情感共鸣,更营造出"崇尚英雄,捍卫英雄,学习英雄,关爱英雄"的良好氛围。我们青年一代有义务传承好这样的英雄梦,赓续先烈精神。

[板书设计]

[设计意图]板书借助生涯规划课程常用的车日路模型为形式载体,寓意在树立人生目标过程中,要坚持个人与社会的统一,具体可以从自身实际出发,与国家、民族和人民的利益相结合、与人类福祉相统一。以此树立正确的人生目标,对应本课不同教学环节,希望学生能够逐光而行、向阳而生,肩负担当使命、努力发光发热。

"拥有积极的人生态度"议题式教学设计

刘　靖　刘秋燕

议题:我们应用怎样的态度对待人生?

一、设计依据

(一)课程标准分析

本框内容对应《义务教育道德与法治课程标准(2022年版)》"生命安全与健康教育"主题中的"客观认识和对待自己,形成正确的自我认同,提高自我管理能力""树立正确的人生观和价值观,热爱生活,追求生命的高度,成就幸福人生"。

(二)教材内容分析

1.本框地位

"拥有积极的人生态度"是《道德与法治》七年级上册第四单元第十二课第一框内容,承第十一课"确立人生目标"相关内容,启大学一年级《思想道德与法治》第一章第二节"正确的人生观"知识。本框在学生明确人生目标的基础上,进一步引导学生以积极的人生态度不断实现人生目标,为本单元内容奠定情感基调,为下一框"正确对待顺境和逆境"提供情绪价值。

2.本框内容

本框由呈递进关系的两个知识点组成。第一个知识点"人生态度的内涵及作用",具体介绍人生态度是什么,引导学生认识积极的人生态度与消极的人生态度对生活的影响,进而说明我们要坚持积极的人生态度;第二个知识点在前一个结论的基础上,具体阐释"积极的人生态度的具体表现",启发学生要做到乐观向上、认真务实和勤奋进取。前后递进的两个知识点,共同回答了"我们应用怎样的态度对待人生"这一核心议题。

3.本框目标

学生通过参与体验式(情景模拟)、认知式(小组辩论)、探究式(榜样学习)、项目式(人生预言家)等议学活动,感悟积极的人生态度的重要性,明确积极的人生观态度的具体表现,主动以积极的人生态度对待人生;发展发散性思维与批判性思维、信息获取与加工、项目式问题解决能力;在日常生活中保持乐观向上的心态,认真对待、全力以赴每一项任务,养成积极进取的心理品质、健康的生活态度,涵养健全人格。

4.本框重难点

教学重点:阐明坚持积极的人生态度的重要性。

教学难点:阐释积极的人生态度的具体表现。

(三)教学背景分析

国家议题:党和国家高度重视青少年人生价值观的塑造。

社会课题:青年是标志时代的最灵敏的晴雨表,当代中国青年是国家强盛和民族复兴的希望。部分青年在人生价值观上的迷茫需要我们认真对待,"躺平""摆烂"等否定性、负向性价值倾向需要有效纠正。社会既要尊重青少年在人生价值观上的自我生成,也要加强对青少年人生价值观的正确引导与着力塑造,指导他们以积极进取的人生态度,展现人生应有的精彩。

成长命题(学情分析):青少年阶段是人生价值观形成的"拔节孕穗期",世事的不确定性、社会发展的加速性与学习生活的竞争性,使当代青少年的人生价值观呈现出明显的敏感特征。初一学生处在由儿童向青少年过渡的特殊时期,他们独立思考判断能力进一步增强、情绪波动性大、可塑性强。充分利用初一学生的感知、对比和分析能力,通过现状辨析、案例探究、项目学习,引导他们自主生成和塑造正确的人生价值观。

二、设计思路

(一)教学路线

议题线:围绕总议题"我们应用怎样的态度对待人生",设计议题线:时代之问·如何理解人生态度;人生之思·积极的人生态度有何体现;青春之答·如何以积极之态度助力进取之中国。

情境线:秀才赶考与期末考场景;"躺平"是年轻人的毒药还是解药;渐冻症企业家蔡磊的人生故事;航天追梦人,人生预言家。

活动线:模拟秀才赶考与期末考场景下如何应对;小组辩论:"躺平"是年轻人的毒药还是解药;研讨渐冻症企业家蔡磊的人生故事,填写表格;评析航天追梦人,开展"成为自己人生的预言家"项目式学习。

知识线:不同人生态度对人的影响;人生态度的内涵及影响;积极的人生态度的三个具体体现;"拥有积极的人生态度"综合知识。

（二）教学结构

总议题	环节·议题线	情境线	活动线	任务线	知识线	核心素养
我们应用怎样的态度对待人生	情景模拟导入	秀才赶考与期末考场景	体验、感受	衔接	不同人生态度对人的影响	健全人格
	时代之问·如何理解人生态度	"躺平"是年轻人的毒药还是解药	辩论、对比	理解	人生态度的内涵及影响	
	人生之思·积极的人生态度有何体现	渐冻症企业家蔡磊的人生故事	研讨、填表	理解	积极的人生态度的三个具体体现	
	青春之答·如何以积极之态度助力进取之中国	航天追梦人,人生预言家	评析、项目式学习	应用、迁移	本框综合知识	

三、过程设计

[情景模拟]结合以下两个场景,思考你将如何应对。

场景一:有两个秀才一起去赶考,路上他们遇到了一支出殡的队伍,看到一口黑乎乎的棺材,两个秀才心里都马上"咯噔"了一下。

秀才可能的想法:

秀才可能的行为:

秀才可能的结果:

场景二:今天老师在道德与法治课上宣布本次期末考将采取区统考方式,全区统一命题、统一考试、统一改卷,试卷难度会比平时的考试更高。

我可能的想法:

我可能的行为:

我可能的结果:

[答案提示]场景一:倒霉棺材;心情低落;名落孙山。升官发财;情绪高涨;一举高中。场景二:太难了我不行;不愿意复习而准备不足;真的考砸。有挑战;证明自己而跃跃欲试;成绩进步。

[设计意图]以寓言故事和生活场景为学习探索情境,引导学生比较积极思考和消极思考及导致的结果差异,使学生直观感受积极的人生态度的重要性。由小见大,由他人事迹反思自己,鼓励学生在日常学习和生活中坚持积极思考,进而引出本框议题"我们应用怎样的态度对待人生"。

环节一:时代之问·如何理解人生态度?

[必备知识]人生态度的内涵及影响,坚持积极的人生态度。

[议学情境]近年来,寺庙上香成了年轻人热衷之举,互联网上也有相应热梗出现:上班 VS 上进,年轻人选择了上香;求人 VS 求己,年轻人选择了求佛;作为 VS 作用,年轻人选择了作法……这些热梗爆火的背后,是年轻人严重的压力所导致的精神内耗状态,"佛系躺平"似乎已经成为一种趋势。

[议学任务]小组辩论赛:"躺平"是当代年轻人的毒药还是解药?

小组 1:我们组选择的观点是"'躺平'是当代年轻人的毒药","躺平"是一种消极的人生态度,表现为面对生活的高压与挑战,在经受挫折之后,陷入失望情绪,从而甘愿放弃努力而选择随波逐流。或许这种暂时的舒适能让人从负面情绪中抽离出来,但长此以往,人往往会被这种舒适麻痹,就一直这样"躺平"下去。同时,个体躺平会带来"躺平"浪潮,不利于社会进步和国家发展。我们宁做苏格拉底所说的"痛苦的人",也不愿做"快乐的猪"。

小组 2:我们组选择的观点是"'躺平'是当代年轻人的解药",我方不认为"躺平"是消极的人生态度,反而认为"躺平"是一种积极的人生态度。在当今快速发展的时代潮流下,生活的重担压力和他人给予自身的枷锁,使个体倾向于逃离此困境,通过"躺平"方式抚慰心灵,宣泄内心的负面情绪,增添个体面对现实的勇气。所以,"躺平"是当代年轻人的解药。

[教师总结]同学们的论据,都非常好地结合了我们本节课要学习的积极的人生态度和消极的人生态度知识点。"躺平"作为一种人生态度,都或多或少地影响人们在生活实践中看待事物、看待生活的态度和具体行为。认为"躺平"是一种消极的人生态度具有一定的合理性,"躺平"为个人的怯懦与逃避找到一个借口,进而消极面对生活中的一切,不求改变,消极懈怠。认为"躺平"是一种积极的人生态度也具有一定的合理性,但我们强调的是适当"躺平",而非过度"躺平",适当"躺平"可以让我们放松心情,寻求个体生命的可能性和多元性,看到事物好的一面,热爱生活,以更好的面貌投入未来的旅途。所以,同学们,人生是旷野,不是狭窄的赛道,我们应当坚持积极的人生态度,寻求更多的人生可

能,在自己的赛道上奋力进取,既要避免过度"躺平",也避免过度"内卷",保持平衡,走得更远。

[知识小结]人生态度是人在生活实践中形成的看待生活、对待人生的心理和行为倾向。积极的人生态度,会让人看到事物好的一面,从而热爱生活,对未来充满信心。消极的人生态度,往往使人看到事物坏的一面,从而心灰意懒、消极懈怠。我们应当努力拥有积极的人生态度。

[设计意图]通过小组辩论赛形式,引导学生对"躺平"这一社会现象进行评析,在对现象分析及观点辩论中明确积极的人生态度与消极的人生态度的影响,发展学生批判性思维能力和语言组织与表达能力,引导学生理性思考社会问题,不人云亦云,允许自己有适度"躺平"的时间调节焦虑、紧张等负面情绪,保持积极的心理状态。

环节二:人生之思·积极的人生态度有何体现?

[必备知识]积极的人生态度的三个具体体现。

[议学情境]渐冻症企业家蔡磊:为"解冻"而战!

蔡磊,出生于河南省的一个贫困地区,从"小镇做题家"一路拼搏,改变了自己的命运,曾担任京东集团副总裁,带领团队开出中国内地第一张电子发票,荣获"中国改革贡献人物"等称号。

2019年9月,蔡磊确诊渐冻症。渐冻症属于罕见病、神经退行性疾病,是"世界五大绝症"之首。一纸确诊书,蔡磊成为一个"快要死的人",他不甘心。"我最喜欢挑战困难。很多患者了解到渐冻症无药可医,都说'算了,我也不想折腾了'。而我想的是,'全世界都没有办法,那我来干'。"

住院期间,蔡磊作了深入考虑,他是互联网公司出身,具备互联网思维和技术能力。而他的财务出身,能为项目撬动的投资资源很多。另外,蔡磊在大型集团任高管多年,有持续创新拼搏能力。因此,蔡磊组建了一个小团队,从渐冻症患者数据库和推动药物研发两条线入手。

2019年底,还在住院时,蔡磊就开始边看渐冻症相关论文,边学习专业知识,前后购买70多本专业书。为了早点发现药物,他曾用自己的身体试药。最多的时候,他一天要服用六十多粒药。为了得到更多资金投入研发,蔡磊拜访了百余位投资人,路演200多场,发起"冰桶挑战",开始直播带货。科研就是在一次次失败中突破的,团队为药物研发做的一切努力就像开盲盒,永远不知道何时能中"攻克成功"盲盒。努力虽然很微小,但至少推动了渐冻症研究往前走了十年。蔡磊的人生时日不多,但他交出了不一样的答卷。

[议学任务]结合材料信息及课前预习,请归纳蔡磊为"解冻"而战所体现的人生态度,填写以下表格。

提取材料信息	归纳材料信息	凝练教材知识
蔡磊从贫困地区一路拼搏成为京东副总裁,确诊渐冻症后勇于挑战困难,"全世界都没有办法,那我来干"		
"全世界都没有办法,那我来干",作了深入考虑后,结合自己的互联网、财务及管理经验,从组建数据库和药物研发入手		
阅读专业书籍和相关论文,用自己的身体试药,拜访投资人,冰桶挑战,直播带货		

[答案提示]

提取材料信息	归纳材料信息	凝练教材知识
蔡磊从贫困地区一路拼搏成为京东副总裁,确诊渐冻症后勇于挑战困难,"全世界都没有办法,那我来干"	面对贫穷敢于突破现状,用自己的努力改变人生,变得自信和从容,确诊渐冻症后及时调整心态,勇于面对	乐观向上的积极人生态度
"全世界都没有办法,那我来干",作了深入考虑后,结合自己的互联网、财务及管理经验,从组建数据库和药物研发入手	主动与渐冻症抗争体现了其强烈的责任心,充分考虑个人优势和已有条件体现了其严谨态度和踏实作风	认真务实的积极人生态度
阅读专业书籍和相关论文,用自己的身体试药,拜访投资人,冰桶挑战,直播带货	在与渐冻症的抗争中,蔡磊克服新的困难,阅读大量学科书籍,用仅有的时间全力以赴,坚持不懈募资,努力推动针对渐冻症的研究	勤奋进取的积极人生态度

[设计意图]6月21日是全球渐冻人日,蔡磊充满传奇色彩的一生是学生学习的榜样,即使遭遇贫穷、疾病、募资失败等困难,蔡磊仍然用积极的人生态度面对一切。现在,他仍然在作最后的抗争。选取社会关注的热点人物为素材,引导学生学习积极人生态度的具体表现,汲取榜样力量,勇敢面对生活中的

困难与挫折,涵养健全人格。同时,在提取和加工材料信息过程中,培养学生获取信息、归纳总结能力。

[知识小结]

(1)如何理解人生态度?

①人生态度是人在生活实践中形成的看待生活、对待人生的心理和行为倾向。

②积极的人生态度,会让人看到事物好的一面,从而热爱生活,对未来充满信心。

③消极的人生态度,往往使人看到事物坏的一面,从而心灰意懒、消极懈怠。

④我们应当努力拥有积极的人生态度。

(2)积极的人生态度有何体现?

①积极的人生态度体现为乐观向上(更加自信和从容,遇到困难和挫折能够及时调整心态、勇敢面对)。

②积极的人生态度体现为认真务实(严谨的态度、强烈的责任心和踏实的作风,精益求精)。

③积极的人生态度体现为勤奋进取(全力以赴、坚持不懈、努力前行、勤学上进、追求卓越)。

[设计意图]知识小结是课堂知识理解环节的"画龙点睛"之笔,可以帮助学生梳理本节课主干知识,引导学生养成总结归纳的学习习惯。同时,为知识应用和知识迁移环节奠定基础,便于学生在理解主干知识基础上运用知识解决实际问题。

环节三:青春之答·如何以积极之态度助力进取之中国?

[必备知识]本课综合知识。

[拓展情境1]航天追梦人——

嫦娥团队平均年龄33岁,天问一号团队平均年龄35岁,北斗团队平均年龄31岁……航天战线上的青年正是新时代青年以积极之态度助力进取之中国的一个缩影。

黄震是我国载人航天领域最年轻的副总设计师之一。面对年复一年、日复一日不停迭代的设计、验证工作,他却笑称做试验没有枯燥感,"试验这个东西,本身它就是玩儿"。对于航天器的研制,他总是精益求精,面对高难度的载人飞船试验船项目,黄震和团队将整个发射过程中所有可能的预案制成几百张预案卡,把每一个有可能发生的事件、有可能采取的措施全部记在卡上。从神舟八号到神舟十一号,短短几年,黄震和团队就攻克多项关键技术,通过无数次地面仿真计算和实验验证,突破我国神舟飞船停靠、绕飞、与空间实验室交会对接等技术瓶颈。现在,黄震带着团队又开始了研制月面着陆器的新征程。

[拓展任务1]请运用"拥有积极的人生态度"相关知识,谈谈航天追梦人黄震体现了什么样的人生态度、给你带来什么启示。

[答案提示]航天追梦人体现了积极的人生态度,具体表现在三个方面:

①乐观向上的人生态度,面对枯燥而又高难度的试验研究,黄震自信从容,将其看作一种乐趣。

②认真务实的人生态度,对于航天器的研制,黄震总是精益求精,对待试验项目一丝不苟,具有严谨的态度和踏实的作风。

③勤奋进取的人生态度,黄震和团队通过无数次试验,不断攻克多项关键技术。

黄震的追梦人生,启示我们应当努力拥有积极的人生态度,用乐观向上、认真务实、勤奋进取的人生态度看待事物,为奋进中的中国而努力奋斗。

[设计意图]该拓展任务要求学生运用本课所学知识分析"黄震的追梦人生",既有利于学生在知识应用中深化理解,锻炼信息获取与加工、语言组织与表达能力,又有利于引导学生以航天追梦人为榜样,学习他们的科学精神和人生态度,进一步坚定正确的人生理想,主动担当时代重任,将个人发展与国家发展紧密结合,培养责任意识,涵养健全人格。

[拓展情境2]小组项目式学习任务:成为自己人生的预言家·探究自证预言现象在学习中的力量。在人生旅途中,我们常常发现,我们的信念、预期和态度会在不知不觉中塑造我们的现实,这种现象被称为"自证预言"。本项目旨在让学生探索该理论在学习中的应用,理解它如何影响学习效率与成果。

[拓展任务2](1)分配4—6人小组,推选组长,初步讨论问题"为什么说我们是自己人生的预言家"。

(2)资料搜集:自证预言的经典案例、科学研究和书籍文章等。

(3)自我反思与案例分析:回顾自己的学习经历,选择几个与学习相关的自证预言案例(如学习焦虑导致成绩下滑,积极心态提高学习效率等)。

(4)基于分析结果,每组设计一项"积极预言计划",旨在通过改变信念和情绪,提高小组或个人的学习效率,并记录实施过程中的变化、挑战及成效。

(5)小组制作 PPT 或视频,在班级展示。

[设计意图]该拓展任务运用 STEM 理论打造项目式学习任务,要求学生综合运用本节课所学知识,搜集自证预言理论信息,发现并解决现实问题,提高学习成效。培养学生批判性思维、团队合作和信息整合能力,激发学生认识自我信念对成就的影响,学会用积极的人生态度引导学习行为,在知识迁移中促进健全人格等学科核心素养落地,达成学科立德树人根本目标。

[结束语]神舟十八号升空,让我们看到了一个进取的中国,越是伟大的事业,越是充满挑战。奔赴星辰大海,中国人探索浪漫宇宙的脚步驰而不息,逐梦太空的科学探索不断向前。随着一项项重大航天任务工程有条不紊地展开,面向未来,我们要继续在创新中加速奔跑,不断攀登科技高峰,为推动中国从航天大国迈向航天强国作出更多更大的贡献。有什么样的人生态度,人生便回报什么结果。我们以乐观向上、认真务实、勤奋进取的态度迎接人生的各种挑战,就能不断领悟美好人生的真谛,体验生活的快乐和幸福。

[板书设计]

[设计意图]板书采用简笔画形式,以一棵大树形状展开,树干是本节课主干知识"积极的人生态度",积极人生态度的三个具体表现作为三个枝丫,四者共同融为一个整体,共同呵护大树成长。该板书作为突出重点知识和展示教学环节的重要载体,在帮助学生记忆本节课内容的同时,引导学生树立积极的人生态度,在自己的人生道路上茁壮成长。

"正确对待顺境和逆境"议题式教学设计

刘　靖　刘秋燕

议题:如何拥抱顺境和逆境?

一、设计依据

(一)课程标准分析

本框内容对应《义务教育道德与法治课程标准(2022年版)》"生命安全与健康教育"主题中的"客观认识和对待自己,形成正确的自我认同,提高自我管理能力""正确认识顺境与逆境的关系,学会情绪调控,能够正确看待生活中的挫折,具备迎接挑战的能力"。

(二)教材内容分析

1.本框地位

"正确对待顺境和逆境"是《道德与法治》七年级上册第四单元第十二课第二框内容,呼应人生的顺境与逆境这一现实情况,在前一框强调"积极的人生态度"基础上作进一步探讨"当我们面临人生境遇起伏时应当如何应对",为下一课学生更好学习"实现人生价值"奠定认知基础。

2.本框内容

对本框内容进行结构化处理发现,本框由前后递进的两部分内容构成。第一部分是正确看待顺境与逆境,包括正确认识两者对人生的双重作用,两者在一定条件下可以相互转化。第二部分是正确对待顺境与逆境,包括顺境不骄、逆境不馁。

3.本框目标

学生通过争议(辩论赛)、评议(重读《活着》)、商议(百年大党何以历久弥新)、建议(为同学的烦恼提建议与交换"挫折山"并具体支着)等形式多样的议学活动,感受人生境遇的复杂性,正确看待顺境与逆境的关系,掌握面对顺境与逆境的不同态度;发展批判性思维、信息获取与加工、合作探究能力;引导学生正确面对生活中的苦难和挫折,增强抗挫折能力,形成积极的人生态度,涵养健全人格,并在为对方攀登"挫折山"支着过程中培养良好友谊。

4.本框重难点

教学重点:正确认识顺境和逆境的关系。

教学难点:科学对待顺境与逆境,增强抗挫折能力。

(三)教学背景分析

国家议题:弘扬自强不息的中华民族精神。

社会课题:在传统教育中,成功学大行其道,我们常常关注如何成功,却很少思考成功或失败后的正确引导。挫折教育的匮乏,导致人们遭遇挫折时心理脆弱,因挫折而轻生的现象时有发生。

成长命题(学情分析):初中学生处于身心发展和品格养成的关键时期,引导他们正确认识顺境和逆境的关系,理性面对学习生活中的挫折,养成坚毅的品格和积极的心理,对终身发展具有重要意义。

二、设计思路

(一)教学路线

议题线:围绕总议题"如何拥抱顺境和逆境",设计议题线:人生"双面境"·如何看待顺境和逆境;保持平常心·如何对待顺境和逆境;走向不凡路·百年大党何以历久弥新。

情境线:顺境(逆境)更有利于初中生成长,小说《活着》中的福贵;身边同学小强和小丽的故事;百年大党的两个历史时刻,绘制"挫折山"。

活动线:对辩题开展小型辩论,并小组研讨福贵的人生故事;聆听小强和小丽的故事,并提出解决建议;分析百年大党何以历久弥新,绘制"挫折山"。

知识线:顺境与逆境的关系;正确对待顺境和逆境的态度和做法;"正确对待顺境和逆境"综合知识。

(二)教学结构

总议题	环节·议题线	情境线	活动线	任务线	知识线	核心素养
如何拥抱顺境和逆境	人生"双面境"·如何看待顺境和逆境	顺境(逆境)更有利于初中生的成长,小说《活着》中的福贵	小型辩论、小组探讨	衔接、理解	顺境与逆境的关系	健全人格 政治认同
	保持平常心·如何对待顺境和逆境	身边同学小强和小丽的故事	分析问题、建言献策	理解、应用	正确对待顺境和逆境的态度和做法	
	走向不凡路·百年大党何以历久弥新	百年大党的两个历史时刻,绘制"挫折山"	探讨分析、绘画交流	迁移、衔接	"正确对待顺境和逆境"综合知识	

三、过程设计

[生活导入]经过上一节课学习,我们知道要坚持乐观向上、认真务实、勤奋进取的人生态度,始终笑对人生。但是,人生难免起起伏伏,我们也要允许有容错的空间,有同学竞赛获奖后特别骄傲,觉得道德与法治课不重要、可以不听讲,也有同学很努力学习道德与法治课,但因为没有掌握正确的学习方法,期中考试考砸了而不再努力。面对这些人生的成功和挫折,我们要如何应对呢? 这节课我们一起学习"如何拥抱顺境和逆境"。

[设计意图]回顾旧知,联系生活场景,引发学生情感共鸣,引出本节课学习总议题。

环节一:人生"双面境"·如何看待顺境和逆境?

[必备知识]顺境与逆境的关系。

[议学情境1]有人说"扶摇直上九万里",也有人说"疾风知劲草"。那么,顺境和逆境哪个更有利于人的成长呢?

[议学任务1]小型辩论赛:顺境还是逆境更有利于初中生成长

[观点提示]正方:顺境更有利于初中生成长:①从初中生成长阶段看,顺境有利于人的身心健康;②从社会发展看,顺境有利于促进人的社会化进程。

反方:逆境更有利于初中生成长:①逆境可以激发潜能和成长动力;②逆境可以培养人的意志力和韧性。

[知识小结]顺境和逆境是人生历程中两种不同的境遇,在同学们的立论和辩驳中,可以看到顺境和逆境对人生的作用都是双重的,因而要用正确的态度对待人生的境遇。

[设计意图]通过改编经典辩题,"顺境(逆境)更能出人才"形成本课小型辩论赛的辩题,引导学生更深入地理解顺境与逆境的作用,培养学生思辨能力和语言表达能力,希望学生能够对不同的人生际遇保持正确的态度,勇敢面对挑战,追求进步。

[议学情境2]《活着》讲述了一个人一生的故事。徐福贵原本是一个地主家的少爷,从出生起就享受荣华富贵,但他不懂得珍惜,肆意挥霍时间和钱财,最终因嗜赌成性输光家产。他的生活从此开始经历一系列磨难:被国民党部队抓去当壮丁、回到家乡发现母亲已经过世、儿子因给县长老婆输血被抽干血而死、妻子因长期过度劳累及营养不良最终死去、聋哑女儿因难产而死、女婿因工作事故被水泥板夹死、唯一的外孙也因吃豆子撑死。这些连续打击对徐福贵来

说是巨大的,但他从未放弃生存的希望,用坚强不屈的意志继续活着。即使土改时面临打倒地主的境遇,他也乐观看待自己的生存,庆幸自己因祸得福保全了性命。最终,徐福贵买了一头老牛相依为伴,继续在田地里劳作、在阳光下生活。

[议学任务2]小组探讨:

(1)重读《活着》中福贵的一生,你的感受是怎样的?

(2)福贵年轻时的生活是怎样的?成年后的生活是怎样的?老年时的生活又是怎样的?为什么会有这样的转变?

(3)你从福贵的一生中得到哪些启发?

[答案提示](1)难过、激励、活该……

(2)年轻时的生活:荣华富贵,不愁吃穿;成年后的生活:生活苦难,家人一个个离去;老年后的生活:与老牛相依为伴,坚强地活着。原因:年轻时不懂珍惜,肆意挥霍,从富裕家庭变为一贫如洗;成年后面对生活苦难,仍然保持乐观,坚强不屈,最后安定过完余生。

(3)面对好的境遇珍惜拥有的一切,面对不好的境遇乐观向上、坚强活着。

[知识小结]

(1)顺境和逆境在一定条件下可以相互转化,自满自足,意志衰退,顺境就有可能转化为逆境;受磨难而奋进,不悲观、不言败,逆境就有可能转化为顺境。

(2)无论身处何种境地,只要我们正确对待成败得失,处优而不养尊,受挫而不短志,顺境和逆境都可以成为人生成长的阶梯。

[设计意图]通过重读经典文学作品《活着》,从福贵跌宕起伏的一生中得到人生启发,引导学生在问题组思考中评议福贵的人生境遇变化,从而生成"顺境和逆境在一定条件下可以相互转化"知识,培养获取与解读信息、合作探讨等能力。第三小问为下一个知识点的学习做铺垫。

环节二:保持平常心·如何对待顺境和逆境?

[必备知识]正确对待顺境与逆境的态度和做法。

[教师点拨]从福贵的人生故事中,同学们得到不少启发,如面对好的境遇要珍惜拥有的一切,面对不好的境遇要乐观坚强,说明同学们已经在思考当我们面对人生顺境和逆境时应如何对待。我们身边也有两位同学想寻求大家的帮助,让我们一起听听他们的故事,帮助他们解决问题。

[议学情境1]小强一直成绩优异,家境富裕,生活似乎总是顺风顺水。他渐渐变得自满起来,认为成功是理所当然的。课堂上,他开始分心,不再认真听

讲;课后,他也放弃了曾经的兴趣爱好,沉迷于游戏和享乐。每当有人提醒他不要骄傲时,他总是嗤之以鼻,认为自己无须努力也能保持领先。然而,在期中考试中,他的成绩惨遭滑铁卢。

[议学任务1]小强求助:为什么期中考试我的成绩变得这么差? 接下来我该怎么办?

[答案提示]因为小强满足于自己原本的优越条件,上课开小差,不再努力,长期懈怠导致考试成绩不理想。接下来应好好珍惜已有条件,同时警惕优越条件滋生的骄傲、懈怠等不良心态。

[知识小结]顺境不骄。顺境中的有利因素,使我们更容易接近和实现目标。身处顺境时,我们应珍惜美好时光,抓住机遇,顺势而为。同时,我们要有忧患意识,警惕优越条件滋生的骄傲、懈怠等不良心态,时刻保持谦虚谨慎的态度。

[议学情境2]小丽面对学习上的接连失败,开始陷入自我怀疑,认为自己是天生的失败者,每当遇到难题时就选择逃避,甚至放弃努力。家人和朋友的鼓励在她看来只是空洞的话语,无法激起内心的斗志。随着时间推移,小丽变得越来越消沉,错失了许多成长机会,人生道路也因此变得狭窄而艰难。

[议学任务2]小丽求助:为什么我开始不敢再尝试? 我可以做些什么?

[答案提示]因为你经历过很多次失败后形成习得性无助,害怕失败。我们应该正确认识、评估面临的挑战,鼓足勇气,先尝试简单的任务,再挑战难的任务,迎难而上。

[知识小结]逆境不馁。每个人都希望自己的人生一帆风顺,但在生活中难免会遇到各种各样的困难。在逆境中前行,需要我们鼓足勇气、迎难而上。在青少年时期经历一些挫折和考验,有助于我们走好人生路。

[设计意图]通过贴近学生的生活案例,引导学生分析现实问题;通过帮助他人解决问题,提高学生学习积极性和成就感,从中学会如何正确对待人生的顺境和逆境,并将其运用于自己的学习生活。

[知识小结]

(1)如何看待顺境和逆境?

①顺境和逆境是人生历程中两种不同的境遇,对人生的作用是双重的。②顺境和逆境在一定条件下可以相互转化。自满自足,意志衰退,顺境可能转化为逆境;受磨难而奋进,不悲观,不言败,逆境就有可能转化为顺境。

（2）如何对待顺境和逆境？

①顺境不骄。珍惜美好时光，抓住机遇，顺势而为。同时，要有忧患意识，警惕优越条件滋生的骄傲、懈怠等不良心态，时刻保持谦虚谨慎的态度。②逆境不馁。鼓足勇气，迎难而上。③无论身处何种境地，只要我们正确对待成败得失，处优而不养尊，受挫而不短志，顺境和逆境都可以成为人生成长的阶梯。

[设计意图]知识小结是课堂知识理解环节的"画龙点睛"之笔，可以帮助学生梳理本节课主干知识，引导学生养成总结归纳的学习习惯。同时，为知识应用和知识迁移环节奠定基础，便于学生在理解主干知识基础上运用知识解决实际问题。

环节三：走向不凡路·百年大党何以历久弥新？

[必备知识]本节课综合知识。

[拓展情境1]回顾中国共产党走过的百年历程，从石库门到天安门，从兴业路到复兴路，历经百年沧桑，在波澜壮阔的历史进程中，赢得一次次胜利。回望历史的长河，我们一起见证党的百年征程的两个历史时刻。

在革命中浴火重生：1927年大革命失败后，以毛泽东为代表的中国共产党人在井冈山创建了农村革命根据地，开启了"农村包围城市，武装夺取政权"的中国革命新道路。在井冈山斗争两年零四个月的时间里，共有4.8万余人牺牲，革命先烈们并没有被吓倒、被征服、被杀绝，他们从地上爬起来，揩干身上的血迹，掩埋好同伴的尸首，又继续参加战斗。

在改革中保持纯洁：勇于自我革命是我们党不断从胜利走向新的胜利的关键所在。党的十八大以来，以习近平同志为核心的党中央把全面从严治党纳入"四个全面"战略布局，坚决惩治贪污腐败，持续开展主题教育，充分彰显我党将自我革命进行到底的坚定决心与顽强意志。

[拓展任务1]结合材料，运用"正确对待顺境和逆境"相关知识，分析为什么我们的革命能够胜利、为什么在新时代还要进行改革？

[答案提示]①革命为什么能够胜利：中国共产党人坚韧上进，即使遭受失败也奋勇向前、迎难而上，做到逆境不馁。②新时代为什么还要改革：即使已经是和平的新时代，我们仍然要不骄不躁，保持忧患意识，警惕优越条件滋生的骄傲、懈怠等不良心态，做到顺境不骄。③顺境和逆境在一定条件下可以相互转化，百年大党能够历久弥新，说明我们能够始终保持正确的态度，正确对待成败得失。

[设计意图]该拓展任务要求学生运用本课所学知识,分析"百年大党何以历久弥新"问题,既有利于学生在知识应用中深化理解,锻炼信息获取与加工、语言组织与表达能力,又将本课教学素材从个人拔高到中国共产党人集体、党的百年事业,在拓展课堂视野的同时,培养学生爱国情怀、政治认同。

[拓展任务2]画出我的"挫折山",并与同伴交换"挫折山",为他人攀登"挫折山"提供具体解决方案,鼓励对方一同翻越两人的"挫折山"。

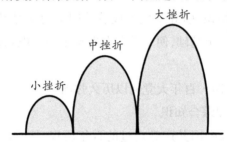

我的"挫折山":将你遭受的具体挫折按照你认为的挫折程度,分别写在对应山丘内。

[设计意图]学生通过"画出我的挫折山",梳理自己在学习生活中遇到的挫折,思考挫折对自己的影响程度,直面困难和挫折;通过"交换彼此的挫折山",友好互助,可以在同伴帮助下提出具体解决对策,战胜挫折;通过从正面、侧面等不同视角看"挫折山",共同跨越两人"挫折山",提高抗挫折能力。

[板书设计]

[设计意图]板书设计以一只小天使形象呈现,希望本节课所学知识能够像小天使一般守护学生成长。本节课主干知识主要体现为顺境和逆境的关系及对待顺境与逆境的不同态度,主干知识随着教学进度推进在小天使身上呈现,板书也因此成为串联和展示教学环节的重要载体,在帮助学生串联巩固所学知识的同时,凸显正向价值引领。

"在劳动中创造人生价值"议题式教学设计

刘　靖　刘秋燕

议题：为什么劳动最光荣？

一、设计依据

(一)课程标准分析

本框内容对应《义务教育道德与法治课程标准(2022年版)》"生命安全与健康教育"主题中的"客观认识和对待自己,形成正确的自我认同,提高自我管理能力""树立正确的人生观和价值观,热爱生活,追求生命的高度,成就幸福人生"。

(二)教材内容分析

1.本框地位

"在劳动中创造人生价值"是《道德与法治》七年级上册第四单元第十三课第一框内容,本课上承人生目标和人生态度,引导学生在规划"小我"人生目标、端正人生态度的基础上,有"大我"意识,过有价值、有意义的人生。本框从形成角度强调人生价值通过劳动创造,为下一框从评价角度强调人生价值通过奉献衡量奠定基础。

2.本框内容

对知识进行结构化处理发现,本框由环环相扣、链条清晰的两部分内容构成。首先,引导学生认识人生价值的内涵、产生及评价尺度,阐明"人生价值是什么"问题。在此基础上,进一步从个人幸福、社会进步、人类生活角度说明"为什么要在劳动中创造人生价值"。

3.本框目标

学生通过评议(打工人表情包)、争议(身边最美劳动者名片)、商议(深中通道团队)、建议(助力中国梦与父母职业小调查)等形式多样的议学活动,理解人生价值的产生及评价尺度,阐明劳动的意义,探寻人生的价值;发展批判性思维、信息获取与加工能力、语言组织与表达能力;引导学生树立劳动最光荣意识,正确对待劳动者的劳动成果,正确认识劳动对实现人生价值的重要性,进而形成正确价值观、涵养健全人格。

4.本框重难点

教学重点:阐明人通过劳动创造人生价值的意义。

教学难点:阐释衡量人生价值的尺度。

(三)教学背景分析

国家议题:党和国家高度重视青少年劳动教育。

社会课题:如今,劳动教育在中小学轰轰烈烈地开展起来。然而,不少学校劳动教育几乎等同于体力劳动,组织学生参加荒地拔草、工厂参观等活动。此类"有劳无教""有劳动无收获"的活动体验,加深了学生对劳动的排斥。同时,"空心病""躺平"等热词逐渐成为当代青年的形容词,在认知上缺乏生活的存在感和价值感,在行为上追求无欲无求的"躺平"主义。如何从教育层面引导学生树立正确价值观,将劳动功能从体验吃苦流汗转向价值感和存在感实现,至关重要。

成长命题(学情分析):初一学生处在由儿童向青少年过渡的特殊时期。一方面,他们朝气蓬勃、充满活力,对未来生活有着许多美好而感性的设想,对比日常学习,他们更热衷于各式各样的劳动活动,这是进行本节课教学的契机;另一方面,由于初一学生认知能力、思维方式、人格特点和社会经验都有待发展,他们对人生价值和劳动的意义认知有待提升。

二、设计思路

(一)教学路线

议题线:围绕总议题"为什么劳动最光荣",设计议题线:孜孜以求·什么是人生价值;生生不息·为什么要在劳动中创造人生价值;欣欣向荣·少年如何助力实现美好愿景。

情境线:打工人表情包;身边最美劳动者名片;深中通道建设团队;绘制个人最美劳动者名片,父母职业小调查。

活动线:评议打工人状态;发现身边最美劳动者;分析深中通道建设团队;绘制个人最美劳动者名片,开展父母职业小调查。

知识线:思考工作的意义;人生价值的内涵、产生及衡量尺度;在劳动中创造人生价值的意义;"在劳动中创造人生价值"综合知识。

（二）教学结构

总议题	环节·议题线	情境线	活动线	任务线	知识线	核心素养
为什么劳动最光荣	新课导入	打工人表情包	回答问题组	衔接	思考工作的意义	健全人格 政治认同 道德修养
	孜孜以求·什么是人生价值	身边最美劳动者卡片	小组探讨、填写卡片	理解	人生价值的内涵、产生及衡量尺度	
	生生不息·为什么要在劳动中创造人生价值	深中通道建设团队	解读信息、分析思考	理解	在劳动中创造人生价值的意义	
	欣欣向荣·少年如何助力实现美好愿景	绘制个人最美劳动者卡片，父母职业小调查	畅想未来、调查实践	迁移、衔接	"在劳动中创造人生价值"综合知识	

三、过程设计

[情境导入]打工人表情包——

在生活中，我们经常听到上班族用"打工人""社畜"形容自己，通过自嘲和幽默的表情包发泄情绪，一边光明正大地抱怨，一边自我嘲弄地接受现实。打工是一件丢人的事情吗？工作能够带来什么？你愿意成为辞职失业的一员吗？为什么说"有事做，有人爱，有所期待"是一个人最好的状态？

[答案提示]工作可以带来工资、独立、赞赏、充实、被需要、创造……

[设计意图]创设打工人这一生活情境，激发学生探究兴趣，通过问题组引导学生辩证看待社会上人们对上班的怨气，打破工作代表负面的刻板印象，正确认识工作的意义和价值，为探究劳动创造人生价值奠定认知基础。

环节一：孜孜以求·什么是人生价值？

[必备知识]人生价值的内涵、产生及衡量尺度。

[议学活动]每小组推举一名身边的最美劳动者，完成人物卡片并在班级分享。

姓名：_____
职业：_____
日常工作：_____
_____
工作成果：_____
推选原因：_____

最美劳动者卡片

[答案提示]农民、环卫工、科研工作者、交通警察、医护人员、建筑工人等。

姓名：___李慧___
职业：初中法治老师
日常工作：上课、开班会、谈心谈话、跟家长联系、参加培训、撰写论文
工作成果：班级环境好、学生成绩提高、家长信任、被评为学校"我最喜爱的老师"
推选原因：教学水平高、以身作则、教书育人、陪伴我们成长

最美劳动者卡片

工作成果一栏引导学生发现劳动者通过劳动创造的物质财富和精神财富；推选原因一栏引导学生明晰我们评价他人常看这个人通过劳动对其他人和社会的贡献。

[知识小结]①内涵：人生价值是指人的生命和活动对自己、他人和社会所具有的积极意义；②产生：人生价值是通过劳动创造的，人通过劳动创造物质财富和精神财富；③衡量尺度：一个人对他人和社会的贡献是衡量人生价值的尺度，一个人通过劳动为他人和社会作出的贡献越大，他的价值就越大。

[设计意图]通过小组填写最美劳动者卡片这一活动，引导学生发现身边的劳动者，认可他人的劳动成果，并在小组讨论中深化对人生价值衡量尺度的认识。培养学生留心观察的习惯、小组合作和探究能力、语言组织和表达能力。

环节二：生生不息·为什么要在劳动中创造人生价值？

[必备知识]在劳动中创造人生价值的意义。

[议学情境]超级工程背后的"基建狂魔"——

2024年7月1日，深中通道宣布正式通车。习近平总书记在贺信中指出，深中通道是粤港澳大湾区的又一超大型交通工程，攻克了多项世界级技术难题，创造了多项世界纪录，全体参与者用辛勤付出、坚强毅力，高质量完成了工

程任务。

面对一长串难题，超1.5万名深中通道建设者们以"敢教日月换新天"的奋斗精神，七年磨一剑，用心血浇筑、用岁月沉淀，在伶仃洋上建起世界首例水下高速公路枢纽互通，以过硬的实力创下10项"世界之最"。

自建设以来，深中通道获得发明专利200余项、行业协会奖项数十项，获国际桥梁大会"乔治·理查德森奖"等奖项，总工程师宋神友获"国家卓越工程师"称号。

深中通道正式通车，让珠江口东西两地城市群逐步实现产业链、创新链的深度融合，助力粤港澳大湾区加速联通。深中通道建设者们不断攻克技术高地，不断刷新沉管隧道建设领域技术国产化纪录，用青春与智慧为世界跨海桥隧建设贡献了一个又一个中国方案。

[议学任务]（1）奋战5000多个日夜，深中通道正式通车，建设者们的心情会怎样？

（2）建设者们的劳动给社会带来了什么？他们收获了什么？

（3）你从深中通道建设过程感受到哪些民族精神？深中通道建设对世界有什么影响？

[答案提示]（1）自豪、开心、幸福、有成就感等。

（2）深中通道建成让粤港澳大湾区城市群距离缩小，拉动经济发展和文化交流，让人们出行更加便利；他们获得习近平总书记的认可和社会各界的积极评价，获得个人和集体的荣誉奖项。

（3）自强不息，勇于挑战，创新精神、勤奋智慧等。向世界展现了中国的基建能力，一个创新的交通强国，为世界跨海桥隧建设贡献了中国智慧和中国方案，促进世界桥梁技术发展。

[知识小结]（1）人各种各样的愿望都是在劳动中实现的，人们在劳动中感受到幸福和愉悦，体会人生的价值和美好。

（2）人们通过劳动为社会进步作贡献，就是为社会创造价值，也就创造和实现了人生价值，应当得到社会的尊重和积极评价。

（3）人世间的一切美好生活都是通过劳动创造的。千百年来，中华民族以勤劳智慧闻名于世。我们所取得的每一项成就，都是广大人民用辛勤劳动、诚实劳动、创造性劳动换来的。

[设计意图]选取深中通道通车为教学情境，引导学生通过问题链，从深中

通道建设过程感受人们通过劳动创造人生价值的意义,团队的劳动给个人、社会和人类带来的价值;培养学生获取、解读和加工信息能力,引导学生感受劳动者们工作的不易,学习劳动者身上所体现的民族精神,培养政治认同。

[知识小结]

(1)什么是人生价值?

①内涵:人生价值是指人的生命和活动对自己、他人和社会所具有的积极意义;②产生:人生价值是通过劳动创造的,人通过劳动创造物质财富和精神财富;③衡量尺度:一个人对他人和社会的贡献是衡量人生价值的尺度,一个人通过劳动为他人和社会作出的贡献越大,他的价值就越大。

(2)为什么要在劳动中创造人生价值?

①个人发展:人各种各样的愿望都是在劳动中实现的,人们在劳动中感受到幸福和愉悦,体会人生的价值和美好;②社会进步:人们通过劳动为社会进步作出了贡献,就是为社会创造了价值,也就创造和实现了人生价值,应当得到社会的尊重和积极评价;③人类生活:人世间的一切美好生活都是通过劳动创造的。千百年来,中华民族以勤劳智慧闻名于世。我们所取得的每一项成就,都是广大人民用辛勤劳动、诚实劳动、创造性劳动换来的。

[设计意图]知识小结是课堂知识理解环节的"画龙点睛"之笔,可以帮助学生梳理本节课主干知识,引导学生养成总结归纳的学习习惯。同时,为知识应用和知识迁移奠定基础,便于学生理解主干知识并运用知识解决实际问题。

环节三:欣欣向荣·少年如何助力实现美好愿景?

[必备知识]本节课综合知识。

[拓展任务1]绘制个人最美劳动者名片。

国家富强、民族复兴、人民幸福是中华民族的美好愿景,请结合你的人生规划,谈谈将选择何种职业、如何通过个人劳动为实现中国梦贡献青春力量。

姓名:＿＿＿＿＿
目标职业:＿＿＿＿＿
选择原因:＿＿＿＿＿
工作内容:＿＿＿＿＿
工作成果:＿＿＿＿＿

最美劳动者卡片

[设计意图]该拓展任务延伸课堂情境,有效观照教材相关知识。要求学生综合运用本课所学知识,畅想未来职业规划,将个人规划与国家发展相结合,培养生涯规划能力,树立职业目标,寻求人生的成就感和价值感。

[拓展任务2]访谈父母的职业内容并形成记录提交。

(1)链接第四单元"单元思考与行动"部分实践活动。

(2)访谈提纲参考:①采访对象及职业;②选择这份职业的原因;③从业需要的知识能力;④从业中印象最深的事;⑤是否打算继续从事这份工作及原因;⑥对我的启发。

[设计意图]该拓展任务链接本单元部分实践活动,通过学生访谈父母职业内容,进一步加深对劳动实现人生价值的理解,增进家庭成员之间的情感联系,增进家庭理解与沟通;帮助学生了解不同职业的特点,理解每一份职业背后都蕴含辛勤的劳动,对个人、家庭、社会带来的价值,在访谈过程中培养感恩之情和责任感,促进学生全面发展,涵养健全人格和道德修养。

[板书设计]

[设计意图]板书设计融合形象思维和抽象思维,以一根燃烧的蜡烛和方向标呈现。本节课主干知识随着三个教学环节展开在方向标中呈现,围绕劳动创造人生价值主题,突出重难点知识,有效串联和展示教学环节。板书选取燃烧的蜡烛为载体,寓意我们在劳动过程中对自己、他人、社会和人类产生积极影响,创造我们的人生价值,舞动生命最动人的姿态。

"在奉献中成就精彩人生"议题式教学设计

刘　靖　刘秋燕

议题:如何成就精彩人生?

一、设计依据

(一)课程标准分析

本框内容对应《义务教育道德与法治课程标准(2022年版)》"生命安全与健康教育"主题中的"客观认识和对待自己,形成正确的自我认同,提高自我管理能力""理解不同的社会角色,形成亲社会的行为,能正确认识和处理个人和集体的关系""树立正确的人生观和价值观,追求生命的高度,成就幸福人生"。

(二)教材内容分析

1.本框地位

"在奉献中成就精彩人生"是《道德与法治》七年级上册第四单元第十三课第二框内容。它作为七年级上册最后一课内容,关注学生正确人生观和价值观引导,与高中《哲学与文化》第六课知识、大学《思想道德与法治》第一章第二节知识相呼应。"在奉献中成就精彩人生"有效承接上一框"在劳动中创造人生价值",在创造人生价值的基础上强调奉献让我们实现人生价值,进而实现七年级上册内容的升华和完结。

2.本框内容

本框内容主要由层层递进、呈现结构化特征的三部分内容构成。针对"怎样才能在奉献中成就精彩人生"核心问题,本框首先从意识上引导学生树立正确的职业观,其次从行动上要求每个人在各自行业踏实奋进,绽放个人精彩,最后从集体高度引导各行各业的人都主动奉献,在奉献中实现人生价值。

3.本框目标

学生通过探究《少年说》感人告白、大国工匠奋斗故事、运动健儿奔赴巴黎奥运会不同情境,辨析"职业"与"事业"概念、"人生在于体验"与"人生在于奉献"观点,理解实现人生价值需要个人与社会相统一,知道劳动不分贵贱,树立平等的职业观,致敬踏实奋进的大国工匠,树立做未来好建设者志向,培养道德修养和责任意识。同时,发展自己的批判性思维、信息获取与加工、语言组织与表达能力。

4.本框重难点

教学重点:理解如何在奉献中成就精彩人生。

教学难点:树立职业平等观。

(三)教学背景分析

国家议题:党和国家始终将就业作为民生头等大事来抓,坚持就业优先战略。

社会课题:当前,国家面临严峻的就业形势。2024年,全国高校毕业生规模创历史新高,就业市场竞争更加激烈。就业市场技能供需矛盾突出:一方面,劳动者对就业岗位期望过高,对传统职业技术岗位存在认知偏见,高不成低不就;另一方面,企业重点领域技能型人才缺口超过1900万。为缓解供需矛盾,必须加强职业教育。中考对职业教育发展有一定作用,引导学生树立正确职业观,明白有更多的人生道路可以选择。

成长命题(学情分析):初一学生处在由儿童向青少年过渡的特殊时期,开始关注他人的存在和社会的需求,对周围世界充满好奇心,探索欲增强,可以进一步引导他们正确认识不同职业。但他们有自我中心倾向,对自身社会角色认知还处于模糊阶段,需要进一步引导他们将个人发展与社会需要相结合,树立正确的人生观和价值观。

二、设计思路

(一)教学路线

议题线:围绕总议题"如何成就精彩人生",设计议题线:平等·如何看待不同职业;奋进·如何绽放人生光彩;奉献·如何实现人生价值。

情境线:《少年说》12岁男孩感人告白视频;大国工匠顾秋亮,职业与事业;人生在于体验还是奉献,《绽放巴黎》纪录片。

活动线:感悟、分析《少年说》12岁男孩感人告白视频;探究大国工匠顾秋亮,辨析职业与事业;辨析人生在于体验还是奉献,评析《绽放巴黎》纪录片。

知识线:树立职业平等观;在踏实奋进中绽放人生的光彩;在奉献中走向伟大。

（二）教学结构

总议题	环节·议题线	情境线	活动线	任务线	知识线	核心素养
如何成就精彩人生	平等·如何看待不同职业	《少年说》12岁男孩感人告白视频	体会感悟、师生问答	感受、理解	树立职业平等观	健全人格 责任意识 道德修养
	奋进·如何绽放人生光彩	大国工匠顾秋亮，职业与事业	分析思考、概念辨析	理解、应用	在踏实奋进中绽放人生的光彩	
	奉献·如何实现人生价值	人生在于体验还是奉献，《绽放巴黎》纪录片	观点辨析、小组探讨	想象、理解	在奉献中走向伟大	

三、过程设计

[逻辑导入]联系前面所学内容，我们知道树立人生目标的必要前提是正确认识个人与社会的关系，我们要在个人与社会的统一中明确人生目标。我们也学习了衡量人生价值的尺度是一个人对他人和社会的贡献，当一个人通过劳动为他人和社会作出的贡献越大，他的价值就越大。那么，我们应如何更好地实现人生价值呢？是不是也应坚持个人与社会的统一？是的，我们每个人都有自己的人生追求，未来也会从事各种不同的工作，但只有把自己的"小我"融入时代、祖国和人民的"大我"，才能更好地实现人生价值。

[设计意图]通过师生问答，调动旧知，引出新知。在巩固已有知识的同时，建立已有知识与目标知识的联系，引导学生明确要始终坚持个人与社会的统一，积极主动担当、树立责任意识。

环节一：平等·如何看待不同职业？

[必备知识]树立职业平等观。

[议学情境]《少年说》12岁男孩李仁志在节目中对外卖员妈妈的感人告白视频。

李仁志的妈妈是一位外卖员，在工作中遭遇职业歧视。于是，他替妈妈在节目中喊出"委屈"："我的妈妈每天在城市的大街小巷里穿梭，她就是一名外卖配送员。每天起早贪黑，风吹日晒都没能阻止她的步伐。尽管如此，还是有很多人不尊重这份职业，有时还会莫名给差评，甚至无理取闹。

有一次,我妈妈送一份外卖,在最后两分钟时送达了,虽说有一些晚,但也在规定时间内送达。客人十分不满,让我妈妈赔钱,后来还是路人帮助解围,这件事才得以平息。我知道这件事后十分心疼,因为妈妈辛辛苦苦工作,却得不到他人的尊重。我希望大家都能给像我妈妈一样的人多一些善意,因为当你打开门的那一瞬间,看见的也可能是我爸爸捧在手里的'小公主'。"

[议学任务](1)同学们看完这段视频,有什么感受?(2)为什么12岁小男孩会在节目中向大家大声喊出这一段告白?(3)在中国,有超过1300万人从事外卖行业,我们应该如何认识他们的职业?(4)平时点外卖时,你可以怎么做?

[答案提示](1)感动、难过,痛恨无理取闹的客户……(2)因为他的外卖员妈妈在工作中受到歧视和不尊重。(3)我们应该尊重、平等对待他们的职业,感恩他们付出的劳动、提供的服务,没有他们就没有便利的生活。(4)应该多一些包容、多一些尊重、多一些礼貌。

[知识小结]不只是外卖员,我们身边还有许许多多平凡的劳动者。没有环卫工人的辛勤劳动,就没有城市的干净整洁;没有建筑工人的风吹日晒,就没有我们的安身之所……任何一项工作都是社会存在和发展的需要,没有高低贵贱之分,我们应该树立平等的职业观,认识到这些工作都是平凡而又有意义的,人们在平凡岗位上勤勤恳恳、兢兢业业,在为社会服务中创造自身的价值。

[设计意图]以同龄男孩的感人告白为情境素材,以视频为载体,引发学生情感共鸣。从被歧视的劳动者角度说出他们的故事,更能让学生认识到平凡职业也有意义,每个人都在为社会创造价值,引导学生学会尊重、平等对待不同职业,在日常实践中多一些礼貌,提高道德修养。

环节二:奋进·如何绽放人生光彩?

[必备知识]在踏实奋进中绽放人生的光彩。

[议学情境]大国工匠——中国船舶重工集团公司第702研究所组装工人顾秋亮

顾秋亮,这个名字或许不为大众所熟知,但在中国深海潜水器领域,他却是一位举足轻重的国宝级工匠。他的故事,是千千万万普通劳动者在平凡岗位上追求极致、不懈奋斗的缩影。

载人潜水器,这个听起来充满高科技感的设备,其内部构造之复杂、零部件之精密超乎常人想象。面对十几万个零部件的组装任务,顾秋亮对精密度的要求达到惊人的"丝"级,这在中国乃至全球都极为罕见。成功将"蛟龙"号载人潜水器送入深邃的海底,是顾秋亮职业生涯中的一座重要的里程碑,但这并未让他停下脚步。紧接着,他又投身中国首个完全自主设计制造的4500米载人潜水器组装工作中,继续挑战自我、追求卓越。正如顾秋亮所说:"我所做的,就是尽我所能,把每一件事情做到最好。"这简单的话语背后,蕴含他对工作的热爱与执着,也是他对人生的理解与追求。

[议学任务1]从顾秋亮的身上,我们看到怎样的工匠精神?

[答案提示]①细致的要求和精湛的技艺。顾秋亮面对十几万个零部件的组装任务毫不畏惧,对自己提出高精密度的要求,把每一件事做到最好。②对工作的热爱和执着。顾秋亮成功完成"蛟龙"号组装后,又立马投身新事业,不断挑战自我、追求卓越。③脚踏实地、勤奋努力。顾秋亮尽己所能,将每一件事情都做到最好,追求卓越,不懈奋斗。

[设计意图]以顾秋亮追求极致的事迹为情境,引导学生在获取和提取材料信息过程中,理解在自己的岗位上踏实奋进的意义,感悟并主动传承顾秋亮身上的工匠精神。

[议学任务2]有人说,顾秋亮将载人潜水器组装当成人生的事业,你如何看待职业与事业的区别?

[答案提示]职业是我们为了生计而从事的工作,事业是我们为之奋斗一生的追求。当我们沉下心来,心无旁骛,干一行、爱一行、精一行,就会在自己平凡的职业中书写不平凡的事业。

[知识小结]在踏实奋进中绽放人生的光彩。"一分耕耘,一分收获。"任何一项工作,都需要付出辛劳和汗水。只有沉下心来,心无旁骛,干一行、爱一行、精一行,才能在平凡的岗位上书写不平凡的人生华章。

[设计意图]通过辨析职业与事业的区别,理解我们只有在自己的岗位上踏实奋进,才能将生存的职业变为热爱的事业,才能在平凡的岗位上书写不平凡的人生华章。

环节三:奉献·如何实现人生价值?

[必备知识]在奉献中走向伟大。

[议学活动]有人说人生在于体验,也有人说人生在于奉献。请小组讨论:认同哪种观点?

[答案提示]对两种观点的解释言之有理即可。年轻的时候,体验塑造了我们的世界观、人生观和价值观,让我们看到不一样的东西,但随着年龄的增长,我们会慢慢回头看自己真正留下了什么。奉献能够实实在在地给他人带来帮助和改变,实现自我价值,找到生命的意义所在。我们可以将体验与奉献相融合,在追求个人体验的同时,关注他人需要和社会福祉,找到真正属于自己的人生道路和价值所在,过充实、有意义和值得回味的人生。

[设计意图]通过对"过怎样的人生"的问题探究,让学生初步了解人生的价值,开始有意识地主动思考如何让我们的人生更有意义、我们能够做些什么、我们能够留下些什么。

[议学情境]纪录片《绽放巴黎》节选:机会——中国女子乒乓球队

2024 年 7 月 4 日晚,中国乒乓球队在成都正式启动主题为"以我之名,为国而战"出征巴黎奥运会仪式,他们刚结束一轮集训。

视频内容摘选:开篇对孙颖莎的训练情况介绍,其中包括个人的努力,具体体现为高强度的封闭训练,每天进行多场次比赛,提高技术水平和体能储备,因遇到挫折两次在训练期间落泪,迅速调整心态,积极备战;还有团队的支持,具体体现为创设封闭训练的环境、开展模拟热身赛、潜在竞争对手的专项突破、教练团队的情绪支持和个性化指导。

补充背景信息:①国家对运动健儿的新型科技支持:以数字化为基础、网络化为条件、智能化为核心的智能体育成为热点,通过对体育运动过程中的数据进行采集和分析,帮助运动员科学训练并提高运动水平,辅助教练员与管理者进行决策和管理。②国家对运动健儿庞大的资金投入:研究人员介绍,如果要从选拔运动员开始算起,成就一个好的奥运选手,按照国际惯例,一个运动员培养过程大概需要 10 年时间。这样计算,国家在一个奥运选手上投入的费用要远远高于四五百万元。

[议学任务]运动健儿们在训练过程中遇到哪些困难?他们如何克服?为什么人们这么关注运动员出征巴黎奥运会?

[答案提示]技术的瓶颈、每天比赛的成绩、高强度体能训练等,他们积极调整心态,在体系化训练和教练指导下积极备战,不断挑战自我。因为奥运会是世界上影响力最大的体育盛会,能够向世界展现中国风采,运动健儿们出征是为国争光,所以人们都很关注。

[知识小结]在奉献中走向伟大。人生价值实现离不开一定的社会客观条件和个人主观努力。新时代的伟大实践,为我们提供了实现人生价值的广阔舞台。当我们将个人命运和他人、集体、民族、国家乃至人类的命运联系在一起并为之奉献时,人生就会闪耀出伟大的光辉。

[设计意图]以人们关注的巴黎奥运会出征为情境,引导学生体会人生价值的实现离不开社会支持和个人努力,引导学生理解运动健儿们是在为国争光,将个人命运与国家荣誉紧密联系,他们的出征才更牵动人心,从而阐明为什么要在奉献中成就精彩人生,培养爱国情怀。

[知识小结]怎样才能在奉献中成就精彩人生?

（1）意识层面:树立正确的职业观。任何一项工作都是社会存在和发展的需要,没有高低贵贱之分。所有工作都是平凡而又有意义的,人们在平凡岗位上勤勤恳恳、兢兢业业,在为社会服务中创造着自身价值。

（2）行动层面:①在踏实奋进中绽放人生的光彩。只有沉下心来,心无旁骛,干一行、爱一行、精一行,才能在平凡岗位上书写不平凡的人生华章。②在奉献中走向伟大。人生价值的实现离不开一定的社会客观条件和个人主观努力。新时代的伟大实践,为我们提供了实现人生价值的广阔舞台。当我们将个人的命运和他人、集体、民族、国家乃至人类的命运联系在一起并为之奉献时,人生就会闪耀出伟大的光辉。

[设计意图]知识小结是课堂知识理解环节的"画龙点睛"之笔,可以帮助学生梳理本节课主干知识,引导学生养成总结归纳的学习习惯。同时,为知识应用和知识迁移环节奠定基础,便于学生在理解主干知识基础上运用知识解决实际问题。

[实践活动]家校合作:结合本单元所学知识,老师邀请不同领域家长代表为学生开设讲座,分享内容为职业体验、职业要求、职业奉献、职业成就、职业建议。

[设计意图]教师充分利用家长资源,实现思政小课堂、社会大课堂和网络云课堂相统一,拓宽学生职业视野,树立职业平等观,为未来职业生涯奠定坚实基础。

[板书设计]

[设计意图]板书设计以一个支持、呵护的手势捧着一个向上的小孩,寓意通过树立职业平等观、在踏实奋进中绽放人生光彩、在奉献中走向伟大,学生能够学会在奉献中成就精彩人生,在奉献中感受人生的意义和价值,帮助学生串联知识,寄予学生美好期望。

八年级上册

序　言

　　本册内容紧扣"社会生活"这一核心议题,由四个教学单元组成,引领学生从个人情感体验出发,逐步深化对社会、国家乃至全球的认知与理解,形成正确的家国观念,成为祖国发展的建设者,成为具有社会责任感、法治观念及家国情怀的新时代公民。全书前三个单元聚焦探索个人与他人、社会的关系,最后一个单元从个人扩展到国家,遵循由近及远、由浅入深的社会化学习规律和系统思维的学习规律。

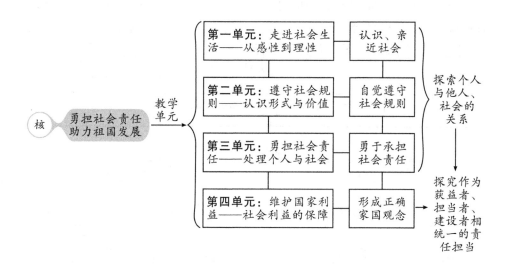

八年级上册第一单元序言

　　本单元聚焦健全人格核心素养培育,围绕"正确处理个人与社会的关系,学会在社会中成长,树立正确的社会观和国家观"全书核心大概念。作为全书开篇单元,本教学单元着眼"八年级学生处在由家庭和学校走向社会的关键阶段,身体发育普遍趋于成熟,逻辑思维能力有较大提高,参与社会生活的愿望不断增强"主要学情,引导学生在走近社会生活中正确理解个人与社会相互依存的关系,明晰亲近社会是中学生成长为负责任公民的必经之路,在参与社会生活中获得新的成长经验,明确自身应肩负的使命,努力成长为负责任的公民,增强理性认识和责任担当,为后续各单元学习探讨提供逻辑起点和认识依据。

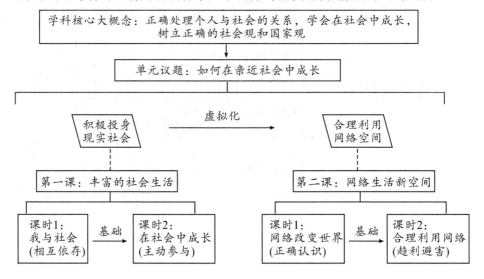

"我与社会"议题式教学设计

罗乔乔　刘利玲

议题:如何成长为合格的社会成员?

一、设计依据

(一)课程标准分析

本框内容对应《义务教育道德与法治课程标准(2022 年版)》"生命安全与健康教育"主题中的"理解不同的社会角色,形成亲社会行为""遵守基本的社交礼仪,恪守诚信,理性维护公德,维护公共秩序,做文明的社会成员"。小学阶段,五年级上册"自主选择课余生活"要求学生初步了解和感受社会,主动参与力所能及的社会公益活动,热爱生活,乐于奉献;而初中阶段学生要在感性基础上,对人的社会属性有更理性的认识,理解个人与社会相互依存的关系,培养社会责任感,养成亲社会行为,积极投身社会实践,实现人生价值。

(二)教材内容分析

1.本框地位

"我与社会"是《道德与法治》八年级上册第一单元第一课第一框内容,衔接小学五年级上册"自主选择课余生活"的相关内容。本框内容作为教材及单元的起始,对整个教材内容展开具有统领全局作用,是培育学生健全人格、法治观念、责任意识的重要起点,奠定对社会责任的初步认知和情感基础。

2.本框内容

本框由"感受社会生活"和"我们都是社会的一员"两目组成,引导学生在体验社会生活丰富多彩的同时,认识到随着身体发育、智力提高、能力增强,我们对社会生活的感受也越来越丰富、认识越来越深刻,进而认识"我"与社会的关系,理解"我"是社会的一分子,在社会交往中建立各种社会关系,获得不同的社会身份,扮演不同的社会角色,承担相应的社会责任。

3.本框目标

学生通过参与分享(暑假关注的社会热点事件)、小组制作并展示(暑假生活展示)、探究(暑假的正确打开方式)、研讨("一宅到底"的生活)、绘制(个人社会关系图)、分析(小乐的日记)、调查(小区满意度)等活动,深入理解参与社会生活的重要意义,明晰个人与社会的关系;由彼及己,应用迁移,通过评议人物日记、进行采访调查等议学活动,在进一步发展信息获取与加工、语言组织与表达等关键能力的同时,建立起正确的价值观念,积极融入社会,在社会课堂不断学习成长,培养适应社会所需的道德修养,强化责任意识,涵养健全人格。

4.本框重难点

教学重点:感受社会生活的丰富多彩,树立积极的生活态度。

教学难点:理解个人与社会的关系;懂得人的身份是在社会关系中确定的。

(三)教学背景分析

国家议题:党和国家高度重视基础教育和青少年健康成长。

社会课题:当下,由于青少年大多是独生子女,备受宠爱,许多家庭在培养孩子承担相应社会责任方面要求不高,导致许多青少年在社会化方面有所欠缺,对参与社会实践、培养亲社会行为有畏难情绪,甚至以自我为中心,缺乏利他性和奉献精神。

成长命题(学情分析):八年级学生大部分已经形成对社会的正向认识,愿意参与社会生活,能够遵守社会公序良俗,表现出良好的亲社会性行为。部分学生存在社会参与畏难情绪,有参与愿望,但受交往能力限制和青春期闭锁心理影响,表现出内心彷徨、举棋不定、缺少人生目标、孤芳自赏等各种问题。从八年级学生的生活经验和思维发展看,他们已经具备参与社会生活的基本经验,能初步认识自身发展与参与社会生活之间的关系。他们不仅需要来自家庭、同伴、老师的认可,还需要获得社会性的存在感。因此,本课学习尤为必要,帮助学生认识和理解我与社会的关系,进而知道如何在社会中成长。

二、设计思路

(一)教学路线

议题线:围绕总议题"如何成长为合格的社会成员",设计议题线:初感知·参与社会生活有何意义;再探究·如何理解个人与社会的关系;深体验·如何主动参与社会生活。

情境线:暑假生活热点回顾;"打开暑假的100种方式";"宅男宅女"的暑假打开方式;八年级学生小乐的日记片段,关于小区的满意度调查。

活动线:分享暑假关注的社会热点事件及关注途径;小组合作完成暑假生

活展示,归纳小组展示的社会生活关键词,探究哪种社会生活方式是"暑假的正确打开方式";小组研讨"宅男宅女"足不出户是否能脱离了社会而存在,绘制个人的社会关系图并将其归类;分析三则日记中小乐的身份及确定身份的社会关系、小乐事例的启示,对小区进行满意度调查并形成采访记录。

知识线:关心和走近社会的方式;参与社会生活的意义;个人与社会的关系;"我与社会"综合知识。

（二）教学结构

总议题	环节·议题线	情境线	活动线	任务线	知识线	核心素养
如何成长为合格的社会成员	导入	暑假生活热点回顾	分享、表达	衔接	关心和走近社会的方式	道德修养 健全人格 责任意识
	初感知·参与社会生活有何意义	"打开暑假生活的100种方式"	研讨、展示	理解	参与社会生活的意义	
	再探究·如何理解个人与社会的关系	"宅男宅女"的暑假打开方式	探究、绘图	理解	个人与社会的关系	
	深体验·如何主动参与社会生活	八年级学生小乐的日记片段,关于小区的满意度调查	思考、调查	应用、迁移	本框综合知识	

三、过程设计

[新课导入]在刚刚过去的暑假生活中,你关注了哪些社会热点事件? 说说你是通过什么方式了解和关注到这些热点新闻的。

[设计意图]引导学生建立观察和体验社会生活的视角,将目光聚焦于身边的社会生活,链接社会热点事件,主动关心社会,发现和感悟自己了解和关注社会新闻的过程就是体验和参与社会生活的过程,自然引入课题,为后面教学做好铺垫。

环节一:初感知·参与社会生活有何意义?

[必备知识]参与社会生活的意义。

[议学情境1]视频:暑假的多样打开方式。

[议学任务1](1)(课前任务)小组合作完成"打开暑假的100种方式",展示假期生活,展示形式不限,可采用VLOG分享、PPT汇报等方式。

(2)(课中任务)由两位小组代表上台展示小组假期生活,总结印象最深刻和最有意义的事情,分享收获和感悟。

[设计意图]创设挑战情境,点燃学生兴趣,以学生真实社会生活为基础,充分挖掘生本资源。一方面,唤醒学生社会生活经验,使学生直观感受社会生活的绚丽多彩;另一方面,学生对照他人的社会生活方式进行回顾反思,将暑假生活与个人成长感悟结合起来,在做中学,在学中思。

[议学任务2]探究思考:

(1)请分别用一个关键词形容这些小组的假期生活。

(2)你认为刚才小组展示中哪种社会生活方式是"暑假的正确打开方式"?为什么?

[设计意图]充分利用学生暑假经历,设置思辨性问题进行探究思考,由感性认识上升到理性分析,在思考和表达中重构价值,体会主动认识和参与社会生活的过程也是我们走向成熟的过程,自觉选择正确的社会生活方式,积极参与社会生活,关心国家发展。

[教学引领](1)课前任务安排可以作为暑假作业的一项落实,也可以作为日常课前作业提前布置。课中展示要控制时间,避免用时过多。(2)学生对社会生活的参与方式和体验不一定都是正面的,在该环节分享回答中,学生有可能会出现负面性回答,如对假期作业及父母兴趣培养的安排有怨言,或提倡"躺平""宅家",教师可提前预设并及时给予适当的正面引导。

[知识小结]

(1)社会生活的特点:绚丽多彩。

(2)参与社会生活有何意义?

①人的生存和发展离不开社会,投身社会过程是我们走向成熟的过程。

②我们对社会生活感受越来越丰富、认识越来越深刻。

③我们会更加关注社区治理,并献计献策。

④我们会更加关心国家发展,或为之自豪,或为之分忧。

环节二:再探究·如何理解个人与社会的关系?

[必备知识]个人与社会的关系。

[议学情境1]图片《一宅到底的生活》。

"宅男宅女"的暑假打开方式:每天睡到自然醒,穿着睡衣拿手机打游戏、看电影,能叫外卖就绝不下厨,能网购就绝不出门,能线上联络就绝不见面,只享受自己独处的时间……

[议学任务1]合作探究:你身边有这样的"宅男宅女"吗? 他们足不出户,是否已经脱离了社会而存在?

[设计意图]延续上一环节"暑假打开方式"议学情境,学生通过合作探究进一步分析"一宅到底"社会生活方式是否脱离社会,引导学生在举例论证中明晰个人与社会的辩证关系,懂得个人的生存和发展离不开社会,是社会的有机组成部分,进而感悟要主动融入社会。

[议学任务2]思考绘图:(1)"我"是谁? 宅在家里的"我"可以怎样确定自己的身份? 请绘制"我"的社会关系网络图。(2)请将自己的社会关系归为三类。

[设计意图]本活动设置让学生在绘制自己的社会关系网络图中梳理自己的社会关系,更为深刻、更为直观地理解个人是社会这张大网上的一个"结点",理解他人的存在对"我"的意义和价值,基于"宅家"的情境进一步探究思考,理解"我"是社会的有机组成部分,在各种社会关系中确定社会身份,扮演不同社会角色,承担相应社会责任。

[知识小结]

(1)个人与社会的关系

①个人是社会的一员,个人是社会的有机组成部分。

②人的身份是在社会关系中确定的。在不同的社会关系中,我们具有不同的身份。

(2)几种主要的社会关系

①血缘关系;②地缘关系;③业缘关系。

环节三:深体验·如何主动参与社会生活?

[必备知识]本课综合知识。

[拓展情境1]下列是八年级学生小乐的日记片段——

日记一　7月6日

　　我今天带领表弟表妹去参观博物馆,虽然没有大人的陪同,但我依然把他们照顾得很好,给他们讲了一些关于古代文物的小故事,他们都听得津津有味。我感到很有成就感。

日记二　7月25日

　　我今天应同学们的邀请,一起去乡下劳动,帮助生活不便的老人在菜园里除草、采摘蔬菜,虽然很累,但看到丰硕的劳动果实,感到很快乐。

日记三　8月3日

　　我今天在小区里看到关于小区绿化的建议通知会,作为小区的一员,我也在会上发表了关于小区绿化的建议,看到叔叔阿姨们赞赏的眼神,我感觉到了自己的责任。

　　[拓展任务1](1)在三则日记中,小乐分别是什么身份? 这三种身份分别是通过哪种社会关系确定的?

　　(2)通过小乐的事例,你可以得到哪些启示?

　　[答案提示](1)日记一:哥哥,血缘关系。日记二:同学,业缘关系。日记三:小区一员,地缘关系。

　　(2)①个人是社会的有机组成部分。人的身份是在社会关系中确定的。在不同的社会关系中,我们具有不同的身份。②我们要像小乐一样积极参与社会生活,感受社会生活的绚丽多彩,关心他人,关注社区治理,并献计献策。

　　[设计意图]该拓展任务要求学生运用本课所学知识,分析"八年级学生小乐的日记",既考查学生知识迁移能力,完成"知识输入—知识输出—知识迁移"课堂闭环,又引导学生厘清认识误区,锻炼批判性思维,同时让学生以小乐的社会生活为参照,培养道德修养,强化责任意识,涵养健全人格。

　　[拓展情境2]关于小区的满意度调查

　　社会是个人成长的课堂,人的成长离不开社会,我们要积极融入社会,参与社会实践,在社会实践中不断学习和成长。

　　[拓展任务2]采访、了解你所在小区或附近小区里的居民,调查他们对小区感到满意和有待改进的地方,形成采访记录并提出针对性建议,反馈给小区物业。

　　要求:(1)采访人数至少10人,要涵盖三种群体——儿童:6—14岁;青壮年:15—50岁;中老年:50岁以上。(2)形成采访记录,并针对被访者所提到的问题,给小区提出至少三点可行性建议。

＊＊小区满意度调查表		
被访者的年龄、性别	对小区满意的地方	认为小区有待改进的地方
请在采访后认真思考,针对被访者所提到的关于小区有待改进的问题,给小区提出至少三点可行性建议。		
1. 2. 3. ……		

[设计意图]该拓展任务把学生学习的课堂延伸到更广阔的生活领域,积极贯彻落实"双减"政策,引导学生立足生活,关注他人和社会,关心社会发展,以实际行动投身社会,在社会实践中学习,增强社会责任感,发挥创造潜能,全面提高学科核心素养,促进德智体美劳全面发展。从形式上看,本拓展任务属于实践任务,与前述书面作答任务相配合,可以丰富学习评价方式,实现知情意行的统一。

[板书设计]

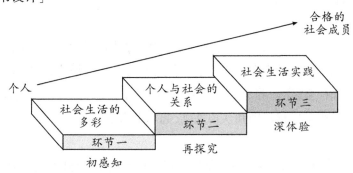

[设计意图]板书以向上的阶梯呈现,不同的阶梯对应课堂各环节,拾阶而上。它不只是课堂主线的依次展开,还明确成为合格社会成员的路径,有明确的价值导向和行为指向,寓意感受、理解和参与社会生活是中学生成长为负责任公民的必经之路。这一板书设计融合形象思维和抽象思维,成为串联和展示教学环节的重要载体,条理清晰,重点突出,形象直观,帮助学生巩固知识、加深印象。

"在社会中成长"议题式教学设计

罗乔乔　刘利玲

议题:如何在社会中获得成长?

一、设计依据

(一)课程标准分析

本框内容对应《义务教育道德与法治课程标准(2022年版)》"生命安全与健康教育"主题中的"理解不同的社会角色,形成亲社会行为""遵守基本的社交礼仪,恪守诚信,理性维护公德,维护公共秩序,做文明的社会成员"。小学五年级上册"自主选择课余生活"要求学生初步了解和感受社会,主动参与力所能及的社会公益活动,热爱生活,乐于奉献;而初中学生要在感性基础上对人的社会属性有更理性的认识,理解个人与社会相互依存的关系,增强社会责任感,养成亲社会行为,积极投身社会实践,实现人生价值。

(二)教材内容分析

1.本框地位

"在社会中成长"是《道德与法治》八年级上册第一单元第一课第二课框内容,是对上一框"我与社会"中个人与社会关系的进一步深化,引导学生理解个人成长离不开社会,主动养成亲社会行为,过健康生活,做负责任公民,为第二课的知识学习奠定情感基础和认识基础,起承上启下的作用。

2.本框内容

本框由"在社会课堂中成长"和"养成亲社会行为"两目组成。第一目旨在引导学生结合个人经验探究社会对个人成长的支持和帮助,认识人的成长是不断社会化的过程。第二目围绕青少年养成亲社会行为的必要性及如何养成展开,启发学生通过对社会实践活动的思考、对自身行为的反思,正确认识亲社会行为,在生活中主动养成亲社会行为,实现个人与社会的良性互动。

3.本框目标

本节课精心创设"桂海潮的社会成长历程"议学情境,学生通过对桂海潮的追光历程进行争议(感谢对象是谁及原因),理解社会化的含义,感悟个人的成长离不开社会,理解在青少年时期养成亲社会行为的必要性和重要性,阐明培养亲社会行为的具体途径;在进一步发展信息获取与加工、语言组织与表达等关键能力的同时,树立积极的生活态度,在社会交往和实践中锻炼自己,积极融入社会、投身社会,培养道德修养、健全人格和责任意识学科核心素养。

4.本框重难点

教学重点:知道亲社会行为的表现及怎样养成亲社会行为。

教学难点:理解社会化的内涵及社会对我们个人成长的重要意义。

(三)教学背景分析

国家议题:党和国家高度重视基础教育和青少年健康成长。

社会课题:当下,由于青少年大多是独生子女,备受宠爱,许多家庭对培养孩子承担相应社会责任缺乏严格要求甚至忽视之,导致许多青少年社会化存在缺陷,对参与社会实践、培养亲社会行为有畏难情绪,甚至以自我为中心,缺少利他性和奉献精神。

成长命题(学情分析):八年级学生大部分已经形成对社会的正向认识,愿意参与社会生活,能够遵守社会公序良俗,乐于服务和奉献社会,其行为表现出良好的亲社会性。部分学生存在社会参与的畏难情绪,有参与愿望,但受交往能力限制和青春期闭锁心理影响,亲社会行为有待加强。从八年级学生的生活经验和思维发展看,他们已经具备参与社会生活的基本经验,能初步认识自身发展与参与社会生活之间的关系。他们不仅需要来自家庭、同伴、老师的认可,还需要获得社会性的存在感。因此,本课学习尤为必要,引导学生在认识个人与社会关系的基础上,理解人是社会存在物,认识亲社会行为可以帮助自己更好地融入社会,促进个人发展,从而积极承担社会责任,在服务社会的同时实现自身人生价值。

二、设计思路

(一)教学路线

议题线:围绕总议题"如何在社会中获得成长",设计议题线:看见光·为什么个人的成长离不开社会;追寻光·为什么要培养亲社会行为;成为光·如何培养亲社会行为。

情境线:桂海潮掀起"志愿热";桂海潮的"追光"历程;桂海潮从"志愿蓝"到"太空蓝"的成长;桂海潮在社会成长中成就非凡人生。

活动线:思考桂海潮成功"追光"与志愿行为的关联;交流桂海潮能成功"追光"的社会原因并选择一个对象撰写感谢信;探究"志愿蓝"的亲社会行为及这种行为的表现,分析"志愿蓝"的行为对"太空蓝"成功的意义;学习桂海潮故事,探讨桂海潮能成就非凡人生的重要特质及启示。

知识线:在社会中成长;社会化的定义、个人的成长与社会的关系;青少年培养亲社会行为的重要性;青少年培养亲社会行为的途径。

（二）教学结构

总议题	环节·议题线	情境线	活动线	任务线	知识线	核心素养
如何在社会中获得成长	导入	桂海潮掀起"志愿热"	互动、思考	衔接	在社会中成长观念	道德修养 健全人格 责任意识
	看见光·为什么个人的成长离不开社会	桂海潮的"追光"历程	交流、写信	理解	社会化的定义;个人的成长与社会的关系	
	追寻光·为什么要培养亲社会行为	桂海潮从"志愿蓝"到"太空蓝"的成长	探究、分析	理解	青少年培养亲社会行为的重要性	
	成为光·如何培养亲社会行为	桂海潮在社会成长中成就非凡人生	学习、研讨	应用、迁移	青少年培养亲社会行为的途径	

三、过程设计

[新课导入]图片展示桂海潮的身份标签:中国首位科学家航天员;戴眼镜"上天"第一人;85后博士生导师。

同学们知道他是谁吗? 神舟十六号载人飞船发射成功,意外掀起了一波"志愿热",这都是因为一个赶赴星辰的追光人——乘组航天员桂海潮。为什么一个航天员能引发"志愿热"? 他的成功"追光"与志愿行为有何关联? 今天,就让我们从桂海潮的故事讲起,一起探讨我们如何在社会中成长。

[设计意图]通过桂海潮的不同身份标签,激发学生兴趣,承接上一框题知识——人具有不同的社会身份,让学生快速投入本节课议学情境,同时设置悬念,引发学生思考桂海潮成功"追光"的社会原因,初步树立"在社会中成长"观念。

环节一:看见光·为什么个人的成长离不开社会?

[必备知识]社会化的定义;个人的成长与社会的关系。

[议学情境]视频:赶赴星辰的"追光"人。

桂海潮出生于云南施甸县姚关镇一个小山村,从姚关镇沿公路走20公里才能到县城。在自律和坚持下,放羊牧星的桂海潮就这样走出大山。在父母的支持和良师的引导下,桂海潮20年初心不改,坚持追求航天梦,先后考入清华大学和哈尔滨工业大学深造,并获得博士学位。2018年,他如愿参加了航天员选拔,经过极其严格的测试和训练,从2500人中脱颖而出,最终成为神舟十六乘组航天员。曾经在重重大山之中仰望星空的少年,现在终于上天去摘自己的星星了。努力"追光"的他,现在也成为无数人眼中的"光"。

[议学任务]同伴交流:桂海潮能成功"追光",除了自身努力,他的成长还离不开哪些人的培养和帮助?请选择一个对象,帮正准备接受新闻采访的桂海潮写一封感谢信。(说明感谢的对象和原因)

感谢助力我成长的人
在这里,我要感谢我的_____
因为_____

[设计意图]本活动通过视频,让学生深入了解桂海潮的成长故事,沉浸式体验议学情境,并设置趣味性任务引发学生思考桂海潮成功追光背后的社会原因,感受人的成长就是不断社会化的过程,在分析探究过程中理解人的生存和发展离不开社会,每个人都从社会中获得物质支持和精神滋养,进而认可社会对个人成长的作用。

[答案提示]这里,我要感谢我的父母,因为他们为我提供了基本的生活保障,给予我追求梦想的支持和动力,教育我要成为对社会和国家有用的人;在这里,我要感谢我的老师,因为他们的教诲和教导,引导我勇敢追梦,让我收获前人的智慧和经验,让我在实践中不断前行……

[知识小结]

(1)什么是人的社会化过程?

人的成长是不断社会化的过程。通过父母的抚育、同伴的帮助、老师的教诲和社会的关爱,我们的知识不断丰富,能力不断提高,规则意识不断增强,价值观日渐养成,我们逐步成长为一名合格的社会成员。

（2）个人的成长与社会有何关系？

（1）人的成长是不断社会化的过程。

（2）我们的衣食住行、学习和娱乐都与社会的方方面面发生着千丝万缕的联系。

（3）人的生存和发展离不开社会，每个人都从社会中获得物质支持和精神滋养。

环节二：追寻光·为什么要培养亲社会行为？

[必备知识]青少年培养亲社会行为的重要性。

[议学情境]图片：从"志愿蓝"到"太空蓝"——"2008年：桂海潮担任北京奥运会志愿者""2023年：桂海潮成为我国首位进入太空的载荷专家"。

2008年北京奥运会，正在北京航空航天大学读书的桂海潮穿上"志愿蓝"而成为城市志愿者一员，热情地为中外游客提供指路问询、语言翻译、城市宣传、助残等服务。他在实践锻炼中形成了良好的身体素质，这也为后面参与训练提供了基础。在增强体质的同时，磨炼自己意志品质……如今，桂海潮刻苦训练，为祖国的载人航天事业贡献自己的青春和力量。

[议学任务]探究分析：（1）"志愿蓝"的行为是一种什么行为？这种行为在生活中还可以有哪些表现？（2）"志愿蓝"的行为对后面"太空蓝"的成功有着怎样的意义？

[设计意图]本活动从桂海潮的成长历程展开，引导学生通过对其志愿行为的定位和分析，认识个人与社会之间的良性互动，深化对个人成长与社会的关系的理解，以问题形式提供思维路径，让学生在探究"志愿蓝"亲社会行为中感悟亲社会行为对个人成长的重要意义，自觉养成亲社会行为。

[知识小结]

（1）亲社会行为的表现是什么？

谦让、分享、帮助他人、关心社会发展等。

（2）青少年培养亲社会行为的重要性有哪些？

①青少年处于走向社会的关键时期，应该养成亲社会行为。

②谦让、分享、帮助他人、关心社会发展等亲社会行为，有利于我们养成良好的行为习惯，塑造健全人格，形成正确价值观念，获得他人和社会的接纳与认可。

③我们只有主动关心社会、积极融入社会、倾力奉献社会，才能实现自己的

人生价值。

环节三:成为光·如何培养亲社会行为?

[必备知识]青少年培养亲社会行为的途径。

[议学情境]在社会中成长,成就非凡人生。

视频《梦想成真! 桂海潮把科研工作搬到太空了》(《人民日报》)。

桂海潮从小就喜欢亲近自然,去山上放牛放羊,躺在山坡上看星星。上了中学以后的他不再疯玩,为了航天梦用功读书,但他并不是两耳不闻窗外事,而是在深耕科研之余积极参与社会服务,强健体魄,磨炼意志。乐观开朗是大家对他的普遍印象。一方面,他的真诚和开朗极富感染力,能很快和大家打成一片;另一方面,他非常愿意为他人服务,富有集体精神。同学们说他任劳任怨,不怕麻烦,春游时帮大家洗水果,打扫卫生冲在最前面,组织实验室研究生的体育活动也是井井有条……从"志愿蓝"到"太空蓝",桂海潮始终心怀祖国,以实际行动回报国家和社会,如父母所期望成为一个对社会有用的人,也成为无数青少年心中的榜样。

[议学任务]小组研讨:结合桂海潮的成长历程,思考他能成就非凡人生的一个重要特质是什么? 这启示我们可以通过哪些途径拥抱社会生活、获得成长?

[设计意图]通过充分挖掘桂海潮在社会中成长的故事,引发学生共鸣与思考,领悟在社会课堂中成长的重要性,并以桂海潮为学习榜样,寓价值引领于问题探究之中,指导学生实际生活,让学生在认识、体验与践行中深刻理解人际交往和社会实践是养成亲社会行为的重要途径,增强社会责任感,自觉担负起作为新时代公民的使命,从而将知识内化于心、外化于行,培育责任意识、健全人格等学科核心素养。

[知识小结]青少年培养亲社会行为的途径有哪些?

①树立积极的生活态度,在人际交往和社会实践中养成亲社会行为。

②主动了解社会,关注社会发展变化,积极投身社会实践。

③遵守社会规则和习俗,热心帮助他人,积极参与社会公益活动,奉献社会。

[课堂总结]个人的成长离不开社会,而良好的社会环境也离不开每一个社会成员的呵护。正如习近平总书记所说,青少年处在价值观形成和确立的时期,要扣好人生第一粒扣子。主动投身社会的过程,也是我们走向成熟、树立正

确价值观的过程,让我们以桂海潮为榜样,看见光、追寻光、成为光,主动养成亲社会行为,与社会共成长!

[设计意图]通过习近平总书记的金句学习,深化对本节课知识的理解。以具有感染力和总结性的语言升华主题,同时呼应课堂教学环节,达到情感共鸣,结束本课学习。

[板书设计]

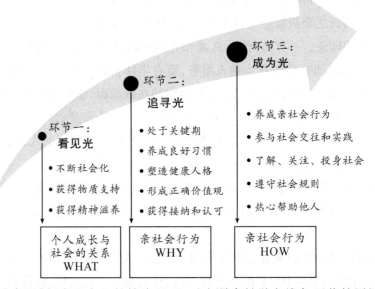

环节三:
成为光
• 养成亲社会行为
• 参与社会交往和实践
• 了解、关注、投身社会
• 遵守社会规则
• 热心帮助他人

环节二:
追寻光
• 处于关键期
• 养成良好习惯
• 塑造健康人格
• 形成正确价值观
• 获得接纳和认可

环节一:
看见光
• 不断社会化
• 获得物质支持
• 获得精神滋养

| 个人成长与社会的关系 WHAT | 亲社会行为 WHY | 亲社会行为 HOW |

[设计意图]板书以向上的箭头呈现,对应课堂教学主线各环节的层层递进和依次展开,线条简洁,知识梳理清晰明了,重点突出,形象直观,帮助学生更好地理解和掌握本节课的核心知识与设计理念。

"网络改变世界"议题式教学设计

罗乔乔　　刘利玲

议题:网络为何是把"双刃剑"?

一、设计依据

(一)课程标准分析

本框内容对应《义务教育道德与法治课程标准(2022年版)》"生命安全与健康教育"主题中的"遵守基本的社交礼仪,恪守诚信,理性维护社会公德,维护社会秩序,做文明的社会成员",对应"法治教育"主题中的"辨别媒体中的不良信息,了解网络环境中如何保护未成年人隐私等合法权益"。

小学学段要求学生具有一定的基础认识和媒介素养(四年级上册第四课"网络新世界"),初步体会网络的丰富多彩和有效利用,正确认识网络游戏,了解网络游戏的利弊,掌握避免沉溺网络游戏的方法。初中学段则要求学生具有一定的法治意识和社会责任感(八年级上册第二课"网络生活新空间"),其中本框学习旨在培养对互联网的正确态度,积极看待互联网,崇尚科学技术,懂得网络是把"双刃剑",辩证分析互联网的作用。

本框内容所依据的《青少年法治教育大纲》对应内容是"青少年法治教育""青少年法治教育内容"。具体内容是"初步了解治安、公共卫生等公共事务的法律原则,初步形成依法参与社会公共事务的意识"。

(二)教材内容分析

1.本框地位

"网络改变世界"是《道德与法治》八年级上册第一单元第二课第一框内容,既衔接小学阶段四年级上册第四课"网络新世界"相关内容,又是对本单元第一课"丰富的社会生活"学习的延伸。引导生活在互联网时代的学生深刻了解网络、学会正确看待互联网尤为必要,对学生初中阶段乃至以后的健康成长都具有重要的指导作用。同时,为下一框题"合理利用网络"学习做好铺垫,在整个教材中起承上启下的作用。

2.本框内容

本框由三目组成。从逻辑关系看,第二目是第一目生活经验的理性提升;从内容看,第二目和第一目都是在阐述网络的积极影响,第三目则是阐述网络的消极影响。第一目"网络丰富日常生活"和第二目"网络推动社会进步"引导学生从个人生活与社会生活两个角度感受互联网的积极作用,进而深入了解"网络如何改变世界"问题,崇尚科学技术;第三目"网络是把双刃剑"启发学生理性看待互联网,了解网络存在的消极影响,认识网络是把双刃剑。

3.本框目标

本节课精心创设"北京之旅"议学情境,学生通过制作和分享"北京旅游攻略",针对旅游中的"小发现"和"小插曲"进行商议(小组研讨)、对旅行后的手机消息进行评议(朋友圈的"不理智"分享),并展开争议(辨析网络与学习之间的关系)、建议(合理使用网络)等议学活动,进一步培养辩证思维与批判性思维,树立科学精神,在发展辩证分析、语言组织与表达等关键能力的同时,在体验性学习中感悟网络的积极影响和消极影响,阐明网络是把双刃剑,形成对网络生活的正确态度,积极看待并合理利用互联网,遵守网络规则,增强法治观念,涵养健全人格。

4.本框重难点

教学重点:阐释网络如何推动社会进步。

教学难点:阐明网络是把"双刃剑",网络有利有弊。

(三)教学背景分析

国家议题:党和国家高度重视网络素养教育和青少年健康成长。

社会课题:在社会信息化的今天,中学生已然是互联网时代的"原住民"。截至2022年底,我国未成年网民规模已达1.93亿。但是,由于中学生身心发展不成熟,网络素养有待提高,如何防止青少年沉迷网络、防止网络诈骗、严格规范网络游戏诱导未成年人进行充值打赏等一直是社会关注的热点问题。同时,国家新闻出版署下发《关于进一步严格管理切实防止未成年人沉迷网络游戏的通知》,自2024年1月1日施行《未成年人网络保护条例》,为促进中学生网络素养创造了更多可能。通过营造有利于未成年人身心健康的网络环境,切实保护未成年人健康成长。

成长命题(学情分析):互联网时代成长起来的青少年,与网络具有天然的亲近感,和互联网已是"零距离"接触。他们对网络的认识有一定基础。一方面,囿于青少年学生对互联网的浅层运用,他们对互联网技术给人类社会在经济、政治、文化和科技创新方面带来的影响理解不足;另一方面,受网络文化的影响,部分学生不能正确处理现实生活与网络生活的关系,陷入网络不能自拔,个别学生易受不良信息诱惑,违反网络道德,甚至违法犯罪。因此,引导学生正确认识互联网,认识网络是把"双刃剑",学会合理利用网络,显得尤为关键。

二、设计思路

(一)教学路线

议题线:围绕总议题"网络为何是把'双刃剑'",设计议题线:品变化·网络如何丰富日常生活;探影响·网络如何推动社会进步;明双刃·如何辩证看待网络。

情境线:旅游必备的物品;北京旅游准备;旅游中的"发现"与"插曲";旅行结束的手机消息。

活动线:分享旅游必备的物品选择及简要原因;制作北京旅行攻略,分享实用的 App 及其功能;讨论分析旅游中的"小发现"反映了什么、说明网络对社会生活有何积极影响、如何解决旅游中的"小插曲",小组研讨对网友评论的理解;评析这样的朋友圈分享是否妥当、妈妈的担心是否必要并说明理由。

知识线:当前社会信息化现状;网络丰富日常生活;网络推动社会进步;网络存在的消极影响。

(二)教学结构

总议题	环节·议题线	情境线	活动线	任务线	知识线	核心素养
网络为何是把"双刃剑"	导入	北京旅游物品准备	思考、表达	衔接	当前社会信息化现状	法治观念 责任意识 健全人格
	品变化·网络如何丰富日常生活	北京旅游攻略制作	制作、分享	理解	网络丰富日常生活	
	探影响·网络如何推动社会进步	旅游中的"发现"与"插曲"	研讨、对话	理解	网络推动社会进步	
	明双刃·如何辩证看待网络	旅行结束的手机消息	思辨、评析	应用、迁移	网络存在的消极影响	

三、过程设计

[课堂导入]今天,让我们来一场说走就走的旅行,一起去居于旅游城市榜首的北京,感受它的历史文化和现代魅力。旅行开始前,我们需要带上哪些必备物品呢?请你在展示图片中任意选择两样并说明理由。

[教学情境]图片1展示:中国热门旅游城市榜单;图片2展示:手机、移动电源、双肩包、遮阳帽、墨镜、U型枕、银行卡、现金……

[设计意图]一方面,创设"到北京旅游"议学情境,拉近学生与课堂的距离,激发学生参与兴趣,集中学生注意力;另一方面,让学生身临其境,启发学生发现网络对自己生活的巨大作用,自然引入本课议题,为下一步开展教学做好铺垫。

环节一:品变化·网络如何丰富日常生活?

[必备知识]网络丰富日常生活。

[议学情境]图片:北京许多著名景点、美食和住宿等。

[议学任务]制作分享:(1)请你制作一份适合自己的北京旅游攻略(主题在衣食住行中任选其一),并分享在制作攻略过程中使用了哪些网络App。

(2)你在生活中还会使用哪些"宝藏App",请简要介绍其功能。

[设计意图]以课前任务布置(制作旅游攻略)打造翻转课堂,提高课堂效能,充分调动学生积极性,学生在真实生活中进行体验性学习。通过分享活动和反思感悟,让学生在切身经历中感受网络对日常生活带来的积极影响。

[教师引领]

(1)此环节教学可利用问卷星、学生平板等线上收集学生的课前作业,在学生分享时对应展示,教师以此为例谈网络对课堂效率的提升,让学生更直观地感受网络对生活的积极作用。

(2)在总结时,教师可引导学生思考"假如离开了网络,我们的生活会变成怎样",让学生在对比中反思感悟,深化对网络丰富生活的认同。

[知识小结]网络存在的积极影响——网络丰富日常生活:

①网络让我们日常生活的信息传递和交流变得方便迅捷。

②网络打破了时空限制,促进了人际交往。

③网络让我们的生活变得便利和丰富多彩。

环节二:探影响·网络如何推动社会进步?

[必备知识]网络推动社会进步。

[议学情境1]"旅游中的小发现"——

发现一:(视频)北京路商圈地标产品集聚,还有各种直播带货活动,以"线上展销+直播带货"的展销形式引发消费热潮,人气火爆。

发现二:(视频)在北京博物馆和圆明园等热门景点,许多国内外游客现场拍摄VOLG进行网络分享,为此还带上各种装备——手机、手持云台、无人机、即拍即传多功能相机。

[议学任务1]小组讨论:这些旅游中的"小发现"反映了什么? 说明网络对社会生活有何积极影响?

[设计意图]学生对互联网的认识往往局限在自身生活感受上,此处以北京旅行中的所见所闻为议学情境,学生通过小组讨论分析社会生活现象背后的原因,探究网络对社会经济发展、文化传播和科技创新的促进作用。

[议学情境2]"旅游中的小插曲"——

图片:热门景点人满为患,超出限制;景点饭店"天价菜";旅行社欺诈……

视频:2023年4月,贵州省文化和旅游厅发布推文,让大家以游客的身份,通过公众号或小程序提出贵州旅游服务的痛点及解决方案,得到许多网友的反馈和回应,推进贵州旅游业提质增效。

网友评论:网络促使旅游服务与游客体验双向奔赴。

[议学任务2](1)你是否遇到过以上的"旅行插曲"? 你是如何解决的?

(2)小组讨论:结合材料和生活经验,谈谈你对网友评论的理解。

[设计意图]通过聚焦真实生活中的问题,引发学生共鸣与讨论,引导学生感悟网络促进民主政治的进步,并在探究中提高思考分析和合作互助能力,在不同观点和思维的相互碰撞中延伸思想触角,从宏观角度思考网络对社会进步的推动作用,培育科学精神。

[教师引领]此环节教师可以两个教学情境与学习任务同步呈现,作为任务组进行小组分配并聚焦讨论,提高课堂效率。

[知识小结]网络存在的积极影响——网络推动社会进步:

①网络为经济发展注入新的活力。

②网络促进民主政治的进步。

③网络为文化传播和科技创新搭建新平台。

环节三:明双刃·如何辩证看待网络?

[必备知识]网络存在的消极影响。

[议学情境]图片:旅行结束的手机消息——

朋友圈一:终于结束一周的特种兵旅行啦! 已经收拾好物品,明天飞回家。

(附完整的飞机航班购票截图,上面有购票人的所有出行信息)

朋友圈二:转发链接——科普I绝大多数人不知道的冷知识:1.肉松面包上的肉松是棉花做的;2.吃小龙虾身体会长虫;3.家里有小孩的注意了,柿子和酸奶不能同时吃,有一个小女孩吃完柿子又喝酸奶,结果不到半个小时就中毒了;

4.国际通用报警求助手势——同时竖起食指、中指、小指……

朋友圈三:转发信息——今天是微信成立 10 周年,只要填写相关信息进行登记,并把此信息分享到朋友圈或三个微信群,你的账户会加 50 元,我们刚通过,是真的。反正不花钱,试试吧!

微信消息——妈妈:你玩够了该收心学习了。下周就要开学了,回到家记得自觉上交手机,电脑我已经锁了,明天开始正式"封网"。

[议学任务]思辨评价:(1)你身边有人这样"晒朋友圈"吗?请运用知识经验对此进行评析。(2)"妈妈"的担心是否必要?请说明理由。

[设计意图]通过展示网络生活中常见的"不理智"分享,引导学生对其进行判断分析,同时让学生换位思考,站在妈妈角度理解"妈妈的担忧",启发学生辩证看待网络,正确认识网络存在的消极影响,认识到网络是把"双刃剑",要增强自我保护意识,合理使用网络。

[知识小结]网络存在哪些消极影响?

①在网络时代,一些虚假不良信息可能会误导大众,侵犯他人人格尊严,损害他人利益,危害社会稳定,造成恶劣影响。

②沉迷于网络,影响学习、工作和生活。

③网络时代,个人隐私容易被侵犯。

[板书设计]

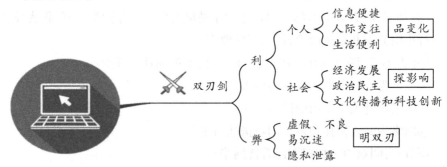

[设计意图]板书以一部电脑形象呈现,连接"双刃剑"知识核心概念,再从利与弊两个角度展开,紧扣主议题,对应教学环节层层递进,从多角度回应议题。这一板书设计融合形象思维和抽象思维,成为串联和展示教学环节的重要载体,在帮助学生串联与巩固所学知识的同时,潜移默化地培养学生科学的思维方式。

"合理利用网络"议题式教学设计

罗乔乔　刘利玲

议题:如何用好网络"双刃剑"?

一、设计依据

（一）课程标准分析

本框内容对应《义务教育道德与法治课程标准（2022年版）》"生命安全与健康教育"主题中的"遵守基本的社交礼仪,恪守诚信,理性维护社会公德,维护社会秩序,做文明的社会成员",对应"法治教育"主题中的"辨别媒体中的不良信息,了解网络环境中如何保护未成年人隐私等合法权益"。

小学学段要求学生具有一定的基础认识和媒介素养（四年级上册第四课"网络新世界"）,初步体会网络的丰富多彩和有效利用,正确认识网络游戏,了解网络游戏的利弊,掌握避免沉溺网络游戏的方法。初中学段则要求学生具有一定的法治意识和社会责任感（八年级上册第二课"网络生活新空间"）,其中本框学习旨在引导学生理性参与网络生活,遵守网络规则,增强合理利用网络能力,提高媒介素养,积极传播网络正能量,做新时代有社会责任感的公民。

本框内容所依据的《青少年法治教育大纲》对应内容是"青少年法治教育""青少年法治教育内容"。具体内容是"初步了解治安、公共卫生等公共事务的法律原则,初步形成依法参与社会公共事务的意识"。

（二）教材内容分析

1.本框地位

"合理利用网络"是《道德与法治》八年级上册第一单元第二课第二框内容。本框题是对上一框题"网络改变世界"的进一步学习探讨,在学生了解网络的利弊、形成对待网络的正确态度的基础上,引导学生趋利避害,掌握合理利用网络的要求和做法,实现从意识到行动的转变与深化,对学生初中阶段乃至以后的健康成长具有积极的指导意义。同时,对下一单元"遵守社会规则"学习有所呼应、有所铺垫。

2.本框内容

本框由两目组成。第一目"理性参与网络生活",核心指向是青少年学生网络行为的底线要求。在第一框辩证认识互联网的基础上,针对初中学生常见的网络使用问题,引导学生正确使用互联网,培养抵制不良诱惑、理性辨析、合理利用媒介等方面的能力,做网络的主人。第二目"传播网络正能量"指向的是网络行为的上位要求,旨在引导学生在理性参与网络生活的同时,积极传播网络正能量,利用互联网为社会发展、公共事务建言献策,传播社会主义核心价值观,强化社会责仕感和主人翁意识。

3.本框目标

学生通过交流分享(手机能否作为礼物送给初中生)、思考("一个网络,两种效果"的根本原因)、争议(辩论"键盘侠"是不是行侠仗义的"侠")、商议(参与网络生活应该注意的问题)、研讨(博主"superB 太"的发声行为具有的积极意义及启示)、建议(东莞的高质量发展)等议学活动,深入探讨合理利用网络的要求和途径,阐释作为新时代公民在享受网络生活时,不仅要坚守"底线",还要善于利用网络传播正能量,不断追求"向上向善",并能由彼及己、应用迁移,进一步发展批判性思维、信息获取与加工能力,培育健全人格、法治观念、责任意识等学科核心素养。

4.本框重难点

教学重点:知道理性参与网络生活的具体要求,提高媒介素养。

教学难点:掌握传播网络正能量的方法和途径,践行社会主义核心价值观。

(三)教学背景分析

国家议题:党和国家高度重视网络素养教育和青少年健康成长。

社会课题:在社会信息化的今天,中学生已然是互联网时代的"原住民"。截至 2022 年底,我国未成年网民规模已达 1.93 亿。作为网络交往的主体,中学生在建构网络文化、营造网络环境等方面有着重大影响作用,但初中生心智尚未成熟,受不良网络信息与文化影响,在网络发表不当言论甚至违法犯罪的行为时有发生,如何防止青少年沉迷网络、提高青少年媒介素养一直是社会关注的热点问题。同时,国家新闻出版署下发《关于进一步严格管理切实防止未成年人沉迷网络游戏的通知》,2024 年 1 月 1 日开始施行《未成年人网络保护条例》,为促进中学生网络素养创造了更多可能。通过营造有利于未成年人身心健康的网络环境,切实保护未成年人健康成长。

成长命题(学情分析):生活在"互联网+"时代的青少年深受网络文化影响,虚拟的网络生活为青少年提供了一个相对宽松的空间,但由于身心发展不成熟、自我保护和判断能力不足,部分初中生不能正确处理现实生活与网络生活的关系,陷入网络不能自拔,个别学生易受冗余信息、不良网络文化影响,违反网络道德,甚至违法犯罪。因此,引导学生合理利用互联网等媒介,提高青少年媒介素养,是教育面对的一个迫在眉睫的时代课题,也是青少年健康成长的必修课与必答题。

二、设计思路

(一)教学路线

议题线:围绕总议题"如何应对网络'双刃剑'",设计议题线:析网络·为何要做网络积极参与者;明网策·如何做网络理性参与者;正网气·如何做网络正能量传播者;担网责·如何合理利用网络助力东莞发展。

情境线:一个手机引发的"风波""一个网络,两种效果";网红打卡徐州烧烤被网暴;打卡徐州烧烤的博主"superB 太"受到徐州回应和央视表扬;2024 年东莞市政府工作报告。

活动线:交流、分享手机能否作为礼物送给初中生,思考"一个网络,两种效果"的根本原因;思考和辨析"键盘侠"是不是行侠仗义的"侠",总结在参与网络生活时应该注意的问题;研讨和分析博主"superB 太"发声行为的积极意义及启示;通过网络为助力东莞高质量发展建言献策。

知识线:网络的利弊;理性参与网络的要求;传播网络正能量的做法;"合理利用网络"综合知识。

(二)教学结构

总议题	环节·议题线	情境线	活动线	任务线	知识线	核心素养
如何应对网络"双刃剑"	导入	《谈事说理》节目现场	交流、分享	衔接	对网络使用的个人见解	法治观念 责任意识 健全人格
	析网络·为何做网络积极参与者	一个手机引发的"风波","一个网络,两种效果"	思考、表达	衔接、理解	网络的利与弊	
	明网策·如何做网络理性参与者	网红打卡徐州烧烤被"网暴"	思考、辩论	理解	理性参与网络的要求	
	正网气·如何做网络正能量传播者	打卡徐州烧烤的博主"superB 太"受到徐州回应和央视表扬	反思、总结	理解	传播网络正能量的做法	
	担网责·如何合理利用网络助力东莞发展	2024 年东莞市政府工作报告	互动、建议	应用、迁移	"合理利用网络"综合知识	

三、过程设计

[课堂导入]各位观众,大家好!欢迎来到《谈事说理》节目现场,近期收到许多家长来电求助,反映孩子的网络使用问题给家庭带来许多烦恼。本期节目将聚焦网络合理利用,与大家探讨网络使用二三事。

[设计意图]以主题节目开场导入,让学生耳目一新,激发学生兴趣,营造轻松课堂氛围。聚焦学生身边热点话题,在自然导入新课中引发学生积极思考怎样做到合理利用网络。

环节一:析网络·为何做网络积极参与者?

[必备知识]网络的利与弊。

[议学情境1]一个手机引发的"风波":小红在13岁生日时,向父母提出要一部手机作为生日礼物,爸爸表示同意,但妈妈怎么也想不通小孩子要手机干嘛,双方争执不下。

[议学任务1]交流分享:这个礼物能不能送?为什么?

[设计意图]创设真实的两难议学情境,让学生快速代入其中,激发学生表达欲,并运用上节课所学知识进行分析,达到温故知新的效果。同时,让学生学会换位思考,结合自身体悟,辩证思考用手机上网的利与弊,学会多角度审视自己的需求,引发寻求解决问题的强烈愿望。

[议学情境2]漫画《一个网络,两种效果》——生1利用互联网获取新知,促进沟通;生2沉迷网络而通宵打游戏,只顾网上交友却疏离现实关系。

[议学任务2]互动思考:"一个网络,两种效果"的根本原因是什么?

[设计意图]运用图片形成对比,促使学生代入其中自我省察,深刻认识要合理使用网络,提高自身媒介素养。

[教师引领]此环节教学,要鼓励学生站在不同立场进行分析,在高效梳理与回顾网络的利与弊时,引导学生抓住重点——手机本无好坏之分,只是一个利用媒质存储和传播信息的物质工具,也就是媒介,发挥什么样的功效,关键在人。要做到合理利用网络,首先要提高自身媒介素养。

环节二:明网策·如何做网络理性参与者?

[必备知识]如何理性参与网络。

[议学情境]视频内容:网红打卡徐州烧烤被网暴。

2023年4月25日,"superB太徐州烧烤"话题登上热搜第一,引发网友热议。近日,千万粉丝网红"superB太"发布打卡徐州烧烤视频,称在游玩中发现出租车司机绕路还反向抹零、个别店铺缺斤少两等问题。此视频发布后引发热议,网友在评论区争论不休。有网友赞赏博主指出问题能促进地方整改进步,是正能量的行为。也有网友称这是该博主为了赚流量,以偏概全,故意抹黑徐州,纷纷对博主进行谩骂。

[议学任务1]思考辩论:结合视频和个人生活经验,谈谈键盘侠是不是行侠仗义的"侠"。

[答案提示]正方:我方认为"键盘侠是侠"。其一,他们是针对社会热点问题进行发声,是为了他人;其二,他们本身的行为展示出社会正义性,激励我们敢于表达;其三,一些社会问题正是由于他们的"键盘"被更多的人所关注、所熟知,才得以解决。

反方:我方认为"键盘侠不是侠"。其一,他们的发声目的很多情况下不是为了正义,而是为了获取关注;其二,为了"关注",他们很多时候散播谣言,喜欢煽动情绪,进行人身攻击,如视频中网暴博主的网友行为;其三,他们用道德约束别人,却放任自己的网络行为。

[设计意图]选取学生关注的社会热点,设置引爆课堂氛围的议学辩题,让学生结合已有生活经验、道德与法律知识,进行思考分析,培养批判性思维能力。在思辨和观点交锋中感悟:合理使用网络正确发声,对社会热点问题表示关切,提出客观合理的评价和建议,可以推动社会进步;如果情绪化、片面化地传播消极舆论或网暴攻击他人,不仅违德,还违法,影响网络风气和网络秩序。

[议学任务2]反思总结:经过刚才的辩论思考,请你总结我们在参与网络生活时应注意的问题。

[设计意图]该环节是对辩题的进一步深入探讨,学生辩后进行反思总结。一方面,促进学生对照自身行为进行自省改正,在质疑批判思维之下进一步深化情感认识;另一方面,让学生更全面、更深入地思考,寻找正确的改善路径,进而高效梳理出如何合理利用网络的具体做法。

[知识小结]如何合理利用网络——理性参与网络生活:

①我们要提高媒介素养,利用互联网获取新知、促进沟通、完善自我。

②网络信息无限,我们的时间和精力有限,要学会"信息节食"。

③我们要学会辨析网络信息,让谣言止于智者,自觉抵制暴力、色情、恐怖等不良信息。

④每个人都应该对自己的网络言论负责,不制造和传播谣言,不泄露他人

隐私,不恶意攻击他人,不宣泄负面情绪,恪守道德,遵守法律,做一名负责的网络参与者。

环节三:正网气·如何做网络正能量传播者?

[必备知识]如何传播网络正能量。

[议学情境]打卡徐州烧烤的网红"superB 太"受到徐州回应和央视表扬。

图片:徐州市交通运输综合行政执法支队作出回应——

2023 年 4 月 24 日 19 时 41 分,网友发帖反映,在徐州乘坐出租车经历拒载、绕路、反向抹零等情况。目前,相关涉嫌违规车辆已被锁定,对其违规营运行为依据《徐州市出租汽车客运条例》等法规规章严肃查处,处理结果第一时间向社会公布。乘客如遇到出租车拒载、绕路、多收费、不提供发票等违规营运行为,请及时拨打 12328 投诉举报电话,徐州市交通运输综合行政执法支队将依法调查处理,维护消费者合法权益。

视频:2023 年 3 月 19 日,"superB 太"受到央视《新闻周刊》点名表扬,称赞其"为消费者和诚信商户发声",被评选为周刊人物。中青报记者采访时问道:你为消费者和诚信商户发声,多次曝光商家套路及缺斤短两问题,"让猫腻儿现形",为此登上央视《新闻周刊》,有什么感受?

"superB 太"称:心情挺激动,也很有成就感。从未想过突然能得到很多人的关注和支持,总想着消费者的钱也不是大风刮来的,看看粉丝们有什么诉求,帮助他们,做我力所能及的事。我觉得自己就是个平凡的人,能得到大家的相信和认可,是我的幸运,我愿意去踏踏实实做更多有意义的事。

[议学任务]研讨分析:博主"superB 太"的发声行为有什么积极意义? 这启示我们该如何合理利用网络?

[设计意图]通过图片和视频资料的补充,延续议学情境,将目光聚焦于合理利用网络以推动社会发展进步的正面例子,既帮助学生构建正确的价值判断,又从正向引导学生关注国家与社会热点,充分利用网络平台为社会发展建言献策,正确发声,表达诉求,在网络生活中践行社会主义核心价值观,传播网络正能量,真正以思想指导行为,培育道德修养、责任意识等学科核心素养。

[知识小结]如何合理利用网络——传播网络正能量:

①充分利用网络平台为社会发展建言献策。

②在网上传播正能量,践行社会主义核心价值观,共同培育积极健康、向上向善的网络文化。

环节四:担网责·如何合理利用网络助力东莞发展?

[必备知识]本节课综合知识。

[拓展情境]图片:一图读懂2024年东莞市政府工作报告;东莞市人民政府《政民互动》栏目。

2024年1月31日,市十七届人大四次会议在市会议大厦开幕。东莞市委副书记、市长吕成蹊向大会作政府工作报告。报告全面回顾2023年工作,提出2024年东莞经济社会发展主要预期目标,推动东莞高质量发展。

[拓展任务]建言献策:针对2024年东莞重点工作安排,自选一个方面进行深入了解(经济、政治、生态等),结合平时所见所闻所思,提出具有建设性的意见和建议,通过网络为助力东莞高质量发展建言献策。

[设计意图]该拓展任务要求学生运用本节课所学知识,结合生活经验观察与思考,关心社会发展,利用网络为东莞高质量发展建言献策,着眼于学生全面发展,真正培养学生运用知识解决实际问题能力,增强学生主人翁意识,使学科核心素养落地。

[板书设计]

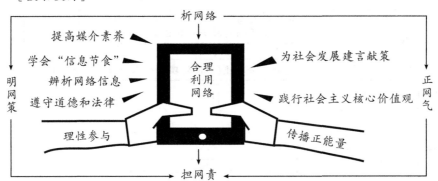

[设计意图]板书以学生熟悉的生活场景的形象重现——双手操控电子设备上网,突出"合理利用网络"主议题。随着课堂环节深入推进,本节课的主干知识也随着教学推进而逐步呈现,稳稳地拿着网络设备的两只手分别代表"理性参与"和"传播正能量",兼顾二者才拿得稳、拿得正,缺一不可。对应"合理利用",促使网络"发光发亮",寓意合理利用网络以推动个人进步、社会发展、国家昌盛。这一板书设计融合形象思维和抽象思维,成为串联和展示教学环节的重要载体,在帮助学生串联与巩固所学知识的同时,凸显正面价值引领。

八年级上册第二单元序言

　　本单元侧重道德修养和责任意识学科核心素养培育,围绕"正确处理个人与社会的关系,学会在社会中成长,树立正确的社会观和国家观"这一全书大概念展开。作为本书第二单元,本教学单元承接上一单元"走进社会生活",深入探讨社会生活有序进行的必要条件——遵守社会规则。尽管学生在成长过程中对社会规则有一定的接触和理解,但在实际行动中,他们对社会规则的深刻含义并未充分领悟,遵守程度亦有所不足。针对这一学情,本单元从社会规则的功能出发,旨在引导学生认识社会规则对个人和社会的重要价值,进而学会遵守社会规则。在阐述道德与法律作为调节人们行为的两种社会规则的同时,提出提升道德修养和增强法治意识,为承担社会责任打下认知基础。

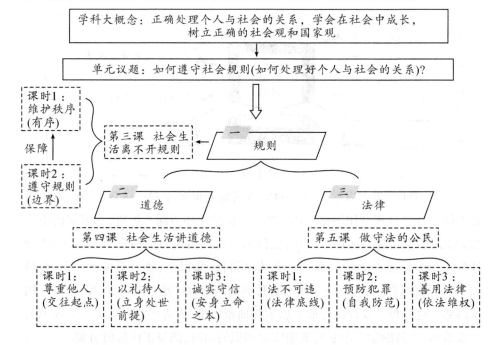

"维护秩序"议题式教学设计

刘利玲　　王书信

议题：维护秩序，规矩何以成方圆？

一、设计依据

（一）课程标准分析

本框内容对应《义务教育道德与法治课程标准（2022年版）》"生命安全与健康教育"主题中的"遵守基本社交礼仪，恪守诚信，理性维护社会公德，维护公共秩序，做文明的社会成员"。

（二）教材内容分析

1.本框地位

"维护秩序"是《道德与法治》八年级上册第二单元"遵守社会规则"第三课"社会生活离不开规则"第一框内容，衔接小学《道德与法治》五年级下册第二单元第二课"建立良好公共秩序"相关内容。在前一单元"走进社会生活"之后，本单元从学生生活实际出发，承上启下提出社会生活需要秩序。秩序是社会生活的基础，维护秩序是每个人的责任。社会的运行需要秩序，社会秩序是人民安居乐业的保障。一个有秩序的社会，法律和规则能得到更好执行，进而充分保障人民的正当权益，让每个人都有平等发展的权利。这样的社会秩序需要每个社会成员作出努力。这一课帮助学生更深刻地认识社会秩序的意义和社会规则如何维护秩序，引导学生认识规则不是外在强制的结果，而是我们享受美好生活的内在要求，为和谐有序的社会作出应有的贡献。

2.本框内容

本框第一目"社会生活有秩序"引导学生感受生活与秩序的关系，即感悟社会秩序的存在，以及秩序对社会的意义。学生能懂得社会正常运转需要良好的秩序，社会秩序是人民安居乐业的保障，更深入地认识秩序对和谐文明社会的作用。第二目"维护秩序靠规则"，引导学生了解什么是社会规则、社会规则有哪些形式、规则如何维护社会秩序。通过学习，学生能体会到社会规则明确社会秩序的内容,社会规则保障社会秩序的实现,进而学会接受规则与遵守规则。

3.本框目标

学生通过案例分析(秩序的含义和意义)、小组合作探究(社会规则维护秩序)等议学活动,了解社会秩序是社会生活的一种有序化状态,理解社会秩序是社会正常运行和人民安居乐业的保障,进而了解社会规则的主要类型,理解社会规则是如何维系社会秩序的。学生能够认同社会生活、社会秩序和社会规则三者密不可分,自觉认同规则和遵守规则,不断提升自身责任意识。

4.本框重难点

教学重点:社会秩序的意义。

教学难点:社会规则如何维护社会秩序。

(三)教学背景分析

国家议题:一个国家的发展和进步离不开有序的秩序,秩序能有效维护社会的公平和正义,维护人民合法权益。

社会课题:社会秩序是社会生活的一种有序化状态,是社会稳定的基础。社会秩序促进社会的公平正义,让每个人能在公平的环境中发挥才能,实现安居乐业。同时,社会秩序是社会文明的体现,人们能相互尊重、友好相处,这是社会进步的重要标志。我国的稳定发展需要良好秩序的支撑,在充满变化的时代,时不时会出现一些社会问题,需要我们通过完善规则保障社会的正常运行。除此之外,需要社会成员认同社会规则,自觉遵守规则,进一步推动社会进步和发展。

成长命题(学情分析):社会规则对初中生来说并不陌生,在成长过程中,需要不断学习、理解和实践各种规范。但是,这个阶段大多数学生遵守规则需要他律的压力,一旦外在压力减弱,就倾向于逃避规则。对于为什么要遵守规则,他们尚未形成完整认识。八年级学生的抽象思维有了进一步发展,需要帮助他们厘清秩序的意义、规则对秩序的作用,通过学习能够对规则和秩序有高度的认同感,进而自我约束,从被动、被约束转化为主动、自觉,实现他律向自律的转变,成为规则的自觉遵守着和坚定维护者。

二、设计思路

(一)教学路线

议题线:围绕总议题"维护秩序,规矩何以成方圆",设计议题线:井然有序·

社会运行为什么需要秩序;循规蹈矩·社会规则如何维护社会秩序。

情境线:校门口的交通事故案例;校门口放学拥堵现象;高铁列车吸烟处罚案件。

活动线:观看交通事故案例,初步感受社会秩序;小组合作探究校门口的混乱会造成什么影响,提出改变混乱的对策;探究社会规则如何维护社会秩序。

知识线:感受秩序含义;秩序的意义;社会规则的类型;规则如何维护社会秩序。

(二)教学结构

总议题	环节·议题线	情境线	活动线	任务线	知识线	核心素养
维护秩序,规矩何以成方圆	导入	校门口的交通事故	反思、分享	衔接	感受秩序含义	健全人格 道德修养 法治观念
	并然有序·社会运行为什么需要秩序	校门口放学拥堵现象	探究、研讨	理解	秩序的意义	
	循规蹈矩·社会规则如何维护社会秩序	社会规则的形式	分享、整理	归纳	社会规则的类型	
		高铁列车吸烟被处罚	思考、建议	应用、迁移	规则如何维护社会秩序	

三、过程设计

[新课导入]2023年9月5日,广东湛江市霞山区的一所学校门口,发生了一起令人震惊的事件。在一个上学高峰期的清晨,在学校门口,学生们陆续涌向校门,要过斑马线。一名司机驾驶着一辆车飞驰而来,多名学生被撞倒,导致一场惨剧。此后,民警迅速赶到现场处置,将伤者送医院救治,5名伤者均无生命危险。据司机于某林交代,事发前其驾车送小孩上幼儿园,因回头观望后座吵闹的小孩,未注意观察路况,引发交通事故。这一事件引发广泛社会关注和人们的深刻思考。

[设计意图]选取真实交通事故案例,紧扣学生生活实际,让学生切实感受有序的交通秩序对社会生活的影响。激发学生学习兴趣,通过导入提出"秩序"概念,引出社会秩序是社会生活的一种有序化状态,井然有序的社会秩序能够保障每个人的正当利益,学生通过案例对秩序有初步认识。同时,帮助学生思

考秩序的意义,为下一环节学习打下基础。最后,给学生日常出行作出提醒,引导学生如何在道路上保持安全,以及如何辨识和应对潜在的危险,保护自身生命安全。

环节一:井然有序·社会运行为什么需要秩序?

[必备知识]秩序的含义和意义。

[议学情境]傍晚放学的时候,某中学门口混乱不堪,来接孩子的家长和车辆将学校门口堵得水泄不通。下雨时,情况更为糟糕。

[议学任务]学生结合自身实际,小组合作探究:校门口的这种混乱会造成哪些影响?你认为应该如何改变这种混乱状况?

[答案提示]校园秩序混乱首先会影响家长和学生的出行安全与效率,学生将花费更多时间在放学路上,还易发生交通事故,危害行人生命健康权;其次会影响学校正常放学安排,校方不得不投入更多资源维持秩序,造成资源浪费;最后校园门口附近路段交通可能发生拥堵,给附近行车带来不便,降低道路运行效率。

通过三个方法改变混乱状况:首先,交警部门在该路段设置相应交通标识和疏导,在学校放学期间加强疏导;其次,学校实行错峰放学,合理分流,做好人员疏导工作;最后,学生和家长抓紧时间离开,尽量不造成拥堵。

[设计意图]承接课前呈现真实案例,进一步创设情境,放学时校门拥堵给学生和家长带来不便。通过这一生活情境,引导学生感受"混乱无序"带来的问题,引发学生思考为什么放学时会造成拥堵,原因可能是家长、学生和其他行人都有各自需要,但彼此不能达成统一共识,不能很好地处理彼此关系,最后必然产生拥堵。学生通过思考认识"社会正常运行需要秩序"。每个社会成员都有生存和发展的需要,大家在占有社会资源时,应承担一定的责任,才能更好地避免混乱、化解矛盾,提高社会运行效率、降低社会管理成本。

通过上述议学情境,进一步追问"社会生活井然有序,最大的受益者是谁",答案是每个社会成员,由此引入从个人层面谈秩序的意义。社会秩序的稳定运行,就是在为每个人营造良好的生活环境。当国家太平、社会和谐稳定时,每个人的需要和发展才能得到实现。由此引导学生认识社会秩序是人民安居乐业的保障,突破本节课教学重难点。

[知识小结]社会秩序的意义。

①社会正常运行需要秩序。

②社会秩序是人民安居乐业的保障。

环节二:循规蹈矩·社会规则如何维护社会秩序?

[必备知识]社会规则的形式;规则如何维护社会秩序。

[议学情境1]分享社会生活中的一些规则:发生重大火灾时,人们往往遵循"妇弱优先,壮者靠后"规则,有序撤离;劳动者在找工作时,会与企业签订劳动合同,明确双方的权利和义务……

[议学任务1]学生探究与分享:你还知道哪些类似规则? 这些规则在生活中起什么作用?

[答案提示]"尊敬国旗、国徽,会唱国歌,升降国旗、奏唱国歌时肃立、脱帽、行注目礼,少先队员行队礼""到他人房间先敲门,经允许再进入,不随意翻动别人的物品,不打扰别人的工作、学习和休息"……

[设计意图]本环节列举生活中的一些规则,通过设问"你还知道哪些类似的规则",充分调动学生生活经验,引导学生关注身边的规则。根据学生的回答进一步指出,社会规则是人们为了维护有秩序的社会环境,在逐渐达成默契与共识的基础上形成的。帮助学生归纳规则主要包括道德、纪律、法律等,让学生对规则有比较清晰的认识。学生在日常生活中或多或少都会接触到一些规则,但认识不够充分,设问"这些规则在生活中起什么作用",让学生更深刻理解规则的作用,为后续教学打下基础。

[议学情境2]2023年暑运期间,广州铁路警方查处吸烟警情69起,其中因吸烟致车速骤降的10人被处以行政拘留,其余59人均被处以罚款。9月6日10时许,旅客董某(男,59岁)在车厢厕所吸烟,引发烟雾报警,造成列车从296km/h降速至168km/h,减速时长2分钟。被乘警查获后,董某如实供述自己违法事实,称上厕所时没忍住烟瘾导致。根据《中华人民共和国治安管理处罚法》第二十三条第一款第三项之规定,董某构成扰乱公共交通工具上的秩序,被处拘留5日的行政处罚。

法律链接:根据《铁路安全管理条例》,在高铁列车上或列车其他禁烟部位吸烟的,将会被处以500元以上2000元以下罚款,情节严重的根据《中华人民共和国治安管理处罚法》相关规定,将会被处以行政拘留甚至追究刑事责任。

[议学任务2]小组合作探究:《铁路安全管理条例》等法律法规对在高铁列车上吸烟的行为发挥怎样的作用?

[答案提示]《铁路安全管理条例》等一系列法律法规,以明确的法律条文

形式,向乘客揭示了在铁路交通中应当遵守的行为规范和禁止事项。这些法规让乘客对自己的权利和义务有了清晰认识,从而确保乘客在铁路出行过程中的安全和秩序。这充分体现了社会规则在保障社会秩序中的重要作用。首先,通过明确的法律条文,乘客了解了自己在铁路交通中的权利和义务,有助于维护乘客的个人权益和社会公共利益。其次,对于违反规定的行为,执法人员进行惩罚,具有警示和震慑作用,使乘客自觉遵守法律法规。最后,这种法治化管理手段保障了高铁列车正常运行,创造了安全、舒适的出行环境,保障了社会的整体秩序。

总之,《铁路安全管理条例》等法律法规在高铁列车上的实施,既体现了社会规则的明确性,又彰显了社会秩序的保障力度。只有当每一个乘客都清楚自己该做什么、不该做什么,才能共同维护好铁路安全,确保高铁列车平稳运行,为我国铁路事业的持续发展创造良好条件。

[设计意图]设置列车吸烟情境,引导学生感受社会生活需要规则约束,社会规则明确社会秩序的内容。在一个有规则的社会,人们知道自己可以做什么,不可以做什么,在享有权利的同时承担相应责任,处理好与他人、社会的关系,社会生活保持有序状态。人们往往有尊重他人权利的意识,但在具体生活场景中不知怎么做,而相应的社会规则就会明确告知如何做,我们由此知道怎样做是合适的。以此帮助学生理解“社会规则明确社会秩序的内容”观点。

规则形成后,如果没有相应的措施加以保障,就会形同虚设。《铁路安全管理条例》告知乘客在乘车时的相应规则,当有人违法时,将会受到相应处罚,从而保障铁路运输有序运行。追问“对破坏社会秩序的行为有哪些处罚”,引导学生思考主要处罚手段既包括强制性手段,如法律、纪律,还包括非强制性手段,如道德舆论。学生通过议学列车上吸烟受到法律制裁,深入感受“社会规则保障社会秩序的实现”,为之后树立遵守规则意识打下基础。

[知识小结]规则如何维护社会秩序?

①社会规则明确社会秩序的内容。

②社会规则保障社会秩序的实现。

[拓展情境]国庆节快到了,班上有很多同学想出去旅游,感受祖国的大好河山。有的想去四川大熊猫基地看可爱的“国宝”,有的想去陕西黄帝陵祭奠“人文初祖”,有的想去甘肃莫高窟领略世界文化遗产的魅力,有的想去安徽黄山感受自然风光……出发前,老师要求不同旅游景点应该遵守的规则。大家搜

集相关旅游地点的资料,尤其要了解在不同旅游景点应该遵守的规则。

[议学任务]

(1)请选择你最想去的旅游景点:_____

(2)请你查阅资料,在该旅游景点旅游要遵守规则:_____

(3)思考:为什么旅游景点需要这些规则?

[答案提示]

(1)甘肃莫高窟。

(2)①游客在游览时要有礼貌行为,不可嘈杂、大声喧哗、高声讲话;②游客不得用手抚摸墙壁,以免破坏壁画及佛像;③保管好个人物品,不可乱丢垃圾。

(3)旅游景点的规则明确景点秩序的内容,这些规则告诉旅客如何有序浏览景点,使大家文明有序,各得其所;旅游景点的这些规则保障景点秩序,通过要求游客遵守相关规定,保障景点良性运行。

[板书设计]

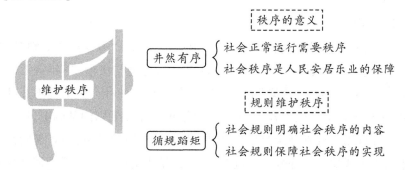

设计意图:板书以"喇叭"突出主题,"喇叭"具有喊话、号召等内涵,很多社会场景通过喇叭喊话,提醒成员达成某个要求,进而保障秩序运行。在此基础上,分别列出"秩序的意义""规则维护秩序",让学生能条理清晰地感受本节课知识重点,进而理解维护秩序的意义,形成对规则的认同。

"遵守规则"议题式教学设计

王书信　刘利玲

议题：如何修身守规、厚植规则素养？

一、设计依据

(一)课程标准分析

本框内容对应《义务教育道德与法治课程标准(2022 年版)》"生命安全与健康教育"主题中的"遵守基本社交礼仪,恪守诚信,理性维护社会公德,维护公共秩序,做文明的社会成员"。

(二)教材内容分析

1.本框地位

"遵守规则"是《道德与法治》八年级上册第二单元"遵守社会规则"第三课"社会生活离不开规则"第二框内容,衔接小学《道德与法治》三年级下册第三单元第二课"生活离不开规则"相关内容。井然有序的社会生活离不开社会规则维系,本框承接上一框内容,学生在了解维护秩序靠规则的基础上,进一步探讨如何遵守规则。规则划定自由的边界,也保障人们的自由,遵守规则是我们日常生活不可或缺的一部分。通过本框学习,学生能够进一步感受遵守规则对整个国家、社会和个人的重要性,唤醒自身自觉遵守规则的责任意识。

2.本框内容

本框由三目组成,引领学生探讨我们面对规则的态度:自觉遵守、坚定维护、积极改进。第一目"自由与规则不可分",是本框的逻辑起点。从自由和规则的辩证关系出发,阐述社会规则划定自由的边界,社会规则是人们享有自由的保障。第二目"自觉遵守规则",帮助学生释疑解惑,增强遵守规则的自觉性。第三目"维护和改进规则",认识到仅仅自己遵守规则是不够的,还需要提醒、监督、帮助他人遵守规则,也就是维护规则,另外要在社会变迁的基础上学会改进规则。

3.本框目标

学生通过案例争议(自由与规则的关系)、情境探讨(如何遵守规则)、情境演绎(如何维护规则)、小组合作探究(如何改进规则)等议学活动,理解社会规则与自由的辩证统一关系。了解形成遵守规则的良好环境,需要自觉遵守规则、坚定维护规则、积极改进规则。学生能够进一步要求自己做到自我约束,自觉遵守规则,将规则内化于心、外化于行。做遵纪守法的公民,落实道德修养、法治观念学科核心素养。

4.本框重难点

教学重点:自由与规则的关系;如何自觉遵守规则、维护和改进规则。

教学难点:自由与规则的关系。

(三)教学背景分析

国家议题:现代社会,规则成为社会治理的基本准则。一个国家能够生存与发展,必须依靠各项规则的保障。

社会课题:社会规则为规范社会运行和发展而制定,并以自律和他律两种形式被全体社会成员共同遵守。随着社会不断发展和进步,我们的社会变得越来越多元化、复杂化。在这种背景下,社会规则的作用变得尤为重要。社会规则是指在社会交往中人们遵守的一系列规范和准则,可以指导人们行为、维护社会秩序、保障社会安宁。然而,在现实生活中,不少人对社会规则的认识存在偏差,也有一些人故意违反规则。因此,认识社会规则对社会发展的重要性,自觉遵守和维护规则,当规则不适应社会发展时能积极改进规则,才能使我们的社会更加和谐、美好。

成长命题(学情分析):八年级学生对"社会生活离不开规则"观点是认同的,也知道社会运行要有各种各样的规则,这是本节课教学的重要学情基础。儿童向成人转变,实现社会化,需要了解、学习、掌握、遵守社会规则。遵守分为两种形式,即基于他律的遵守和基于自律的遵守。学生主要处于他律阶段,他们的规则意识是朴素的、肤浅的,需要从他律向自律转变。本节课教学就是帮助学生实现从他律向自律的转变,成为规则的忠实崇尚者、自觉遵守者、坚定维护者、积极改进者。

二、设计思路

(一)教学路线

议题线:围绕总议题"如何修身守规、厚植规则素养",设计议题线:我心有主·自由与规则的关系是什么;自在有矩·如何将规则内化于心、外化于行;守正有新·如何不断与时俱进、维护和改进规则。

情境线:北京球迷强闯球场拥抱梅西;北京球迷事件后续处理;行人闯红灯;最低刑事责任年龄进行调整。

活动线:观看北京球迷事件视频,辨析自由与规则的关系;辨析行人闯红灯观点,自觉遵守规则;探讨最低刑事责任年龄进行调整,了解如何维护和改进规则。

知识线:自由与规则的关系;如何自觉遵守规则;如何维护和改进规则。

(二)教学结构

总议题	环节·议题线	情境线	活动线	任务线	知识线	核心素养
如何修身守规、厚植规则素养	导入	北京球迷强闯球场拥抱梅西	分享、争辩	衔接	初探规则与自由	健全人格道德修养法治观念
	我心有主·自由与规则的关系是什么	北京球迷事件后续处理	探究、思考	理解	自由与规则的关系	
	自在有矩·如何将规则内化于心、外化于行	行人闯红灯	分析、建议	运用、实践	如何自觉遵守规则	
	守正有新·如何不断与时俱进、维护和改进规则	最低刑事责任年龄进行调整	思考、探讨	应用、迁移	如何维护和改进规则	

三、过程设计

[新课导入]播放案例视频,思考如何看待这位球迷的行为。

新闻背景:在北京工人体育场举行的比赛中,阿根廷2∶0战胜澳大利亚,赢得喝彩。有位身穿梅西球衣的北京球迷,在球赛进行中,从3米高看台上跳下,疯狂突破保安的封锁,冲进球场,成功和梅西拥抱,还在球场内满场跑,和阿根廷门将马丁尼兹击掌,最终被保安抬出球场。该球迷年仅18岁,直奔梅西而去,实现与球星拥抱的梦想,然后面带笑容在保安追逐下满场跑,全场欢呼,为他喝彩。

[设计意图]播放北京球迷强闯球场拥抱梅西的视频,追问学生如何看待这一学生的行为,连接社会热点问题,引导学生身临其境思考,激发学生兴趣。赞成者认为,这名球迷带来了现场的欢乐气氛,展示了中国年轻人的勇气和活力。

反对者认为,这种违法行为不值得鼓励,尽管对方有未成年人保护法撑腰,但他事后洋洋得意的姿态,刺痛的不只是众多球迷的心,更是对国内观赛正常秩序的冲击。在充满争议的情境中,学生畅所欲言,自然导入新课。

环节一:我心有主·自由与规则的关系是什么?

[必备知识]自由与规则的关系。

[议学情境]事件后续:对于这位冲入球场的邸某某(男,18岁),朝阳公安分局已依法对其行政拘留,同时责令其十二个月内不得进入体育场馆观看同类比赛。兴奋过后的邸某某也对自己的行为表达了歉意,接受公安机关处罚,并希望广大球迷引以为戒,遵规守纪,共同维护好赛场内外秩序。

相关法律链接:《中华人民共和国治安管理处罚法》第二十四条规定,对实施扰乱大型群众性活动秩序行为的违反治安管理行为人处警告或者200元以下罚款;情节严重的,处5日以上10日以下拘留,可以并处500元以下罚款。同时可以责令其十二个月内不得进入体育场馆观看同类比赛。

[议学任务]观看该事件后续视频,小组讨论探究:为什么最后该球迷会被行政拘留?

[答案提示]社会规则划定自由的边界。虽然当时现场很多人为他欢呼,认为虽然暂时影响球赛直播,但也给现场带来了极大欢乐,展示了中国年轻人的激情和活力。我们可以理解球迷对梅西的喜爱,但也要意识到遵守法律和规则的重要性。自由不是随心所欲,我国宪法规定,公民在行使自由和权利的时候,不得损害国家的、社会的、集体的利益和其他公民的合法的自由和权利。因此,球迷在表达喜爱球员的自由时,应在法律和规则的边界内。

社会规则是人民享有自由的保障。球迷冲入场地并接触到运动员,可能带来潜在的危险,如果人人效仿,不仅可能对球员人身安全构成威胁,还可能导致赛事的混乱和不公。警方采取行政拘留,就是为了维护秩序和保障参与者的正当权益。球迷本身的行为就是违反《中华人民共和国治安管理处罚法》的,受到行政拘留处罚符合法律规定。

[设计意图]在上一环节学生充分讨论的基础上,本环节展示该事件后续处理结果,引导学生了解自由与规则的关系。案例中球迷为了行使自己追星的自由,不顾及现场秩序和安保人员工作要求,在一定程度上扰乱了赛事正常进行。遵守规则,就是尊重彼此的自由和利益,不越过自由的边界。学生在议学活动中深刻体会"社会规则划定了自由的边界"。

通过"为什么最后该球迷会被行政拘留"议题设置,引导学生理解规则要保证每个人不越过自由的边界,大家才能各行其是,社会才能有序运行。反之,有人越界破坏规则,就应受到相应处罚,不然人人效仿,规则就会形同虚设,社会秩序将走向混乱,最后侵犯的是每个人的合法权益。通过议题争辩,学生直观感受"社会规则是人们享有自由的保障"。

[知识小结]自由与规则的关系。

(1)社会规则划定了自由的边界。

(2)社会规则是人们享有自由的保障。

环节二:自在有矩·如何将规则内化于心、外化于行?

[必备知识]如何自觉遵守规则。

[议学情境]为了使交通更加安全畅通,减少堵车现象,保障路人与车辆交通安全,要在十字路口、三岔路口设置红绿灯。关于行人闯红灯行为,同学们发表了以下看法——

甲:闯红灯不对,但是大家都在闯,我也跟着走。

乙:只要没人看到,没有人管,就可以闯红灯。

丙:我觉得车辆多的时候不能闯红灯,车辆少或者没车的时候可以闯红灯。

[议学任务]你怎么看待以上观点?

[答案提示]甲的观点错误,别人破坏规则,我们也跟着破坏,这是盲目从众的行为;乙的观点错误,没有人看到、管束,就破坏规则,这是缺乏自律的表现;丙的观点错误,认为没有危险就可以破坏规则,这是缺乏对规则的敬畏之心的表现。

[设计意图]通过设置富有争议的议学情境,引导学生思考:如果这些理由成立,可能会带来哪些后果?由此激发学生探究热情,认识到自律给人以自由,自由不是随心所欲,要发自内心地遵守规则。议学情境中的几个观点都是因为外在因素而否定了遵守规则,还停留在他律阶段。遵守社会规则需要监督、奖惩等外在约束,即他律,也需要自我约束,做到自律,自觉遵守规则。一个自律的人,首先对规则具有高度认同感,其次能够约束自身行为。由此引导学生认识遵守社会规则,需要我们发自内心地敬畏规则,将规则作为自己行动的准绳。

环节三:守正有新·如何不断与时俱进、维护和改进规则?

[必备知识1]如何维护规则。

[议学情境1]街道上有行人随地吐痰;在某个广场喷泉旁,有人用喷泉水

洗手。

[议学任务1]生活中还有哪些类似行为？请你就这一行为提出解决方案。

[答案提示1]排队插队现象；解决过程应注意方式和技巧，最好先称呼对方，语言文明，态度和善，尽量用对方能接受的方式告诉他应该怎么做。如果劝导无效，可以求助附近相关工作人员，当人身安全受到威胁时，可以报警处理。

[设计意图1]选取生活中存在的违反规则现象，引导学生反思自身是否存在类似问题，帮助学生形成遵纪守法的良好习惯。同时，探讨如何督促他人遵守规则，学生提出生活中类似违反规则的行为，通过探索解决方案，帮助学生学会如何维护规则，劝导过程应注意技巧和方法，要在保证自身安全前提下，提醒、监督、帮助他人遵守规则。

[必备知识2]如何改进规则。

[议学情境2]近些年来，一些低龄未成年人实施的恶性犯罪案件见诸媒体，对被害人造成严重伤害，但由于能够借助"年龄优势"逃避惩罚，引起社会舆论强烈不满。2020年12月26日，十三届全国人大常委会第二十四次会议表决通过刑法修正案（十一），其中规定：已满12周岁不满14周岁的人，犯故意杀人、故意伤害罪，致人死亡或者以特别残忍手段致人重伤造成严重残疾，情节恶劣，经最高人民检察院核准追诉的，应当负刑事责任。法定最低刑事责任年龄下调至十二周岁。

[议学任务2]小组合作探究：为什么要对最低刑事责任年龄进行调整？

[答案提示2]降低刑事责任年龄，是适应新情况、采取新措施与时俱进的司法实践。因为从现在青少年生长发育看，12周岁已经有着较为成熟的心智和身体特征，对外界事物有了较为完整的认知，况且现在刑事案件有低龄化趋势，所以将刑事责任年龄由14周岁下调至12周岁，在一定程度上有震慑作用，避免嫌疑人存有侥幸心态。此举有利于保护公民的合法权益不受侵犯，有利于更加重视对未成年人的法治教育，推进依法治国战略实施。

[设计意图2]本环节通过最低刑事责任年龄调整，帮助学生理解随着社会变迁，规则也要与时俱进，加以制定、废除、调整和完善。规则并不是一成不变的，当一些原有规则不能适应社会发展需要时，我们就要积极参与规则的改进和完善，积极为新规则的形成建言献策，使之符合社会发展需要。

[知识小结]如何维护和改进规则？

①从自己做起，自觉遵守规则。

②要在保证自身安全的前提下,提醒、监督、帮助他人遵守规则。

③积极参与规则的改进和完善,为新规则的形成建言献策,使之更加符合人民的利益和社会发展的要求。

[板书设计]

[设计意图]板书以阶梯上升呈现,帮助学生厘清自由与规则的关系,进一步认识要发自内心地遵守规则,将规则内化于心、外化于行。同时,要积极维护和改进规则。最终,成功实现修身守规、厚植规则素养。

"尊重他人"议题式教学设计

王书信　刘利玲

议题:如何尊重他人、闪耀智慧光芒?

一、设计依据

(一)课程标准分析

本框内容对应《义务教育道德与法治课程标准(2022年版)》"生命安全与健康教育"主题中的"遵守基本社交礼仪,恪守诚信,理性维护社会公德,维护公共秩序,做文明的社会成员"。

(二)教材内容分析

1.本框地位

"尊重他人"是《道德与法治》八年级上册第二单元"遵守社会规则"第四课"社会生活讲道德"第一框内容,衔接小学《道德与法治》三年级上册第二单元第五课"走近我们的老师"相关内容。尊重是人与人交往的起点,本框主要围绕尊重他人展开,每个人都有得到他人和社会尊重的需要,尊重使社会生活和谐融洽,促进社会进步,提高社会文明程度。尊重是青少年成长过程中不可或缺的要素,他们需要得到周围环境的充分尊重,也需要学会如何尊重他人。学会尊重他人不仅能帮助他们建立自信和自尊心,还能培养他们学会理解、欣赏他人,促进人际关系发展。

2.本框内容

本框由两目组成。第一目"尊重是交往的起点"表达了三个方面内容。其一,尊重的含义和表现,尊重他人是一个人内在修养的外在表现。其二,每个人都希望得到他人和社会的尊重,获得良好的心理体验。其三,尊重使社会生活和谐融洽。第一目主要阐述尊重的含义和重要性。在此基础上,第二目顺理成章聚焦如何学会尊重他人。第二目"尊重从我做起",引导学生学会关注、重视他人,平等待人,学会换位思考和欣赏他人,从行动角度培养学生树立尊重他人意识,在生活中践行尊重这一道德规范。

3.本框目标

学生通过案例分析(尊重他人的含义与表现)、小组合作议学(尊重他人的重要性)、情境探究(学会尊重他人)等议学活动,理解尊重他人的价值和意义,感受尊重带来的良好心理体验,懂得尊重对个人和社会的价值和意义,学会尊重他人。

4.本框重难点

教学重点:学会尊重他人。

教学难点:理解尊重的重要性。

(三)教学背景分析

国家议题:尊重他人是中华民族传统美德,尊重的价值观是国家稳定不可或缺的基石。

社会课题:中国是一个拥有悠久历史的文明古国,具有深厚的文化底蕴。《论语》中"己所不欲,勿施于人"表明,做人做事要推己及人、互相尊重。在现代社会,尊重在人们观念中得到广泛认同并得到实践。尊重他人,更容易与他人和谐相处,如家庭中的亲子关系、学校中的师生关系、职场中的同事关系等。在社会各个方面相互尊重,有利于塑造和谐稳定的社会关系。作为社会重要的价值观,尊重是每个人应具备的重要品格,青少年更应传承和发扬这一美德,为社会和谐进步贡献力量。

成长命题(学情分析):青少年在成长过程中,都感受到来自家庭、学校和同伴的尊重,也知道要尊重他人。但是,对于为什么要尊重他人,尊重能给自己带来什么,面对复杂情境如何尊重他人,他们缺乏深入的认识和理解。八年级学生处于青春期,他们内心深处十分渴望得到他人的尊重,但由于自身发育不够成熟,很多时候会做出不尊重他人的行为,甚至在师生关系、同伴关系中产生人际矛盾。这就需要我们加强引导,从尊重道德规范的深层原因和社会价值角度为学生提供帮助,帮助学生学会平等待人,多换位思考,理解和包容他人,为学生成长关键期做好正确引领。

二、设计思路

(一)教学路线

议题线:围绕总议题"如何尊重他人、闪耀智慧光芒",设计议题线:交往起点·为什么要学会尊重他人;修养落点·如何学会尊重他人、提升自我修养。

情境线:成都大运会羽毛球运动员王正行赠送对手球拍;尊重他人观点碰撞;快递小哥被司机掌掴。

活动线:观看成都大运会王正行借球拍视频,感受尊重的含义、表现;议学有关尊重他人不同观点,深刻认识尊重他人的重要性;分析司机与快递小哥矛盾,学会如何尊重他人;探究周杰伦、方文山相互欣赏、成就彼此案例,学会欣赏他人。

知识线:尊重他人的含义、重要性;如何学会尊重他人。

(二)教学结构

总议题	环节·议题线	情境线	活动线	任务线	知识线	核心素养
如何尊重他人、闪耀智慧光芒	导入	王正行借给对手球拍	分享、思考	衔接	尊重的含义、表现	健全人格 道德修养 法治观念
	交往起点·为什么要学会尊重他人	尊重他人观点碰撞	辩论、研讨	理解	尊重他人的重要性	
	修养落点·如何学会尊重他人、提升自我修养	司机与快递小哥的矛盾	分析、议学	运用、实践	如何学会尊重他人	
		周杰伦、方文山相互欣赏、成就彼此	思考	应用、迁移	如何学会尊重他人	

三、过程设计

[新课导入]尊重他人是我们生活中非常重要的品质,它不仅是基本的人际交往礼仪,还是一种自我修养。在成都大运会羽毛球比赛中,有这么动人的一幕:中国羽毛球运动员王正行与阿莫斯比赛,阿莫斯的球拍突然断裂,这对一个来自乌干达的选手来说无疑是一个巨大的困扰。由于阿莫斯来自一个资源相对匮乏的地区,他没有备用球拍可供更替,正当他十分窘困尴尬时,王正行没有犹豫,直接将自己的备用球拍借给阿莫斯。王正行表示,对手这么远来参加比赛不易,所以借球拍给他是很自然的行为。这样的善举不仅体现出对他人的尊重,还展示了大国气度。尊重他人是一种怎样的道德品质,在日常生活中要如何尊重他人?

[设计意图]以成都大运会这一社会热点切入,通过运动员王正行与对手的故事,激发学生学习兴趣,引导学生初步感知尊重他人的意义和必要性。尊重即尊敬、重视,尊重他人不仅是一个人内在修养的外在表现,还促进人际关系发展,甚至能够影响国家间的关系。通过导入认识尊重的含义,为学生进一步学习打下认识和经验基础。

环节一:交往起点·为什么要学会尊重他人?

[必备知识]尊重的重要性。

[议学情境]运用课本第33页《探究与分享》中的议学任务。

[议学任务1]学生小组合作,共同进行探究与分享。单数组探究"我希望被他人尊重,因为受到尊重,心里感觉很好""只有他人尊重我,我才会尊重他人"。双数组探究"要想获得他人的尊重,首先要自己尊重自己""别人是否尊重我,我不在乎,我只关注自己的内心想法"。分组讨论,表明赞同哪个观点,并说明理由。

[答案提示]"只有他人尊重我,我才会尊重他人"观点错误。人与人之间的关系是相互的,如果每个人都不愿意付出,都想要别人先尊重自己,那么,最后的结果将是大家互相不尊重。因此,需要每个人积极主动尊重他人,让大家感受到互相尊重的和谐。"别人是否尊重我,我不在乎,我只关注自己的内心想法"这一观点是片面的。人不是独立存在于社会中的,当别人不尊重你时,往往会产生自卑感、挫败感,这些负面感受不利于自身的生存与发展。尊重需要是每个人基本的需要。

[设计意图]通过探讨有争议话题的议学活动,引导学生思考尊重的表现有哪些,体会受尊重是每个人的需求,得到别人尊重的前提是自己首先尊重自己、尊重他人,获得他人尊重能够增强自尊、自信,产生良好的心理体验。尊重需要是每个人都必需的,人要活得有尊严,就需要他人的尊重,不是单方面可以无视的。学生经过争辩,能够在思想上认识到尊重对个人的意义和价值并内化于心,对尊重他人有了更深的认识。

[议学任务]探究课本第34页《探究与分享》中的案例,小组合作议学:穿着是个人的自由,图书馆不应该规定读者的着装。

[答案提示]"图书馆是社会公共资源,每个人都可以进去阅读""图书馆是

文明学习的场所,衣冠不整是对其他读者的不尊重",这两个观点正确。读者丙的观点认为穿着是个人的自由没有错,但作为文明的读者应该着装整洁得体,这既是对自己的尊重,又是对其他读者的尊重。反之,如果衣冠不整,可能会引起他人反感,失去他人的尊重,影响图书馆文明学习的氛围。因此,读者丙的观点是片面的。

[设计意图]尊重是维系良好关系的前提,是文明社会的重要特征。学生通过议学活动对"图书馆规定衣冠不整者不得进馆读书"进行分析,引导学生认识社会生活的融洽需要每个人相互尊重,理解尊重是文明社会的重要特征,相互尊重能消除人们之间的隔阂,增进信任,形成互敬互爱的关系。在上一议学任务感受到尊重对个人的价值后,本环节进一步加深认识尊重对社会生活的意义,加深对尊重他人的体会和认识。

[知识小结]尊重他人的重要性。

①尊重他人是内在修养的外在表现。

②每个人都是有尊严的个体,都希望得到他人和社会的尊重。

③尊重使社会生活和谐融洽。尊重是维系良好人际关系的前提,是文明社会的重要特征。

环节二:修养落点·如何学会尊重他人、提升自我修养?

[必备知识]如何做到尊重他人。

[议学情境1]播放事件视频,北京顺丰快递员被一司机掌掴。

事件背景:在北京市东城区富贵园一区内,一名骑三轮送货车的顺丰快递员,在派送过程中与一辆黑色京B牌照小轿车发生轻微碰撞。黑色轿车驾驶员李某下车后连抽快递员耳光,并破口大骂。最后,李某因寻衅滋事已被东城警方依法处以行政拘留十日的处罚,快递小哥也得到应有赔偿。

[议学任务1]根据上述情境,小组讨论:什么样的人值得尊重? 我们如何学会尊重他人?

[答案提示]视频中打人的司机李某虽然开着小轿车,但言谈举止嚣张且不尊重他人,不值得他人尊重。我们会尊重对社会作出贡献的人,会尊重自立自强的人,也会尊重陌生人。每个人都有自己的优缺点,我们应该一视同仁,发自内心地尊重所有人。平等对待他人,既是道德规范,又是法律要求。在此基础

上,还应该积极关注、重视他人,多关注他人感受,认真对待他人。最后,要换位思考,司机李某如果能将心比心,换位思考,就不会做出为难快递小哥的行为,也不会有之后受到的惩罚。

[设计意图]结合情境,引导学生从三个方面思考如何学会尊重他人。首先,通过"什么样的人值得尊重"议题,让学生在思辨中感受。在社会生活中,每个人的社会分工不一样,拥有的财富也有差别,每个人都有优缺点,但是在法律地位和人格上是平等的,因而要平等对待他人。其次,在平等待人基础上,我们要学会关注和重视他人,冷落他人、忽视他人的感受及做出伤害他人的举动都是不尊重他人的表现。最后,要学会换位思考。依托该情境,引导学生设身处地为他人着想,遇到事情将心比心,体会他人感受,理解包容他人。通过这一议学情境,帮助学生树立尊重他人的意识,并且能够落实在行动上。

[议学情境2]案例分析:周杰伦、方文山被称为中国风的创始人。双方相互欣赏、配合默契,都被对方的才华所折服。他们将现代流行音乐与古典诗词完美融合,创造出一首首经典歌曲。两人在音乐道路上的合作可谓登峰造极,造就了数十年中国乐坛霸主地位。

[议学任务2]尊重他人如何做到欣赏他人?

[设计意图]尊重需要学会欣赏他人。这一议学情境说明,每个人都有闪光点,在彼此尊重的基础上要学会相互欣赏、取长补短、共同进步。欣赏他人的优点和价值,可以让对方感到被重视和认可,有利于激发他人的潜能和积极性。学会尊重和欣赏他人,不仅是自身修养的表现,也能在这个过程中相互学习、共同进步。本环节以周杰伦、方文山相互欣赏的例子,引导学生正确认识欣赏他人的意义,在日常生活中学会欣赏他人。

[知识小结]如何学会尊重他人?

积极关注、重视他人;平等对待他人;学会换位思考;学会欣赏他人。

[拓展情境]最近网上流行这么一段文案:"我以为,别人尊重我是因为我很优秀。后来才明白,别人尊重我是因为别人很优秀。优秀的人,对谁都会尊重。"

[议学任务]请你谈谈如何培养尊重他人的优秀品质。

[答案提示]

积极关注、重视他人;平等对待他人;学会换位思考;学会欣赏他人。

［板书设计］

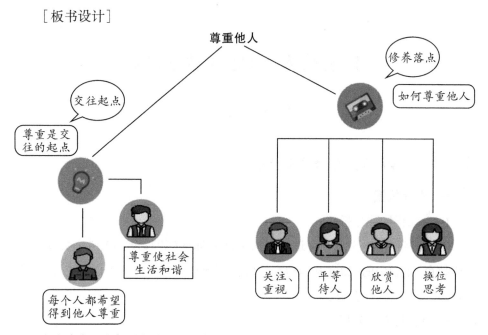

［设计意图］本课板书以不同人物呈现,他们中间保持相应的距离,体现人与人相互尊重,保持适度距离。板书分为两个部分。第一部分为"尊重的重要性",尊重是交往的起点,通过板书学生能清晰感受尊重对个人、社会的重要性。第二部分是"如何尊重他人",板书以平行排列方式呈现四个要点。学生通过板书,更加清晰地厘清本节课知识脉络,同时激发学习兴趣。

"以礼待人"议题式教学设计

王书信　刘利玲

议题：青少年如何明礼修身、弘扬传统美德？

一、设计依据

（一）课程标准分析

本框内容对应《义务教育道德与法治课程标准（2022年版）》"生命安全与健康教育"主题中的"遵守基本社交礼仪，恪守诚信，理性维护社会公德，维护公共秩序，做文明的社会成员"。

（二）教材内容分析

1.本框地位

"以礼待人"是《道德与法治》八年级上册第二单元"遵守社会规则"第四课"社会生活讲道德"第二框内容。遵守社会规则，要求与人相处中以礼待人，言行举止与所处场合相宜，以礼待人才能带来和谐的人际关系。现代社会秩序的维护不仅需要法治，还需要人与人之间的文明有礼。学生在学习"尊重他人"的基础上，了解文明有礼对个人和社会的意义，再上升到它关系国家形象，懂得在对外交往中保持恰当礼仪能体现民族尊严和国家形象，进而从态度、主动、仪表等方面提高自己，努力做到以礼待人。因此，本框对学生内在修养和外在表现提升具有十分重要的意义。

2.本框内容

本框由"待人礼为先""做文明有礼的人"两目组成。第一目"待人礼为先"，首先阐述礼的含义和表现，礼主要表现在语言、仪表、举止等方面；接着探讨文明有礼对个人、社会和国家的意义，引导学生探问"为什么要做一个文明有礼的人"，明确以礼待人的重要性。第二目"做文明有礼的人"，阐明如何做一个文明有礼的人，即需要态度谦和、用语文明，也需要仪表整洁、举止端庄，还需要不断学习和实践。启发学生从不同角度修炼自身，做一个文明有礼的人。

3.本框目标

学生通过案例分析(礼的含义、表现,以礼待人的重要性)与小组合作探究(如何做文明有礼的人)等议学活动,理解礼的含义和表现,体会文明有礼对个人成长的意义和对社会和谐的价值,并能在具体情境中礼貌待人,展现文明有礼。通过自身行动,为文明有序的社会氛围贡献自己的力量,并能在特定场合维护民族尊严和国家形象。

4.本框重难点

教学重点:文明有礼的重要性。

教学难点:如何做文明有礼的人。

(三)教学背景分析

国家议题:中国素来被誉为"礼仪之邦",以礼待人是传统美德,也是促进社会文明和谐的重要因素。

社会课题:文明有礼是人类社会的重要组成部分,是人类社会和谐发展的重要保障。它不仅关系个人修养,更关系整个社会和谐与国家形象。一个文明礼貌的国家,会让世界上的人们更加愿意与之交往,更容易获得国际社会的认可和尊重。我们应该时刻保持良好礼仪,为树立国家形象作出贡献。一个文明礼貌的社会,人们会更加注重彼此之间的尊重和理解,减少不必要的矛盾和冲突。文明礼仪是社会和谐的重要保障,如何做一个文明有礼的人,为文明和谐的社会氛围作出应有贡献,是值得探讨的社会议题。

成长命题(学情分析):关于文明有礼的主题,青少年在成长过程中都有一定了解,在日常生活中基本也能够做到以礼待人。但是,也有个别学生存在一些文明有礼方面的不足,如不太注重自己形象,为彰显个性穿奇装异服,对待他人言谈举止不够尊重和礼貌,这些可能会影响个人形象与人际交往。究其原因,是因为对文明有礼的重要性认识不够。文明有礼是一个人立身处世的前提,不仅体现自身修养和形象,还关系社会和谐稳定,在特定场合更影响国家形象和民族尊严。因此,正确看待文明有礼,努力做一个文明有礼的人,对青少年来说具有十分重要的意义。

二、设计思路

(一)教学路线

议题线:围绕总议题"青少年如何明礼修身、弘扬传统美德",设计议题线:明礼以立·立身处世为什么要先明礼;用礼长行·如何明礼修身、做文明有礼的人。

情境线:杭州亚运会开幕式视频片段;杭州以礼迎接八方来宾;杭州"礼让盲道""礼让第三卫生间"成为新名片;杭州把"有礼"浸透在理念中、落实在行动上;杭州亚运会志愿者礼仪培训。

活动线:观看视频思考文明有礼的表现及重要性;小组合作探究如何做文明有礼的人。

知识线:礼的含义、重要性;如何做文明有礼的人。

(二)教学结构

总议题	环节·议题线	情境线	活动线	任务线	知识线	核心素养
青少年如何明礼修身、弘扬传统美德	导入	杭州亚运会开幕式视频片段	分享、思考	衔接	感知文明有礼	健全人格 道德修养 法治观念
	明礼以立·立身处世为什么要先明礼	杭州以礼迎接八方来宾	探究、研讨	理解	礼的含义、表现 礼对国家和个人的重要性	
		杭州"礼让盲道""礼让第三卫生间"成为新名片			礼对社会的重要性	
	用礼长行·如何明礼修身、做文明有礼的人	杭州把"有礼"浸透在理念中、落实在行动上	分析、思考	运用、实践	如何做文明有礼的人——态度、言语;仪表、举止	
		杭州亚运会志愿者礼仪培训			如何做文明有礼的人——不断学习、践行	

三、过程设计

[新课导入]中华民族自古就被誉为"礼仪之邦"。礼仪在古代社会规范人的道德和行为,是文明的象征,也是中华优秀传统文化之一。课前播放杭州亚运会开幕式视频,共同感受开幕式中中国文明有礼形象。学生思考:杭州亚运会开幕式给你留下的深刻印象是什么?

视频背景:在杭州亚运会表现的传统文化,来自良渚文化的玉琮是被运用得最多的考古形象。良渚玉琮在华夏大地的琮类遗存物当中最为精美,其内圆外方的造型,折射出中国人天圆地方宇宙观,但"礼通天地"才是其真正的人文内蕴。杭州亚运会借此表达中国人"以礼待人"的态度,显现圆方相融、美美与共的中华民族传统价值观。亚运会会徽充满潮水的涌动:钱江潮头构成纵向的波涛,表征勇立潮头的体育精神,还将亚奥理事会象征符号即太阳图形置于空中,象征亚洲大家庭团结携手、紧密相拥,并如钱塘大潮一般波涌向前。

[设计意图]本课导入播放杭州亚运会开幕式视频,既有现代美学文化内涵,又蕴含源远流长的礼仪文化。自古以来,礼仪是人们相互尊重、和睦相处的重要方式。在现代社会,中国人十分注重礼仪,以礼待人也是构建和谐社会的重要手段。通过视频呈现,不仅激发学生对中国礼仪文化的兴趣,感知中国礼仪文化的博大精深,还引导学生关注开幕式上有关"礼"的元素,自然而然地导入新课。

环节一:明礼以立·立身处世为什么要先明礼?

[必备知识]礼的含义、重要性。

[议学情境1]作为东道主,杭州以实际行动懂礼、守礼、以"礼"迎客:整个城市种满迎宾的绿植和鲜花,地面上的路缝都画成藤蔓花枝绽放的模样;杭州,5000余名党政干部和市民志愿者化身"河长",守护一方碧水蓝天;"你好""欢迎""再见",无论是亚运会志愿者还是普通群众,都努力学习亚洲各国的礼仪和语言,便于邂逅外宾时能提供有效帮助。

[议学任务1]学生观看视频思考:在日常生活中,文明有礼表现有哪些?从国家和个人角度分析:作为东道主,杭州以实际行动以"礼"迎客有何意义?

[答案提示]在社会生活中,礼主要表现在语言文明、仪表端庄、举止文明等方面。就国家层面而言,在体育比赛、对外交往等大型活动中,国人的一举一动都代表国家形象。杭州作为亚运会对外展示的主要窗口,以"礼迎客"能让国外友人更深刻感受中国人民热情好客,有利于提高国家形象和国际地位。就个人而言,文明有礼体现个人修养,能促进人际交往,是一个人立身处世的前提。通过亚运会这一平台,提高人民文明有礼素质,落实在具体行动上,文明有礼氛围日益浓厚。

[设计意图]依托杭州亚运会大背景,根据杭州市以礼待人的要求创设情境,引导学生思考文明有礼的表现,对文明有礼有初步感受。同时,分析文明有礼对个人和国家的意义。文明有礼体现人的一种态度和修养,通过议学活动体会到对他人文明有礼,能获得他人的认可和尊重,体会文明有礼是一个人立身

处世的前提。通过杭州市民热烈迎客的场景,让学生直观感受中国人素来热情好客、以礼待人的国家形象,让学生体验身为中华儿女的自豪感。

［议学情境2］在杭州第四届亚残运会这场亚洲体育文明交流盛会上,到处可见这座城市的文明之风。杭州市城管部门共喷印9100余处"礼让盲道"提示标语,引导市民在遵守"礼让盲道"约定的基础上,关爱残障人士,让盲道成为杭州的文明之道。市民与游客扫码乘车时,共享单车会发出"文明骑行,礼让盲道"语音提醒,一次次提醒,也让这份"待客之道"入耳入心……在"第三卫生间",礼让在种种细节中得以体现:卫生间门上印刷"礼让第三卫生间"提示标语,开关门按键则设置盲文引导,开门后厕所内即刻响起语音提醒礼让盲道,礼让"第三卫生间"逐渐成为杭州的城市文明新名片,文明有礼氛围日益浓厚。

［议学任务2］杭州亚残运会这些举措对形成良好社会氛围有什么帮助?

［设计意图］本环节从杭州亚残运会礼让举措入手,市民在遵守"礼让盲道"约定的基础上,关爱残障人士,让盲道成为杭州的文明之道,也让八方来宾感受杭州这座城市的温情。通过情境创设,引导学生感受文明有礼对社会的影响,文明有礼促进社会和谐,有助于人民友好交往,促进社会安定有序、文明祥和。

［知识小结］以礼待人的重要性。

文明有礼是一个人立身处世的前提;文明有礼促进社会和谐;文明有礼体现国家形象。

环节二:用礼长行·如何明礼修身、做文明有礼的人?

［必备知识］如何做文明有礼的人。

［议学情境1］中国是"礼仪之邦",一句"有朋自远方来,不亦乐乎",会让四海朋友体验宾至如归的温馨。举办杭州亚运会,这片热土为世人呈现"浙江有礼"文明实践。全省上下推进"浙江有礼"省域文明新实践,大力倡导践行以"敬有礼、学有礼、信有礼、亲有礼、行有礼、帮有礼、仪有礼、网有礼、餐有礼、乐有礼"为主要内容的"浙风十礼"。广大浙江人民更是抖擞精神、反求诸己,将"有礼"浸透在理念中、落实在行动上、体现于细微处,"不负盛会不负卿"。

［议学任务1］小组合作探究:假如你生活在杭州,你应该如何把"有礼"浸透在理念中、落实在行动上?

［设计意图］依据杭州亚运会要求创设情境,引导学生思考如何做一个文明有礼的人。要将"有礼"落实在行动上,首先就要态度谦和、用语文明。待人接

物多用商量口吻,以理服人,以情感人,不要盛气凌人。其次,要注意仪表整洁和举止端庄。通过亚运会社交礼仪要求,在日常交往中要有高雅的气质、整洁的仪表。通过情境探究,学生由思想到行动实现知识与实践融合发展,从课堂学习不断拓展到课外实践,促进核心素养落地。

[议学情境2]礼仪之邦,以仪迎宾,以礼待客。为了更好迎接亚运会的到来,700余名志愿者在为期1个月时间里进行颁奖礼仪、升旗手集中专项培训。本次培训对志愿者进行系统性、专业化训练,包括基础仪态、技术细节、流线流程、赛事应急等内容,力争打造一支专业化颁奖礼仪、升旗手队伍。志愿者张震表示:"这次培训,希望通过自己的刻苦训练和教官的指导,能成为一个更加合格的升旗手,提升自身的仪容仪表、军姿仪态的规范度。"

[议学任务2]亚运会志愿者参加礼仪素质培训对我们做文明有礼的人有什么启示?

[设计意图]做文明有礼的人,需要在社会生活中不断学习、观察、思考和践行。通过亚运会志愿者培训,学生可以感受以礼待人是需要不断学习、不断进步的,激发学生在未来生活中做文明有礼的人,既学习有关礼的知识,懂得礼的来龙去脉,又在日常生活中从小事做起,不断提高礼仪素养。只有人人以礼待人,社会氛围才会越来越好。

[知识小结]怎样做文明有礼的人?

要态度谦和,用语文明;要仪表整洁、举止端庄;要在社会生活中不断学习、观察、思考和践行。

[拓展情境]中国具有五千年文明史,素有"礼仪之邦"之称,中国人也以其彬彬有礼而著称于世。礼仪用语文明作为中国传统文化的重要组成部分,对中国社会历史发展具有广泛深远的影响,其内容十分丰富。

[议学任务]请你收集日常生活中常用的礼仪用语。

[答案提示]

探望别人,要说"拜访";起身作别,要说"告辞";

中途先走,要说"失陪";请人别送,要说"留步";

请人批评,要说"指教";请人指点,要说"赐教";

请人帮助,要说"劳驾";托人办事,要说"拜托";

麻烦别人,要说"打扰";求人谅解,要说"包涵"。

[板书设计]

[设计意图]本节课板书以"握手"为主题。"握手"是重要的社交礼仪,在"握手"的两侧分别列举以礼待人的重要性和怎么做文明有礼的人。帮助学生厘清文明有礼对个人和社会的意义,再上升至国家形象。接着,引导学生从态度、主动、仪表等方面提高自己,努力做到以礼待人。学生通过板书,能够直观感受本课知识脉络,更加深刻地理解以礼待人的内容。

"诚实守信"议题式教学设计

王书信　刘利玲

议题:青少年如何释放诚实守信的正能量?

一、设计依据

(一)课程标准分析

本框内容对应《义务教育道德与法治课程标准(2022年版)》"生命安全与健康教育"主题中的"遵守基本社交礼仪,恪守诚信,理性维护社会公德,维护公共秩序,做文明的社会成员"。

本框内容所依据的《青少年法治教育大纲》的相应部分是"青少年法治教育内容"。具体对应的内容是:"了解民事活动的基本原则,树立诚信意识和契约精神。"

(二)教材内容分析

1.本框地位

"诚实守信"是《道德与法治》八年级上册第二单元"遵守社会规则"第四课"社会生活讲道德"第三框内容,衔接小学《道德与法治》三年级下册第一单元第三课"我很诚实"相关内容。在社会生活中,诚信是一种道德规范,也是社会主义核心价值观在公民层面的一个价值准则。在前两框学习尊重他人、待人有礼内容后,还要明白在社会生活中安身立命需要具备诚实守信的品质。诚实守信不仅是重要道德规范,还是民法原则。诚实守信对指导学生当下学习生活乃至未来健康成长都具有重要意义,本框题无论是在教材中的地位还是对未成年人的健康成长都十分重要。

2.本框内容

本框由呈递进关系的两目组成。第一目"诚信无价"阐述诚信的含义及重要性,诚信是公民基本道德规范的重要内容,也是一项民法原则,诚信的重要性体现在对个人是安身立命之本,对企业是无形资产,对国家促进社会文明、国家兴旺。第二目"践行诚信"引导学生要树立诚信意识,运用诚信智慧,珍惜个人诚信记录,积极参与诚信建设。诚实守信不仅影响个人发展和人际交往,还关系整个社会和谐稳定。如何正确认识诚信和践行诚信,是一个值得深入探讨的议题。

3.本框目标

学生通过案例分析(诚信的含义、地位)、小组合作探究(诚信重要性)、商议(践行诚信)、争议(诚信智慧)等议学活动,理解诚信的价值和意义,知道社会主义核心价值观对诚信的具体要求,知道诚信是一项民法原则。能够积极参加社会诚信建设,为营造社会诚信环境贡献力量,提高道德修养,涵养健全人格。

4.本框重难点

教学重点:诚信的重要性。

教学难点:如何践行诚信。

(三)教学背景分析

国家议题:诚信是中华民族传统美德,是发展社会主义市场经济的基本要求,也是一项重要的民法原则。

社会课题:诚信建设是实现高质量发展的根基,是完善社会主义市场经济所必需。严惩失信行为是建设法治社会、弘扬社会主义核心价值观、促进社会和谐与国家发展的应有之义。我国信用体系建设虽然取得一定进展,但覆盖全社会的征信系统尚未形成,守信激励和失信惩戒机制尚不健全,失信成本偏低,诚信建设任重道远。青少年是国家的未来和希望,他们的诚信意识和行为关系社会稳定和发展。加强对未成年人的诚信教育,是社会和谐发展的重要课题。

成长命题(学情分析):学生在小学阶段对诚信的内容有所了解,也知道在生活中要讲诚信。但是,也有个别学生对遵守道德规范持消极态度,或者具有诚信意识,但是行动上坚守诚信有所不足,没有养成良好的诚信习惯。此外,学生对诚信对企业和国家的重要意义,以及在复杂情境中如何遵守诚信伦理原则和法律要求,缺乏比较深刻的认识和理解。这就需要加强引导,从意识和行动两个维度帮助学生更好地将诚信内化于心、外化于行。

二、设计思路

(一)教学路线

议题线:围绕总议题"青少年如何释放诚实守信的正能量",设计议题线:至诚无价·为什么诚信是无价的;践行诚信·如何用行动引领诚信新风尚;诚信智慧·复杂情境中如何闪耀诚信智慧。

情境线:凉山网红虚假助农直播带货事件;主播李明面对利益诱惑的抉择;主播李明慈善捐赠中的诚信智慧。

活动线:观看凉山网红虚假助农事件视频,感受诚信含义、重要性;帮助李明面对利益诱惑作出抉择,践行诚信;建议李明如何在复杂情境中闪耀诚信智慧。

知识线:诚信的含义、重要性;如何践行诚信(树立诚信意识、珍惜诚信记录);践行诚信(诚信智慧)。

(二)教学结构

总议题	环节·议题线	情境线	活动线	任务线	知识线	核心素养
青少年如何释放诚实守信的正能量	导入	网红虚假助农新闻	分享、思考	衔接	初探诚信	健全人格 道德修养 法治观念
	至诚无价·为什么诚信是无价的	网红虚假助农事件后续	探究、研讨	理解	诚信含义、重要性	
	践行诚信·如何用行动引领诚信新风尚	网红李明的抉择	分析、建议	运用、实践	如何践行诚信(树立诚信意识、珍惜诚信记录)	
	诚信智慧·复杂情境中如何闪耀诚信智慧	网红李明的困惑	思考、建议	应用、迁移	践行诚信(诚信智慧)	

三、过程设计

[新课导入]诚信是传统美德,也是一项民法原则。随着直播带货兴起,网络直播带货在给我们带来便利的同时,不少消费者投诉一些直播、短视频推荐的商品是虚假宣传的伪劣产品。课前播放四川凉山网红虚假助农新闻视频,引发思考——你有过类似经历吗?

[设计意图]以直播带货中存在虚假销售这一社会生活热点导入,学生身临其境展开思考,激发学习兴趣。作为消费者,我们在生活中可能也会遇到这样的问题,这样的情况会给我们的生活带来怎样的不便,引发学生感知和思考诚信问题,自然引入本节课议题教学。

环节一:至诚无价·为什么诚信是无价的?

[必备知识]诚信的含义、重要性。

[议学情境]2023 年 9 月,在凉山州多个部门密切配合下,成功侦办了以"凉山曲布""赵灵儿"等为代表的四川首例"系列网红直播带货案"。这些网红在背后公司的孵化下,打着助农旗号,通过摆拍虚假视频,打造"大凉山原生态"人设,带货销售假冒的大凉山特色农产品,谋取巨额利益,涉案金额超千万元。在国家相关部门调查下,此前粉丝超过 200 万的网红赵某(赵灵儿)、阿日某某(曲布)等人犯虚假广告罪,分别获刑 8 个月至 10 个月不等,其背后的助农公司负责人张某获刑 3 年 2 个月。

[议学任务 1]学生通过课前导入视频思考:你是如何看待网红主播虚假助农、不讲诚信这一行为的?

[答案提示]这些网红主播的行为给社会秩序带来不小损害,凸显出在现实生活中诚信具有举足轻重的地位。诚实守信是中华民族自古以来的道德规范,也是当代中国社会主义核心价值观的价值准则。《中华人民共和国民法典》要求民事主体在行使权利、履行义务过程中,讲诚实、重诺言、守信用。这对建设诚信社会具有重要意义。

[设计意图]为了让学生更深入地理解诚信的重要性,在课前导入视频的基础上,呈现真实案例,学生感知诚信的重要性,了解不讲诚信不仅损害他人利益,还影响自身信誉,严重者还会触犯法律,受到法律制裁。诚信不仅是社会主义核心价值观和公民基本道德规范的重要内容,还是一项民法原则。无论在个人生活中,还是在社会交往中,诚信不仅仅是一种道德品质,更是一种责任和义务。通过教育引导和实践锻炼,我们希望每一个公民都能认识到诚信的重要性,在日常生活和社会交往中坚守诚信原则,为建设一个诚信社会作出贡献。

[议学任务 2]小组探究:网红主播虚假助农、卖惨助农的行为,对网红主播和相关企业有什么影响?为什么国家要打击虚假直播这一行为?

[答案提示]网红主播虚假助农、卖惨助农的行为损害消费者合法权益,作为消费者不但对该网红主播失去信任,而且相关直播企业和农产品企业都会受到不同程度的影响。失去信誉的主播将在之后的人生和事业中处处碰壁。在市场经济中,企业只有讲诚信,才能塑造良好形象和信誉,经济效益才能持久。由此可见,诚信是一个人安身立命之本,诚信是企业无形资产。诚信对国家来

说至关重要,人与人之间讲诚信,能减少矛盾,促进社会和谐。国与国之间信守诺言,才能得到他国认可,才有利于不断提高本国竞争力。诚信促进社会文明、国家兴旺。

[设计意图]学生对诚信有了初步的认识和理解后,教师组织他们进行小组合作,以便更深加入地探讨诚信对个人、企业和国家的影响。在这一过程中,学生了解到虚假助农行为侵害消费者合法权益。为了让学生们更加深刻地理解这一问题,教师引导他们从消费者角度进行换位思考:假如他们是被侵权的消费者,他们会继续向这样的商家购买商品吗?通过讨论,学生逐渐认识到不讲诚信不仅对个人和企业产生负面影响,还对整个社会和国家发展有百害而无一利。

为了让学生更好地理解和体验诚信的重要性,在小组合作学习中,学生积极讨论、互动交流,通过分享彼此的观点和经验,进一步认识诚信在个人、企业和国家各个层面的重要性。在这一过程中,教师引导、指导学生,帮助他们分析问题、解决问题,使学生对诚信的认识不断深化,更好地体会诚信在现实生活中的意义。

[知识小结]诚信的重要性。

①诚信是一个人安身立命之本。诚信才能赢得信任,否则无法立身处世。

②诚信是企业的无形资产。企业只有坚持诚信经营,才能塑造良好形象和信誉,带来持久效益。

③诚信促进社会文明、国家兴旺。塑造国家形象,提升国家声誉,增强国家文化软实力。

环节二:践行诚信·如何用行动引领诚信新风尚?

[必备知识]如何践行诚信。

[议学情境]随着短视频持续火热,很多人通过短视频平台当上了网红主播,实现人生逆袭。大学生李明一直希望能通过短视频自谋职业,大学毕业后,他通过自身努力,顺利成为一名网红主播。在某次直播带货中,消费者购买热情很大,原产地的产品很快售罄。为了赚更多的钱,李明考虑要不要从其他地方补充货源,但这存在一定的风险。

[议学任务]假如你是李明,你会如何抉择? 如果不讲诚信可能会怎样?

[答案提示]在日常生活中,我们要真诚待人,办老实事,做老实人。在李明

议题情境中,偷换货品的确能趁热打铁赚一笔,但一旦被消费者发现,那么,李明将失去消费者的信任,对他的直播事业是致命打击。因此,我们要树立诚信意识,不断锻炼和强化诚信意识。在"老赖"议题情境中,认识国家对失信人的惩处力度,国家诚信建设与每个人息息相关,要珍惜自己的诚信记录。

[设计意图]在上一环节,学生感受到诚信的重要性。在此基础上,本环节设置李明抉择情境,引导学生思考:既然诚信如此重要,那我们在现实生活中应该如何践行诚信? 由抽象到具体、由理论到现实,学生在议题情境中树立诚信意识。接着,顺其自然引出要是不讲信用可能会有什么后果,进而提出"老赖",从失信这一社会议题拓展到出国家有关部门重点处罚失信人措施,引发学生认识到失信人在社会生活中会寸步难行,要珍惜个人诚信记录。

环节三:诚信智慧·复杂情境中如何闪耀诚信智慧?

[议学情境]诚信做人、踏实耕耘在直播行业的李明,成立自己的公司团队,直播带货小有成绩的他决定向白血病儿童捐赠一笔医疗费用。在医院看望患儿时,被告知不能向孩子透漏真实病情,一向做人诚实磊落的他犯难了,他觉得应该直接告知孩子病情,并且将捐赠医疗费的事情一并告知。

[议学任务]假如你是李明的朋友,你会怎么帮助他解决这个难题?

[答案提示]社会生活纷繁复杂,我们有时会面临两难的选择。李明应顾及病人情绪,学会善意的谎言。当尊重他人隐私与对人诚实发生冲突时,我们应遵循伦理原则和法律要求,权衡利弊,做到既恪守诚实要求,又尊重他人隐私,学会运用诚信智慧。

[设计意图]围绕直播带货这一主线逻辑,深入探讨学生在实际生活场景中遇到的诚信与隐私保护两难问题。学生在日常生活中经常会遇到诚信和保护隐私等复杂情境,通过该议学情境探讨,激发学生深度思考,学会解决比较复杂的问题。引导学生认识诚信的复杂性和冲突性,激发他们学会深度思考,最终树立起面对类似复杂问题正确的态度和处理方式。

[知识小结]怎样践行诚信?

①树立诚信意识。

②运用诚信智慧。当尊重他人隐私与对人诚实发生冲突时,遵循伦理原则和法律要求,既恪守诚实要求,又尊重他人隐私。

③珍惜个人诚信记录。

［板书设计］

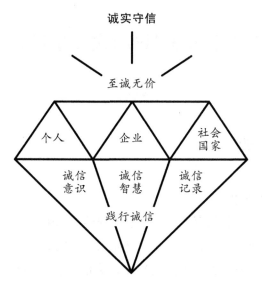

设计意图:本节课板书设计以钻石立意。钻石晶莹剔透、高雅脱俗,象征纯洁真实、忠诚勇敢,是具有高尚品质的标志。同时,钻石作为宝石中的宝石,是财富的象征。以钻石比拟诚信,形象展现诚信是无穷财富,是高尚品质,帮助学生更直观地感受诚信的重要性。在钻石上嵌入"至诚无价""践行诚信",脉络清晰,呈现重点,方便学生理解本节课学习内容。

"法不可违"议题式教学设计

刘利玲

一、设计依据

(一)课程标准分析

本框内容对应《义务教育道德与法治课程标准(2022年版)》"法治教育"主题中的"认识民法典对保护人身权、财产权的意义""认识犯罪的基本概念,了解刑罚的主要类型;认识未成年人违法犯罪行为的危害,培育和提高自我保护的意识和能力,自觉抵制校园欺凌和违法犯罪行为"。

(二)教材内容分析

1.本框地位

"法不可违"是《道德与法治》八年级上册第二单元第五课"做守法的公民"第一框内容,衔接小学六年级上册第四单元"法律保护我们健康成长"和七年级下册第四单元"走进法治天地"相关内容。本框在第一单元了解社会生活基础上,进一步引导学生认识和遵守社会规则,了解法律的作用和违法行为的分类和判断,为后面两框"预防犯罪""善用法律"奠定认识基础。

2.本框内容

本框由"违法无小事""警惕身边的违法行为"两目组成。第一目主要引导学生树立法律是最刚性的社会规则、不违法是人们行为的底线的法治理念,让学生明白什么是违法行为,并按行政违法行为、民事违法行为和刑事违法行为分类探究。第二目主要帮助学生了解身边的行政违法行为,理解民法典用规定权利和义务的方式来规范社会成员之间的关系。两目为递进关系,从认识一般违法行为的危害,到自觉依法规范自己的行为,更深刻地理解遵章守法是社会和谐的保证。

3.本框目标

学生通过思考、交流生活中的"小事",讨论交流不同的观点,分析判断不同违法行为的危害、特点、责任,观看情景剧《"义"无反顾》等议学活动,理解法律的作用与违法的含义、分类、特点、责任,认识和辨别各种违法行为,了解不同违法行为应承担的法律责任,能够警惕日常生活中的一般违法行为,学会遵章守法,依法办事;发展信息获取与加工、语言组织与表达、批判性思考等关键能力;提升法治观念,树立法治意识,做社会主义法治的忠实崇尚者、自觉遵守者、坚定捍卫者。

4.本框重难点

教学重点:理解违法行为的含义及其分类;自觉遵纪守法。

教学难点:辨识身边的一般违法行为;自觉依法规范行为。

(三)教学背景分析

国家议题:依法治国是党领导人民治理国家的基本方略,全面推进依法治国是实现第二个百年奋斗目标、应对风险挑战的重要保障,要加快建设社会主义法治国家。

社会课题:近年来,校园暴力、校园欺凌、青少年违法犯罪等事件引起全社会广泛关注。《未成年人检察工作白皮书(2022)》显示,青少年违法犯罪呈低龄化、暴力化、女性化倾向,数据不容乐观。青少年法治教育正在成为法学和教育学交叉领域的一个热点课题,引起学界高度重视。

成长命题(学情分析):八年级学生正处于青春期,有一定的规则意识、法治意识。但是,他们存在以下偏差:一是知法有偏差。由于缺乏社会经验,虽然知道法律是重要的社会规则,但只认识到杀人、放火等行为是违法行为,对一般违法行为了解很少。二是违法不自知。对法律、犯罪等方面的知识了解不多,缺乏法律常识和深入认知。在日常生活中,极易出现违法而不自知的情况,更不会(敢)用法律武器维护自身合法权益。同时,由于情绪具有不稳定性和冲动性,容易导致违法犯罪发生。三是守法存侥幸。此阶段学生自控能力不强,容易受他人和环境影响。在现实生活中,即使知道要遵守法律,也不能很好地约束自己,会因"不拘小节""小错不断"发展成违法犯罪行为。

二、设计思路

(一)教学路线

议题线:围绕总议题"为何法不可违",设计议题线:法之用·法律何用;法之辨·何谓违法;法之行·如何遵章守法。

情境线:生活中的"小事";身边常见案例;情景剧《"义"无反顾》。

活动线:思考、交流生活中的"小事"是否违法;交流、讨论:观点 1.大惊小怪,小题大做,没有必要;观点 2.公序良俗,共同遵守,不能容忍;判断、填表:违法行为、违反的法律、社会危害程度、承担的法律责任;记录、分享。

(1)灿哥和英杰侵犯了他人什么权利? 属于哪类违法行为? (2)如果有机会跟英杰单独聊天,你会跟他说些什么?

知识线:法律的作用;违法的含义、分类、危害、责任;警惕身边的违法行为,自觉依法规范自己的行为,遵章守法。

(二)教学结构

总议题	环节·议题线	情境线	活动线	任务线	知识线	核心素养
为何法不可违	导入	生活中的"小事"	思考、交流	衔接	引起学生兴趣	法治观念
	法之用·法律何用	生活中的"小事"	交流、讨论	理解、分析	知道法律的指引和评价作用	
	法之辨·何谓违法	常见案例分析	判断、填表	理解、分析	知道违法的含义、分类、特点、责任	
	法之行·如何遵章守法	情景剧《"义"无反顾》	记录、分享	应用、迁移	认识一般违法的危害,自觉依法规范自己的行为,遵章守法	

三、过程设计

[新课导入]同学们,本单元主题是"遵守社会规则"。经过前面两课的学习,大家知道规则包含哪些内容吗? 没错,道德、纪律、法律都是常见的社会规则。而法律是最为刚性的社会规则。为什么这样说呢? 这节课将告诉我们答案。

上课之前,先考一下大家,这几种行为属于违法行为吗?

[议学情境]文字和图片展示生活中的"小事"——

(1)李某在地铁上吸烟。

(2)地铁车厢里一女子穿内衣热舞,同伴帮忙拍摄以宣传某内衣品牌。

(3)小芳觉得卡通形象很可爱,她给自己设计了一个头像,也给好朋友小英设计了一个头像并转发到朋友圈和同学群。(小英并不知情)

(4)小星未经同意抄袭小华的文章发表在《中学生报》上。

(5)小刚发际线比较靠后,小明给他起了个绰号"光头强"。

[设计意图]承上启下,开门见山,以真实生活场景导入,直面社会现象,激发学生兴趣。五个行为不仅是道德谴责行为,也是法律禁止行为。承接上节课"社会生活讲道德"内容,突出本节课主题,让学生带着问题很快进入课堂。

环节一:法之用·法律何用?

[必备知识]法律的作用。

[议学情境]文字和图片展示生活中的"小事"。(同上)

(1)李某在高铁上吸烟(违反消防法,罚款 500 元)。

(2)地铁车厢里一女子穿内衣热舞,同伴帮忙拍摄以宣传内衣品牌(行政拘留并罚款)。

(3)小芳觉得卡通形象很可爱,她给自己设计了一个头像,也给好朋友小英设计了一个头像并转发到朋友圈和同学群。小英认为小芳太过分,坚持维权,小芳认为自己只是觉得好玩而并无恶意。

(4)小星未经同意抄袭小华的文章并发表在《中学生报》上,小华状告小星侵犯自己的权益。

(5)小刚发际线比较靠后,小明给他起了个绰号"光头强"。小刚感觉受到冒犯,多次协商未果,把小明告上法庭。

[议学任务]小组交流、讨论:

观点 1.大惊小怪,小题大做,没有必要。

观点 2.公序良俗,共同遵守,不能容忍。

[设计意图]以社会热点创设情境,贴近生活实际,直面学生疑点和困惑,激发学生兴趣和思考,帮助学生理解法律作为最为刚性的社会规则如何在社会生活中发挥作用,明确法律的指引和评价作用,进而得出"不违法是人们行为的底线"。

环节二:法之辨·何谓违法?

[必备知识]违法的含义、类别、责任。

[议学情境]案例展示——

(1)朱某在学校操场捡到苏某丢失的手表,拒绝归还。苏某向人民法院起诉,根据《中华人民共和国民法典》规定,拾得遗失物,应当归还权利人,法院判决朱某限期归还手表。

(2)周某和卖方李某签订合同,李某收款后只发放一半货物,周某向人民法院起诉,法院判决李某继续履行合同。

(3)李某等人在体育馆观看比赛时,起哄、打闹,向场内投掷矿泉水瓶,展示不文明标语。工作人员多次劝阻,他们就是不听。工作人员找来民警,将他们带走。根据我国治安管理处罚法规定,对扰乱公共场所秩序的行为应予以处罚。公安机关给予李某等人警告处罚。

(4)2018年10月7日,虎牙主播杨某莉在直播时戏唱国歌,违反《中华人民共和国国歌法》相关规定,被处以行政拘留5日。

(5)陈某为谋取非法利益,介绍杨某向吴某等人(均另案审理)非法收购走私马来穿山甲(Ⅰ类濒危野生动物)。经人民法院审理,根据刑法,陈某构成非法收购珍贵、濒危野生动物罪,被判处有期徒刑八年,并处罚金人民币五万元。

[议学任务]小组交流讨论不同的违法行为,并填写下面表格(要求:小组交流讨论,有记录,代表发言,不重复观点,可以相互补充,其他小组可以提问、质疑、纠错,3分钟。)

序号	违法行为类别	违反的法律	社会危害程度	承担的法律责任	再举一例
1					
2					
3					
4					
5					

[答案提示]

序号	违法行为类别	违反的法律	社会危害程度	承担的法律责任	再举一例
1	民事违法	民法典	较轻	限期归还	随意制作表情包并转发
2	民事违法	民法典	较轻	继续履约	将他人发明成果据为己有
3	行政违法	治安管理处罚法	较轻	警告	破坏铁路封闭网
4	行政违法	国歌法	较轻	行政拘留	谎报险情
5	刑事违法	刑法	较重	有期徒刑、罚金	电信诈骗数额巨大

[设计意图]通过5个不同的案例情境探究,让学生在对比中分析三种违法行为的不同表现、违反的法律、危害程度及承担的法律责任。"再举一例"帮助

学生实现从案例到知识再到案例的转化,真正达到融会贯通。同时,初步了解民法典、治安管理处罚法、刑法对相关违法行为的处罚,帮助学生认识违法无小事,任何违法行为必然受到法律制裁,增强学生法治意识,培养学生比较、分析和归纳能力。

环节三:法之行·如何遵章守法?

[必备知识]本节课综合知识。

[议学情境]情景剧《"义"无反顾》(根据真实案例改编)

英杰是某中学一名初二学生,成绩不好,头脑聪明,特别喜欢玩游戏。周末,他经常通宵达旦玩游戏。半年前,他在游戏里认识了一位"兄弟"——灿哥。灿哥出手阔绰,为人大方,经常帮英杰买装备或者帮他升级,经常与英杰称兄道弟。英杰认为这个是真兄弟,讲义气,很快就打得火热。

一天,一向阔绰的灿哥跟英杰讲,他最近手头有点紧,装备跟不上,希望英杰先借给他100元购买装备,2天后还200元给他。英杰想都没想就转过去了,第二天,灿哥没有食言,真的还了他200元,英杰心里特别开心!

没过多久,灿哥跟英杰说,最近他发现一个叫"日日红"的App,上面通过借钱还钱赚差价的方式,只要转手快,一天能赚好几百,当然是本钱越大,赚得就越多。看在好兄弟份上,介绍给英杰,可以试试。英杰先试了200元,果然一天下来就赚了差不多80元。在灿哥不断鼓励下,他决定趁父母不在家,拿妈妈2000元和一条金项链,卖了8000多元放到App上,希望赚钱后就物归原主。

灿哥说,如果能介绍更多的亲戚朋友、同学加入,他们俩的利率会翻倍。看到这么讲义气的兄弟,也为了赚更多的钱,英杰连哄带骗,拉了几个同学加入,一起共投资5万元。

不久后的一天,英杰联系灿哥,发现灿哥突然消失了,游戏账号、微信都不见了,连App都无法打开。英杰想,是不是灿哥出什么事了? 一连几天,灿哥好像人间蒸发一样,英杰感到不妙,才反应过来可能被骗了。于是,他发挥自己的特长,在网上对灿哥展开"人肉搜索",不把他绳之以法,誓不罢休!

正在他苦苦寻找灿哥的时候,两位民警来到英杰家中,告诉他涉嫌一起诈骗案和侵犯个人隐私案,需要带回警局配合调查。英杰怎么也想不明白,自己原来帮助或者报答兄弟,后来为民除害,难道这也犯法吗?

[议学任务]请你来做法官:

(1)灿哥和英杰侵犯了他人的什么权利? 属于哪类违法行为?

（2）如果有机会跟英杰单独聊天,你会跟他说些什么?

[知识小结]如何遵章守法、做守法好公民?

认识一般违法行为的危害,自觉依法规范自己的行为;在社会生活中,要分清是非,增强守法观念,严格遵守治安管理的法律规定;在社会交往中,要依法从事民事活动,积极防范民事侵权行为和合同违法行为。

[设计意图]本活动贴近学生生活实际,回应社会热点话题。网络电信诈骗现象存在并且更加低龄化、无形化,轻则一般违法,重则属于犯罪行为。"人肉搜索"同样侵犯他人人身权利。本情境相对比较复杂,旨在引导学生时刻警惕身边的违法行为,既要维护自己权益,又要尊重他人权益,认识民法典对保护人身权、财产权的意义,促进法治观念、道德修养、健全人格等学科核心素养落地,达成学科立德树人根本目标。

[板书设计]

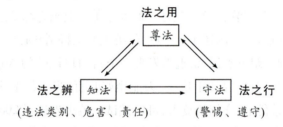

[设计意图]知法、尊法、守法、用法是作为合格公民正确对待法律的应有之义。本节课主要针对前面三个维度,框架式板书设计清晰明了,简洁呈现本节课重难点和主干知识,有利于形成系统化、网格化知识体系,有效帮助学生梳理、整理、归纳学习内容,凸显知识与素养之间的关联性。

"预防犯罪"议题式教学设计

刘利玲

议题:青少年如何预防犯罪?

一、设计依据

(一)课程标准分析

本框内容对应《义务教育道德与法治课程标准(2022年版)》"法治教育"主题中的"认识犯罪的基本概念,了解刑罚的主要类型;认识未成年人违法犯罪行为的危害,培育和提高自我保护的意识与能力,自觉抵制校园欺凌和违法犯罪行为"。

(二)教材内容分析

1.本框地位

"预防犯罪"是《道德与法治》八年级上册第二单元第五课"做守法的公民"第二框内容,衔接小学六年级上册第四单元"法律保护我们健康成长"和七年级下册第四单元"走进法治天地"相关内容。本框题既是对上一框内容的进一步了解,又对下一框"善用法律"学习起铺垫作用,具有承上启下的作用。

2.本框内容

本框由两目组成。第一目"了解罪与罚",引导学生了解犯罪的三个基本特征、犯罪的法律后果及分类。第二目"加强自我防范",引导学生认清犯罪的危害,加强自我防范,杜绝不良行为,预防犯罪,增强法治观念,依法自律,避免沾染不良习气,自觉遵纪守法,防患于未然。

3.本框目标

学生通过参与分析判断不同的违法行为、讨论交流"陈某的犯罪之路"、辩论"如何预防犯罪"等议学活动,知道犯罪的特征、刑罚的种类、犯罪的危害,懂得不良行为与违法犯罪之间没有不可逾越的鸿沟,明白预防犯罪需要加强自身修养,增强法治观念,防微杜渐,依法律己;树立法治意识,提升法治观念,用实际行动做社会主义法治的忠实崇尚者、自觉遵守者、坚定捍卫者。

4.本框重难点

教学重点:理解犯罪的特征,增强法治观念。

教学难点:加强自我防范,认清犯罪危害,远离犯罪。

(三)教学背景分析

国家议题:依法治国是党领导人民治理国家的基本方略,推进全面依法治国是实现第二个百年奋斗目标、应对风险挑战的重要保障。

社会课题:《未成年人检察工作白皮书(2022)》显示,青少年违法犯罪呈低龄化、暴力化、女性化倾向,未成年人犯罪总体呈上升趋势,低龄未成年人犯罪占比上升,犯罪类型更加集中。2022年,检察机关受理审查起诉未成年人犯罪居前五位的分别是盗窃罪、聚众斗殴罪、强奸罪、抢劫罪和寻衅滋事罪。青少年法治教育正在成为法学和教育学交叉领域的一个热点课题,已经引起学界高度重视。

成长命题(学情分析):八年级学生正处于青春期之高峰期,有一定的规则意识、法治意识,但存在以下偏差:一是知法有偏差。由于缺乏社会经验,虽然知道法律是重要的社会规则,但只认识到杀人、放火等行为是违法行为,对于一般违法行为了解不多,认为犯罪离自己很远。二是违法不自知。对于法律、犯罪等方面的知识并不了解,缺乏法律常识和法律认知,在日常生活中极易出现违法而不自知的情况,更不会(敢)用法律武器维护自身合法权益。同时,他们情绪具有不稳定性和冲动性,容易导致违法犯罪发生。三是守法存侥幸。此阶段学生自控能力、自律能力不强,容易受他人和环境的影响。在现实生活中,即使知道要遵守法律,也不能很好地约束自己,可能会因"不拘小节""小错不断"而逐步走向违法犯罪行为。

二、设计思路

(一)教学路线

议题线:围绕总议题"青少年如何预防犯罪",设计议题线:罪罚分明·何谓罪与罚;引以为戒·犯罪有哪些危害;严于律己·如何加强自我防范、远离犯罪。

情境线:课前调查数据;《未成年人检察工作白皮书(2022)》未成年犯罪数据;五名未成年少女因校园欺凌被判刑;打人、酒后开车违法行为及结果的异同;陈某的犯罪之路;视频《新闻周刊:关注未成年人的"罪"》。

活动线:交流对未成年人犯罪数据的看法;分析同为打人、酒后开车行为的异同;交流分析陈某的犯罪之路及其危害、启示;辨析预防犯罪主要靠法律还是自律。

知识线:犯罪的特征;刑罚的种类;犯罪的危害;增强法治观念,依法自律,遵纪守法,防患于未然。

(二)教学结构

总议题	环节·议题线	情境线	活动线	任务线	知识线	核心素养
青少年如何预防犯罪	导入	课前学情调查	交流	衔接	引起学生兴趣	法治观念
	罪罚分明·何谓罪与罚	打人、酒后开车行为及结果的异同(不同违法行为及法律责任)	分析判断:不同违法行为,归纳犯罪的特征、刑罚的种类	理解、分析	知道犯罪的特征及刑罚的种类	
	引以为戒·犯罪有哪些危害	陈某的犯罪之路	讨论交流:陈某是怎样走上犯罪道路的?有何危害与启示	理解、分析	知道犯罪的危害,懂得不良行为可能发展为犯罪	
	严于律己·如何加强自我防范、远离犯罪	视频《新闻周刊:关注未成年人的"罪"》	课堂辩论:预防犯罪主要靠法律 VS 预防犯罪主要靠自律	思辨、迁移	学会加强自身修养,增强法治观念,防微杜渐,依法律己	

三、过程设计

[新课导入]同学们,在学完第一框后,很多同学对违法犯罪表现出很大的关注。课前调查印证了这一点:不少同学认为违法、犯罪离我们很远,超过70%的同学认为身边没有犯罪行为;提了很多很有价值的问题,如杀人犯要如何处理、玩剧本杀会有杀人倾向吗、青少年杀人会判死刑吗、犯罪的标准是什么、如何预防犯罪。这节课,我们将一一解开大家心中的困惑。

[设计意图]开门见山,以真实学情和数据导入,引起学生注意,提起学生兴

趣。另外,凸显本节课的主要内容,让学生带着问题、带着思考很快进入课堂学习。

环节一:罪罚分明·何谓罪与罚?

[必备知识]犯罪的三个基本特征和刑罚处罚的种类。

[议学情境1]视频展示:2017年11月2日,北京市西城区人民法院对一起校园欺凌案件进行宣判,5名犯罪时未满18岁的被告人分别被判处有期徒刑。北京市西城区人民法院法官肖志勇宣布判决如下:被告人朱某犯寻衅滋事罪,判处有期徒刑1年;被告人赵某,犯寻衅滋事罪,判处有期徒刑11个月。

图片展示:《未成年人检察工作白皮书(2022)》2021—2022年未成年人犯罪情况数据;受理审查起诉14—16周岁未成年犯罪嫌疑人情况。

[议学任务1]观看视频、数据,感知未成年人违法犯罪的真实情况。

[设计意图]从触目惊心的校园欺凌案例、《未成年人检察工作白皮书(2022)》数据中,感受违法犯罪离我们并不遥远,引起学生的重视与警惕。

[议学情境2]表格呈现常见违法行为

违法行为表现及法律责任	判断所属违法类型	我的发现	我的困惑
因酒后驾车被拘留、罚款			
因醉酒驾驶被拘役、罚金			
因养狗咬伤人赔付医药费			
因侵害他人名誉赔礼道歉			
因抢劫被判处有期徒刑5年			
因多次勒索同学被拘留10天			
因吸食毒品依法给予治安管理处罚			
甲打了乙两个耳光,致使乙脸面红肿			
甲打了乙两个耳光,致使乙双耳失聪,右眼视网膜脱落失明,终身残疾			

[议学任务2]学生小组合作,分析判断违法行为所属的违法类别(民事违法、行政违法、刑事违法),归纳判断犯罪的依据及特征、刑罚的种类,及时提问困惑点。

[答案提示]

违法行为表现及法律责任	判断所属违法类型	我的发现	我的困惑
因酒后驾车被拘留、罚款	行政违法		同样是酒后开车为什么责任不同？同是打人，为什么一个是民事违法，一个是犯罪？如何界定
因醉酒驾驶被拘役、罚金	刑事违法（犯罪）		
因养狗咬伤人赔付医药费	民事违法	不同违法行为违反的法律不同，承担责任也不同	
因侵害他人名誉赔礼道歉	民事违法		
因抢劫被判处有期徒刑5年	刑事违法（犯罪）		
因多次勒索同学被拘留10天	行政违法		
因吸食毒品依法给予治安管理处罚	行政违法		
甲打了乙两个耳光，致使乙脸面红肿	民事违法		
甲打了乙两个耳光，致使乙双耳失聪，右眼视网膜脱落失明，终身残疾	刑事违法（犯罪）		

[设计意图]通过对比常见的、典型的几种违法行为,引导学生在合作交流中归纳判断犯罪的依据及特征、刑罚的种类。对比分析法一目了然,学生很快能总结其中的依据,很好地理解犯罪的三个基本特征。

[议学任务3]根据上面归纳的刑罚种类,通过希沃分类小游戏,进行刑罚种类区分。

[设计意图]采用游戏化分类方式,让枯燥的法律知识学习变得生动活泼,学生喜欢且易于接受,在游戏中学习,提高学习兴趣和效率。

环节二:引以为戒·犯罪有哪些危害?

[必备知识]犯罪是成长路上最凶险的陷阱,不良行为如果不加以规范和重视,可能会发展为违法犯罪,两者之间没有不可逾越的鸿沟。

[议学情境]品学兼优的好学生沦为阶下囚——

15岁的陈某原本是一个品学兼优的好学生。自从结识了社会上一群游手好闲的"朋友",他逐渐无心学习,经常旷课。刚开始,他还有些自责,觉得对不起父母和老师,后来便放纵自己,并因偷东西、打骂同学等受到学校纪律处分。他非但没有接受教训,反而经常偷窃财物,因此被公安机关拘留。但他仍不悔改。为了去网吧玩游戏,他和另外两个"朋友"竟拦路抢劫,在短短几天内多次作案,最终因抢劫罪被判刑。

[议学任务]小组交流讨论:陈某是怎样走上犯罪道路的?其行为有何危

害？对你有何启示？（要求：小组交流讨论，有记录，代表发言，不重复观点，3分钟。）

[答案提示]陈某从交友不慎开始，无心上学到偷窃，最终因抢劫罪被判刑。他不仅侵犯别人的财产权，破坏社会稳定和谐，还断送了自己的大好前程。这印证了"千里之堤，溃于蚁穴""勿以善小而不为，勿以恶小而为之""小时偷针，大时偷金"这些话，不良行为与违法犯罪之间没有不可逾越的鸿沟，我们应该防微杜渐，吾日三省吾身，谨慎交友，杜绝不良行为，以免误入歧途。

《中华人民共和国预防未成年人犯罪法》第二十八条规定	《中华人民共和国预防未成年人犯罪法》第三十八条规定
不良行为（未成年人实施的不利于其健康成长的行为）	严重不良行为（未成年人实施的有刑法规定、因不满法定刑事责任年龄不予刑事处罚的行为，以及严重危害社会的行为）
吸烟、饮酒、多次旷课、逃学；无故夜不归宿、离家出走；沉迷网络；与社会上具有不良行为的人交往，组织或者参加实施不良行为的团伙；进入法律法规规定未成年人不宜进入的场所；参与赌博、变相赌博，或者参加封建迷信、邪教等活动；阅览、观看或者收听宣扬淫秽、色情、暴力、恐怖、极端等内容的读物、音像制品或者网络信息等；其他不利于未成年人身心健康的不良行为	结伙斗殴，追逐、拦截他人，强拿硬要或者任意损毁、占用公私财物等寻衅滋事行为；非法携带枪支、弹药或者弩、匕首等国家规定的管制器具；殴打、辱骂、恐吓，或者故意伤害他人身体；盗窃、哄抢、抢夺或者故意损毁公私财物；传播淫秽的读物、音像制品或者信息等；卖淫、嫖娼，或者进行淫秽表演；吸食、注射毒品，或者向他人提供毒品；参与赌博赌资较大；其他严重危害社会的行为

[设计意图]通过分析品学兼优的"同龄人"沦为阶下囚的案例，让学生明白违法犯罪其实离我们并不遥远，可能就从自己的一次"不小心""不在意""不警惕"开始，害人害己，不良行为与违法犯罪之间没有不可逾越的鸿沟，从而重视端正自己的行为，勿以善小而不为，勿以恶小而为之，避免"雷区"，杜绝不良行为。

环节三：严于律己·如何加强自我防范、远离犯罪？

[必备知识]提升道德修养，增强法治观念，依法自律，远离犯罪。

[议学情境]观看视频《新闻周刊：关注未成年的"罪"》及网上不同观点。

2019年，大连13岁男孩蔡某杀害10岁女孩。按照当时法律，因蔡某未达到法定刑事责任年龄，不予追究刑事责任，对其进行3年收容教养，公开赔礼道歉及民事赔偿 1 286 024 元。此案件引发全社会强烈关切,直接推动刑法修正案(十一)作出重大修改(2020 年 12 月 26 日通过,2021 年 3 月 1 日起施行),对法定最低刑事责任年龄作个别下调,刑责年龄底线降至 12 周岁。

[议学任务]课堂辩论:预防犯罪主要靠法律 VS 预防犯罪主要靠自律。

[知识小结]如何加强自我防范、远离犯罪?

珍惜美好生活,认清犯罪危害,远离犯罪;杜绝不良行为,增强法治观念,依法自律;从小事做起,自觉遵纪守法,防患于未然。

[设计意图]本活动设置充分考虑学生的年龄特征和思维特点,回应社会关切和热点话题,需要学生运用已有道德、法律、规则等综合知识思考、分析。无论法律如何修改和完善,也不能杜绝违法犯罪;而法律作为最为刚性的社会规则,其作用是自律和道德无法替代的。让学生在思辨中澄清,预防犯罪既要靠法律,也要靠自律,两者缺一不可。生活在法治社会,要增强法治观念,依法自律。促进法制观念、道德修养、健全人格等学科核心素养落地,达成立德树人的教育根本任务。

[板书设计]

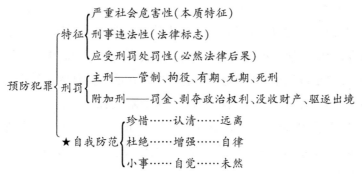

[设计意图]本节课知识脉络清晰明了,板书以知识思维导图形式呈现,一目了然。通过不同颜色,标识清楚并呈现本节课重难点和主干知识,有利于形成系统化、网格化知识体系,帮助学生梳理、整理、归纳本节课学习内容,凸显知识与素养的关联。

"善用法律"议题式教学设计

刘利玲

议题：如何善用法律、点燃法治之光?

一、设计依据

(一)课程标准分析

本框内容对应《义务教育道德与法治课程标准(2022年版)》"法治教育"主题中的"认识犯罪的基本概念,了解刑罚的主要类型;认识未成年人违法犯罪行为的危害,培育和提高自我保护的意识和能力,自觉抵制校园欺凌和违法犯罪行为"。

(二)教材内容分析

1.本框地位

"善用法律"是《道德与法治》八年级上册第二单元第五课"做守法的公民"第三框内容,衔接小学六年级上册第四单元"法律保护我们健康成长"和七年级下册第四单元"走进法治天地"相关内容。本框在前面两框的基础上,是对法治实际行动的落实,着重阐述如何应用法律知识解决社会生活中的法治实践问题,提高学生学法用法能力。从"法不可违"到"预防犯罪"再到本节课"善用法律",层层递进,内在逻辑顺序为学法、知法、尊法、守法、用法,着力实现知行合一。

2.本框内容

本框由"遇到侵害 依法求助""有勇有谋 应对违法犯罪"两目组成。第一目旨在引导学生遇到法律问题或者当自己的合法权益受到侵害时及时寻求法律救助,依靠法律维权。第二目引导学生明白同违法犯罪作斗争是全体公民义不容辞的责任,面对违法犯罪要勇于斗争,更要善于斗争,要见义勇为,更要见义智为,提高依法保护自己、维护自身合法权益的能力。

3.本框目标

学生通过参与设计维权方案"直面校园欺凌"、小组讨论交流"选择诉讼的依据和程序"、思考讨论"帮不帮及如何帮"、共同设计倡议书等议学活动,知道维权的方式和途径,如何同违法犯罪行为作斗争,增强勇于斗争、善于斗争的勇气和信心;树立依法维权意识,提高依法维护自身合法权益的能力,学会有勇有谋地同违法犯罪行为作斗争。弘扬社会主义法治精神,树立守法光荣、违法可耻观念,养成自觉守法、遇事找法、解决问题靠法的行为习惯,树立法治意识,形成法治思维,增强法治观念,做社会主义法治的忠实崇尚者、自觉遵守者和坚定捍卫者。

4.本框重难点

教学重点:知道依法维权的途径和方式,学会用合理合法的方式维权。

教学难点:敢于并善于同违法犯罪行为作斗争,有勇有谋应对违法犯罪行为。

(三)教学背景分析

国家议题:依法治国是党领导人民治理国家的基本方略,全面深化改革,厉行法治,要重视法治思维和法治方式。

社会课题:当前,法律制度日益完善,但现实中未成年人的合法权益在遭遇侵犯后,想要维权仍面临很多复杂问题。例如,面对家庭暴力、校园欺凌、性侵害等,被侵犯的未成年人由于缺乏维权意识和方法,不会、不敢维权,案件并未进入司法机关视野,他们长期生活在挫折、恐惧甚至绝望之中。如何优化未成年人健康成长的社会环境,社会怎样提供足够的支持而提升未成年人依法维权的意识和能力,依然任重道远。

成长命题(学情分析):八年级学生正处于青春期之高峰期,存在依赖性与独立性并存的矛盾心理。一方面他们身心还未成熟,有"弱"的一面,需要成年人的呵护和帮助;另一方面,他们渴望独立、希望成熟,表现为做事有主见,有"刚"的一面。因此,他们往往容易冲动、感情用事或者关闭心扉而不向外界求助、一意孤行。八年级学生涉世未深,缺少社会经验,当自己的合法权益受到侵害后,不会、不敢用法律武器维护自身合法权益,选择忍气吞声、私自报复或者其他途径的居多,缺乏运用法律武器保护自己的途径与方法,维权意识淡薄。因此,需要学会利用合理合法方式维权,保护自己和他人的合法权益,增强依法维权的意识和能力,健康快乐成长。

二、设计思路

(一)教学路线

议题线:围绕总议题"如何善用法律、点燃法治之光",设计议题线:求助有门·遇到侵害,如何依法求助;维权靠法·为何选择诉讼方式;有勇有谋·如何应对违法犯罪行为。

情境线:法律服务机构照片、视频;情境1:小玉遭到舍友欺凌;情境2:多方调解未果,学校建议走诉讼途径;情境3:听闻诉讼解决,欺凌者再次威胁恐吓小玉,同班同学小花碰巧看见;视频《央视新闻——惩治校园欺凌》

活动线:交流、了解相关法律服务机构;分析小玉遭到舍友欺凌案件,帮助小玉出谋划策,设计维权方案;交流、了解相关法律服务机构的功能、作用;理解、分析诉讼途径的特点、种类、程序,指定诉讼指南建议书;交流分享如何有勇有谋应对违法犯罪行为;撰写倡议书。

知识线:依法维护合法权益的途径和方式;法律服务机构的功能、作用;诉讼途径的特点、种类、程序;敢于并善于同违法犯罪行为作斗争的具体方法。

（二）教学结构

总议题	环节·议题线	情境线	活动线	任务线	知识线	核心素养
如何善用法律、点燃法治之光	导入	学生课前学情调查	交流	衔接	引起学生兴趣	法治观念
	求助有门·遇到侵害,如何依法求助	情境1:小玉遭到舍友欺凌	设计维权方案	理解、分析	知道依法维护合法权益的途径和方式	
	维权靠法·为何选择诉讼方式	情境2:多方调解未果,学校建议走诉讼途径解决	讨论交流、出谋划策	理解、分析	知道诉讼途径的特点、种类、程序	
	有勇有谋·如何应对违法犯罪行为	情境3:小妮威胁恐吓小玉,同班同学小花碰巧看见 视频《央视新闻——惩治校园欺凌》	交流分享并撰写倡议书	应用、迁移	学会敢于并善于同违法犯罪行为作斗争的具体方法	

三、过程设计

[新课导入]同学们,学习完前面两节课后,大家对违法犯罪有了一个初步的了解和认识。我们学习法律,是为了尊法、守法、用法,共建共享和谐安全的社会环境。课堂上,大家表现出对法律的极大好奇与兴趣,让老师感到非常欣慰。那么,大家在用法方面到底做得如何呢? 老师课前做了一个简单的问卷调查。调查显示:当自己的合法权益受到侵害的时候,超过40%的同学选择报告老师或家长;超过30%的同学选择忍气吞声;有10%左右的同学选择以牙还牙、以暴制暴;只有不到10%的同学可能会选择法律途径解决。有同学说,我也很想用法律武器解决问题,可我不知道怎么使用这个武器;还有同学表示,不是我想忍气吞声,是因为害怕报复。那么,如何采用合理合法的途径维权、如何有勇有谋地应对违法犯罪,我们一起学习"善用法律"。

[设计意图]衔接前面的知识,以真实的学情、真实的数据导入,引发学生兴趣,调动学生参与课堂的积极性。通过问卷,学生思考"我"的想法和做法是否正确。

环节一:求助有门·遇到侵害,如何依法求助?

[必备知识]依法维护合法权益的途径和方式。

[议学情境]情景剧《小玉的维权之路》第一幕:小玉遭到舍友欺凌

内容梗概:八年级学生小玉性格内向,比较柔弱,在班上没什么朋友,经常独来独往。其父母离异,与妈妈生活在一起,平时与妈妈关系一般,也不太愿意与妈妈说学校里的事情。

同宿舍的小妮是家里的独生女,家庭条件优渥,父母祖辈都对她宠溺有加,性格好胜,比较张扬跋扈,成绩比较差,是班里的"小太妹"。鉴于此,老师和同学对她一般都比较"忍让"。只要不是原则性错误,班主任王老师也是睁一只眼闭一只眼。

初一下学期开始,小妮总是有意无意在宿舍挑小玉的毛病。小玉值日,她故意扔很多垃圾,摆放凌乱,导致宿舍被扣分后就言语攻击、侮辱小玉,甚至经常让小玉承包所有值日;天气冷,就拿小玉的被子盖,一晚上都不还给她;拿她的衣服当抹脚布;在班级散布不利于小玉的谣言;把小玉带的零食全部吃完后死不承认;不让她洗澡……她威胁小玉,如果敢告诉老师或家长,她爸爸一个电话就可以搞定,有小玉好果子吃! 小玉敢怒不敢言,其他舍友碍于小妮的蛮横跋扈,担心自己受到牵连或者成为第二个小玉,也都不敢吭声。

今天,小玉正在洗头,小妮回来说,我要洗澡,你别洗了。说完,就要把小玉从浴室里拉出来。小玉很愤怒地拉住门,试图锁门。小妮一脚踹开门,并抓住小玉的头发往外拉……在拉扯过程中,小妮用洗发水喷进小玉的眼睛,并打了小玉几巴掌。小玉在宿舍无助大哭,宿管老师闻声赶来……

[议学任务]分析小玉受欺凌案例,帮助小玉出谋划策,设计维权方案。

(1)假如我是小玉,我的感受是_____,我希望_____;

(2)假如我是小玉的舍友,我会这样做_____,理由是_____;

(3)小组合作交流,帮助小玉出谋划策,设计维权方案。

假如我是小玉	我的感受是:	我希望:
假如我是小玉的舍友	我会这样做	理由是:
帮助小玉出谋划策,设计维权方案	第一步: 第二步: 第三步: ……	希望得到这些帮助:

[设计意图]《未成年人检察工作白皮书(2022)》显示,2021年起,校园欺凌案有所减少。但是,就现实来讲,校园欺凌(隐性、显性)案件时有发生,特别是在乡镇学校、留守儿童群体。以校园欺凌案件贯穿始终,直面问题,给受害者维权信心,给旁观者教育,给施暴者惩治。

环节二:维权靠法·为何选择诉讼方式?

[必备知识]法律服务机构的功能、作用;诉讼的特点、种类、程序。

[议学情境]情景剧《小玉的维权之路》第二幕:多方调解未果,学校建议走诉讼途径解决。

经医院检查,小玉左眼周边瘀青肿胀,视网膜受损,需要静养三个月。经学校和相关部门调解,双方家长多次约谈,小玉家长对小妮一家无所谓的态度和赔偿方案表示非常不满,事情一直拖而不决。校方认为,这已经超出学校的管理范围,建议小玉家长走诉讼程序。小玉家长表示,自己文化水平有限,对法律知识一窍不通,家里经济又不好,一定要跟小妮一家撕破脸而法庭上见吗?

[议学任务]小组交流讨论：

（1）为什么小玉妈妈不太愿意用诉讼方式？

（2）若采用诉讼方式，请你帮小玉妈妈撰写诉讼建议书。

（要求：小组交流讨论，要有记录、有代表发言且不重复观点，5分钟。）

提供服务的机构（部门）	可以办理的事项	备注
法律服务所		
律师事务所		
公证处		
法律援助中心		
公安局		
人民法院		
人民检察院		
诉讼（打官司）	类别： 特点： 与其他方式的对比：	
收集证据		

[设计意图]通过分析对比和解、调解、协商、诉讼等途径的特点，制订诉讼建议书。引导学生了解在诉讼之前，可以选择其他方式，但并不是诉讼的必需流程。如果认定只有诉讼途径才能维护合法权益，就要大胆使用诉讼方式，不要怕打官司。诉讼建议书让学生了解民事诉讼的程序和相关知识，更好体验维权方式选择，更加深刻理解国家不断完善法律救济和服务，了解基本的诉讼程序，培养法治思维和法治意识，更好维护公民合法权利，认同国家依法治国基本方略。

环节三：有勇有谋·如何应对违法犯罪行为？

[必备知识]敢于并善于同违法犯罪行为作斗争的具体方法。

[议学情境1]情景剧《小玉的维权之路》第三幕：小妮威胁恐吓小玉，同班同学小花碰巧看见。

小玉妈妈决定采用诉讼方式讨回公道，消息很快就在班里传开了，同学们议论纷纷，大部分同学都支持小玉。小妮看情况不妙，周五放学后见小玉一个人回家,走到偏僻处找了几个"姐妹"围了上去,一顿拳打脚踢,后威胁小玉:如果你敢告我,我让你在这个学校待不下去,不信你就等着瞧! 说着,其他几个"姐妹"也要去打小玉。这时,刚好小花经过,看到这一幕。

[议学任务]交流讨论:

(1)小玉可以怎么做? 为什么?

(2)小花要不要帮小玉? 如何帮小玉? 请说明理由。

[知识小结]如何应对违法犯罪行为?

①同违法犯罪作斗争,是包括我们青少年在内的全体公民义不容辞的责任。

②在面对违法犯罪行为时,我们不但要勇于斗争,而且要善于斗争,在保全自己、减少伤害的前提下,巧妙借助他人或社会力量,采取机智灵活方式,同违法犯罪行为作斗争。

③积极弘扬社会主义法治精神,形成守法光荣、违法可耻观念,做到自觉守法、遇事找法、解决问题靠法,努力做社会主义法治的忠实崇尚者、自觉遵守者和坚定捍卫者。

[设计意图]通过"帮不帮"讨论,教师引导学生认识到见义勇为是正确的价值取向,也是中华民族传统美德,同违法犯罪行为作斗争是包括青少年在内的全体公民义不容辞的责任。对"怎么帮"及其后果的讨论,教师引导学生面对违法犯罪,要见义勇为,更要见义智为,既保全自己,又帮助他人,有勇有谋。在此过程中,不仅要注意方法与技能,还要把"正当防卫"和"紧急避险"两个名词融入,做到法治教育中渗透道德教育和社会主义核心价值观教育,坚持显性教育与隐性教育相统一。

[议学情境2]视频《央视新闻——惩治校园欺凌》

2017 年 11 月 2 日,北京市西城区人民法院对一起校园欺凌案件进行宣判,5 名犯罪时未满 18 周岁的被告人分别被判处有期徒刑。北京市西城区人民法院法官肖志勇宣判如下:被告人朱某犯寻衅滋事罪,判处有期徒刑 1 年;被告人赵某,犯寻衅滋事罪,判处有期徒刑 11 个月。

[设计意图]通过真实校园欺凌案例告诉学生,只要我们敢于拿起法律武器,一定可以让施暴者受到应有的惩罚,要敢于向校园欺凌说"不"。让学生在实践中敢于、勇于、善于保护自己和他人的合法权利不受侵犯,增强学生正义

感、使命感和安全感。

[板书设计]

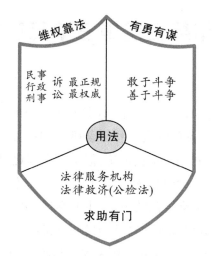

[设计意图]从整体看,板书呈盾牌形状,寓意法律是维护公民合法权益最大的依靠,是维护公民合法权益最有力的武器、最坚强的后盾,兼具形象思维和抽象思维。三个教学环节合理分布,跟随教学进度逐步推进,组成盾牌三部分。铁三角形象稳固、牢不可破,共同指向本节课核心——用法,逻辑简洁清晰,有效帮助学生梳理、整理、归纳本节课学习内容,凸显知识与素养之间的关联。

八年级上册第三单元序言

本单元聚焦责任意识核心素养培育,围绕"正确处理个人与社会的关系,学会在社会中成长,树立正确的社会观和国家观"全书核心大概念,着眼"初中学生具备基本的社会责任感和历史使命感,但是受主客观因素的影响,初中学生在某些方面也存在以自我为中心、强调自我满足、缺乏奉献精神等问题,还不能正确认识和处理个人与社会之间的关系"主要学情,引导学生在生活中妥善处理与社会的关系,把个人成长成才与社会发展有机结合,培养责任意识和奉献精神,努力成为一名合格公民,为维护国家安全与利益、推动中华民族伟大复兴奠定前提和基础。

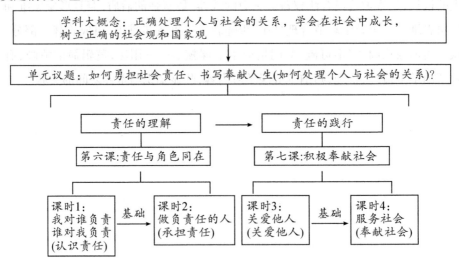

"我对谁负责　谁对我负责"议题式教学设计

陈思颖　黄　林　刘利玲

议题:如何正确认识责任?

一、设计依据

（一）课程标准分析

本框内容对应《义务教育道德与法治课程标准（2022年版）》"生命安全与健康教育"主题中的"理解不同的社会角色,形成亲社会的行为""树立正确的人生观和价值观,追求生命的高度,成就幸福人生",对应"中华优秀传统文化教育"主题中的"感悟天下兴亡、匹夫有责的担当意识,厚植爱国主义情怀",对应"国情教育"主题中的"以实现中华民族伟大复兴为己任,树立'劳动光荣、创造伟大'的观念"。

（二）教材内容分析

1.本框地位

"我对谁负责　谁对我负责"是《道德与法治》八年级上册第三单元第六课"责任与角色同在"第一框内容,衔接小学《道德与法治》四年级上册第六课"我的家庭贡献与责任"相关内容。本框既承接前面两单元"走进社会生活""遵守社会规则"内容,又对下一框"做负责任的人"学习起铺垫作用。"我的角色我的责任"为本单元开篇,为本单元内容奠定"责任"这一总的背景基调,构成本单元逻辑起点。

2.本框内容

本框由"我的角色　我的责任"和"责任你我他"两目组成。第一目帮助学生了解责任是什么、责任来源于哪里,懂得在社会生活中,每一个人都扮演不一样的角色,每一种角色都意味着要承担相应的责任,理解角色与责任之间的关系。第二目引导学生知道他人在对自己负责,同时每个人也要对自己负责、对他人负责,正是因为人人各尽其责,个人才能获得充分成长,社会、民族、国家才能获得全面进步。

3.本框目标

学生通过参与争议（辨析责任与角色的关系）、评议（评述班级责任之星）、商议(小组研讨他人为我们承担的责任)、建议(撰写青春宣言)等议学活动,了解责任来源,理解责任与角色之间的关系,懂得承担责任的表现和意义,理解对自己负责和对他人负责的关系;发展辩证思维、信息获取与加工能力、语言组织与表达能力;树立责任意识,增强担当精神,感恩他人对自己的负责,并向他们学习,努力做到对自己、对他人负责,形成责任意识和道德修养。

4.本框重难点

教学重点:理解角色与责任之间的关系,做到对自己负责、对他人负责。

教学难点:感恩他人对自己的负责,做到对自己、对他人负责。

(三)教学背景分析

国家议题:党和国家高度重视对青少年的责任教育。

社会课题:当下,大部分家庭子女不多,子女备受宠爱,许多家庭在培养孩子承担社会责任方面缺乏要求甚至有所忽视,导致许多青少年缺乏责任情怀、担当精神和履责本领。因此,加强对青少年的责任教育刻不容缓。责任教育不仅是新时代社会发展的需要,更是切实落实立德树人根本任务的需要。《中小学德育工作指南》已将"增强国家意识和社会责任意识"列入总体目标,将"增强公民意识和社会责任感"列入中学学段育人目标,为增强青少年责任意识和责任能力创造了更多可能。

成长命题(学情分析):一方面,初中生已经拥有一定的责任意识,认识到不同角色需要承担不同责任,多数初中生能够积极参与社会实践活动,从中领悟自己对社会的责任。另一方面,由于认知能力、思维方式、人格特点和社会经验有待发展,初中生的责任意识还不够强,履行责任能力需要提高,情感意志需要加强。有的学生逃避、推诿承担责任;有的学生单纯强调社会和他人对自己的责任,没有意识到自己对他人和社会也需承担相应责任;有个别学生思想存在偏差,否定甚至嘲讽为他人和社会担责奉献的行为。

二、设计思路

(一)教学路线

议题线:围绕总议题"如何正确认识责任",设计议题线:知内涵·何谓责任;懂感恩·谁对我负责;立意识·我对谁负责。

情境线:学校创造节活动;本班文明班荣誉;班级同学在工作、活动、学习、生活中尽心尽责、互帮互助的感人照片,视频《1天24小时,中国在发生什么?》;习近平总书记寄语,视频《山河已无恙,英魂归故里》,进博会志愿者"小叶子"的故事。

活动线:分享创造节活动自己承担的任务;填写"角色卡",小组辨析责任与角色之间的关系;评述班级责任之星,小组研讨他人为我们承担的责任;撰写青春宣言,探讨进博会志愿者"小叶子"的故事。

知识线:责任的来源,责任与角色的关系;他人对我负责的表现和意义;我对自己、对他人负责的表现和意义。

(二)教学结构

总议题	环节·议题线	情境线	活动线	任务线	知识线	核心素养
如何正确认识责任	导入	学校创造节活动	分享、表达	衔接		责任意识道德修养
	知内涵·何谓责任	本班文明班荣誉	填表、辨析	理解	责任的来源、责任与角色的关系	
	懂感恩·谁对我负责	班级同学在工作、活动、学习、生活中尽心尽责、互帮互助的感人照片,视频《1天24小时,中国在发生什么?》	评述、研讨	理解	他人对我负责的表现和意义	
	立意识·我对谁负责	习近平总书记寄语,视频《山河已无恙,英魂归故里》,进博会志愿者"小叶子"的故事	宣誓、研讨	理解、应用	我对自己、对他人负责的表现和意义	

三、过程设计

[新课导入]同学们,从10月份开始,我校2023年创造节活动拉开帷幕。今天上午是课堂节,我很开心和同学及听课老师一起共度。除此以外,还有什么活动呢? 对,义卖和运动会。同学们在义卖和校运会中承担什么任务? 感谢同学们的分享。从同学们的回答中,老师不仅感受到大家参加活动的热情,还感受到大家对班集体的热爱和责任感。今天,我们一起围绕责任话题进行学习。

[设计意图]一方面,以学生身边事情导入,引导学生交流在活动中承担的任务,激发学生兴趣,调动学生积极性,引爆课堂氛围,集中学生注意力;另一方面,激发学生责任意识,引入本课议题。

环节一:知内涵·何谓责任?

[必备知识]责任的来源;责任与角色之间的关系。

[议学情境]图片:入学以来班级获得的文明班星星和文明班奖状。

[议学任务]从信封中取出角色卡,组员认领在本班担当的角色:组员、宿舍成员、宿舍长、小组长、科代表、班干部(班长、值日班长、卫生委员、学习委员、体育委员、电教委员、文娱委员等);在学历案上填写自己的角色及角色背后要承当的责任,分析责任的来源,辨析责任与角色之间的关系,小组内部分享。

[答案提示]责任来源于对他人的承诺、职业要求、道德规范、法律规定等。要辩证看待责任与角色之间的关系:扮演角色,承担责任;角色不同,责任不同;角色越大,责任越多;角色变化,责任变化。

[设计意图]以学生亲身经历为情境元素,学生通过沉浸式探究自己的角色、角色背后要承担的责任,了解责任的不同来源,理解角色与责任之间的关系,发展辩证思维,认识到只有人人扮演好自己的角色、承担相应的责任,才能促进社会和国家发展。

环节二:懂感恩·谁对我负责?

[必备知识]他人对自己负责的表现和意义。

[议学情境1]照片:班级同学在工作、活动、学习、生活中尽心尽责、互帮互助的感人瞬间。

[议学任务1]根据模板填写感谢卡,感谢你心目中的班级责任之星,并赠送给他。

致:_____

我感谢你,因为_____

我也想像你一样_____

[设计意图]以学生身边事情为载体,学生通过评述班级责任之星,感悟身边同学对自己负责的表现和意义。从自身经历到身边榜样,学生在由浅入深的学习过程中,实现思维和知识双进阶,初步理解他人对自己负责的重要性。

[议学情境2]视频《1天24小时,中国在发生什么?》。

视频内容:各行各业的劳动者在自己的工作岗位上勤勤恳恳、兢兢业业地工作。除了身边熟悉的人以外,还有很多人为我们默默承担责任、负重前行。这些人或许离我们很远,甚至我们永远不知道他们的名字。

[议学任务2]结合视频和实际生活,小组讨论:哪些人为我们的岁月静好承担着责任? 分别承担了什么责任? 如果没有他们的付出,我们的生活将会变成什么样?

[答案提示]在现实生活中,许多人为我们承担了责任,如与病魔殊死搏斗

的白衣天使、戍守边疆的军人战士、赴汤蹈火的民族英雄等。如果没有他们的无私付出,我们将无法拥有和谐稳定的社会、安宁和平的国家,也无法拥有幸福祥和的生活。

[设计意图]学生通过观看视频《1天24小时,中国在发生什么?》,进行小组讨论,了解他人承担责任的故事,感悟不承担责任的后果和承担责任的意义,进一步理解他人对自己负责的重要性,发展信息获取与加工、合作探究能力,学会感恩他人的付出,提升道德修养。

环节三:立意识·我对谁负责?

[必备知识]对自己、对他人负责的表现和意义。

[议学情境1]习近平总书记寄语,视频《山河已无恙,英魂归故里》。

习近平总书记寄语:广大青年要肩负历史使命,坚定前进信心,立大志、明大德、成大才、担大任,努力成为堪当民族复兴重任的时代新人,让青春在为祖国、为民族、为人民、为人类的不懈奋斗中绽放绚丽之花!

视频内容:2023年11月23日11时32分许,一架搭载着25位志愿军烈士遗骸的中国空军运-20运输机降落在沈阳桃仙国际机场。第十批在韩中国人民志愿军烈士遗骸回到祖国怀抱。

[议学任务1]以"祖国,我想对您说⋯⋯"为主题,撰写自己的青春宣言。

请放心! 强国有我,我将努力做好＿＿＿＿＿＿＿＿＿＿＿＿＿＿＿＿＿

＿＿＿＿＿＿＿＿＿＿＿＿＿＿＿＿＿＿＿＿＿＿＿＿＿＿＿＿＿＿＿＿＿＿

＿＿＿＿＿＿＿＿＿＿＿＿＿＿＿＿＿＿＿＿＿＿＿＿＿＿＿＿＿＿＿＿＿＿

争做新时代好少年,助推中华民族伟大复兴!

[设计意图]学生通过学习习近平总书记寄语,观看视频《山河已无恙,英魂归故里》,参与探究议题任务"祖国,我想对您说",升华情感,理解对自己、对他人负责的表现和意义,提高语言组织与表达能力,改善自身行为,以实际行动铭记英雄、感恩英雄、学习英雄,培养家国情怀、增强担当精神。

[议学情境2]进博会志愿者"小叶子"的故事。

进博会的成功举办,离不开无数"小叶子"的付出。斐哈尔·赛力克,哈萨克族,新疆塔城人,共青团员,华东理工大学社会与公共管理学院社会工作专业2020级本科生。2023年,他成为进博会志愿者"小叶子"的一员。在进博会期间,斐哈尔·赛力克充分发挥语言优势,帮助国际友人更好理解"一带一路"。此外,5725名"小叶子"负责引导咨询、展会注册管理、嘉宾联络接待等工作,在9大类134种岗位上为世界贡献青春力量。

[议学任务2]请运用"责任"相关知识,谈谈我们应如何向"小叶子"学习,积极传递正能量?

[答案提示]

①应该增强责任意识和担当精神,积极承担责任。

②应该关爱他人,为他人提供帮助和服务,尽己所能,心怀善意。

③应该热心公益,奉献社会,积极投身社会实践,从身边小事做起,积极传递正能量。

[设计意图]以社会热点创设情境,在问题指引下,学生用所学知识分析社会热点现象,有利于锻炼学生信息获取与加工能力和在知识应用中突破"对自己负责、对他人负责、对社会负责"教学重难点,涵养责任意识与担当精神。

[知识小结]

①责任的来源:责任来自对他人的承诺、职业要求、道德规范、法律规定等。

②责任与角色之间的关系:在社会生活舞台上,每个人都扮演着不同的角色,每一种角色都意味着承担相应的责任。

③承担责任的表现:在我们成长过程中,小到按时完成作业、为自己的一次约定守时,大到终身信守承诺、认真做事,都是对自己负责任的表现。同时,主动关心、帮助和服务他人,都是对他人负责任的表现。

④承担责任的意义:只有对自己负责的人,才能使自己的潜能得到充分挖掘和发挥,才有资格、有能力、有信心承担时代和国家所赋予的使命。只有人人具有责任心,自觉履行应尽的责任,我们才能共享更加幸福美好的生活。

[设计意图]知识小结是课堂的"画龙点睛"之笔,可以帮助学生梳理本节课主干知识,引导学生养成归纳总结的学习习惯。同时,为知识输出和知识迁移环节奠定基础,便于在理解主干知识基础上运用知识解决实际问题。

[板书设计]

[设计意图]本框知识简单易掌握,板书以核心概念和简洁线条呈现,条理清晰,重点突出,形象直观,帮助学生巩固所学知识、加深印象。

"做负责任的人"议题式教学设计

陈思颖　刘利玲

一、设计依据

(一)课程标准分析

本框内容对应《义务教育道德与法治课程标准(2022年版)》"生命安全与健康教育"主题中的"理解不同的社会角色,形成亲社会的行为""树立正确的人生观和价值观,追求生命的高度,成就幸福人生",对应"中华优秀传统文化教育"主题中的"感悟天下兴亡、匹夫有责的担当意识,厚植爱国主义情怀",对应"国情教育"主题中的"以实现中华民族伟大复兴为己任,树立'劳动光荣、创造伟大'的观念"。

(二)教材内容分析

1.本框地位

"做负责任的人"是《道德与法治》八年级上册第三单元第六课"责任与角色同在"第二框内容,衔接小学《道德与法治》四年级上册第六课"我的家庭贡献与责任"相关内容。"做负责任的人"既是对"什么是责任"的进一步延伸,又是"关爱他人,服务社会"的前提条件。因此,本框题既承接上一框题"我对谁负责　谁对我负责",又衔接第七课"关爱他人""服务社会"两个框题的学习,在本单元中起着承上启下的重要作用。

2.本框内容

本框由"不言代价与回报"和"我承担　我无悔"两目组成。第一目帮助学生认识承担责任意味着要付出一定代价,也会获得回报,要学会作出合理的选择,并对自己的选择负责。第二目引导学生理解对不是自愿选择但又必须做的事要自觉承担、尽力做好,努力向履行社会责任却不计得失的人学习。

3.本框目标

学生通过参与分析(龙麻子的故事)、分享(班干部竞选的选择)、研讨(小丽的两难选择)、宣誓("我的责任卡")等议学活动,理解承担责任可能需要付出一定的代价,也会获得一定的回报;能够对承担责任的代价与回报作出正确评估,提高信息获取与加工、辩证思维、语言组织与表达、价值判断和选择能力;对履行社会责任却不言代价与回报的人心怀感激之情,并努力向他们学习,自觉履行对自己、对他人、对社会、对国家的责任,无怨无悔,落实责任意识、健全人格、道德修养等学科核心素养。

4.本框重难点

教学重点:理解承担责任不言代价与回报。

教学难点:自觉履行对自己、对他人、对社会、对国家的责任,无怨无悔。

(三)教学背景分析

国家议题:加强新时代爱国主义教育。

社会课题:"躺平"多指一种不作为、不努力的态度。当前,我国面临人口老龄化问题,实现中华民族伟大复兴离不开青年的贡献。相较"未富先老"这一特殊历史背景促成的客观情状,"未富先躺"这一现实问题带来的后果同样需要引起警惕。增强青少年责任意识,激发青少年奋斗意愿,对面临转型发展任务而言,是一个重大而紧迫的现实问题。

成长命题(学情分析):一方面,初中生已经拥有一定的责任意识,能够基本意识到不同角色需要承担不同的责任,知道承担责任需要付出一定的代价。另一方面,由于认知能力、思维方式、人格特点和社会经验有待发展,初中生的责任意识不够强,履行责任能力需要提高,情感意志需要加强。有的学生逃避、推诿责任;有的学生不能正确认识责任与代价、回报的关系,做事容易冲动,不计后果,或者片面强调收获,以是否能够获得回报作为承担责任与否的前提;个别学生思想存在偏差,否定甚至嘲讽承担责任不言代价与回报的行为。

二、设计思路

(一)教学路线

议题线:围绕总议题"如何勇担责任",设计议题线:知责·诠释责任有何真谛;明责·如何端正尽责态度;担责·如何践行责任传承。

情境线:课前问卷调查数据;重庆00后龙麻子的救火故事;班干部竞选的选择情境,小丽的两难选择;习近平总书记寄语,"我的责任卡"模板。

活动线:交流课前问卷调查结果;分析龙麻子承担责任的代价与回报;分享班干部竞选中的职务选择,小组研讨小丽的故事;书写"我的责任卡"。

知识线:承担责任的代价与回报;做负责任的人的做法;本框综合知识。

(二)教学结构

总议题	环节·议题线	情境线	活动线	任务线	知识线	核心素养
如何勇担责任	导入	课前问卷调查数据	交流	衔接		责任意识健全人格道德修养
	知责·诠释责任有何真谛	重庆00后龙麻子的故事	分析、表达	理解	承担责任的代价与回报	
	明责·如何端正尽责态度	班干部竞选的选择,小丽的两难选择	分享、研讨	理解	做负责任的人的做法	
	担责·如何践行责任传承	习近平总书记寄语,"我的责任卡"模板	学习、宣誓	迁移、应用	本框综合知识	

三、过程设计

[新课导入]同学们,课前我们通过问卷星完成了一个问卷调查,现在看看调查数据。提交人数 X,满分 100 分,平均分 X,最高分 X,最低分 X。想必大家都看出来了,这个调查其实是测评同学们的负责任程度。心理学家认为,强烈的责任感具有心理保健作用,因为它能够让人体验尽职尽责后的成就感、幸福感。人患心理疾病的一个重要原因,就是没有负责任生活的能力。如何做负责任的人,让自己拥有健康的心理、健全的人格?这节课我们一起探讨。

[设计意图]一方面,开门见山,以真实的学情、真实的数据导入,瞬间引起学生注意,激发学生兴趣;另一方面,凸显本节课主要内容,让学生带着问题、带着思考很快进入课堂。

环节一:知责·诠释责任有何真谛?

[必备知识]承担责任的代价与回报。

[议学情境]重庆00后龙麻子的救火故事。

材料一:龙麻子原名龙杰,是一名外卖员,救火时把买了3个月的爱车骑到报废,每次都背着重达50多斤的货物,连续奋战36个小时,体力透支,累到呕吐,就用凉水冲头,打起精神继续冲。他说:"火不灭,我就不回家。"

材料二:重庆摩托车手龙麻子逆行火场,爆红全网,获央视等多家媒体爆赞,圈粉百万。网友表示,这才是我们要追的明星。一企业被"龙麻子"的事迹感动,决定送一辆新摩托给他。

[议学任务]同桌交流:龙麻子选择的责任是什么? 为承担这个责任,他付出了什么? 为承担这个责任,他收获了什么? 在他身上你明白了什么道理?

[答案提示]龙麻子选择的责任是救火;为承担这个责任,他付出了时间、精力、金钱;为承担这个责任,他收获了新摩托车、奖状、奖品、他人的尊重和赞许、良好的自我感觉、新的技能;在他的身上,懂得选择沉甸甸的责任不计代价与回报的道理。

[设计意图]以社会热点为情境载体,学生通过同桌交流分析龙麻子的故事,理解承担责任可能需要付出一定的代价,也会获得一定回报,发展辩证思维能力、信息获取与加工能力。

环节二:明责·如何端正尽责态度?

[必备知识]做负责任的人的做法。

[议学情境1]新学期,班干部竞选,设置的职务有班长、值日班长、劳动委员、科代表、小组长、宿舍长等。

[议学任务1]如果让你选做其中一员,你会如何选择? 为什么? 你认为选择了它应该怎么做?

[设计意图]以学生身边事情为载体,学生通过分享自身的思考与选择,能够对承担责任的代价与回报作出正确评估,提高价值判断和选择能力。

[议学情境2]小丽的两难选择。

学校举办文艺晚会,每班都要组织一台节目,多才多艺的小丽被推选为本班队长。正上八年级的小丽,学习任务繁重,同时作为市少年宫合唱团成员,每周都要参加排练。于是,小丽找到老师,希望换别人当队长。但是,老师有些为难地说:"班上实在没有更适合的人选,你有这方面的天赋,能力也强,希望你兼顾一下这事。"

[议学任务2]小组研讨:

(1)如果你是小丽,你会怎么做? 为什么?

(2)分享你知道的承担责任不言代价与回报的人物事迹,思考无数"英雄"的担当对我们的生活有何影响。

[答案提示]现实生活中,有许多承担责任不言代价与回报的英雄人物,如"燃灯校长"张桂梅、云南缉毒英雄蔡晓东、"八一勋章"获得者钱七虎等。正因

为他们的无私付出,我们才能拥有幸福祥和的生活、和谐稳定的社会、安宁和平的国家。

[设计意图]学生通过小组研讨小丽的故事,分享承担责任不言代价与回报的人物事迹,对履行社会责任却不言代价与回报的人心怀感激之情,提高道德修养。从自身经历到社会榜样,学生在由浅入深的学习过程中,实现思维和知识双进阶,进一步理解选择了责任就要不言代价与回报。

[知识小结]

①承担责任的代价:承担责任不仅意味着付出时间、精力和金钱,而且意味着可能因为做得不好而受到责备,甚至受到处罚。

②承担责任的回报:既包括物质方面,又包括精神方面。对我们而言,更重要的是精神方面的回报,如良好的自我感觉、获得新的知识和技能、赢得他人的尊重和赞许。

③对于自愿选择的责任:应该有勇气对承担责任的代价与回报作出正确评估,作出合理选择,一旦作出选择,就应该义无反顾担当起应负的责任。

④对于非自愿选择的责任:虽然有些应该做的事情不是我们自愿选择的,但我们仍然应该自觉承担。改变自己对待应该做的事情的态度,不抱怨,不懈怠,全身心投入,同样能够把事情做得很出色。

[设计意图]知识小结是课堂的"画龙点睛"之笔,可以帮助学生梳理本节课主干知识,引导学生养成总结归纳的学习习惯。同时,为知识输出和知识迁移奠定基础,便于学生在理解主干知识基础上运用知识解决实际问题。

环节三:担责·如何践行责任传承?

[必备知识]本框综合知识。

[拓展情境]习近平总书记寄语,"我的责任卡"模板。

习近平总书记寄语:一代人有一代人的长征,一代人有一代人的担当。建成社会主义现代化强国,实现中华民族伟大复兴,是一场接力跑。我们有决心为青年跑出一个好成绩,也期待现在的青年一代将来跑出更好的成绩。——习近平在纪念五四运动100周年大会上的讲话

"我的责任卡"模板:

我的责任卡

新时代召唤青春力量,新征程书写时代华章。站在第二个百年奋斗目标的起点上,作为当代青年,我们要承担中国式现代化建设进程中的责任担当,从现

在做起,从小事做起,从自己做起:

在家庭中,我可以＿＿＿＿＿＿＿＿＿＿＿＿＿＿＿＿＿＿＿＿＿＿;

在班集体中,我可以＿＿＿＿＿＿＿＿＿＿＿＿＿＿＿＿＿＿＿＿;

在学校中,我可以＿＿＿＿＿＿＿＿＿＿＿＿＿＿＿＿＿＿＿＿＿＿;

在社会中,我可以＿＿＿＿＿＿＿＿＿＿＿＿＿＿＿＿＿＿＿＿＿＿。

[拓展任务]学习习近平总书记寄语,根据模板书写"我的责任卡"。

[设计意图]以活动为契机,学生通过学习习近平总书记寄语,书写"我的责任卡",由认知到认同再到自觉践行,将勇担责任的意识落实到具体行动上,实现知情意行的统一,培养家国情怀,增强担当精神,促使核心素养落地。

[板书设计]

[设计意图]板书以一朵绽放的鲜花呈现。一片叶子是"知责",寓意承担责任需要付出一定的代价,也伴随获得回报的权利。另一片叶子是"明责",寓意要自觉履行对自己、对他人、对社会、对国家的责任,无怨无悔。花茎是"担责",寓意只有增强责任意识,培养担当精神,努力成为勇担责任的人,才能更好地实现人生价值,让自己的人生如鲜花般绽放。这一板书设计融合形象思维和抽象思维,成为串联和展示教学环节的重要载体,在帮助学生串联与巩固所学知识的同时,凸显正向价值引领。

"关爱他人"议题式教学设计

陈思颖　　罗乔乔　　刘利玲

一、设计依据

(一)课程标准分析

本框内容对应《义务教育道德与法治课程标准(2022年版)》"生命安全与健康教育"主题中的"理解不同的社会角色,形成亲社会行为""树立正确的人生观和价值观,尊重和敬畏生命,热爱生活,追求生命的高度,成就幸福人生",对应"中华优秀传统文化教育"主题中的"弘扬中华优秀传统文化讲仁爱、重民本、守诚信、崇正义、尚和合、求大同的核心理念""理解中华民族崇德向善、见贤思齐的社会风尚"。

(二)教材内容分析

1.本框地位

"关爱他人"是《道德与法治》八年级上册第三单元第七课"积极奉献社会"第一框内容,衔接小学《道德与法治》三年级下册第十课"爱心的传递者"相关内容。"关爱他人"既是对负责任的具体实践,也是服务社会的前提条件。因此,本框既承接第六课"责任与角色同在"内容,又衔接下一框题"服务社会"学习,在本单元中起着承上启下的重要作用。

2.本框内容

本框由"关爱他人是一种幸福"和"关爱他人是一门艺术"两目组成。第一目用身边情境引导学生理解关爱他人对自己、对他人、对社会的重要价值,感受关爱的力量,增强关爱他人意识。第二目通过逐步阐明关爱他人应有的情怀、应把握的尺度、应讲究的策略方法,帮助学生掌握关爱他人的艺术,并将关爱他人落实到行动中。

3.本框目标

学生通过参与评议(评述关爱他人或被关爱的影响)、争议(辨析网友热门评论)、商议(小组研讨最佳方案)、建议(践行关爱接力活动)等议学活动,理解关爱他人对自己、对他人、对社会的重要价值,掌握关爱他人的策略和注意事项;发展信息素养、辩证思维、合作探究能力;感受关爱的力量,增强关爱他人的意识,学会换位思考,学会理解与尊重他人,做到帮助他人、与人为善,落实道德修养、健全人格、责任意识等学科核心素养。

4.本框重难点

教学重点:掌握关爱他人的方法和策略,并转化为自己的日常行为。

教学难点:理解关爱他人的重要性(特别是对自己的意义)。

(三)教学背景分析

国家议题:党和国家高度重视未成年人健康成长。

社会课题:见义勇为、乐于助人历来是中华民族传统美德。但近年来,助人后反被讹诈的事情屡见不鲜,助人后自身受到伤害的事例层出不穷。教师在引导青少年要勇于担责、关爱他人的同时,也要引导青少年增强自我保护意识和安全防范能力,帮助青少年掌握关爱他人的策略和注意事项,为青少年健康成长保驾护航。

成长命题(学情分析):一方面,八年级学生已经具有一定的知识储备、生活阅历和辩证分析问题能力,对关爱他人、奉献社会等问题有不同程度的认识和理解。大多数学生基本认同关爱他人、奉献社会的正向意义。在现实生活中,能够主动关爱他人、积极参与社会公益活动。另一方面,有的学生受家庭环境影响,养成了以自我为中心的习惯,把得到他人的关爱当成理所当然的事情,在自己陷入困境时渴望得到他人的关爱。但是,当看到他人身处困境时,却以"这又不关我的事"为借口,一走了之。有的学生虽然表示要积极主动关爱他人、服务社会,但在实践中表现出畏难情绪,缺乏行动力。

二、设计思路

(一)教学路线

议题线:围绕总议题"如何关爱他人",设计议题线:感受爱·关爱他人有何意义—表达爱·关爱他人有何艺术—传递爱·如何让爱一直传递。

情境线:播放公益广告视频;平板发布前置学习任务、展示前置学习成果;呈现民警替聋哑外卖员打电话向顾客致歉的新闻,该新闻下的网友评论,以及老奶奶向你求助;关爱接力卡。

活动线:感悟视频展示的"美丽"习惯;课前利用平板分享关爱他人或被关

爱的故事,交流关爱他人或被关爱的心情和感受;分享不同角色的做法,辨析该新闻下的网友热评,小组研讨最佳方案;填写"关爱接力卡",进行关爱接力活动。

知识线:关爱他人的意义;关爱他人的做法;本框综合知识。

（二）教学结构

总议题	环节·议题线	情境线	活动线	任务线	知识线	核心素养
如何关爱他人	导入	播放公益广告视频	感悟、表达	衔接		道德修养健全人格责任意识
	感受爱·关爱他人有何意义	平板发布前置学习任务,展示前置学习成果	分享、交流	理解	关爱他人的意义	
	表达爱·关爱他人有何艺术	呈现民警替聋哑外卖员打电话向顾客致歉的新闻,该新闻下的网友评论,以及老奶奶向你求助	分享、辨析、研讨	理解	关爱他人的做法	
	传递爱·如何让爱一直传递	关爱接力卡	填表、践行	应用、迁移	本框综合知识	

三、过程设计

[新课导入]今天,首先为大家带来一则公益广告视频,给我们展示感人的一幕。通过一次等候、一次换位、一次体谅,向我们展现习惯的美丽。这是一种什么习惯? 是的,关爱他人的习惯。善行无迹,留一盏灯照亮他人,同时温暖自己,他们用关爱传递人与人之间的友善。今天,我们的话题围绕"关爱"展开。

视频内容:夜深人静时,屋里的女主人给屋外环卫工人留灯的故事。

[设计意图]利用视频媒体呈现感人一幕,激发学生学习兴趣,集中学生注意力。同时,引导学生关注生活中关爱他人的细节,为理解关爱他人的意义做好情感铺垫。

环节一:感受爱·关爱他人有何意义?

[必备知识]关爱他人的意义。

[议学情境1]前置学习任务。

[议学任务1]课前,用平板在 UMU 平台分享一个你记忆中最温暖的关爱他人或被关爱的经历。（分享后可进行生生互动、点赞评论,传播正能量）

[设计意图]学生采用翻转课堂模式,通过平板进行经历分享、点赞评论,与同学互动,提升信息素养,激发学习兴趣,调动学习积极性、主动性,充分体现主

体地位,为课堂活动提供生本资源和探究方向,提高课堂效率。

[议学情境2]前置学习成果。

[议学任务2]挑选热门分享,对学生进行采访。

采访被关爱方:这段被关爱的经历对你产生了什么影响? 如果你以后遇到他人有同样的困难,你会和他一样向别人伸出援手吗?

采访关爱方:当时对方的反应是什么? 你帮助他人后自己的心情和感觉如何?

[设计意图]以学生的亲身经历为情境载体,学生通过师生互动、生生互动,理解关爱他人对自己、对他人、对社会的意义,感受关爱的力量,提升关爱他人意识,增强社会责任感,引发情感共鸣,实现情感升华。

环节二:表达爱·关爱他人有何艺术?

[必备知识]关爱他人的做法。

[议学情境1]视频:巡逻民警遇聋哑外卖员因车祸滞留,替他逐一打电话向顾客致歉。

[议学任务1]如果你是路人/顾客/网友,遇到这种情况,你会怎么做?

[答案提示]遇到这种情况,应该尽己所能地帮助他人。关爱不分大小,贵在有爱心。一个人的能力有大小,但只要尽己所能地为他人排忧解难、奉献社会,社会就会充满爱的阳光。如果我是路人,我会像交警一样替他打电话向顾客道歉;如果我是顾客,我会耐心等待,真诚表示理解;如果我是网友,我会在网络上为外卖小哥点赞,传递正能量。

[设计意图]以社会热点为情境载体,学生通过角色代入,思考在日常生活中应该如何关爱他人,承接本单元已学习的第六课“责任与角色同在”知识内容,多角色领悟关爱他人的途径,理解关爱他人应该心怀善意、尽己所能。

[议学情境2]该新闻下的网友热评第一名为“要不要给聋哑外卖员在 App 添加特殊标识”。对此,网友观点出现两边倒。

[议学任务2]课堂小辩论:应该添加特殊标识 VS 不应该添加特殊标识。

[答案提示]不应该给聋哑外卖员在 App 添加特殊标识,因为关爱他人要讲究策略,要考虑他人的内心感受,不伤害他人的自尊心。

[设计意图]以争议性观点为情境载体,学生直面社会冲突,激发思辨并在观点交锋中深度思考,理解关爱他人需要讲究策略,以尊重他人为前提,考虑他人内心感受,提高辩证思维能力。

[议学情境3]在路上遇到一位老奶奶向你求助,说她脚疼,想让你搀扶她回附近的家。

[议学任务3]小组讨论,给出最佳方案:如果遇到这种情况,你应该怎么做?

[答案提示]要帮助老奶奶,也需要提前做好防备,防止被讹诈。如提前拍摄视频说明现场情况,或找第三方作为证人以证明自己在帮助他人,或和别人一起帮助老奶奶。关爱他人要讲解策略,面对复杂情形,要善于作出明智的判断,增强安全防范意识和自我保护意识,在保护自己不受伤害的前提下,采取果断和理智的行动。

[补充材料]民法典保障见义勇为——

第一百八十三条:因保护他人民事权益使自己受到损害的,由侵权人承担民事责任,受益人可以给予适当补偿。

第一百八十四条:因自愿实施紧急救助行为造成受助人损害的,救助人不承担民事责任。

[设计意图]以常见事例为情境载体,学生通过小组研讨,沉浸式探究关爱他人的具体做法,进一步理解关爱他人需要讲究策略,增强安全防范意识和自我保护意识,在保护自己不受伤害的前提下,采取果断而理智的行动,提高关爱他人能力和具体问题具体分析能力。学生通过学习民法典条文,认识到此类行为有法可依,增强法治观念和维权意识,进一步提升关爱他人意识,加强社会责任感,培养担当精神。

[知识小结]

(1)关爱他人的意义:关爱他人,让自己收获幸福,给他人传递美好情感,让社会更加和谐、稳定。

(2)关爱他人的做法:关爱他人,要心怀善意、尽己所能、讲究策略。

[设计意图]知识小结是课堂的"画龙点睛"之笔,可以帮助学生梳理本节课主干知识,引导学生养成总结归纳的学习习惯。同时,为知识输出和知识迁移奠定基础,便于学生在理解主干知识基础上运用知识解决实际问题。

环节三:传递爱·如何让爱一直传递?

[必备知识]本框综合知识。

[拓展情境]出示"关爱接力卡"模板——

关爱接力卡

要求:拿到"关爱接力卡"后需在两天内为其他有需要的人提供帮助,并把卡片交给被关爱的对象记录后传递下去,再由最后一位同学交还给发起人。

发起人:_____班_____。

我的关爱宣言是:_____。

接力人	关爱记录 (由被关爱的人记录 TA 为你提供了什么帮助)	留言区 (感谢/评价/呼吁)
第二棒: (＊班＊＊＊)		
第三棒: (＊班＊＊＊)		
第四棒: (＊班＊＊＊)		

[拓展任务]进行关爱接力活动。

(1)按模板制作属于你的"关爱接力卡",发起关爱接力活动;

(2)接到"关爱接力卡"的每个人必须在两天内为有需要的人提供帮助,并把卡片交给被关爱的对象传递下去,再由最后一位同学将接力卡交还给发起人;

(3)一周后在课堂上进行展示分享。

[设计意图]关爱接力活动呼应关爱他人的意义和做法。学生通过参与关爱接力活动,将关爱他人让自己收获幸福、让他人感受温暖的过程可视化。以活动为契机,学生由认知到认同再到践行,将关爱他人的道德修养和责任意识落实到具体行动中,实现知情意行相统一,促使核心素养落地。

[板书设计]

[设计意图]板书以一个带着翅膀的爱心呈现,寓意只要每个人意识到关爱他人的重要价值和掌握了关爱他人的艺术,并且把关爱付诸行动,自己、他人和社会都会向上向善发展。这一板书设计融合形象思维和抽象思维,成为串联和展示教学环节的重要载体,在帮助学生串联与巩固所学知识的同时,凸显正向价值引领。

"服务社会"议题式教学设计

陈思颖　刘利玲

一、设计依据

(一)课程标准分析

本框内容对应《义务教育道德与法治课程标准(2022 年版)》"生命安全与健康教育"主题中的"理解不同的社会角色,形成亲社会行为""树立正确的人生观和价值观,尊重和敬畏生命,热爱生活,追求生命的高度,成就幸福人生",对应"中华优秀传统文化教育"主题中的"感悟天下兴亡、匹夫有责的担当意识,厚植爱国主义情怀",对应"国情教育"主题中的"以实现中华民族伟大复兴为己任,树立'劳动光荣、创造伟大'的观念"。

(二)教材内容分析

1.本框地位

"服务社会"是《道德与法治》八年级上册第三单元第七课"积极奉献社会"第二框内容,衔接小学《道德与法治》四年级下册第十二课"家乡的喜与忧"、五年级下册第六课"我参与,我奉献"相关内容。"服务社会"既是对"关爱他人"的进一步延伸,也是第三单元"勇担社会责任"的落脚点,还为第四单元"维护国家利益"的学习起铺垫作用。因此,本框在本课、本单元、本册书中都有着极为重要的地位和作用。

2.本框内容

本框由"奉献助我成长"和"奉献社会我践行"两目组成。第一目帮助学生全面理解服务社会、奉献社会对个人成长的意义,使学生认同人生价值的实现在于奉献,增强学生服务社会、奉献社会意识,树立正确"三观"。第二目引导学生认同服务社会、奉献社会不一定是做出轰轰烈烈的大事,在日常小事和本职工作中都可以践行服务社会、奉献社会理念,并将服务社会、奉献社会精神落实到行动中。

3.本框目标

学生通过参与辨析(参与志愿服务活动是否浪费时间)、分享(自己参与志愿服务活动的收获)、交流(志愿服务活动中完成不了的任务)、研讨(小刚的观点是否正确)、策划(微公益活动方案)等议学活动,理解服务社会、奉献社会对个人成长的意义,懂得中学生奉献社会的要求和途径;增强关注社会、参与社会实践能力,发展辩证思维能力,提高价值判断和选择能力;积极参与社会实践活动,体会奉献的意义,培养奉献精神,增强社会责任感,落实责任意识、道德修养、健全人格等学科核心素养。

4.本框重难点

教学重点:懂得服务社会、奉献社会的要求和途径并付诸行动。

教学难点:理解服务社会、奉献社会对个人成长的意义。

(三)教学背景分析

国家议题:党和国家高度重视素质教育和青少年健康成长。

社会课题:多年来,国家大力推进素质教育,但仍然有许多家长、学生"唯分数论",单纯以分数作为衡量学生的唯一标准,不利于学生全面发展。因此,"双减"政策落地为中学生发展创造了更多可能性,也提出了新的挑战。"双减"背景下,如何引导学生积极参与社会实践活动、服务奉献社会、提升综合素养,成为新的研究课题。

成长命题(学情分析):一方面,八年级学生已经具有一定的知识储备、生活阅历和辩证分析问题能力,对关爱他人、奉献社会等问题有不同程度的认识和理解。大多数学生基本认同关爱他人、奉献社会的正向意义,在现实生活中能够主动关爱他人、积极参与社会公益活动。但是,有的学生以各种理由拒绝参与学校、社区组织的公益活动,认为参与社会公益、服务和奉献社会是离自己很遥远的事,作为学生只有好好学习,才能在将来服务和奉献社会;有的学生虽然表示要积极主动关爱他人、服务社会,但是在实践中表现出畏难情绪,缺乏行动力。

二、设计思路

(一)教学路线

议题线:围绕总议题"如何积极服务社会",设计议题线:善思辨·何以服务社会;共研讨·如何奉献社会;齐策划·如何知行合一。

情境线:杭州亚运会志愿者"小青荷"图片;老师布置的社会实践作业,小明参与志愿服务活动后的分享;小青参与志愿服务活动的困难,小刚参与的志愿服务活动与班级工作冲突;微公益活动介绍。

活动线:交流对"小青荷"的认识;辨析参与志愿服务活动是否浪费时间,分享自己参与志愿服务活动的收获;同桌交流志愿服务活动中无法完成的任务,小组研讨小刚的观点是否正确;策划微公益活动方案。

知识线:服务社会、奉献社会对个人成长的意义;服务社会、奉献社会的要求和途径;本框综合知识。

(二)教学结构

总议题	环节·议题线	情境线	活动线	任务线	知识线	核心素养
如何积极服务社会	导入	杭州亚运会志愿者"小青荷"的图片	交流、表达	衔接		责任意识 道德修养 健全人格
	善思辨·何以服务社会	老师布置的社会实践作业,小明参与志愿服务活动后的分享	辨析、分享	理解	服务社会、奉献社会对个人成长的意义	
	共研讨·如何奉献社会	小青参与志愿服务活动的困难,小刚参与的志愿服务活动与班级工作冲突	交流、研讨	理解	服务社会、奉献社会的要求和途径	
	齐策划·如何知行合一	微公益活动介绍	策划	应用、迁移	本框综合知识	

三、过程设计

[新课导入]请同学们看屏幕上的三张图片并思考:他们是谁? 他们在做什么? 他们身上有哪些优秀品质? 感谢这位同学的分享。是的,他们就是杭州亚运会的志愿者"小青荷"。"青荷"谐音"亲和",彰显志愿者们的青春气息和亲和力,寓意他们身上热情友好、奉献社会、服务社会的优秀品质。说起奉献社会、服务社会,大家肯定不陌生,这节课让我们一起探讨如何积极服务社会。

[设计意图]一方面,以社会热点为情境导入,贴近学生生活,让学生有话可说,激发学生兴趣,调动学生积极主动性,营造课堂氛围,集中学生注意力;另一方面,激发学生责任意识,自然引入本课议题。

环节一:善思辨·何以服务社会?

[必备知识]服务社会、奉献社会对个人成长的意义。

[议学情境1]某初中道德与法治教师给学生布置了一项社会实践作业:参

与志愿服务活动,调研学校附近道路安全设施存在的问题,思考解决方案,并撰写提案,参与提案征集活动,为社会发展贡献力量。八年级小明想要积极参与,却遭到某些同学的冷嘲热讽。他们认为,参与志愿服务活动就是浪费时间,中学生应该以提高学习成绩为重。

[议学任务1]课堂小辩论:参与志愿服务活动是浪费时间 VS 参与志愿服务活动不是浪费时间。

[答案提示]参与志愿服务活动不是浪费时间。一方面,参与志愿服务活动对个人成长有重要意义。志愿服务能够促进我们全面发展,在参与志愿活动、服务社会过程中,我们的视野不断拓宽、知识不断丰富、能力不断提升、道德境界不断提高。另一方面,参与志愿服务活动对他人、对社会具有重要意义。志愿服务能向他人传递美好情感,给人带来温暖和希望,推动社会、民族、国家向前发展。

[设计意图]以争议性观点为情境载体,学生直面社会冲突,激发思辨并在观点交锋中进行深度思考,理解服务社会、奉献社会对个人成长的意义,发展辩证思维能力,提高价值判断和选择能力。

[议学情境2]小明最终还是坚定自己的选择,参与志愿服务活动,并且收获良多,体验到服务社会的快乐,提高了自己的人际交往能力、语言表达能力、写作能力。

[议学任务2]请你分享一次自己参加志愿服务活动的经历与收获。

[设计意图]以学生亲身经历为情境载体,学生在分享自己参与志愿服务活动收获过程中,与他人产生情感共鸣,进一步理解服务社会、奉献社会对个人成长的意义。服务社会不仅促进我们全面发展,还能体现人生价值,提高对志愿服务活动的认识,增强服务精神和担当精神。

环节二:共研讨·如何奉献社会?

[必备知识]服务社会、奉献社会的要求和途径。

[议学情境1]小青听了小明的志愿服务活动分享后,也想加入此次志愿服务活动,希望通过参与社会实践活动提升自己、帮助他人、奉献社会。但是,在活动过程中,小青遇到重重困难:怎么搜集资料? 怎么进行实地调研? 怎么撰写提案? 小青实在是一筹莫展。

[议学任务1]同桌交流,在参加志愿服务活动过程中,你有过不能完成任务的经历吗? 为什么完成不了? 这给我们服务社会以什么启示?

[答案提示]这启示我们服务社会需要增强履行责任能力。正如习近平总书记在内蒙古考察时的讲话:"同学们要志存高远,脚踏实地,学好知识,打好基础,增长才干,将来为中华民族伟大复兴贡献自己的智慧和力量。"

[设计意图]以学生亲身经历为情境载体,学生通过分享交流志愿服务活动过程中完成不了的任务,反思自身不足,增强参与社会实践能力和履行责任能力,涵养留心生活、用心思考、自我省察的习惯和能力。

[议学情境2]小刚在参与此次志愿服务活动时非常积极,经常自告奋勇承担工作,从不抱怨,从不喊累。但是,在对待班级的小组长工作时,小刚却总是以各种理由推脱或敷衍了事。他认为,个人的时间与精力有限,既然参与社会志愿服务活动,班上工作可以不参与。

[议学任务2]小组讨论:你赞同小刚的观点吗? 为什么?

[答案提示]不赞同。服务社会既需要我们积极参与社会公益活动,也需要我们热爱劳动、爱岗敬业,增强劳动观念,培养敬业精神,学会全力以赴、精益求精、追求卓越。无论哪种服务社会的形式,都要从实际出发,讲究实际效果。

[设计意图]以学生身边事情为载体,学生通过小组研讨,评析小刚的观点,各抒己见,认同服务社会、奉献社会不一定是做出轰轰烈烈的大事,在日常小事和本职工作中都可以践行服务社会、奉献社会理念,懂得中学生服务社会、奉献社会的要求和途径。

[知识小结]

①服务社会、奉献社会对个人成长的意义:服务社会体现人生价值,服务社会促进全面发展。

②服务社会、奉献社会的要求和途径:服务社会需要我们青少年担当责任,服务社会需要我们积极参与社会公益活动,服务社会需要我们热爱劳动、爱岗敬业。

[设计意图]知识小结是课堂的"画龙点睛"之笔,可以帮助学生梳理本节课主干知识,引导学生养成归纳总结的学习习惯。同时,为知识输出和知识迁移环节奠定基础,便于学生在理解主干知识基础上运用知识解决实际问题。

环节三:齐策划·如何知行合一?

[必备知识]本框综合知识。

[拓展情境]近年来,帮助贫困山区孩子上学、组织山区孩子参观科技馆和博物馆、募集闲置衣物捐给有需要的人、给社区贫困老人和生活困难户送温暖、

指导群众垃圾分类、组织学生义务植树等微公益活动,吸引越来越多的人参与,汇聚起推动社会文明进步的强大力量。

[拓展任务]微公益活动规模虽小,意义却尤为重大。请以小组为单位,制订一份微公益活动策划方案。

要求:

(1)自拟主题;

(2)撰写微公益活动方案包括活动背景、活动目的、活动时间、活动地点、活动内容、人员分工,讲究实效;

(3)讨论时间6分钟,确定记录人、发言人。

[设计意图]策划微公益活动方案呼应服务社会的意义和做法。学生通过小组探究,由认知到认同再到践行,将服务社会的道德修养和责任意识落实到具体行动上,实现知情意行的统一,促使核心素养落地,完成立德树人根本任务。

[板书设计]

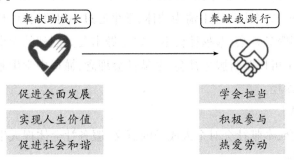

[设计意图]本框知识简单易掌握。板书以关键词呈现,条理清晰、重点突出、形象直观,帮助学生巩固所学知识、加深印象。

八年级上册第四单元序言

本单元聚焦政治认同、责任意识培育,围绕"正确处理个人与社会的关系,学会在社会中成长,树立正确的社会观和国家观"学科大概念。作为全书最后一个单元,着眼"在大国竞争日益加剧和各类挑战复杂多元的背景下,学生由于长期生活在和平稳定环境,缺乏对国家利益、国家安全的切实感受和必要了解,而作为新时代的建设者和接班人,亟须树立国家利益至上意识与总体国家安全观,增强建设国家的使命感,厚植家国情怀"主要学情,首先引导学生正确认识个人与国家的关系,从国家利益、国家安全与国家发展等方面感受国家利益、国家安全、国家发展与日常生活密切相关,在思想认识和行为选择上自觉维护国家利益和国家安全,进而为关心国家发展、投身国家建设奠定基础,形成正确国家观,为学习八年级下册和九年级教材奠定认知前提和情感基础。

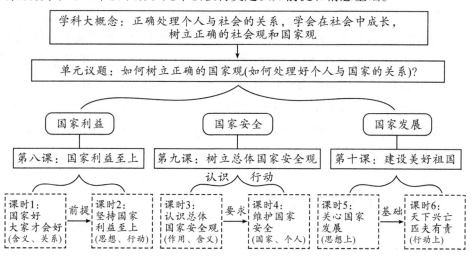

"国家好　大家才会好"议题式教学设计

罗　雪　刘利玲

议题:如何理解我与祖国共命运?

一、设计依据

(一)课程标准分析

本框内容对应《义务教育道德与法治课程标准(2022年版)》"法治教育"主题中的"认识国家主权的内涵,树立国家利益至上的观念,理解总体国家安全观,知道维护国家安全是每个公民的义务,自觉维护国家安全",对应"中华优秀传统文化教育"主题中的"感悟天下兴亡、匹夫有责的担当意识,厚植爱国主义情怀"。

(二)教材内容分析

1.本框地位

"国家好　大家才会好"是《道德与法治》八年级上册第四单元第八课"国家利益至上"第一框内容,衔接小学《道德与法治》五年级上册"我们神圣的国土"相关内容。本框内容作为单元"维护国家利益"的起始课,是树立学生国家利益观、培育学生政治认同和责任意识的重点起点,帮助学生构建国家利益方面的基础认知,为进一步坚持国家利益至上、学习国家安全与国家发展相关内容、形成正确国家观奠定重要情感基础。

2.本框内容

本框由呈递进关系的两目组成。第一目"认识国家利益",引导学生正确认识国家利益的内涵、外延和国家核心利益的基本内容,理解国家利益的重要意义;第二目"国家利益是人民利益的集中表现",启发学生思考国家利益与人民利益之间的关系,感悟在当代中国两者相辅相成、高度统一。

3.本框目标

学生通过参与畅想2035年的自己、对话志愿军英雄等体验式活动,参与解读志愿军烈士遗骸归国新闻、分析抗美援朝历史、研讨在韩志愿军烈士遗骸十年回家路和钱七虎院士的故事等探究式活动,了解国家利益的内涵、外延和国家核心利益的基本内容,理解国家利益的意义,厘清国家利益与人民利益的关系;发展批判性思维、信息获取与加工、语言组织与表达等关键能力;树立正确的国家利益观,增强维护国家利益的责任感和使命感,培育政治认同、法治观念、责任意识等学科核心素养。

4.本框重难点

教学重点:形成正确的国家利益观,增强维护国家利益的责任感。

教学难点:理解国家利益与人民利益之间的关系,认识国家利益是人民利益的集中表现。

(三)教学背景分析

国家议题:加强新时代爱国主义教育,传承和弘扬爱国主义精神,凝聚全面建设社会主义现代化国家、全面推进中华民族伟大复兴的力量。

社会课题:一方面,《长津湖》《志愿军:雄兵出击》《我和我的父辈》等主旋律电影的爆火,引发我们对家与国关系更深层次的思考,激发强烈的爱国情怀;另一方面,社会上存在一些人靠"碰瓷"爱国做流量生意,可能出现爱国认知片面和爱国行为过激等情形。回应当前青少年成长新环境,引导他们正确处理国家利益与个人利益的关系,厚植爱国主义情怀,具有重要意义。

成长命题(学情分析):八年级学生处于形象思维到抽象思维的过渡期,能够初步用联系的、发展的、全面的观点对国家和社会现象展开分析,但还不能进行本质和深度分析,对国家利益的认识也不够全面,从理论上难以分析国家利益与人民利益之间的关系。当下,社会价值观日益多元化,青少年难免会迷茫、困惑,对自己与国家发展的关系认知不清晰,对国家的情感不够深沉。因此,需要进一步学习,为高中阶段树立民族自信心、关注国际社会发展进一步筑牢知识基础和思想基础。

二、设计思路

(一)教学路线

议题线:围绕总议题"如何理解我与祖国共命运",设计议题线:回首峥嵘岁月·何谓国家利益;展望今朝盛世·国家利益与人民利益的关系是什么;迎接美好未来·如何与祖国共命运。

情境线:第十批在韩中国人民志愿军烈士遗骸归国新闻;抗美援朝战争历史;在韩志愿军烈士遗骸十年回家路的故事;我与未来的祖国有个约,钱七虎院士的故事。

活动线:分享对"忠魂归故里"的感受;思考志愿军奔赴战场的原因,分析国家和人民的应对举措;小组研讨在韩志愿军烈士遗骸十年回家路的故事,对话志愿军英雄;畅想 2035 年的自己与祖国共命运,学习钱七虎院士的故事,评析国家利益与人民利益的关系。

知识线:"忠魂归故里"背后的原因;国家利益的内涵、外延和核心利益内容;国家利益与人民利益的关系;"认识自己"相关知识与本框综合知识。

(二)教学结构

总议题	环节·议题线	情境线	活动线	任务线	知识线	核心素养
如何理解我与祖国共命运	导入	第十批在韩中国人民志愿军烈士遗骸归国新闻	分享、表达	衔接	"忠魂归故里"背后的原因	政治认同法治观念责任意识
	回首峥嵘岁月·何谓国家利益	抗美援朝战争历史	思考、分析	理解	国家利益的内涵、外延和核心利益内容	
	展望今朝盛世·国家利益与人民利益的关系是什么	在韩志愿军烈士遗骸十年回家路的故事	研讨、对话	理解	国家利益与人民利益的关系	
	迎接美好未来·如何与祖国共命运	我与未来的祖国有个约,钱七虎院士的故事	畅想、评析	应用、迁移	本框综合知识	

三、过程设计

[新课导入]2023 年 11 月 23 日,在沈阳桃仙国际机场,两架歼-20 战斗机护航运-20 运输机呼啸而来。运-20 降落,缓缓通过水门。现场近千人以最高礼仪迎回 25 位在韩中国人民志愿军烈士遗骸。去时少年身,归来报国躯,山河无恙,英雄回家! 风雪迎忠魂,为何要将这些烈士遗骸接回国? 这则消息带给你什么样的直观感受?

[设计意图]以"第十批在韩中国人民志愿军烈士遗骸归国"时政新闻导入,激发学生学习兴趣,让学生快速"入境";启发学生思考"忠魂归故里"背后的原因(深切怀念先烈、如今国富民强等),让学生在情感上初步体验"国家好,

大家才会好",激发"我与祖国共命运"爱国情感,引入本节课议题。

环节一:回首峥嵘岁月·何谓国家利益?

[必备知识]国家利益的内容(内涵、外延和核心利益)。

[议学情境]视频:《志愿军:雄兵出击》电影宣传片(描述抗美援朝战争缘起,再现新中国以非凡气魄和胆略作出抗美援朝、保家卫国历史性决策的过程);图片:1950年中美两国对比图(美国GDP是中国的28倍,钢产量是中国的140倍)。

[议学任务1]志愿军明知九死一生,面对极其艰苦的作战条件,为什么仍然义无反顾奔赴战场?

[答案提示]因为他们心中装着国家。在他们心中,国家领土一点儿都不能少,这关乎我们的国家利益。国家利益是一个主权国家在国际社会中生存需求和发展需求的总和,关系民族生存、国家兴亡。

[设计意图]以抗美援朝战争的背景为情境载体,学生通过视频和数据直观感受抗美援朝的艰巨性,沉浸式体验志愿军战士为了祖国利益和尊严奋不顾身的爱国主义精神,掌握国家利益的内涵,初步理解国家利益是人民利益的集中体现。

[议学任务2]历史回顾:为了打赢抗美援朝战争,当时国家和人民采取了很多举措。根据自己所搜集的历史资料,分享1~2个举措,并分析这些举措涉及国家利益的哪些领域及目的。

[设计意图]历史是最好的教科书,也是最好的营养剂。以国家和人民的应战举措为依托,学生重温抗美援朝历史,从政治、经济、文化、社会、军事等方面入手,全面认识国家利益的外延和国家核心利益的基本内容,既充分体现主体地位,发展信息获取与分析能力,又唤起集体记忆,铭记历史,厚植爱国主义情怀,培育政治认同素养。

[知识小结]国家利益涉及政治、经济、文化、社会、军事等领域,包括安全利益、政治利益、经济利益、文化利益等。

国家的核心利益包括国家主权、国家安全、领土完整、国家统一、宪法确立的国家政治制度和社会大局稳定、经济社会可持续发展的基本保障。

环节二:展望今朝盛世·国家利益与人民利益的关系是什么?

[必备知识]国家利益与人民利益的关系。

[议学情境]在韩志愿军烈士遗骸十年回家路的故事。

1950年，中国人民志愿军抗美援朝，出国作战。这一战，拼来了山河无恙、家国安宁。然而，19.7万多名英雄儿女献出了宝贵的生命，部分英雄长眠在韩国境内。2014年3月27日，第一批437位中国人民志愿军烈士遗骸回到祖国怀抱。从2014年到2023年，已有938名在韩中国人民志愿军烈士回到祖国怀抱。十年回家路，百年强军梦。十年来，迎回安葬流程不断优化，礼仪标准不断提升，尊崇氛围不断叠加，弘扬英雄主义精神、激发全体民众爱国热情氛围不断浓厚。

[议学任务1]

(1)为何抗美援朝战争胜利后，国家没有接回志愿军遗骸？

(2)为何国家现在以最高规格的礼仪迎接志愿军遗骸回国？

[教师引领]七十多年前，志愿军雄赳赳、气昂昂，跨过鸭绿江，保家卫国护国疆，哪怕身死他乡又何妨？现在是国已强、民已富，英魂已归故乡，骸骨岂能留他乡？

[设计意图]学生通过合作探究，在问题组指引下，从历史角度思考国家利益与人民利益的关系：只有国家繁荣富强，社会才能安定有序，人民才能安居乐业，进一步认同"国家好、大家才会好"道理，增强民族自豪感和自信心。

[议学任务2]时空对话：假如我们能跨越时空和抗美援朝的英雄战士进行对话，你会跟他们说些什么？（内容包括：表达对英雄的感激，讲述如今盛世及其背后的人民力量）

[设计意图]创设穿越时空进行对话的议学情境，拉近学生与抗美援朝英雄的距离，降低学生对本框宏大抽象内容的疏离感，引导学生致敬英雄。同时，通过讲述中国故事，学生感受祖国取得的巨大进步与人民的幸福生活，感知大国崛起靠人民，认识到国家利益与人民利益相辅相成、高度统一，树立国家与个人命运与共的理念。

[知识小结]国家利益与人民利益之间的关系——

①在我们国家，国家利益反映广大人民的共同需求，是人民利益的集中表现。国家利益至上，人民利益高于一切，二者相辅相成。

②人民利益只有上升、集中到国家利益，运用国家的工具，才能得到真正的维护。

③国家利益只有反映人民利益，依靠人民艰苦奋斗，才能得到真正实现。

④在当代中国，国家利益与人民利益高度统一。实现中华民族伟大复兴

最鲜明的特点,就是将国家和人民视为一个命运共同体,将国家利益和人民利益紧密联系起来。

[设计意图]知识小结是课堂的"画龙点睛"之笔,可以帮助学生梳理本节课主干知识,引导学生养成归纳总结的学习习惯。同时,为知识输出和知识迁移奠定基础,便于学生在理解主干知识基础上运用知识解决实际问题。

环节三:迎接美好未来·如何与祖国共命运?

[必备知识]"认识自己"相关知识;本课综合知识。

[拓展情境1]我与未来的祖国有个约。

[拓展任务1]2035年,我国将基本实现社会主义现代化,那时同学们正好大学毕业,即将迈入社会。请畅想:11年后的自己会有怎样的发展? 为国家在哪些方面贡献力量? 你现在开始可以做什么?

[设计意图]陶行知先生说:"生活即教育。"通过充分挖掘学生生活,打开学生"你可以为国家做什么"思路,将正确的价值引导蕴含在鲜活的生活主题之中,让学生在认识、体验与践行中深刻理解个人命运和祖国命运密不可分,增强维护国家利益的责任感,自觉担负民族振兴使命,从而将知识内化于心、外化于行,促进政治认同、责任意识等学科核心素养落地。

[拓展情境2]"奋斗一甲子,铸盾六十年,了却家国天下事,一头白发终不悔。"这是2022年度感动中国十大人物之一钱七虎院士的颁奖词。钱七虎院士为了完成保密度极高的工程,长达16年隐姓埋名,与家人两地分居。正是因为他这种崇高的奉献精神、坚定的信念、对祖国和人民的无限忠诚,创造了一个又一个工程学奇迹。同学们了解钱七虎院士感人事迹后,被他的爱国情怀深深折服。小军同学却产生困惑,认为"维护国家利益,就必须牺牲个人利益"。

[拓展任务2]请运用"国家利益与人民利益"相关知识,对小军同学的观点进行评析。

[答案提示]

(1)小军的观点错误。

(2)国家利益反映广大人民的共同需求,是人民利益的集中表现。国家利益至上,人民利益高于一切,二者相辅相成、高度统一。

(3)人民利益只有上升、集中到国家利益,运用国家的工具,才能得到真正的维护。国家利益只有反映人民利益,依靠人民艰苦奋斗,才能得到真正实现。

(4)国家利益与人民利益并不冲突,我们要着眼长远、顾全大局,以国家利益为重,把国家利益放在第一位。

[设计意图]该拓展任务要求学生运用本课所学知识,分析"感动中国人物钱七虎院士的故事",既考查学生知识迁移能力,完成"知识输入—知识输出—知识迁移"课堂闭环,又有利于引导学生厘清认识误区、锻炼批判性思维。同时,以钱七虎院士为榜样,强化国家利益与人民利益高度统一意识,增强政治认同,涵养健全人格。从形式看,本拓展任务属于书面作答任务,与前述实践任务"我与未来的祖国有个约"相配合,丰富学习评价方式。

[板书设计]

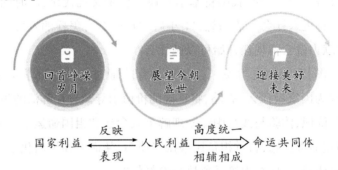

[设计意图]从整体看,板书设计条理清晰、重点突出、形象直观,帮助学生巩固所学知识、加深印象。从板书组成要素看,板书以多个核心概念和简洁线条呈现,围绕本框三个关键词——国家利益、人民利益、命运共同体,三者之间的关系随着教学的推进,通过各种线条逐步呈现出来。

"坚持国家利益至上"议题式教学设计

罗　雪　刘利玲

议题:如何捍卫国家利益、与祖国共命运?

一、设计依据

(一)课程标准分析

本框内容对应《义务教育道德与法治课程标准(2022年版)》"法治教育"主题中的"认识国家主权的内涵,树立国家利益至上的观念,理解总体国家安全观,知道维护国家安全是每个公民的义务,自觉维护国家安全",对应"中华优秀传统文化教育"主题中的"感悟天下兴亡、匹夫有责的担当意识,厚植爱国主义情怀"。

(二)教材内容分析

1.本框地位

"坚持国家利益至上"是《道德与法治》八年级上册第四单元第八课"国家利益至上"第二框内容,衔接小学《道德与法治》五年级上册"我们神圣的国土"相关内容,在前一框明晰国家利益的含义、重要性及国家利益与人民利益的关系的基础上,从思想和行动两个角度引导学生明确如何做到国家利益至上。本框旨在让学生树立危机意识,增强维护国家利益的责任感,为学习如何维护国家安全做铺垫,同时引导学生把对国家的关注提升到理性层面,是对本单元的升华。

2.本框内容

本框由两目组成。第一目"树立维护国家利益意识",主要引导学生在思想上树立维护国家安全意识,包括国家利益至上观念、危机意识和防范意识、理性务实文明心态,认识维护国家利益是每个公民应尽的义务。第二目"捍卫国家利益",启发学生思考国家利益、集体利益与个人利益之间的关系,在行动上以国家利益为重,自觉捍卫国家利益。

3.本框目标

学生通过参与欣赏歌曲、分享先进人物故事、研讨黄旭华和陆之方一家的案例等探究式活动,通过评析部分爱国人士做法等辨析式活动,认识国家利益、集体利益与个人利益之间的关系,掌握如何从思想和行动上捍卫国家利益,自觉履行维护国家利益的基本义务;发展批判性思维、信息获取与加工能力、思辨分析能力;树立正确的国家利益观,增强维护国家利益的责任感和使命感,涵养家国情怀,培育政治认同、责任意识等学科核心素养。

4.本框重难点

教学重点:如何从思想和行动上捍卫国家利益。

教学难点:理解国家利益、集体利益和个人利益之间的关系。

(三)教学背景分析

国家议题:加强新时代爱国主义教育,为推进中国式现代化凝聚力量。

社会课题:2024年1月1日,《中华人民共和国爱国主义教育法》正式施行,以法律形式确立爱国主义教育是全体公民特别是青少年必须接受的。习近平总书记强调:“爱国,是人世间最深层、最持久的情感,是一个人立德之源、立功之本。”此外,全球联系日益密切,思想价值观日益多元化。在此背景下,如何引导学生正确处理好国家利益与个人利益的矛盾,如何涵养家国情怀、捍卫国家利益,如何激发为中华民族伟大复兴而奋斗的使命担当,任重道远。

成长命题(学情分析):八年级学生思维认知有所提高,但尚未成熟,社会阅历仍有欠缺,对国家利益的认识还存在误区。有的学生认为,只要爱国就是正当行为;有的学生把民族利益看成为个人利益服务,民族利益要让位于个人利益。因此,要让学生正确认识维护国家利益的重要性,正确认识国家利益与人民利益的关系,树立正确的国家利益观,辨析各种爱国行为,让自己的爱国情感更加理性、深沉。

二、设计思路

(一)教学路线

议题线:围绕总议题“如何捍卫国家利益、与祖国共命运”,设计议题线:心怀中国心·何谓维护国家利益意识;厚植爱国情·为何需要捍卫国家利益;坚定报国志·行动上如何捍卫国家利益。

情境线:歌曲《英雄赞歌》;“以国家利益为重”先进人物事迹,如此“爱国”不可取;黄旭华的故事;今天我这样爱国,陆之方一家两代人守卫祖国边疆的事迹。

活动线:思考歌曲讴歌的精神品质;分享自己熟知的先进人物故事,归纳优秀品质;辨析部分爱国青年、爱国人士的做法;理解"对国家的忠就是对父母最大的孝",认识国家利益、集体利益与个人利益的关系;小组交流爱国做法及其理由;研讨陆之方一家两代人守卫祖国边疆的事迹。

知识线:爱国主义精神品质;树立维护国家利益意识;国家利益、集体利益与个人利益的关系;如何捍卫国家利益。

（二）教学结构

总议题	环节·议题线	情境线	活动线	任务线	知识线	核心素养
如何捍卫国家利益、与祖国共命运	导入	歌曲《英雄赞歌》	思考归纳	衔接	爱国主义精神品质	政治认同 法治观念 责任意识
	心怀中国心·何谓维护国家利益意识	"以国家利益为重"先进人物事迹,如此"爱国"不可取	分享辨析	理解	树立维护国家利益意识	
	厚植爱国情·为何需要捍卫国家利益	黄旭华的故事	案例研讨	理解	国家利益、集体利益与个人利益的关系	
	坚定报国志·行动上如何捍卫国家利益	今天我这样爱国,陆之方一家两代人守卫祖国边疆的事迹	交流评析	应用、迁移	如何捍卫国家利益	

三、过程设计

[新课导入]歌词:"烽烟滚滚唱英雄/四面青山侧耳听/侧耳听/晴天响雷敲金鼓/大海扬波作和声/人民战士驱虎豹/舍生忘死保和平/英雄猛跳出战壕/一道电光裂长空/裂长空/地陷进去独身挡/天塌下来只手擎/两脚熊熊趟烈火/浑身闪闪披彩虹/一声呼叫炮声隆/翻江倒海天地崩/天地崩/双手紧握爆破筒/怒目喷火热血涌/敌人腐烂变泥土/勇士辉煌化金星/为什么战旗美如画/英雄的鲜血染红了她/为什么大地春常在/英雄的生命开鲜花。"这首歌叫《英雄赞歌》,是为了纪念抗美援朝志愿军战士而创作的,它讴歌了这些英雄身上的哪些精神品质?

[设计意图]以《英雄赞歌》爱国歌曲导入,营造情感氛围,让学生快速入境,激发学生学习兴趣和探究热情,让学生初步感知爱国情感,为后续教学做好铺垫,同时引入本节课议题。

环节一:心怀中国心·何谓维护国家利益意识?

[必备知识]树立维护国家利益意识。

[议学情境1]"以国家利益为重"先进人物事迹。

[议学任务1]分享自己熟知的先进人物故事,共同归纳英雄人物身上表现出的优秀品质。

[答案提示]大禹治水的故事、刘胡兰的故事、守岛英雄王继才的故事、钱学森归国故事等。这些人物身上有着共同的优秀品质:舍小家为大家,不计个人得失,无私奉献。

[设计意图]习近平总书记多次强调要讲好中国故事,弘扬中国精神。学生在课堂积极参与中,可以更深刻地感受故事的温度,在讲故事过程中潜移默化地接受爱国主义教育,体会爱国情感,接受爱国精神洗礼。在归纳品质过程中,将爱国情感具体化,深化对"以国家利益为重"的理解,树立维护国家利益意识。

[议学情境2]如此"爱国"不可取:部分爱国青年在网上大肆辱骂外国人,有人呼吁送他们几个"东风快递";一些军事爱好者在网上晒出大量军事装备,以显示我国的军事实力。

[议学任务2]你赞同以上部分爱国人士的做法吗? 为什么?

[设计意图]以现实社会生活为依托,学生通过辨析部分爱国青年的行为,意识到爱国无小事,对危害国家利益、威胁国家生存与发展的行为要时刻保持警惕;逐步澄清爱国误区,合法有序地表达爱国情感,自觉履行保守国家秘密、维护国家利益的法定义务。至此,学生在真正理解爱国的同时,更清醒地认识到,国家为我们的成长提供了良好条件,我们也应该为维护国家利益贡献力量,增强维护国家利益的使命感,培育政治认同、责任意识。

[知识小结]树立维护国家利益意识——

①心怀爱国之情,牢固树立国家利益至上观念,以热爱祖国为荣,以危害祖国为耻。

②坚持国家利益至上,要树立和增强危机意识和防范意识。

③要增强维护国家利益的责任感和使命感,努力提高素质,用理性、务实、文明的心态,合法有序地表达爱国情感,维护国家利益。

环节二:厚植爱国情·为何需要捍卫国家利益?

[必备知识]国家利益、集体利益与个人利益的关系。

[议学情境]黄旭华的故事:核潜艇之父,隐姓埋名30年,攻克大国利器。

核潜艇研制工作属于最高级别的国家机密。黄旭华为了恪守对组织的承诺,不对外透露工作单位、工作性质。从1957年到1986年,近30年时间,家人都不知道他在做什么,父亲直至去世都没有见到他。老母亲93岁才终于又见到了儿子。1987年,《文汇月刊》发表长篇报告文学《赫赫而无名的人生》,讲述了一位核潜艇总设计师为中国核潜艇事业隐姓埋名30年的事迹。黄旭华把这期《文汇月刊》寄给母亲。母亲将文章看了一遍又一遍,将其他子女都找过来,讲了一句话:"三哥的事情,大家要理解。"母亲的话传来,黄旭华哭了。"俗话说忠孝难两全,我说对国家的忠就是对父母最大的孝。"

[议学任务]

(1)你如何理解"对国家的忠就是对父母最大的孝"?

(2)如何处理好国家利益、集体利益、个人利益之间的关系?

[答案提示]从家庭角度看,孝顺父母是中华民族传统美德,而黄旭华先生认为,对国家的忠诚和奉献也是一种孝顺,甚至是对父母最大的孝顺。因为个人的成长和发展离不开国家的繁荣与稳定,只有为国家作出贡献,才能更好地回报父母的养育之恩。从国家角度看,这句话表达了一种爱国主义精神。他认为,个人利益应该服从国家利益,只有为国家的繁荣与稳定作出贡献,才能实现个人的价值。这种精神是激励人们为国家和民族奋斗的重要力量。

[设计意图]学生通过对黄旭华事迹的分析,一方面感受他在面临两难处境时展现的爱国之情和为祖国"深潜"奋斗终身的使命担当,另一方面提升思辨能力和分析能力,理解国家利益、集体利益、个人利益的一致性,认识把国家利益放在第一位的重要性,培育政治认同素养。

[知识小结]国家利益与集体利益、个人利益之间的关系——

①国家利益与集体利益、个人利益既有区别、又相联系。国家利益是整体利益,集体利益、个人利益是局部利益。从根本上说,国家利益、集体利益、个人利益是一致的。

②有时,国家利益难免同集体利益、个人利益发生矛盾。

③无论何时何地,我们应当着眼长远、顾全大局,以国家利益为重,把国家利益放在第一位。

环节三:坚定报国志·行动上如何捍卫国家利益?

[必备知识]如何捍卫国家利益。

[议学任务]今天,我们这样爱国(小组交流,面对下列情境,说说你的做法及理由):

(1)国家需要征兵时,年满18周岁的你会……

(2)购买商品时,商场收银员提醒"不要发票会有折扣",你会……

(3)使用苹果手机、学说日语被说成是不爱国,你会……

(4)外出散步时,发现有人在军事基地附近偷拍,你会……

[设计意图]教学要坚持理论性和实践性相统一,强调知行合一。学生面对现实生活中的这些问题或模拟情景,根据自己的知识储备、生活感悟,寻找符合自身实际的解决方案。学生通过小组交流模拟,通过体验和思考,在复杂情境中发现问题、分析问题、解决问题,举一反三,将捍卫国家利益的具体做法迁移到现实情境中去。

[知识小结]如何捍卫国家利益——

①顾全大局,以国家利益为重,把国家利益放在第一位。

②有时,需要放弃个人利益,甚至献出自己的生命。

③坚决同一切损害国家利益的行为作斗争,自觉遵守道德与法律。

[拓展情境]陆之方一家两代人守卫祖国边疆的事迹。

1979年3月,坐落在广西大山深处的尖峰岭国防民兵哨所诞生。作为村民兵营副营长和支前模范的陆之方临危受命,成为哨所第一任哨长。3年后,患上风湿病的陆之方走不动了。陆兰廷接过父亲手中的枪,成为尖峰岭哨所第二任哨长,一干就是14年。1996年,因陆兰廷工作调动,陆兰军接替哥哥任第三任哨长。

接受记者采访时,陆兰军深情地说:"只有在哨所住才感觉到边境的安宁,心里才踏实!""如果为了个人发财,我早就不当民兵了。既然当了民兵,就不去想做生意发家致富的事。""是祖国养育了我,为她奉献一生算得了什么呢?哪怕有一天我老死在岗哨上,我问问自己的心,它会说这是值得的。"

[拓展任务]

(1)是什么情感让陆之方一家两代人清贫坚守护疆33年?

(2)这对我们维护国家利益有何启示?

[答案提示]

(1)因为他们一家人心怀爱国之情,牢固树立国家利益至上观念。

（2）坚持国家利益至上原则，以实际行动维护国家利益：①增强维护国家利益的责任感和使命感，以热爱祖国为荣。②顾全大局，以国家利益为重，把国家利益放在第一位。③坚决同一切损害国家利益的行为作斗争，自觉遵守道德与法律。

［设计意图］该拓展任务要求学生运用本课所学知识，分析"陆之方一家两代人守卫祖国边疆的事迹"，既考查学生知识迁移能力，完成"知识输入—知识输出—知识迁移"课堂闭环，又致敬榜样人物，强化国家利益至上意识，增强政治认同。

［板书设计］

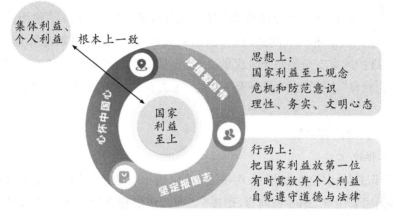

［设计意图］本节课板书设计由三个部分环绕成一个圈，象征牢固树立坚持国家利益至上观念。围绕"坚持国家利益至上"，按照"为什么"和"怎么做"逻辑逐渐呈现：国家利益、集体利益、个人利益的一致性决定以国家利益为重，而捍卫国家利益需要心怀爱国之心、坚定报国之志。从思想和行动两个方面系统梳理本节课重点知识，清晰展现坚持国家利益至上要求思想和行动相结合，有利于学生对知识的整体把握。

"认识总体国家安全观"议题式教学设计

罗 雪 刘利玲

议题:如何理解国家安全是民族复兴的根基?

一、设计依据

(一)课程标准分析

本框内容对应《义务教育道德与法治课程标准(2022年版)》"法治教育"主题中的"认识国家主权的内涵,树立国家利益至上的观念,理解总体国家安全观,知道维护国家安全是每个公民的义务,自觉维护国家安全",对应"中华优秀传统文化教育"主题中的"感悟天下兴亡、匹夫有责的担当意识,厚植爱国主义情怀"。

(二)教材内容分析

1.本框地位

"认识总体国家安全观"是八年级上册《道德与法治》第四单元第九课"树立总体国家安全观"第一框内容,衔接《普通高中思想政治课程标准(2017年版2020年修订)》"引用实例,阐明我国的总体国家安全观",是前一课的自然延伸,进一步引导学生理解国家安全是实现国家利益最根本的保障。本框从认识国家安全和维护国家安全的角度深化对国家利益的认识,在更深层次、更广领域增强维护国家安全利益的危机感、紧迫感和责任感,是对本单元"维护国家利益"的升华。

2.本框内容

本框由呈递进关系的两目构成。第一目"国家安全与我们息息相关",引导学生从人民幸福生活和国家生存发展角度认识国家安全的重要性——国家安全是人民幸福的保障,是国家生存发展的重要基石。第二目"坚持总体国家安全观",启发学生在了解我国面临的复杂安全形势的基础上,理解我国坚持总体国家安全观的必要性和要求,认识并树立总体国家安全观。

3.本框目标

学生通过参与今昔对比、搜集整理国家安全事件、填写任务单、设计标语口号等探究式活动,理解国家安全对国家、民族和公民个人的重要性,感受国家安全与我们每个人息息相关,了解我国当前内外安全形势,知道总体国家安全观的基本内容和要求;发展批判性思维、搜集整理、思辨分析、创新创造等关键能力;自觉树立总体国家安全观,提升国家安全意识,履行维护国家安全法定义务,培育政治认同、责任意识等学科核心素养。

4.本框重难点

教学重点:树立总体国家安全观。

教学难点:理解总体国家安全观的内涵和要求。

(三)教学背景分析

国家议题:党的二十大报告明确指出,国家安全是民族复兴的根基,社会稳定是国家强盛的前提。我们必须坚定不移贯彻总体国家安全观,落实总体国家安全观教育。

社会课题:一方面,近年来,我国安全形势总体稳定,但仍面临多元复杂的安全威胁,如西北工业大学遭受美国国家安全局网络攻击的案例凸显维护国家网络安全的极端重要性,国家安全部公布美国间谍梁成运落网的大量细节,说明反间谍斗争形势严峻复杂;另一方面,新修订的《中华人民共和国反间谍法》等相关法律公布,为新时代国家安全提供法治保障。青少年是国家的希望、民族的未来,如何加强国家安全教育成为一个重要的社会课题。

成长命题(学情分析):对于长期生活在和平环境的初中生来说,他们对国内外安全领域面临的复杂形势缺乏切实感受和必要了解,很难意识到国家安全面临的严峻形势,缺乏忧患意识。对此,有必要引导学生了解我国面临的复杂安全形势,理解我国总体国家安全观这一顶层设计的必要性、正确性,从政治上认同党和国家的方针政策,从行动上维护国家安全,认识并树立总体国家安全观。要引导初中生学会分辨危害国家安全的行为、自觉抵制危害国家安全的行为、积极维护国家安全,是非常重要的教育内容,也是落实爱国主义教育、将德治与法治相结合的重要步骤。

二、设计思路

(一)教学路线

议题线:围绕总议题"如何理解国家安全是民族复兴的根基",设计议题线:今昔对比·国家安全有何用;居安思危·我国安全吗;落实践行·我国何以安全。

情境线:词条猜谜;旧中国屈辱史和新中国成就档案,青年生活对比;举报诡异绿光获重大奖励时政;宣传片《贯彻总体国家安全观》,国家安全我来宣传。

活动线:思考词条共同的主题;研讨新旧中国和青年生活,以及与国家安全的关系;搜集整理威胁我国国家安全的事件;小组填写任务单,设计有力宣传总体国家安全观的标语、口号。

知识线:国家安全;国家安全的重要性;我国国家安全形势;贯彻落实总体国家安全观。

(二)教学结构

总议题	环节·议题线	情境线	活动线	任务线	知识线	核心素养
如何理解国家安全是民族复兴的根基	导入	词条猜谜	思考、分享	衔接	国家安全	政治认同 法治观念 责任意识
	今昔对比·国家安全有何用	旧中国屈辱史和新中国成就档案,青年生活对比	研讨、探究	理解	国家安全的重要性	
	居安思危·我国安全吗	举报诡异绿光获重大奖励时政	搜集、整理	理解	我国国家安全形势	
	落实践行·我国何以安全	宣传片《贯彻总体国家安全观》,国家安全我来宣传	填写、设计	应用、迁移	贯彻落实总体国家安全观	

三、过程设计

[新课导入]展示词条:海外撤侨、巴西龟、间谍、415、反分裂、贸易保护、网络泄密、12339、生化武器,请根据所展示的词条,通过联系、推理的方式,猜猜这些词条共同的主题是什么? 其中的415和12339指的是什么?

[设计意图]以猜谜方式导入,激发学生学习兴趣和探究热情,让学生初步了解国家安全涉及领域广,与我们生活息息相关。同时,普及国家安全知识,如4月15日是国家安全教育日、12339是国家安全机关举报电话,帮助学生树立总体国家安全观,增强自觉维护国家安全意识,引入本节课议题。

环节一:今昔对比·国家安全有何用?

[必备知识]国家安全的重要性。

[议学情境]视频:《旧中国屈辱史和新中国成就档案》;图片展示:1937年的青年生活与2024年的青年生活。

旧中国的面貌:签订丧权辱国的不平等条约,经济落后,清政府腐败无能,领土被瓜分,人民穷困潦倒,得不到其他国家的尊重;新中国成立后呈现的新变化:收回香港、澳门,向体育强国迈进,取得显著科技成就,修建高铁,国产大飞机 C919,外交取得新突破。

1937 年青年的生活:颠沛流离,流离失所。2024 年青年的生活:安居乐业,幸福生活。

[议学任务]新旧中国和人民生活有何变化? 这些变化与国家安全有何关系?

[答案提示]安全是一个国家发展的前提,发展会促进国家更加稳定和强大。国家安全有了保障,我们的祖国才能更加繁荣富强。只有国家安定,我们才会有安全感,才能健康快乐地成长。

[设计意图]通过视频、图片等真实资料,呈现中国在不同时期的情况,形成鲜明对比,学生运用已有史实记忆和历史认知,加深对国家安全的直观理解,强烈感受国家安全的重要性,激发自觉维护国家安全的意识,并为下一环节学习做好铺垫。

[知识小结]国家安全的重要性——

①国家安全是国家生存与发展的重要保障。

②国家安全是人民幸福安康的前提。

③国家安全关系人民幸福、社会发展进步,是实现国家利益最根本的保障,是民族复兴的根基。

环节二:居安思危·我国安全吗?

[必备知识]我国的国家安全形势。

[过渡]有同学说"我们国家积累了巨大的实力,和平与发展是世界潮流,再也不用担心国家安全了",你是否认同这一观点?

[教师引领]我们生活在和平年代,在珍惜现在美好生活的同时,要增强国家安全意识。随着我国与世界的关系日益密切,国内外一些不安定因素增多。

[议学情境]举报诡异绿光,获重大奖励。

2023 年 12 月,国家安全部发文披露:某海滨城市市民李某发现,自己租出去的房子,半夜总有个房间闪着诡异的绿光。李某觉得可能涉及国家安全,于是拨打 12339 举报。"我的房子租给外国人了,但从来没人入住,屋里老是发着绿光,很可疑。"经国家安全机关调查,在这个小区,不仅可以将沿海美景尽收眼底,如果借助专业设备,还能远距离观测小区对面的某海军基地。该基地每年都会有重要的军事活动,亮相的装备中不乏撒手锏武器。这些泛着绿光的设备,正是境外间谍情报机关布设的窃拍窃照设备。他们企图通过视频监控方式,窃取我国新型军事装备秘密。国家安全机关迅速行动,成功斩断了黑手。

[议学任务]同学们还知道哪些威胁我国国家安全的事件? 请从政治、军事、国土、社会、网络、经济、文化、生态、能源等角度搜集并制作相关材料,上台展示。

[设计意图]学生需要通过网络、书籍等媒介,寻找威胁我国国家安全的事件,培养搜集整理材料能力,理解我国当前国家安全问题的复杂性。该设计旨在让学生在搜集展示过程中增强体验感,懂得既要珍惜现在来之不易的美好生活,又要永远擦亮眼睛、保持警惕,增强忧患意识,时刻关注国家安全,进而理解总体国家安全观的必要性。

[知识小结]我国国家安全形势(坚持总体国家安全观的原因)

我国国家安全的内涵和外延比历史上任何时候都要丰富,时空领域比历史上任何时候都要宽广,内外因素比历史上任何时候都要复杂,必须坚持总体国家安全观。

环节三:落实践行·我国何以安全?

[必备知识]贯彻落实总体国家安全观。

[议学情境]视频:2023年国家安全教育日宣传片《贯彻总体国家安全观》

人间烟火气,最抚凡人心。司空见惯的日常是否理所当然? 国家安全不但是国家的事,而且与每个人息息相关。从海疆边关到城市阡陌,从晨曦微露到万家灯火,正是你我的守护,让维护国家安全的微光聚之如芒。第八个全民国家安全教育日,一起坚定不移贯彻总体国家安全观,守护国家安全!

[议学任务]自主探究,完成小组任务单:

任务	答案	
总体国家安全观五大要素	宗旨:	
	根本:	
	基础:	
	保障:	
	依托:	
五对关系		
十六个重点		

[设计意图]借助最新视频和小组合作形式,学生进一步了解我国国家安全的主要领域和我国国家安全战略的总设计、总布局,进而树立总体国家安全观,开拓国际视野和世界眼光,增强维护国家安全的责任意识和忧患意识。

[拓展情境]国家安全我来宣传。

"家是最小国,国是千万家",国家安全与我们每个人的幸福生活息息相关。

[拓展任务]请你担当国家安全宣传大使,设计一条有力宣传总体国家安全观的标语、口号。

[教师引领]《管子·正世》有云:"利莫大于治,害莫大于乱。"当今世界,部分国家和地区正深陷战争的苦难泥潭,霸权主义、强权政治、恐怖主义、宗教极端势力等给全球带来极大危害,威胁世界各国安全。而国家安全是民族复兴的根基、国家发展的保障、人民福祉的前提。居安思危,思则有备,备则无患。我们要把国家安全当成国家头等大事来抓。这关系我们的发展全局、国家命运和人民幸福。同学们,我们要让国家安全意识在心中生根发芽,每一个人都要切实维护国家安全。只有保障和实现国家安全,才能真正把我国建设成为富强、民主、文明、和谐、美丽的社会主义现代化强国,才能真正实现中华民族伟大复兴!

[设计意图]该拓展任务要求学生运用本课所学知识,将所学知识内化于心、外化于行,用实际行动维护国家安全,呼吁更多的人维护国家安全,提高政治认同,自觉履行维护国家安全的基本义务,为下一框"维护国家安全"教学埋下伏笔。

[知识小结]如何贯彻总体国家安全观?

①【五大要素】以人民安全为宗旨、以政治安全为根本、以经济安全为基础、以军事文化社会安全为保障、以促进国际安全为依托,走出一条中国特色国家安全道路。

②【五对关系】贯彻总体国家安全观,既重视外部安全,又重视内部安全;既重视国土安全,又重视人民安全;既重视传统安全,又重视非传统安全;既重视发展问题,又重视安全问题;既重视自身安全,又重视共同安全。

③【十六个重点】构建涵盖政治、军事、国土、经济、文化、社会、科技、网络、生态、资源、海外利益、太空、深海、极地、生物等诸多领域的国家安全体系。

[板书设计]

[设计意图]从板书整体看,本节课板书以盾牌形式呈现,形象聚焦"筑牢国家之盾,守护家国之安"主旨。从板书组成要素看,围绕"国家安全"核心概念,按照三个议题环节逐渐展开,清晰梳理本节课知识:国家安全的重要性(民族复兴根基、国家发展保障、人民幸福前提),我国国家安全面临的严峻形势,坚持总体国家安全观。以此帮助学生建立对国家安全的整体认知,彰显正向价值引领。

"维护国家安全"议题式教学设计

罗　雪　刘利玲

议题:如何凝聚维护国家安全的磅礴力量?

一、设计依据

(一)课程标准分析

本框内容对应《义务教育道德与法治课程标准(2022年版)》"法治教育"主题中的"认识国家主权的内涵,树立国家利益至上的观念,理解总体国家安全观,知道维护国家安全是每个公民的义务,自觉维护国家安全",对应"中华优秀传统文化教育"主题中的"感悟天下兴亡、匹夫有责的担当意识,厚植爱国主义情怀",对应"学业质量描述"中的"能够结合实例理解维护国家安全的重要性,阐明如何自觉维护国家安全"。

(二)教材内容分析

1.本框地位

"维护国家安全"是八年级上册《道德与法治》第四单元第九课"树立总体国家安全观"第二框内容,衔接《普通高中思想政治课程标准(2017年版2020年修订)》"引用实例,阐明我国的总体国家安全观",基于前一框学生理解我国当前安全形势和了解总体国家安全观内容,从国家和公民两个层面认识维护国家安全的要求,帮助学生增强对国家强军事业的认知,树立维护国家安全意识,自觉履行维护国家安全义务,为第十课"建设美好祖国"打下坚实基础,起到承上启下的作用。

2.本框内容

本框由呈并列关系的两目构成,从国家和公民两个层面引导学生认识维护国家安全的要求。第一目"全面推进国防和军队现代化",从国家层面阐述强大的国防和军队是维护国家安全的根本,引导学生明确强国必先强军、军强才能国安,了解强军事业的宗旨、原则和目标。第二目"人人都是维护国家安全的主角",则从公民层面让学生深刻认识维护国家安全人人需要为、人人可以为、人人必须为,同时启发学生从日常行动落实和履行法律义务角度思考自己应该如何为维护国家安全贡献力量。

3.本框目标

学生通过参与思考国家安全的密码、分析甘肃抗震故事、研讨党的十九大和党的二十大报告、辨析小凡观点等探究式、评析式活动,参与模拟情境表演等体验式活动,增加对强军事业的认知,了解全面推进国防和军队现代化,理解维护国家安全人人可为、人人须为;发展批判性思维、归纳概括、思辨分析、合作实践能力;提升民族自豪感、社会责任感,提升国家安全意识,履行维护国家安全法定义务,培育政治认同、法治观念、责任意识等学科核心素养。

4.本框重难点

教学重点:理解维护国家安全人人可为、人人须为。

教学难点:提高对强军事业的认知,了解全面推进国防和军队现代化。

(三)教学背景分析

国家议题:贯彻落实总体国家安全观,推进国家安全体系和能力现代化,构建具有中国特色的国家安全教育体系。

社会课题:一方面,近年来,我国安全形势总体稳定,但仍面临多元复杂的安全威胁,如西北工业大学遭受美国国家安全局网络攻击的案例,突显维护国家网络安全的重要性;国家安全部公布美国间谍梁成运落网大量细节,说明反间谍斗争形势严峻复杂;另一方面,新修订的《中华人民共和国反间谍法》等相关法律公布,为新时代国家安全提供法治保障。青少年是国家的希望、民族的未来,如何加强国家安全教育成为一个重要的社会课题。

成长命题(学情分析):八年级学生由于长期生活在和平与安定的环境,一是对国家安全更多停留在传统安全领域,认为国家安全主要是国家安全部门的事情,二是没有社会生活体验,尤其是对我国强军事业知之甚少。尽管有些学生通过新媒体、影视作品、网络等对我国国防力量和军队建设有一定的感性认识,但很难把这些认识与我国的强军事业关联起来。所以,学生在认知我国强军事业和担负维护国家安全责任方面,存在误区和空白。

二、设计思路

(一)教学路线

议题线:围绕总议题"如何凝聚维护国家安全的磅礴力量",设计议题线:开展国之行动·如何推进国防和军队现代化;践行民之担当·如何巩固国家安全人民防线。

情境线:电影《长安三万里》;甘肃地震,人民子弟兵抗震救灾;党的十九大报告、二十大报告中的强军部分;小凡的苦恼;情境模拟。

活动线:解密维护国家安全;分析冲在第一线的原因,习近平总书记指示;归纳概括如何全面推进国防和军队现代化;评析小凡的观点;情境续写并模拟表演。

知识线:维护国家安全;我国武装力量的性质、任务,党对人民军队的绝对领导;如何全面推进国防和军队现代化;公民维护国家安全的原因;公民如何维护国家安全。

（二）教学结构

总议题	环节·议题线	情境线	活动线	任务线	知识线	核心素养
如何凝聚维护国家安全的磅礴力量	导入	电影《长安三万里》	思考	衔接	维护国家安全	政治认同 法治观念 责任意识
	开展国之行动·如何推进国防和军队现代化	甘肃地震,人民子弟兵抗震救灾	分析、分享	理解	我国武装力量的性质、任务,党对人民军队的绝对领导	
		党的十九大报告、二十大报告强军部分	研读、归纳	理解	如何全面推进国防和军队现代化	
	践行民之担当·如何巩固国家安全人民防线	小凡的苦恼	评析、批判	理解	公民维护国家安全的原因	
		情境模拟	建议、体验	理解、应用	公民如何维护国家安全	

三、过程设计

[新课导入]2023 年夏天,电影《长安三万里》再现盛世与乱世之交的云谲波诡,唤醒每个中国人灵魂深处的文化自信。执政早年,唐玄宗励精图治,开创了开元盛世;晚年却怠于政事,闭目塞听,纵容安禄山掌握大量朝廷情报。最终,"安史之乱"如一声巨雷爆发,断送了盛唐繁华。居安思危,思则有备,有备无患。无论身处战争时期还是和平年代,我们都要铭记忧患则生、安乐则亡的道理。

诗在,书在,长安就在,千年文化是中国人的精神密码。在全球形势错综复杂的今天,面对艰巨繁重的改革发展稳定任务,我们维护国家安全的密码是什么呢？如何凝聚各方面力量以维护国家安全,为强国建设、民族复兴保驾护航?

[设计意图]以暑期热门电影《长安三万里》导入,激发学生探索积极性,引发情感共鸣,增进对唐代文化和历史的认识,感受中华文化魅力,增强文化自信。同时,让学生以史为鉴,树立忧患意识和防范意识,居安思危,明确维护国家安全的必要性和重要性,引入本节课议题。

环节一:开展国之行动·如何推进国防和军队现代化?

[必备知识]我国武装力量的性质、任务,坚持党对人民军队的绝对领导,如何全面推进国防和军队现代化。

[议学情境1]视频播放:甘肃积石山发生6.2级地震,人民子弟兵奋战在抗震救灾第一线。

2023年12月18日23时59分,甘肃临夏州积石山县发生6.2级地震,造成重大人员伤亡,大量房屋毁坏,基础设施受损。灾情发生后,习近平总书记高度重视并作出重要指示,要求解放军、武警部队积极配合地方开展抢险救灾。军队有关部门迅即启动应急响应机制,西部战区、武警部队出动运输、医疗等多支救援力量抵达灾区,抢抓时间搜救被困人员,展开医疗救治、道路清理、物资运输、灾害救援等工作,全力保障人民群众生命财产安全。截至26日18时,累计投入解放军和武警部队2447人,组织民兵1083人,动用航空器12架、车辆和工程机械501台,转移安置群众1.38万人,医疗巡诊接诊3.6万人次,搭建帐篷2585顶,运送物资1.7万余吨,疏通道路15公里,清理堆积物1300余立方米,提供热食保障9.8万余份。人民子弟兵的到来,在这个冬日守护灾区人民的温暖。跨越这个凛冬,便是温暖的春天。

[议学任务1]

(1)为什么人民子弟兵总是冲在抗震救灾第一线?

(2)习近平总书记的指示体现了什么?

[答案提示]这是由我国武装力量的性质和任务决定的。在人民有需要的时候,他们一直都冲在第一线。《中华人民共和国宪法》规定,中华人民共和国的武装力量属于人民。它的任务是巩固国防,抵抗侵略,保卫祖国和人民的和平劳动,参加国家建设事业,努力为人民服务。

习近平总书记的指示体现了坚持党对人民军队的绝对领导。这一根本原则和制度发端于南昌起义,奠基于三湾改编,定型于古田会议,是人民军队完全区别于一切旧军队的政治特质和根本优势。党对人民军队的绝对领导是人民军队的建军之本、强军之魂。

[设计意图]坚持真实生活与情感教育相结合,让学生更好地掌握我国武装力量属于人民及其维护国家安全的任务,切实感受人民子弟兵身上的坚毅精神、忠诚信仰,增强对他们的认同和感恩,进而提升民族自豪感、社会责任感。同时,学生在问题组指引下,运用历史学科知识,理解党指挥枪是保持人民军队本质和宗旨的根本保障,热爱和拥护中国共产党,培育政治认同素养。

[议学情境2]党的十九大报告、二十大报告强军部分。

适应世界新军事革命发展趋势和国家安全需求,提高建设质量和效益,确保到二〇二〇年基本实现机械化,信息化建设取得重大进展,战略能力有大的提升。同国家现代化进程相一致,全面推进军事理论现代化、军队组织形态现代化、军事人员现代化、武器装备现代化,力争到二〇三五年基本实现国防和军队现代化,到本世纪中叶把人民军队全面建成世界一流军队。

——党的十九大报告

如期实现建军一百年奋斗目标,加快把人民军队建成世界一流军队,是全面建设社会主义现代化国家的战略要求。必须贯彻新时代党的强军思想,贯彻新时代军事战略方针,坚持党对人民军队的绝对领导,坚持政治建军、改革强军、科技强军、人才强军、依法治军,加快军事理论现代化、军队组织形态现代化、军事人员现代化、武器装备现代化,提高捍卫国家主权、安全、发展利益战略能力,有效履行新时代人民军队使命任务。

——党的二十大报告

[议学任务2]请研读党的十九大、二十大报告,归纳概括如何全面推进国防和军队现代化。

[设计意图]家事国事天下事,事事关心。通过研读中国未来发展的重要文件——党的十九大、二十大报告,一方面引导学生归纳概括全面推进国防和军队现代化的要求,锻炼他们的信息获取与整合能力;另一方面,提高他们的政治素养和主人翁意识,拓展知识面,增强责任意识和担当精神。

[知识小结]

(1)我国武装力量的性质、任务

①性质:中华人民共和国的武装力量属于人民。

②任务:巩固国防,抵抗侵略,保卫祖国,保卫人民的和平劳动,参加国家建设事业,努力为人民服务。

（2）党对人民军队的绝对领导

这是人民军队的建军之本、强军之魂。坚持党对人民军队的绝对领导，建设一支听党指挥、能打胜仗、作风优良的人民军队，是实现全面建成社会主义现代化强国第二个百年奋斗目标、实现中华民族伟大复兴的战略支撑。

（3）如何全面推进国防和军队现代化

①必须全面贯彻习近平强军思想，贯彻新时代军事战略方针。

②必须全面贯彻党领导人民军队的一系列根本原则和制度，确立习近平强军思想在国防和军队建设中的指导地位。

③力争到二〇三五年基本实现国防和军队现代化，到本世纪中叶把人民军队全面建设成世界一流军队。

环节二：践行民之担当·如何巩固国家安全人民防线？

[必备知识]公民维护国家安全的原因，公民如何维护国家安全。

[过渡]维护国家安全仅仅是人民解放军的事情吗？还要依靠谁？维护国家安全还要依靠广大人民群众，人人都是维护国家安全的主角。

[议学情境]小凡的苦恼——

去泰国游玩准备搭乘飞机回国的小凡，过安检时被拦了下来，不仅辛辛苦苦搜集到的昆虫标本被扣查，还要被罚款。小凡生气地说："我们老百姓人微言轻，根本危害不到国家安全，更别说只是个标本了！"

[知识链接]依照《中华人民共和国进出境动植物检疫法》《出入境人员携带物检疫管理办法》相关规定，携带动植物、动植物产品和其他检疫物入境，而未向检验检疫机构申报或依法办理检疫审批手续的，可处以5000元以下罚款。

[议学任务1]你同意小凡的观点吗？请评析他的观点。

[答案提示]

①小凡的言行是错误的，是缺乏维护国家安全意识和法律意识的体现。

②维护国家安全，人人可为。维护国家安全是全国各族人民根本利益所在，是我们的共同责任，也是公民的法定义务。

③公民的个人行为也可能会危害国家安全，小凡随意携带标本入境可能会危害我国生态安全。

④小凡应增强维护国家安全意识，自觉履行维护国家安全义务。

[设计意图]以学生真实生活为情境，学生在评析观点过程中，既提高思辨能力，厘清认识误区，又解决本节课教学重点——维护国家安全是我们每个人

的责任,需要每个人积极作出贡献,也为下个板块具体做法进行铺垫。

[议学任务2]面对下列情境,请小组合作,续写情境并模拟表演。

(1)小梅的妈妈过生日时许愿一家平安健康,还买了十只漂亮的巴西龟,准备去长江放生。小梅了解过《中华人民共和国陆生野生动物保护实施条例》,她可以……

(2)表哥龚某发现表弟最近拍摄的照片大量涉及某军事港口,表弟说这是他新找的兼职,只要将照片发给公司监理就可以得到一笔费用,龚某可以……

(3)在保密单位工作的李某,有一天将存有机密信息的移动硬盘私自带回家,准备接入连接互联网的主机,他应该……

(4)小张看到一条关于《网络安全审查办法》面向全社会公开征求意见的消息。他也有些建议,但感觉自己年龄小,没有必要参与,他可以……

[设计意图]学生分小组讨论情境中破坏国家安全的危害性,并提出针对性行动建议,促进学生迁移应用维护国家安全相关知识,形成维护国家安全实践能力。此外,复杂、真实的情境能够激发学生挑战欲望,激活学生思维,调动学生情感,帮助学生树立维护国家安全意识。

[知识小结]

(1)公民维护国家安全的原因

①维护国家安全是全国各族人民根本利益所在,是我们的共同责任。

②我国宪法和法律明确规定了公民和组织应当履行维护国家安全的义务。

(2)公民如何维护国家安全

①增强国家安全意识,树立国家安全利益高于一切的观念,自觉维护国家安全。

②通过各种方式贡献智慧和力量。例如,提供便利和协助、建言献策、检举制止、监督维护。

③我们要认真学习有关国家安全和保密工作的法律法规、规章制度,增强维护国家安全的法治意识。

④严格遵守有关国家安全的法律规定,积极履行维护国家安全的法定义务,不断提高防范意识和防范能力,善于识别危害国家安全的各种伪装,为维护国家安全贡献自己的力量。

[结束语]在我国,人民是国家的主人,也是维护国家安全的坚强后盾。正如习近平总书记指出的,国家安全的根基在人民、力量在人民、血脉在人民。只

要全体人民认识到维护国家安全人人可为、人人须为,我们的国家安全就将铸起一面坚实的盾牌,我们的人民才能永远幸福安康!

［板书设计］

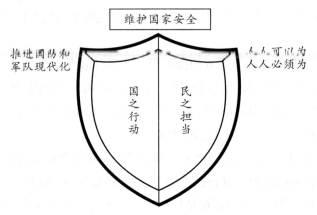

［设计意图］板书以盾牌形式呈现,既与本节课两个环节——开展国之行动和践行民之担当——相呼应,展现了国家层面和公民层面维护国家安全的要求,又凸显国家安全部门徽章中间的盾牌,借此达到情感态度价值观升华,寓意深刻,实现板书内容和形式完美结合,呈现简约之美。

"关心国家发展"议题式教学设计

刘利玲

议题：如何与国家发展同频共振？

一、设计依据

(一)课程标准分析

本框内容对应《义务教育道德与法治课程标准(2022年版)》"革命传统教育"主题中的"了解中国共产党人领导人民解放思想、锐意进取,创造了改革开放和社会主义现代化建设的伟大成就,实现了人民生活从温饱不足到总体小康、奔向全面小康的历史性跨越""了解中国共产党领导人民自信自强、守正出新,创造了新时代中国特色社会主义的伟大成就,中华民族迎来了从富起来到强起来的伟大飞跃""增强做中国人的志气、骨气、底气,认识当代共青团员的时代使命"。

(二)教材内容分析

1.本框地位

"关心国家发展"是《道德与法治》八年级上册第四单元第十课"建设美好祖国"第一框内容。作为本册教材最后一单元,是对全册"社会生活"大主题的总结升华,也是衔接八年级下册宪法专册的过渡。本单元呼应学生不断扩充的现实生活情况,从社会观到国家观,从国家利益到国家安全再到国家发展,既是单元主题的落脚点,也是本册教材的升华点,还是下册教材内容的衔接点。

2.本框内容

本框由"为祖国成就感到自豪"和"对未来充满信心"两目组成。第一目引导学生从多方面、多角度感受祖国的发展成就,激发学生自豪感;第二目引导学生正视发展中面临的问题,看到国家正在积极着力解决各种问题,进而通过一系列积极成效,对未来发展更有信心。

3.本框目标

学生通过展示交流发展成就、分析建议发展面临的问题、撰写代言词等议学活动,感悟发展成就坚定底气,正视发展问题提高勇气,增强发展信心、增长志气,全面认识国家发展,发展辩证思维,培养收集、整理资料能力,提高信息获取与加工能力、合作探究能力;树立关心国家发展、关注国家建设的意识并付诸行动,涵养健全人格,提高政治认同。

4.本框重难点

教学重点:了解国家发展成就,树立民族自豪感和自信心,增强对未来发展的信心。

教学难点:正视当前发展存在的问题并看到国家应对挑战的努力,增强国家认同。

(三)教学背景分析

国家议题:实现中华民族伟大复兴,中国正昂首阔步迈向第二个百年奋斗目标。

社会课题:当下,中国经济进入转型调整期,西方媒体对中国经济进行负面报道,不断抛出唱衰中国论调,大肆炒作中国经济面临的风险和挑战,不断散播"中国经济失速""中国拖累世界""中国是风险之源"等谬论,以虚假叙事对公众构成误导。在国际形势复杂严峻与世界经济不确定性增加、增长动能不足、主要经济体复苏乏力背景下,如何正确定位中国发展成就,正视当前挑战,对中国未来发展充满信心,是重要的研究课题。

成长命题(学情分析):初二学生处在青春期,心智上已经具备一定感知、对比和分析能力,处于成长的十字路口,远未成熟。他们受到知识、阅历等限制,看问题容易幼稚、冲动、片面、偏激。一方面,在中考指挥棒下,部分学生因为过于重视学习成绩,缺乏国家主人翁意识,对国家关注不够、使命感不强。另一方面,部分学生虽然关心国家发展,对重大时政热点、社会问题也很感兴趣,但认识片面。比如,看不到国家巨大变化,只看到国家发展中的不足,只看到眼前的、现实的问题,不能认识这是发展中的问题,感受不到国家正在积极努力解决这些问题。特别是当前受全球大环境影响,经济下行压力明显,学生容易被网上的一些声音带偏,产生悲观、怀疑情绪。

二、设计思路

(一)教学路线

议题线:围绕总议题"如何与国家发展同频共振",设计议题线:展底气·发展成就何以感到自豪;增勇气·如何正视祖国发展挑战;振志气·何以对祖国未来充满信心。

情境线:2023年十大流行语;视频《非凡十年》;六大领域的成就;发展面临挑战领域(食品安全、环境污染、新"三座大山");国家应对措施及成效。

活动线:分享对"新质生产力"的理解;观看《非凡十年》;分小组分享国家在六大领域的成就;分析当前发展存在的不足,分析国家应对问题的措施和成效,提出改进建议;我为国家代言。

知识线:国家发展成就的表现;发展存在的问题与应对措施;对未来发展树立信心。

(二)教学结构

总议题	环节·议题线	情境线	活动线	任务线	知识线	核心素养
如何与国家发展同频共振	导入	2023年十大流行语	分享、交流	衔接	国家发展成就	
	展底气·发展成就何以感到自豪	视频《非凡十年》,六大领域的成就	对比、研讨	理解	国家发展成就	政治认同 道德修养
	增勇气·如何正视祖国发展挑战	发展面临挑战领域(食品安全、环境污染、新"三座大山")	分析、填表	理解	正视发展挑战	
	振志气·何以对祖国未来充满信心	国家应对措施及成效	交流、代言	应用、迁移	对未来充满信心	

三、过程设计

[新课导入]咬文嚼字编辑部4日公布"2023年十大流行语":(1)新质生产力;(2)双向奔赴;(3)人工智能大模型;(4)村超;(5)特种兵式旅游;(6)显眼包;(7)搭子;(8)多巴胺××;(9)情绪价值;(10)质疑××,理解××,成为××。其中,新质生产力、双向奔赴、人工智能大模型妥妥拿了前三名。后面两个词大家都很熟悉,大家知道什么是"新质生产力"吗?请大家畅所欲言,说说你的理解。

[设计意图]一方面,以"2023年十大流行语"这一学生感兴趣话题导入,激发学生兴趣,吸引学生注意力,非常应景,是关注社会、国家发展的重要表现之一;另一方面,启发学生对"新质生产力"进行思考,自然引入本节课议题。

环节一:展底气·发展成就何以感到自豪?

[必备知识]国家发展成就的表现。

[议学情境1]展示视频《非凡十年》,党的十八大到党的二十大国家发展各方面的成绩。

[议学任务1]请你用一个词概括表达中国十年的成绩。

[设计意图]用权威媒体的视频,总体上直观感受十年来我国所发生的翻天覆地的变化,有充分说服力,奠定本节课主基调,激发学生进一步了解国家发展的好奇心和探索欲。

[议学情境2]分小组展示国家在六大领域的成就:

组别	领域	成就	典型代表(事例或数据)
1	政治		
2	经济		
3	科技		
4	文化		
5	生态		
6	国防		

[议学任务2]每个小组按照不同领域搜集整理相关资料,选派一名代表进行班级展示,限时2分钟。展示形式不限,图片、PPT、漫画、手抄报、视频、情景剧均可。展示完毕后,每个小组制作一张自己心中的"中国名片",并在班级交流。

[答案提示]示例:经济发展领域而言,我国经济增长成就显著,已经成为世界第二大经济体,制造业第一大国,货物贸易第一大国,外资流入第一大国,外汇储备连续多年位居世界第一,商品消费第二大国。2023年,全年国内生产总值1 260 582亿元,比上年增长5.2%。(可以用图片方式直观展示)

[知识小结]国家取得了哪些伟大成就?

(1)经济增长成就显著,我国已成为世界第二大经济体。

(2)民主法治建设深入推进,人民的权利和自由得到切实保障。

(3)文化建设让中华文明焕发新的蓬勃生机。

(4)科技创新成就斐然。

(5)一系列惠民利民政策陆续出台,社会保障水平不断提高。

(6)国防和军队改革取得重大突破,为世界和平与发展作出重要贡献。

(7)综合国力显著提升,我国在国际舞台上扮演着越来越重要的角色。

[设计意图]从社会生活的方方面面感受国家所取得的巨大成就,突出教学重点"祖国的成就"。通过查找资料、交流展示、典型事件(数据),增强学生爱国之情、报国之志,增强学生认同感,树立对国家的自豪感和荣誉感,为下节课报国行做铺垫。同时,通过这一过程,锻炼学生搜集整理资料的能力,提高学生媒介素养和动手能力。

环节二:增勇气·如何正视祖国发展挑战?

[必备知识]正视发展中面临的问题。

[议学情境]发展面临挑战领域:食品安全、环境污染、新"三座大山"(教育、医疗、住房)、国际国内大环境。

[议学任务]根据课前的调查与资料查阅,了解当前我国发展中面临的一些问题或者你不满意的方面,按照要求填写以下表格:

你认为最不满意的是哪方面? (中国发展面临的最大问题是什么?)	
你希望达成的目标状态是怎样的?	
目前国家采取了哪些措施应对这个问题?	
目前取得了哪些成效?	
还需要怎样努力完善?	

[答案提示]

你认为最不满意的是哪方面? (中国发展面临的最大问题是什么?)	生态文明、环境治理
你希望达成的目标状态是怎样的?	天蓝、山绿、水清、花香
目前国家采取了哪些措施应对这个问题?	(1)把高质量发展放在首位,提出"绿水青山就是金山银山"理念,贯彻落实节约资源、保护环境基本国策,走可持续发展道路。 (2)出台多项政策文件、法律法规加强生态文明建设,如《中共中央国务院关于加快推进生态文明的意见》。 (3)2020年9月22日,习近平主席在第七十五届联合国大会上向世界庄严承诺中国2030年"碳达峰"与2060年"碳中和"目标。

目前取得了哪些成效？	(1)2023年建成全球规模最大的清洁发电体系,全国可再生能源装机突破13亿千瓦,历史性超过煤电;新能源汽车保有量超1620万辆,产销量已连续8年稳居世界第一。 (2)"十四五"以来,全国每年完成国土绿化超1亿亩,森林覆盖率达24.02%,森林蓄积量达194.93亿立方米。全国森林覆盖率和森林蓄积量连续多年保持"双增长",中国成为全球森林资源增长最多最快的国家。2021年,全国林草年碳汇量超过12亿吨,居世界首位。 (3)天更蓝、山更绿、水更清。
还需要怎样努力完善？	(1)城市绿化要更优化,讲求多样化;生态与宜居、宜游相结合。 (2)保护海洋生物多样性,进一步减少污染物排放。 (3)垃圾分类要落到实处,目前还只是停留在形式上和观念上,行动上有待提高。 (4)加强国际合作,特别是针对日本随意排放核污水这一事件。

[知识小结]

(1)发展中面临的问题有哪些

①发展不平衡、不充分问题依然突出。

②城乡区域发展和收入分配差距仍然较大。

③群众在就业、教育、医疗、托育、养老、住房等方面面临不少困难。

④生态环境保护任务依然艰巨。

(2)国家采取哪些积极措施应对

稳增长、促改革、调结构、惠民生、防风险,着力解决各种发展中的问题,不断取得积极成效。

[设计意图]从刚才的成就到正视发展中存在的问题,学生明白成就值得自豪、问题不能回避,要学会用辩证、全面、发展的眼光看问题,不能盲目自信。学生能够正视问题,并且看到国家为解决问题所作的各种努力与尝试,迎难而上,从而对未来充满信心。同时,为知识输出和知识迁移奠定基础,便于学生在理解主干知识基础上运用知识解决实际问题。

环节三:振志气·何以对祖国未来充满信心?

[必备知识]本课综合知识。

[拓展情境]图片展示国家应对措施及成效(对比明显的图片)。

[拓展任务]我为祖国代言。

作为中国公民,我们为祖国所取得的成就感到自豪,也因国家解决问题的态度和决心深受感动。请你选取一个最感兴趣的角度,选择本节课素材,按照示例设计一段代言词。

示例:我是中国公民张三,我为祖国代言高铁,因为中国的高铁里程最长,速度最快,技术遥遥领先。我相信未来一定会更好!

[设计意图]提炼课前课后所听所见、所思所想,用最简短精练的语言表达对祖国的情感。前面的展示比较强调集体表达,此环节是个性表达。一方面,有效弥补前面展示不充分的地方;另一方面,再次深入人心,释放学生对祖国发展成就的自豪感和对未来发展的自信心。同时,引导学生不仅可以为祖国的政治、经济、文化、技术等代言,也可以为国家的举措、成效等代言,更有张力和说服力。

[板书设计]

[设计意图]板书以一个坚强有力的呈点赞形式的手指呈现,大拇指托举的是本节课主题,围绕主题的三个环节分布在手指的不同位置,本节课主干知识也随着拇指点赞方向逐步呈现。从为发展成就感到自豪的底气到正视发展问题的勇气,再上升到对未来发展信心的志气,一气呵成,形象生动地串联起本节课的主要环节、核心知识和中心思想,融合形象思维和抽象思维,在帮助学生理解与巩固所学知识的同时,凸显正向价值引领。

"天下兴亡　匹夫有责"议题式教学设计

刘利玲

议题：如何投身祖国建设、助力国家发展？

一、设计依据

(一)课程标准分析

本框内容对应《义务教育道德与法治课程标准(2022年版)》"革命传统教育"主题中的"了解中国共产党人领导人民解放思想、锐意进取，创造了改革开放和社会主义现代化建设的伟大成就，实现了人民生活从温饱不足到总体小康、奔向全面小康的历史性跨越""了解中国共产党领导人民自信自强、守正出新，创造了新时代中国特色社会主义的伟大成就，中华民族迎来了从富起来到强起来的伟大飞跃""增强做中国人的志气、骨气、底气，认识当代共青团员的时代使命"，对应"国情教育"主题中的"以实现中华民族伟大复兴为己任，树立'劳动光荣，创造伟大'观念，进行合理的生涯规划，坚定为实现远大理想而奋斗的信念，强化作为时代新人的责任担当"。

(二)教材内容分析

1.本框地位

"天下兴亡　匹夫有责"是《道德与法治》八年级上册第四单元第十课"建设美好祖国"第二框内容，衔接小学五年级下册第三单元"百年追梦　复兴中华"相关内容。本框内容是本册教材社会生活主题的总结升华，从社会观到国家观、劳动观，从本单元国家利益到国家安全再到本课国家发展，为本册教材最后一单元最后一课时，具有总结、提炼、引领全册的功能。

2.本框内容

本框由"劳动成就今天"和"实干创造未来"两目组成。第一目引导学生认识祖国发展的每一项成就都是由劳动者辛勤劳动、诚实劳动、创造性劳动换来的，不管是体力劳动者还是脑力劳动者，都是国家的建设者，都值得尊敬和尊重；第二目引导学生认识实现中华民族伟大复兴需要每个人在各自岗位上继续发扬实干精神,用劳动才能创造新辉煌;阐明少年兴则国家兴、少年强则国家强,作为祖国的未来和希望的青少年,要努力学习,接过历史的接力棒,助力中国梦;引导学生对劳动的笃信、对实干的笃定、对中华民族伟大复兴的笃行。

3.本框目标

学生通过小组展示交流"最美劳动者"、分析评选"最美双手"、撰写颁奖词、课堂交流与辩论、生涯规划微演讲等议学活动,形成尊重、崇尚劳动的品质,树立"劳动光荣、创造伟大"观念;把个人梦想与国家梦想相联系,实现与祖国发展同频共振,明白每个人的努力奋斗与整个国家和民族的接续奋斗有机统一,发扬实干精神,不负韶华,勇担责任,坚定为实现中华民族伟大复兴而奋斗的信念,增强责任意识和担当意识。

4.本框重难点

教学重点:理解劳动的意义,树立"劳动最光荣"理念,尊重劳动,积极劳动。

教学难点:理解实干创造未来,发扬实干精神,勇担责任,坚定为实现中华民族伟大复兴而奋斗的理想。

(三)教学背景分析

国家议题:实现中华民族伟大复兴,中国正昂首阔步迈向第二个百年奋斗目标。

社会课题:当前,在网红经济带动下,做主播、当网红成为越来越多年轻人择业的新选择。很多年轻人把"当网红,赚快钱"当成人生的终极目标,认为"流量"就是"奋斗的尽头"。这种"躺赢"的思想,释放鄙视踏实劳动、扎实工作的信号,不应是全社会特别是年轻人的风向标。如何正确认识劳动的价值和意义,不被当前的"流量"带跑带偏,是当前社会面临的一个重大课题。

成长命题(学情分析):虽然国家一贯提倡落实"五育并举",由于多方面原因,劳育经常被忽视。初中学生参与劳动的机会较少,很少接触真正的劳动,对劳动的意义与价值认识不足,以致轻视体力劳动,甚至对某些岗位有歧视、厌烦等偏见。随着人们生活水平的提高,少部分学生认为,生活本就如此,美好的未来自然会实现。他们对只有通过辛勤劳动、艰苦付出才能实现梦想的认识不足,从而缺乏实干精神,不能脚踏实地、埋头苦干,容易陷入"纸上谈兵""空谈误国"。也有学生不能正确认识青少年的责任,认为国家发展是成人的事、未来的事,与"我"无关,"我"只要读好书、成绩好就"万事大吉"。

二、设计思路

(一)教学路线

议题线:围绕总议题"如何投身祖国建设、助力国家发展",设计议题线:笃信·为什么劳动最光荣;笃定·实干何以创未来;笃行·如何助力实现中国梦。

情境线:展示身边最美劳动者图片;播放《中国的二十四小时》视频;呈现最美双手图片;大国工匠故事(黄旭华、南仁东等);民族复兴路线图;我的生涯规划路线图。

活动线:分享身边最美劳动者;观看《中国的二十四小时》视频;评选最美双手并撰写颁奖词;大国工匠故事分享(黄旭华、南仁东等);课堂小辩论:书本知识比实践更重要 VS 实践比书本知识更重要;了解民族复兴路线图;制作我的生涯规划路线图

知识线:劳动的意义和价值;实干精神;实干创造未来。

(二)教学结构

总议题	环节·议题线	情境线	活动线	任务线	知识线	核心素养
如何投身祖国建设、助力国家发展	导入	身边最美劳动者	分享、交流	衔接	尊重劳动	政治认同 健全人格
	笃信·为什么劳动最光荣	视频《中国的二十四小时》	对比、研讨	理解	劳动成就今天	
	笃定·实干何以创未来	大国工匠故事(黄旭华、南仁东等)	分析、辩论	理解	崇尚劳动、实干精神	
	笃行·如何助力实现中国梦	民族复兴路线图	绘制生涯规划路线图	应用、迁移	实干创造未来	

三、过程设计

[新课导入]说起劳动,大家可能既熟悉又陌生。感到熟悉,是因为我们身边处处有劳动者,我们的生活离不开千千万万的劳动者。感到陌生,是因为我们在座的各位可能很少参加真正的劳动,就连最常见、最简单的家务劳动可能都很少做。有经常做家务的同学请举手。看来真的不多啊!但是,上节课老师布置的一个与劳动有关的作业,我发现很多同学做了,而且做得还不错。上课之前,先请各小组选出一份最优秀的作业展示一下。

[设计意图]课前布置"寻找身边最美劳动者"作业,要求讲述劳动者的职

业、做的事情(或者故事)、最美的原因、工作的服务对象。从身边劳动者故事引入,让学生感受到我们的正常生活离不开每个人的劳动,体会劳动的意义与价值,自然引入本节课议题。同时,为后面做铺垫,由身边走向各行各业,从"小家"走向"大家",从"小我"走向"大我"。

环节一:笃信·为什么劳动最光荣?

[必备知识]劳动成就今天,劳动的意义和价值。

[议学情境1]展示视频《中国的二十四小时》,二十四小时各行各业人们忙碌的身影。

[议学任务1]请你用一个词概括表达对《中国的二十四小时》的感受。

[设计意图]从身边最美劳动者到各行各业劳动者,体会无论身边还是远方、城市还是农村、白天还是黑夜、酷暑还是严冬,正因为有每个人的辛勤付出、辛苦劳动,才能保障生活的平安幸福,进而认识国家的发展离不开各行各业劳动者的辛勤劳动,是日复一日的劳动换来今天的成就与幸福,从而体会劳动的意义与价值。

[议学情境2]图片展示:身边最美劳动者与各行各业劳动者的双手特写。

[议学任务2]以小组为单位,评选最美双手并撰写颁奖词。

[答案提示]示例:他是躬耕绿野的拓荒人。作为一名林业工人,他很普通,普通得就像林场一株生长了数十年的树。他的手每天要栽1000多棵树,每栽一棵树,手就得往土里插三四次。现在手的纹络又深又粗,掌面鼓皮一样硬,老茧布满每个角落,手指粗大肥圆,一只手指就像一根三节老甘蔗。就是这样一双奇丑无比的手,却创造了绿色的宝库。

——创造绿色奇手:张迎善

[知识小结]为什么劳动最光荣?

①劳动是财富的源泉,也是幸福的源泉;人世间的美好梦想,都是通过劳动实现的,生命里的一切辉煌,都是通过劳动铸就的。

②国家的一切成绩,都是广大人民用辛勤劳动、诚实劳动、创造性劳动换来的。

③无论是脑力劳动者还是体力劳动者,都是国家的建设者,都值得我们尊敬和学习。

[设计意图]通过分组评选最美双手并撰写颁奖词,模拟颁奖仪式,把课堂还给学生,充分发挥学生主体作用,让学生在参与课堂活动过程中,再次感悟劳

动的价值和意义,体悟劳动最光荣的内涵,树立正确的劳动观,形成尊重劳动、尊重各行各业劳动者的观念,明白每个人所在的岗位不同,但都是在为国家和社会发展作贡献,无论是脑力劳动者还是体力劳动者,都是国家的建设者,都值得我们尊敬和学习。

环节二:笃定·实干何以创未来?

[必备知识]实干创造未来。

[议学情境]师生共同分享大国工匠故事(黄旭华、南仁东等),可以辅助视频资料。

人物1:黄旭华,中国工程院院士,被誉为"中国核潜艇之父",为我国核潜艇事业的开拓与发展作出杰出贡献。黄旭华毕生致力于核潜艇研制事业,在技术上敢于攻坚、勇于创新,领导研制出我国第一代核潜艇。他隐姓埋名30年,用毕生精力书写出中国核潜艇从无到有、从弱到强的传奇篇章。(辅助视频《干惊天动地事,做隐姓埋名人》)

人物2:南仁东,中国天文学家,中国科学院国家天文台研究员,人民科学家。南仁东长期从事射电天体物理和射电天文技术与方法的研究,在天文技术与方法论方面成果丰硕。南仁东主持攻克了系列技术难题,为"中国天眼"的选址、立项和预研究及各阶段评审提供了关键技术依据;带领团队历时22年建成了世界上口径最大的单口径射电望远镜——FAST;解决了主动反射面支撑结构的关键工艺问题,并形成多项自主或国际首创的核心技术。(辅助视频《中国天眼之父——南仁东》)

[议学任务1]这些大国工匠身上最打动你的是什么? 为什么?

人物名字	
最打动我的是	
原因	
我会向他学习	

[设计意图]师生共同交流分享大国工匠故事,不限定人物,尽可能领略多个不同领域的人物故事,如核潜艇、高铁发展、航天工程、"两弹一星"等。教师引导学生从大国工匠的事迹中感受实干的作用,学习实干精神,懂得发扬实干精神才能创造新辉煌,提高传承辛勤劳动、发扬实干精神能力,增强接力奋斗的行动力。

［议学任务2］课堂小辩论。分小组选择辩方,可以采用自由辩论形式,准备5分钟。

正方:学习书本知识更重要。只有学习更多的知识,才能为社会作出更大贡献。

反方:实践更重要。没有实践经验,书本知识学得再多也没有用。

［设计意图］真理越辩越明。通过课堂小辩论,帮助学生正确认识知识学习与实践的辩证关系。作为学生,学习书本知识固然重要,但是学习的目的是为了运用知识,为了更好地指导实践,最终要服务实践,为国家与社会服务,知识最终落实到实践才更有价值。

环节三:笃行·如何助力实现中国梦?

［必备知识］本课综合知识。

［拓展情境］图片展示民族复兴路线图(时间轴形式,比较直观,可以适当辅助其他资料)。

［拓展任务］微演讲:不负韶华,实干助力祖国发展。

在2024年新年贺词中,习近平总书记这样说:"辛勤劳作的农民,埋头苦干的工人,敢闯敢拼的创业者,保家卫国的子弟兵,各行各业的人们都在挥洒汗水,每一个平凡的人都作出了不平凡的贡献!"建设美好祖国,实现中华民族伟大复兴,需要各行各业的人们共同努力。将来的你会奋战在哪个岗位? 现在该做哪些准备? 怎样才能挑起助力祖国繁荣富强的责任? 请你根据自身实际,按照下列示例写一段微演讲词并现场演讲。

示例:我的梦想是做一名医生。到2035年,我25岁,将在南方医科大学学习,我现在要努力学习,掌握基础知识,考上大学,苦练本领。到2050年,我40岁,我将在医院工作,用自己的精湛医术救死扶伤,守卫人民的健康。天下兴亡,我的责任。

［知识小结］青少年如何助力实现中国梦?

①把中国梦变成现实,创造未来的美好生活,需要一代代人埋头苦干和接力奋斗。

②每个人要在各自岗位上付出更多的辛劳和汗水。

③只有继续发扬实干精神,才能用我们的劳动创造新的辉煌。

④青少年一定要接过历史的接力棒,努力学习,积极探索,担当历史重任。

［设计意图］少年兴则国家兴,少年强则国家强。本活动从新年贺词和学生

实际入手,引导学生关心国家大事,懂得人才强国的道理,从而接过历史的接力棒,努力学习,积极探索,勇做走在时代前列的学习者、劳动者、奉献者,以执着的信念、优良的品德、丰富的知识、过硬的本领,担负历史重任,不负韶华,实干助力祖国发展,回应本节课主题——天下兴亡,匹夫有责。

[板书设计]

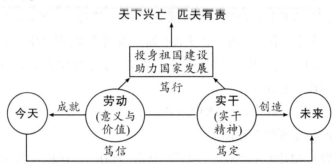

[设计意图]本板书以简洁线条串联本节课的主要关键词和核心知识,中心思想一目了然。"劳动"与"实干"是本节课最重要的两个关键词,在投身祖国建设、助力国家发展中犹如车之两轮、鸟之双翼,共同指向中华民族伟大复兴。本设计融合形象思维和抽象思维,在帮助学生理解与巩固所学知识的同时,凸显正确的价值导向。

九年级上册

序　言

　　本册以社会主义核心价值观为统领,紧扣"价值观教育"这一核心议题展开四个教学单元,从引导学生认识改革开放创造的伟大盛举和作出的积极应对,加深学生认清国家追求富强的重要性,到引导学生关心社会发展,共同追求民主这一诉求,再到引导学生认识到文明是社会进步和国家发展的重要标志,最后引导学生倾听与讲述中国故事,感受与弘扬中国精神,凝聚与传递中国力量,促进青少年自觉与祖国和时代共成长,树立民族自信心。全书四个单元共同聚焦"我与国家和社会"的关系,推动学生树立正确的价值观、法治观和社会责任感,为成为德智体美劳全面发展的社会主义建设者和接班人奠定坚实基础。

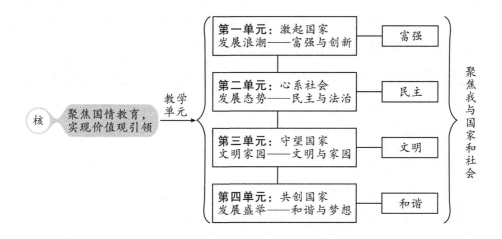

九年级上册第一单元序言

本单元聚焦政治认同、责任意识核心素养培育,共创共享同祖国和时代一起成长与进步的机会,做自信中国人"这一全书核心大概念,从"踏上强国之路"和"创新驱动发展"两个角度展开。该单元作为全书开篇,引导学生回望过去,了解改革开放的伟大奇迹,审视现实,知道全面深化改革引领中国特色社会主义事业蓬勃发展,改革是一场深刻革命,让全体人民共享改革发展成果、实现共同富裕是党和政府对人民的庄严承诺,进一步加深对中国共产党的热爱之情,坚定坚持改革开放,坚定道路自信、理论自信、制度自信、文化自信的政治认同;通过引导学生了解科技创新的现状与成就,明白创新是民族进步之魂,是引领发展的第一动力,提升对社会、国家的责任感,培育责任意识,自觉投身中国特色社会主义伟大实践,做社会主义事业建设者和接班人。改革只有进行时,没有完成时。只有扬起改革创新的风帆,才能到达富强的彼岸。

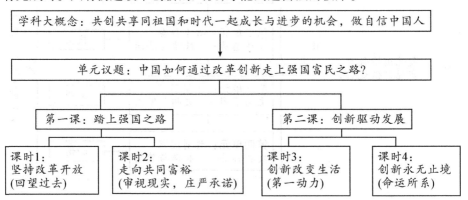

学科大概念:共创共享同祖国和时代一起成长与进步的机会,做自信中国人

↓

单元议题:中国如何通过改革创新走上强国富民之路?

第一课:踏上强国之路 | 第二课:创新驱动发展

课时1:
坚持改革开放
(回望过去)

课时2:
走向共同富裕
(审视现实,庄严承诺)

课时3:
创新改变生活
(第一动力)

课时4:
创新永无止境
(命运所系)

"坚持改革开放"议题式教学设计

刘秋燕　余　煌

议题:改革开放何以成为决定当代中国命运的关键一招?

一、设计依据

(一)课程标准分析

本框内容对应《义务教育道德与法治课程标准(2022年版)》"革命传统教育"主题中的"了解中国共产党领导人民解放思想、锐意进取,创造了改革开放和社会主义现代化建设的伟大成就,实现了人民生活从温饱不足到总体小康、奔向全面小康的历史性跨越,推进了中华民族从站起来到富起来的伟大飞跃,理解中国特色社会主义道路是指引中国发展繁荣的正确道路"。

(二)教材内容分析

1.本框地位

"坚持改革开放"是九年级上册第一单元第一课"踏上强国之路"第一框内容,衔接高中必修1第三课第一框"伟大的改革开放"相关内容。作为九年级上册教材开篇,本框呼应社会主义核心价值观中"富强"价值要义,以改革开放开启中国富强之路为起点,为整本书学习奠定知识基础和情感基调。

2.本框内容

本框由"改革开放促发展"和"中国腾飞谱新章"两目组成。第一目从宏观角度讲述中国共产党团结带领中国人民进行改革开放。第二目从微观角度讲述改革开放以来中国在综合国力、人民生活和国际地位等方面取得辉煌成就,进一步阐释改革开放是决定当代中国命运的关键一招。

3.本框目标

学生通过观看、思考、绘制、讨论、展示等探究式、体验式议学活动,回顾中国救亡图存历史,理清改革开放具体措施,展示家庭改革开放照片集,让学生了解改革开放带来的变化,深刻认同改革开放是党团结带领人民进行的新的伟大革命,鼓励学生做改革开放的见证者、参与者和建设者,发展信息搜集、整合能力,语言组织和表达能力,合作探究能力,加强政治认同感和民族自豪感。

4.本框重难点

教学重点:改革开放的重要性。

教学难点:改革开放的重要性。

(三)教学背景分析

国家议题:国家坚定不移地推进全面深化改革开放。

社会议题:改革开放40多年来,中国无论是综合国力、人民日常生活还是国际地位,都有了翻天覆地的变化,我们在日常生活中能深刻体悟改革开放带来的实实在在的变化。与此同时,世界正在遭遇逆全球化,给开放带来更多阻碍,也影响部分学生的思想。在国家步入新时代和国际环境变化背景下,让学生明白改革不停歇、开放不止步显得尤为重要。

成长命题(学情分析):对今天的青少年来说,改革开放离他们既遥远又亲近,他们是改革开放的直接受益者,但对国家为什么要改革开放、改什么、改革开放有什么重大意义还没有深入理解,因而要从学生已有知识和生活经验出发,通过学生切身体验和社会参与,让他们更好地认同改革开放和中国共产党的领导。

二、设计思路

(一)教学路线

议题线:围绕总议题“改革开放何以成为决定当代中国命运的关键一招”,设计议题线:回忆往昔·风雨飘摇中如何寻求希望;关键一招·改革开放如何引领国家发展;腾飞中国·改革开放带来哪些成就;畅想未来·改革开放如何与创新联动。

情境线:视频《寻找东莞的城市记忆》;中华民族苦难史图片展;纪录片《十一届三中全会》;改革开放成就展;“三大件”的变迁。

活动线:看视频猜地名;绘制时间轴;小组合作填表;我是策展人(展览策划);未来“三大件”畅想。

知识线:改革开放的背景;改革开放的成就;改革开放的重要性;本框综合知识。

（二）教学结构

总议题	环节·议题线	情境线	活动线	任务线	知识线	核心素养
改革开放何以成为决定当代中国命运的关键一招	导入	视频《寻找东莞的城市记忆》	思考	衔接		政治认同、责任意识
	回忆往昔·风雨飘摇中如何寻求希望	中华民族救亡图存图片展	绘制表格	理解	改革开放的背景	
	关键一招·改革开放如何引领国家发展	纪录片《十一届三中全会》	填表、讨论	理解	改革开放如何推动社会发展	
	腾飞中国·改革开放带来哪些成就	成就展览	我是策展人	理解	改革开放的成就及重要意义	
	畅想未来·改革开放如何与创新联动	"三大件"的变迁	畅想、分享	应用、迁移	本框综合知识	

三、过程设计

课前准备:学生在课前和家中长辈沟通,询问长辈成长时代的衣食住行状况,搜集能够反映父母成长时代衣食住行的照片,并找一组反映自己衣食住行状况的照片,两组照片作对比,制作成PPT。

[新课导入]播放视频《寻找东莞的城市记忆》。东莞系列标志性建筑或地标前后40多年的样貌对比,引导学生认识短短40年,东莞就能发生如此巨变,最主要的得益于坚持改革开放。

[设计意图]绝大部分学生生活求学在东莞,从学生熟悉的东莞地标引入,能够激发学生兴趣;视频具有视听冲击力,能够引燃课堂,奠定后续探讨的课堂基础,思考四十多年东莞发生如此巨变的原因,引导学生顺利进入本节课学习主题。

环节一:回忆往昔·风雨飘摇中如何寻求希望?

[必备知识]改革开放的历史背景。

[议学情境1]图片展:中华民族历经苦难的历史照片

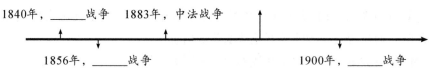

近代中国苦难史时间轴

[议学任务1]

(1)将上面中华民族苦难史的时间轴补充完整。

(2)结合史实再次绘制救亡图存时间轴,思考这些运动最后的结果是什么？是谁最终带领中华民族实现救亡图存、强国富民之梦？

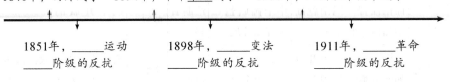

1840年,鸦片战争   1894年,甲午中日战争   1900年,八国联军侵华战争

1851年,＿＿＿＿运动   1898年,＿＿＿＿变法   1911年,＿＿＿＿革命
＿＿＿＿阶级的反抗   ＿＿＿＿阶级的反抗   ＿＿＿＿阶级的反抗

中华民族救亡图存时间轴

[教师引领]我们的民族曾经经历了一段奋斗的血泪史:据统计,自1840年鸦片战争爆发到1949年新中国成立的109年间,中国政府同外国政府、国际组织、外商签订的各种契约、条约、协约和合约共1182件。中华民族在百年间历经艰险、饱经屈辱。强国富民一直是中华民族矢志不渝的奋斗目标。百年间的救国运动最后都失败了,根本原因是没有实现还权于民,直到中国共产党的出现并坚持人民至上,才真正带领中国人民走上了富强之路。

[设计意图]图片展示不仅给学生以强烈的视觉冲击,还能很好地激发学生的爱国主义情感。亲手绘制时间轴,体悟中华民族的伟大奋斗精神,更深刻地认同中国共产党的领导。

[议学情境2]播放视频《这百年,中国怎样走来》,讲述百年来中国共产党带领中华民族的奋斗历程。

[议学任务2]小组讨论:中国共产党为实现强国富民作了哪些努力？

[答案提示]中国共产党团结带领中国人民完成新民主主义革命,建立了中华人民共和国,自此中华民族站起来了;中国共产党团结带领中国人民完成社会主义革命,确立社会主义制度;中国共产党团结带领中国人民进行改革开放新的伟大革命,人民生活显著改善、综合国力显著增强、国际地位显著提高;中国共产党带领中华民族实现了从站起来到富起来再到强起来的伟大飞跃。在历史抉择的关键时刻,在中华民族迷茫的关键时期,中国共产党的独特眼光和英明决策,给所有中国人吃下了一颗定心丸。

[设计意图]视频直观展示中国共产党带领中国人民走上强国富民道路的过程,学生通过观看视频能较好地获取关键信息。

环节二:关键一招·改革开放如何引领国家发展？

[必备知识]改革开放促进社会发展的重要举措。

[议学情境1]播放纪录片《我们一起走过》,了解党的十一届三中全会召开的背景和会议上的重要决策。

[议学任务1]小组合作完成表格填空:

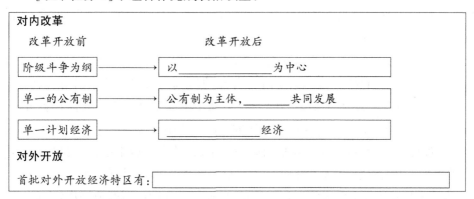

对内改革		
改革开放前	改革开放后	
阶级斗争为纲	→以_____为中心	
单一的公有制	→公有制为主体,_____共同发展	
单一计划经济	→_____经济	
对外开放		
首批对外开放经济特区有:_____		

[设计意图]通过纪录片讲述,引导学生获取信息并完成表格填空,使学生能形象生动地理解和记忆党的十一届三中全会的背景和举措。

[议学情境2]两组选择题:(1)改革开放前计划经济下泡面的生产,生产多少及生产什么口味都是政府说了算;改革开放后社会主义市场经济下的泡面生产数量和种类由商家调研市场后决定。作为消费者,你更喜欢哪一种?(2)改革开放前的人民公社,干多干少一个样;改革开放初期,实行家庭联产承包责任制,包干到户,交够国家的,留足集体的,剩下都是自己的。作为生产者,你更喜欢哪一种?

[议学任务2]为什么这些举措能促进社会生产力飞速发展?

[答案提示]改革开放后,我国进行经济体制改革:确立以公有制为主体、多种所有制经济共同发展的所有制结构,以按劳分配为主体、多种分配方式并存的分配制度,社会主义市场经济经济体制,同我国社会主义初级阶段社会生产力发展水平相适应。同时,形成尊重劳动、尊重知识、尊重人才、尊重创造的良好社会氛围,广大人民群众参与社会劳动、创造社会财富的积极性和主动性空前高涨。自此,我们国家的发展进入全新的阶段。

[设计意图]要理解改革开放,就要理解为什么改革开放能促进国家快速发展,在改革开放过程中哪些方面进行了改革,这些举措为什么能够促进经济发展。课本在这方面缺少具体描述,可以通过这个环节补充说明,让学生不仅知其然,更知其所以然。通过小组合作方式,让学生知道改革开放改革了什么、开放了什么,再通过生活案例,让学生明白为什么改革开放能促进经济发展。

环节三:腾飞中国·改革开放带来哪些成就?

[必备知识]改革开放的成就。

[议学活动]我是策展人。

[议学任务1]如果你是中国改革开放成就45周年成就展策划人,你会设计哪些展览内容?为什么?

　　要求:以小组为单位,给出图文并茂的策展方案;推选代表介绍策展方案。

[操作引领]此部分作为课前活动内容,划分小组(国家综合国力、人民生活、国际影响力),各自在课前搜集资料,主动了解改革开放以来我国在各方面取得的辉煌成就,在交流分享中将调研成果汇聚成小组作品进行展示。

[设计意图]通过课前任务驱动调动学生,让学生在做中学,在搜集资料分工合作过程中主动感受改革开放后国家各方面发展成就,并通过小组展示进一步感受改革开放以来取得的成就,引导学生理解并认同改革开放是决定当代中国命运的关键抉择,是我们的强国之路,引发认同并坚持改革开放的情感共鸣,将知识内化于心,坚定"四个自信"。

[教师引领]纵观45年改革开放历程,我国成功实现从高度集中的计划经济体制到充满活力的社会主义市场经济体制、从封闭半封闭到全方位开放的伟大历史转折,生产力得到前所未有的大解放,综合国力显著增强,人民生活明显改善,国际影响力大幅提升,走出一条让一个十几亿人口的发展中大国摆脱贫困、迈向富强的崭新道路。

[议学任务2]思考:40多年的改革开放让我们取得了如此大的成就,在新时代是否可以停一停、缓一缓?

[教师引领]习近平总书记曾说:"在新时代,中国人民将继续自强不息、自我革新,坚定不移全面深化改革,逢山开路,遇水架桥,敢于向顽瘴痼疾开刀,勇于突破利益固化藩篱,将改革进行到底。"改革只有进行时,没有完成时。

事实证明,改革开放是党和人民大踏步赶上时代的法宝,改革开放是强国之路,是决定当代中国命运的关键抉择,也是决定实现中华民族伟大复兴的关键一招。只有改革开放,才能发展中国、发展社会主义、发展马克思主义。

[设计意图]通过问题引领,推动学生深度思考,为下一框题"全面深化改革"的必要性奠定基础。

[知识小结]

(1)改革开放如何促进我国经济发展?

①我国逐步确立了公有制为主体、多种所有制经济共同发展,按劳分配为

主体、多种分配方式并存,社会主义市场经济体制等社会主义基本经济制度。

②改革开放使广大人民群众参与社会劳动、创造社会财富的积极性和主动性空前高涨。尊重劳动、尊重知识、尊重人才、尊重创造已成为社会共识。

(2)改革开放的成就(中国腾飞的表现)有哪些?(举例)

①国家综合国力:中国已经成为世界第二大经济体,制造业第一大国、货物贸易第一大国、商品消费第二大国、外资流入第二大国,外汇储备连续多年位居世界第一,科技、教育、文化等各项事业蓬勃发展,中国人民创造了人类发展史上的伟大奇迹,充分显示了中国力量。

②人民生活:改革开放以来,我国城乡就业规模持续扩大,人民收入较快增长,家庭财产稳步增加,打赢了人类历史上规模最大的脱贫攻坚战,建成世界上规模最大的教育体系、社会保障体系、医疗卫生体系。中国人民通过改革过上了幸福生活。

③对世界的影响:成为世界经济增长的主要稳定器和动力源,中国已经成为影响世界的重要力量。

(3)为什么要坚持改革开放(重要性、意义、地位)?

①改革开放,是我们的强国之路。

②只有改革开放,才能发展中国,发展社会主义,发展马克思主义。

③改革开放是决定当代中国命运的关键一招(关键抉择),也是决定实现中华民族伟大复兴的关键一招。

④改革开放是当代中国最鲜明的特色。

[设计意图]知识小结是课堂知识理解的"画龙点睛"之笔,可以帮助学生梳理本节课主干知识,引导学生养成总结归纳的学习习惯。同时,为知识应用和迁移奠定基础,便于学生在理解主干知识基础上运用知识解决实际问题。

环节四:畅想未来·改革开放如何与创新联动?

[必备知识]本框综合知识。

[拓展情境1]党的二十大报告指出:党的十一届三中全会开启了改革开放和社会主义现代化建设的新时期,我们党团结带领全国各族人民以一往无前的进取精神和波澜壮阔的创新实践,坚持改革改革再改革、开放开放再开放,取得了世所罕见的经济快速发展和社会长期稳定两大奇迹。

[拓展任务1]有同学认为:"我国已经取得这么多辉煌的成就,因此,'坚持改革改革再改革、开放开放再开放'已经没有必要了。"请你评析该观点。

[答案提示]这种观点是错误的。①改革开放以来,我国的确取得了巨大成

就,不仅深刻改变了中国,还深刻影响着世界。中国的腾飞证明,改革开放是决定当代中国命运的关键抉择;未来的发展必须坚定不移地依靠改革开放。②进入新时代,我国社会主要矛盾已经转化为人民日益增长的美好生活需要和不平衡不充分的发展之间的矛盾,我国经济已由高速增长阶段转向高质量发展阶段,需要转变发展方式,我国经济发展还面临区域发展不平衡、城镇化水平不高、城乡发展不平衡不协调等现实挑战。③改革开放是当代中国最鲜明的特色。改革只有进行时,没有完成时。

[拓展情境2]"三大件"的变迁。每个年代都有不同的经典潮流"三大件",20世纪70年代是手表、自行车、缝纫机,90年代是彩电、冰箱、洗衣机,2000年后是汽车、商品房、旅游度假。"三大件"的变迁,是改革开放条件下中国经济腾飞的缩影,是时代变迁的写照。

[拓展任务2]畅想下一个年代的"三大件"将会是什么?用文字或者图画方式呈现,致敬经典,致敬改革开放。

[设计意图]猜想未来"三大件"活动契合初中学生年龄特征,能够很好地激发他们的想象和创意,这也是新课标下作业设计的一种新形式,同时呼应单元主题"改革与创新"。

[教师总结]改革开放至今,短短40多年,我们的生活、所在城市、祖国发生了如此巨大的变化。可以说,没有改革开放,就没有中国的今天,也不会有中国的明天。一切伟大事业都是接续奋斗的成果。风云少年凌云志,今天的我们沐浴着改革开放的春风,更应将这种闯劲发扬在日常生活中,为更伟大的事业而不断努力奋斗。

[板书设计]

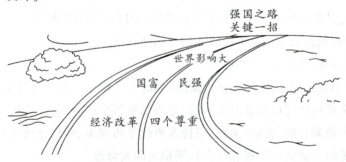

[设计意图]板书以延伸至无限远方的大路为底板,表达了本节课主旨:改革开放是强国富民之路,道路延伸寓意改革开放不断深化,通过经济改革和社会氛围改变促进国强民富,提高世界影响力。这条改革路要一直走下去。

"走向共同富裕"议题式教学设计

刘秋燕　余　煌

议题：从哈尔滨火爆出圈看何以同奔共富路。

一、设计依据

(一)课程标准分析

本框内容对应《义务教育道德与法治课程标准(2022年版)》"国情教育"主题中的"了解中国社会的主要矛盾发生了新变化,理解中国发展的历史方位"。

(二)教材内容分析

1.本框地位

"走向共同富裕"是《道德与法治》九年级上册第一单元第一课"踏上强国之路"第二框内容,承接第一框"坚持改革开放"内容,从改革开放的历史走向现实的全面深化改革,呼应单元主题"富强"的最终目的是走向共同富裕。

2.本框内容

本框由"改革进行时"和"共享发展成果"递进式两目组成。第一目引导学生了解我国经济社会发展中存在的挑战,理解坚持全面深化改革的必要性;第二目引导学生了解共享发展成果的原因、我国共享发展成果的举措,明白共同富裕是中国特色社会主义的本质要求,全面深化改革是走向共同富裕的基础。

3.本框目标

学生通过破解密码、角色扮演、调研汇报等体验式活动,通过参与分析哈尔滨爆火和各地文旅花样"整活"的原因、探讨哈尔滨民生举措等思辨性活动,深刻理解全面深化改革的必要性,明白全面深化改革与共同富裕之间的联系,提高信息收集能力和语言表达能力,发展批判性思维和合作探究能力,深刻认同中国共产党的领导,明确新时代青年的责任担当。

4.本框重难点

教学重点:理解我国坚持共享发展的必要性和意义。

教学难点:全面深化改革的必要性。

（三）教学背景分析

国家议题："坚持深化改革开放"是前进道路上必须牢牢把握的重大原则之一。共同富裕是社会主义的本质要求，是中国式现代化的重要特征。

社会课题：2024年中央一号文件锚定建设农业强国目标，聚焦推进乡村全面振兴，以学习运用"千万工程"经验为引领，对"三农"工作进行系统部署。推动乡村发展、城乡融合发展、区域协调发展是推动共同富裕的重要举措，共享更多更公平的发展成果是民生呼吁。

成长命题（学情分析）：九年级学生对社会问题有一定了解，会关注民生问题，如住房、医疗、教育等，但对我国国情还没有全面认识，在深化改革和共同富裕之间还不能建立清晰的联系，对共同富裕容易产生片面认知。

二、设计思路

（一）教学路线

议题线：围绕总议题"从哈尔滨火爆出圈看何以同奔共富路"，设计议题线：解密·哈尔滨何以爆火；探寻·哈尔滨人民为何幸福；担当·共富篇章如何赓续？

情境线：哈尔滨爆火出圈和各地文旅局长花式"整活"；哈尔滨民生举措和习近平民生金句；哈尔滨人民的幸福生活。

活动线：破解哈尔滨爆火密码，扮演当地文旅局局长喊话；小组比拼，调研汇报哈尔滨民生举措；现场采访和金点献策。

知识线：全面深化改革的原因和措施；共享发展成果的原因和措施；本框综合知识。

（二）教学结构

总议题	议题线	情境线	活动线	任务线	知识线	核心素养
从哈尔滨火爆出圈看何以同奔共富路	导入	热词猜地点	思考	衔接	分析	政治认同 责任意识
	解密·哈尔滨何以爆火	哈尔滨出圈密码+各地文旅局长花式"整活"	破解密码+角色挑战	理解	全面深化改革的原因、措施	
	探寻·哈尔滨人民为何幸福	哈尔滨民生举措和习近平金句	小组比拼+调研汇报	理解	共享发展成果的原因、举措	
	担当·共富篇章如何赓续	哈尔滨人民的幸福生活	现场采访+金点献策	应用、迁移	公民个人责任	

三、过程设计

课前准备:教师提前准备好课上的"资料补给包",打印好;学生课前完成以下任务:收集近几年哈尔滨在民生方面的具体作为。

[新课导入]展示以下词语:

冻梨、南方小土豆、雪乡、搓澡、冰城……

你能猜到这是哪一座城市吗？——哈尔滨

视频:《哈尔滨:花样待客,主打一个真诚》

[设计意图]看词猜地名方式能很快抓住学生兴趣,学生结合近期社会热点会很快猜出地名是哈尔滨,再通过视频中的有趣画面点燃课堂氛围。"冰城"缘何成为"热点"？哈尔滨背后究竟藏着哪些改革和共富的密码？顺利引出本节课议题——从哈尔滨火爆出圈看何以走向共同富裕？

环节一:解密·哈尔滨何以爆火?

[必备知识]全面深化改革的原因和做法。

[议学情境1]这个冬季,地处祖国东北角的哈尔滨走进全国人民的视野。"哈尔滨,我来了""想去哈尔滨的心情达到了顶峰",不仅是网络"热评",更是越来越多游客的现实行动。2024年1月5日,中国旅游研究院发布的"2024年冰雪旅游十佳城市"中,哈尔滨位列榜首。仅元旦3天假期,哈尔滨机场共运送旅客20.5万人次,比2019年同期增长27%。哈尔滨市累计接待游客304.79万人次,旅游总收入59.14亿元,均达到历史峰值。

[议学任务1]破解密码:"冰城"缘何成为热点？哈尔滨爆火的背后有什么密码？以小组为单位成立考察团,结合"资料补给包",破解哈尔滨冰城变热点的密码。要求:多角度考察,语言表达简练。

[答案提示]哈尔滨爆火不是偶然的,是厚积薄发的结果。密码1:坚持中国共产党的正确领导,深入贯彻习近平总书记"冰天雪地也是金山银山"重要指示,将"好风景"变成"好钱景"。密码2:不断寻找经济发展方式转变,调整经济结构。原先的老工业、重工业区在改革浪潮中调整产业结构,挖掘地方特色,重点发展文旅产业,进行经济转型,寻找更高质量发展方式。密码3:哈尔滨勇于改革创新,将中西文化交融的深厚底蕴与独具特色的风土人情结合,在旅游宣传和文旅创作等方面独具匠心。密码4:哈尔滨市人民政府坚持以人民为中心

发展思想,为游客着想,及时回应游客需求,急人民之所急,想人民之所想。密码5:哈尔滨本地人豪迈热情,让游客感到宾至如归。

[设计意图]结合课前导入和教师准备好的"资料补给包",学生沉浸式探索哈尔滨爆火的密码,发展学生信息获取和整合能力、合作能力、语言表达能力。

[议学情境2]哈尔滨火爆出圈,引发全国各地此起彼伏的文旅喊话和旅游热潮,全国文旅宣传卷出新高度。

[议学任务2]角色扮演:共演年度大戏——你"文"我爱"旅"有多深

主演:哈尔滨文旅/广东文旅/河南文旅/河北文旅/山东文旅/山西文旅/广大网友

任务:假设你是当地(学生所在城市)文旅局局长,你会如何推介宣传本地旅游资源?(鼓励多花样)

[议学情境3]播放视频《全国文旅宣传卷出新高度》,了解各地文旅奇招百出(美人计、送钻石、疯狂喊麦等)。

[议学任务3]头脑风暴:各地文旅局为何要不遗余力深化文旅改革?

[答案提示]①契合人民现实需要。步入新时代后,人民生活水平逐步向好,精神文化需求与日俱增,旅游满足了人们对美好生活的需要。②提高当地知名度,带动产业发展,将旅游流量变为经济流量,提高当地人民创收水平。③解决区域发展不平衡的手段之一。部分地方经济长期落后,如哈尔滨、贵州等地长期在全国 GDP 排行中倒数(数据展示,辅助说明),通过发展文旅产业,探寻经济发展新模式,提高当地经济发展水平,缩小与其他地方发展差距。④各省卷出新花样也是一种改革和创新,唯有不断改革创新才有新的出路。⑤我国经济高质量发展的必然要求,高质量经济呼吁高质量文化发展。

[教师引领]哈尔滨的改革举措只是全国改革创新的一个表现,其背后反映了我们国家社会主要矛盾变化、经济发展转型、发展过程面临的现实挑战。

[设计意图]由哈尔滨文旅扩展到全国文旅,开阔学生视野。头脑风暴环节鼓励学生深度探寻、多向挖掘,锻炼学生发散思维和逻辑分析能力,引导学生从现象探寻本质。

[知识小结]

全面深化改革内涵： 包括经济、政治、文化、社会、生态、国防和军队及党的建设等领域改革	
全面深化改革原因	对策
社会主要矛盾变化	将改革进行到底
经济发展由高速转为高质量	转变发展方式,优化经济结构,转换增长动力
区域发展不平衡、城乡发展不平衡不协调等现实挑战	推进区域协调发展,坚持城乡融合发展
改革只有进行时,没有完成时	弘扬改革创新精神

环节二:探寻·哈尔滨人民为何幸福?

[必备知识]共享发展成果的原因和做法。

[议学情境1]近期,随着哈尔滨爆火,网络话题"哈尔滨如何把游客宠上天"冲上热搜。哈尔滨对游客几乎是"有求必应"。人造月亮、供暖小屋、尖着嗓子喊"尊贵的马铃薯公主";精致切片摆成花的冻梨……哈尔滨的这波操作,让本地人"醋意十足":直呼"尔滨"你是不是有讨好型"滨格";"尔滨",你让我感到陌生。

[议学任务1]哈尔滨真的区别对待本地人民和外地游客了吗? 调研汇报:请收集哈尔滨近几年在民生方面的作为,形成调研报告,回应该问题。

[答案提示]图片播放和数据展示:2023 年,哈尔滨市住建局通过新建、续建、改造路桥工程 57 项 82 公里,让百姓感受出行的高效便捷;加大住房保障工作力度,完成公租房摇号配租 4238 套,让困难群众住有所居;着力改善老旧小区居住环境,对全市 1588 个老旧小区开展居住环境综合治理;持续推行"减、放、并、转、调",构建"极简审批"模式,大大提高人民群众办事效率……

城市建设一头连着发展,一头连着民生。在大力推进文旅发展的同时,哈尔滨从没忘记解决民生难题。哈尔滨的"宠客"操作最终目的还是通过推动哈尔滨发展提高人民生活水平。

[议学情境2]2023 政府工作报告部分数据:近十年我国国内生产总值增加近 70 万亿元,粮食产量连年稳定在 1.3 万亿斤以上;常住人口城镇化率从60.2% 提高到 65.2%,高速铁路运营里程从 2.5 万公里增加到 4.2 万公里;生态环境改善,PM2.5 平均浓度下降 27.5%;基本养老保险参保人员覆盖 10.5 亿人。

[议学任务 2]

(1)作为社会的一员,在现实生活中,你感受到了教育、社保、医疗、食品安全、社会治安这些民生保障吗? 请举例说明。

(2)国家为什么要强调将这些发展成果共享?

[答案提示]民之所需,政之所向。共同富裕是中国特色社会主义的本质要求,人民对美好生活的向往是党和政府的奋斗目标,党始终把人民的安居乐业、安危冷暖放在心上,推动一切发展的最终目的是为了不断满足人民对美好生活的需要。

[设计意图]学生通过自主探究,自行收集哈尔滨民生成就,一方面加深对"以民为本"的具象理解,另一方面锻炼信息收集、筛选和整合能力,培养实践能力,回归身边生活,感受自己享受到的民生福利,感受共享发展成果的幸福感。

[知识小结]

(1)为什么要共享发展成果(共同富裕)?

①中国特色社会主义的本质要求。

②人民对美好生活的向往,就是党的奋斗目标。

③发展的根本目的是增进民生福祉。

(2)如何共享发展成果(共同富裕)?

①党和政府要坚持以人民为中心的发展思想,强调人人参与、人人尽力、人人享有,让人民群众共享发展成果。

②党和政府抓住人民最关心、最直接、最现实的利益问题(就业、收入、健康、医疗、教育等)。

[设计意图]知识小结是课堂知识理解的"画龙点睛"之笔,可以帮助学生梳理本节课主干知识,引导学生养成总结归纳的学习习惯。同时,为知识应用和知识迁移奠定基础,便于学生在理解主干知识基础上运用知识解决实际问题。

环节三:担当·共富篇章如何赓续?

[必备知识]培养青少年承担责任能力。

[拓展情境]展示视频《哈尔滨开展民生调查,百姓过得幸福吗?》

[拓展任务 1]现场采访:你觉得现在的生活幸福吗? 你认为幸福生活得益于什么? 你最想对国家说些什么?

[教师引领]生活在新时代,我们是幸运的,我们见证了国家深化改革的历

程,我们享受着国家深化改革的成果,我们更应担当起新时代青年的责任,为祖国更好的明天奋斗。

[设计意图]深入认识哈尔滨之后,鼓励学生畅所欲言,深化学生政治认同,引导学生回归自身生活,关注社会,意识到自己应有的担当和责任。

[拓展任务2]我为家乡出力:请为外地游客制作一份本地三日游攻略,拍摄小视频并配上解说词。

[设计意图]综合本节课内容,结合本土的乡土特色,设计以上拓展活动,引导学生关注家乡、培养乡土情怀、增强责任意识,鼓励学生了解家乡、热爱家乡、为家乡出力。

[结束语]在2024年新年贺词中,习近平主席说过:"我们的目标很宏伟,也很朴素,归根到底就是让老百姓过上更好的日子。"他说:"孩子的抚养教育,年轻人的就业成才,老年人的就医养老,是家事也是国事,大家要共同努力,把这些事办好。"习近平主席的话质朴而感人,从中读懂人民对美好生活的向往没有止境,党和政府对改善民生的追求就没有止境。何其有幸生于中华,我辈更应当赓续精神、奋力前行!

[板书设计]

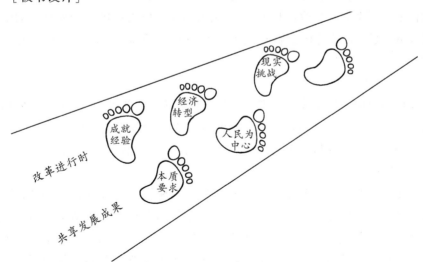

[设计意图]板书以"路"展开,这是一条共同富裕的道路,怎么走,靠一步一个脚印踏踏实实走下去。板书随着课堂活动展开,及时归纳本节课的核心关键词,脚印也一个个坚实地走下去。

"创新改变生活"议题式教学设计

刘秋燕　余　煌

议题：创新何以成为推动国家发展的引擎？

一、设计依据

（一）课程标准分析

本框内容对应《义务教育道德与法治课程标准（2022 年版）》"国情教育"主题中的"推动高质量发展，知道统筹经济建设、政治建设、文化建设、社会建设、生态文明建设的'五位一体'总体布局"。

（二）教材内容分析

1.本框地位

"创新改变生活"是《道德与法治》九年级上册第一单元第二课"创新驱动发展"第一框内容，衔接小学六年级道德与法治"科技改变世界"相关内容。本框承接上一课全面深化改革相关话题，引入高质量发展中国家和社会要面临的科技发展问题，阐释科技创新对国家长足发展的重要性，为下一框学习奠定基础。

2.本框内容

本框内容由两目组成。分别是"感受创新"和"创新引擎"。本框主要从是什么到为什么，论述"如何理解创新"和"为什么要重视创新"问题，引导学生从在生活中感知创新到从整个人类发展、国家发展角度理解创新的作用。

3.本框目标

学生围绕"人工智能"话题，参与一些人、一座城、一个国层层递进的情境，通过思考、合作、探究、辩论等探究式、辨析式议学活动，感悟生活中创新带来的超强体验感，领悟创新对国家、世界发展的重大意义，深刻认同国家采取的创新驱动发展战略，发展思辨能力，提高语言表达能力，增强作为新时代少年肩负的创新责任。

4.本框重难点

教学重点：理解国家实施创新驱动发展战略的必要性和意义。

教学难点：结合生活实际，多角度认识创新的作用。

（三）教学背景分析

国家议题：党的二十大报告明确指出"创新是第一动力"，在中国式现代化新征程中坚持创新在我国现代化建设全局中的核心地位。

社会议题：科技创新能力越来越成为综合国力竞争的决定性因素，多个国家发布创新战略，在全球化发展过程中抢占科技发展新高地。万众创新理念深入人心，创新实践无处不在。近几年，"创客"系列活动在全国各地大中小学热烈开展，各地中小学生通过各种科技活动感知和体验科技创新的魅力。

成长命题（学情分析）：九年级学生思想尚不成熟，理论学习比较简单，学生对创新的理解不全面、不深入，对创新作用的认识角度单一，仅浅层次了解创新对个人、社会的影响，对国家实施创新驱动战略的原因及改革与创新的认识缺乏。同时，学生从小学到初中经历过不少科学创新小实验，具有良好的动手能力，创作能力强，善于依托实践完成创新任务。

二、设计思路

（一）教学路线

议题线：围绕总议题"创新何以成为推动国家发展的引擎"，设计议题线：一些人·如何认识创新；一个国·创新对国家发展有何重大意义；一座城·改革与创新有什么关系。

情境线："创客少年"的故事；科技成就展，AI争霸赛；40年深圳"奇迹"。

活动线：观点辨析；调研汇报；解读揭秘。

知识线：认识创新；创新的意义（对国家）；改革与创新的关系。

（二）教学结构

总议题	环节·议题线	情境线	活动线	任务线	知识线	核心素养
创新何以成为推动国家发展的引擎	导入	深圳学生创客节100s.创客的你	分享	衔接	创新的力量	政治认同责任意识
	一些人·如何认识创新	"创客少年"的故事	观点辨析	理解	什么是创新？创新对个人的作用	
	一个国·创新对国家发展有何重大意义	科技成就展，AI争霸赛	调研汇报	探究、迁移、应用	创新对国家的重要性	
	一座城·改革与创新有何关系	40年深圳"奇迹"	解读揭秘	应用	改革与创新的关系	

三、过程设计

视频:《100 秒带你了解深圳创客智慧节 Maker faire 的有趣瞬间——创客一直在》

"深圳学生创客节(2023)暨第 39 届深圳市青少年科技创新大赛"在深圳北理莫斯科大学举行。活动共分为开幕式、竞赛活动、AI 教育展、AI 公开课、AI 体验坊、科普表演秀六大板块,是深圳市近 3 年来最大规模的青少年科技教育盛会。

提问思考:(1)从深圳创客节的精彩剪影中看到了哪些你感兴趣的 AI 技术应用? (2)回忆学校每年的科技节活动,哪些科技活动令你印象深刻? 说说原因。

[设计意图]用最新的"创客"活动、AI 智能激发学生兴趣,点燃课堂氛围,借助学生对科技文化节趣味项目的回忆,在具体生活情境中思考科技创新与生活之间的关联,引出本节课议题。

环节一:一些人·如何认识创新?

[必备知识]创新的表现。

[议学情境 1]"创客少年"的故事——

深圳学生创客节来自深圳吴家泳的实用新型发明"随孩子长大而变大的书包"获得国家知识产权局授权。这已经不是吴家泳第一次获得发明专利。2020 年至今,他已经获得了 5 项发明专利,很难想象这是一个初中学生的成就。

同在这所学校的孙行洲同学因为看到一则新闻——江苏宿迁 2 名幼童困在车里中暑而亡,萌发研究车内报警装置的愿望,后发明了一种儿童滞留车内报警装置。一旦儿童被滞留在车内出现险情,报警装置就会触发警报声音,并拨打报警电话。

[议学任务 1]观点辨析:①创新是科技工作者和拔尖人才的事,和我们没有关系。②创新都是高精尖技术,和普通人的生活关系不大。

[答案提示]①关注自己的生活会发现,生活处处有创新,普通人也可以有很多创新的行为,如在日常学习中,用新的思维解出一道题;发挥创意,做了一道新菜;旧物改造,做了一个新的手工艺术品(教师引导学生回顾自己的生活经历)。②不是只有高精尖技术才算创新,创新不仅局限于科技领域,它渗透在生活的方方面面。

[教师引领]在观点辨析环节,引领学生关注身边人、身边事,鼓励学生分享

属于自己的创新经历并且谈感受,注重教师及时评价,强化创新对个人成长的积极影响。

[设计意图]通过观点辨析,激活学生思维。学生举例,教师适时引导,从深圳创客节到校园科技节,让学生深度感受身边人、身边事的创新因素,消除学生对创新的距离感,明白"生活处处有创新,创新是一种生活方式",进而由他人联系自己,通过分享自己的创新经历,体会创新对个人成长的重大意义。这部分内容简单,容易理解,以学生分享、教师引导为主。

[议学情境2]列举除技术领域外的其他领域创新:

(1)近年来,党和国家提出了许多新名词:中国梦、雄安新区、"一带一路"、数字丝绸之路、海绵城市、"两个一百年"奋斗目标……这些新名词在不同领域产生了系列思想体系和具体做法。

(2)中国"水稻杂交之父"袁隆平用"三系配套"法实现水稻杂交,大大提高了中国水稻产量,为世界反贫困事业作出了巨大贡献。有人说:"袁隆平养活了一亿中国人"。

(3)香港回归祖国,开启了香港历史新纪元。25年来,在祖国全力支持下,在香港特别行政区政府和社会各界共同努力下,"一国两制"实践在香港取得举世公认的成功。

[议学任务2]除了技术领域的创新,结合以上三个情境,说说它们分别属于哪些领域的创新,简要说明这些领域创新的作用。

[设计意图]学生对创新的认知大多停留在科技成果方面。通过展示三个典型例子,学生认识到科技创新只是全面创新的一部分,达到思维突破目的。

[知识小结]

(1)什么是创新?

①生活处处有创新,创新是一种生活方式。

②从无到有的发明创造,对已有成果的改进和完善,皆是创新。

③创新不局限于科技领域,渗透在生活的方方面面。

(2)创新对个人和社会的积极意义是什么?

①个人:创新给我们带来惊喜,让我们获得成就感;创新点燃激情,让我们的生活充满活力;创新改变我们的思维方式和行为方式,让我们勇敢面对挑战、激发潜能、超越自我。

②社会:知识创新提供新的思想和方法;技术创新促进生产力发展、增加社会财富;制度创新促进公平正义、推动社会进步。

环节二:一个国·创新对国家发展有何重大意义?

[必备知识]创新的意义。

[议学情境1]图片:中国古今科技创新成就展(具有典型代表性,如古代四大发明、高铁、5G技术、人工智能等)

[议学任务1]为古今中外的科技成就点赞:你最喜欢哪一种发明成果? 请说出理由并为它写一句赞美词。

[教师引领]引导学生分析为什么所点赞的科技成就多集中在古代和现在,而近代极少,联系三个不同时间中国的国力情况,想想其中有什么联系。(落后必然挨打)

[答案提示]综观整个世界和国家,一个个科技发明的出现推动了一次次社会进步,中国的腾飞也是在一次次科技创新引领下造就的。

古今中外的科技创新发展史,很好地诠释了"创新是一个民族进步的灵魂,是一个国家兴旺发达的不竭源泉"。中华民族是一个有着创新禀赋的民族,在点赞科技创新成就的同时,也要点赞勤劳智慧的中国人民。

[议学情境2]人工智能"争霸"赛

近年来,互联网、大数据、云计算、人工智能、区块链等技术加速创新,日益融入经济社会发展各领域全过程,各国竞相制定数字经济发展战略、出台鼓励政策,数字经济发展速度之快、辐射范围之广、影响程度之深前所未有,正在成为重组全球要素资源、重塑全球经济结构、改变全球竞争格局的关键力量。

——习近平

[议学任务2]小组合作探究:从国家到国际,为什么都在重视AI技术的发展?

从国家到国际,都很重视AI技术的发展。根据以上材料和小组讨论,完成以下调研汇报:

AI技术发展对国家发展的重要意义	
AI技术发展对国际竞争的战略意义	
AI技术发展对人类总体发展的价值意义	

[答案提示]

对国家发展的重要意义	极大推动经济发展,推动产业转型升级,抓住世界发展新契机,提高国际地位
对国际竞争的战略意义	人工智能发展已经成为世界主要国家科技争夺的高地
对人类总体发展的价值意义	人工智能将成为推动人类社会向前发展又一次工业革命

[设计意图]学生通过了解国际形势、接轨世界,从大局观战略层面看待创新对我国的重要影响。

[知识小结]创新的重要性是什么?

(1)创新是引领发展的第一动力。创新是一个民族进步的灵魂,是一个国家兴旺发达的不竭源泉,也是中华民族最鲜明的民族禀赋。

(2)创新是推动人类社会向前发展的重要力量。

(3)创新驱动是国家命运所系。实施创新驱动发展战略,是适应引领我国经济发展新常态的现实需要。

(4)创新已经成为世界主要国家发展战略的重心。在激烈的国际竞争中,唯创新者进,唯创新者强,唯创新者胜。

(5)创新是改革开放的生命,改革创新推动中国走向富强。

[设计意图]知识小结是课堂教学的"画龙点睛"之笔,可以帮助学生梳理本节课主干知识,引导学生养成总结归纳的学习习惯。同时,为知识应用和知识迁移奠定基础,便于学生在理解主干知识基础上运用知识解决实际问题。

环节三:一座城·改革与创新有何关系?

[必备知识]改革与创新的关系,培养青少年承担责任能力。

[议学情境]解密一个渔村的发展奇迹——

从 GDP 不到 3 亿元的边陲小县城,到如今一跃成为 GDP 超过 3 万亿元的国际大都市;从改革开放与创新的"探路者",到新时代的"示范区",经历 40 余年披荆斩棘、蓬勃发展的深圳特区,是中国改革开放与创新之路上的耀眼标志,也以最具说服力的实践证明中国勇于改革开放与创新的巨大成功。

深圳 2023 年全社会研发投入达到 1880.49 亿元,占 GDP 比重 5.81%,四年蝉联国家创新型城市全国第一。其中企业研发投入占全社会研发投入比重达 94.9%,位居全国第一。"深圳—香港—广州"科技创新集群连续 4 年排名全球第二。

[议学任务](1)解码:深圳由小渔村逆袭为国际化大都市的密码是什么?

(2)改革和创新是构成发展的底色,两者的关系是什么?

[教师引领]

改革:指向过去,意味着要与时俱进,要破旧。改革就是要破除一切制约创新的思想障碍和制度藩篱,激活创新引擎,释放更多创新活力。

创新:指向未来,意味着要立新。激活创新引擎会推动国家实现跨越式发展,改革会在不断创新中提升发展品质,让广大人民群众通过创新更好地共享改革发展成果。

改革为创新指明任务和方向,创新推动改革往深处、高处发展。

[设计意图]"一个渔村的奇迹"是中国改革与创新的最强缩影,知识点回应本单元第一课内容,链接单元知识,构成知识网络。

[知识小结]改革和创新的关系——

①创新是改革开放的生命。改革在不断创新中提升发展品质,创新通过改革渗透到社会生活的方方面面,改革创新推动中国走向富强。

②国家用改革之手激活创新引擎,释放更多创新活力,让广大人民群众通过创新更好地共享改革发展成果。

[拓展任务]AI辩论会——

有人认为人工智能将要替代人类,也有人持有不同看法,选择一方观点并说明理由。

[教师引领]虽然在AI时代,机器人可以代替我们做很多事情,但人工智能时代的前缀依然是"人工",创新思维的主体依然是人。

[答案提示]不同意。①人工智能的存在不能解决所有问题,我们依然需要学习。②学习不但让我们能够生存,而且让我们拥有充实的生活。③学习点亮生命。④学习点亮我们心中的明灯,激发前进的动力。⑤在学习中,我们获得成长,为幸福生活奠基。

[设计意图]课堂最后设置微辩论环节,锻炼学生批判性思维,提高学生思辨能力、语言表达能力,认识创新的主体是人,能正确认识科技发展的双面性,增强责任意识。

[板书设计]

"创新永无止境"议题式教学设计

刘秋燕　余　煌

议题：从华为王者归来看何以建成创新型强国。

一、设计依据

(一)课程标准分析

本框内容对应《义务教育道德与法治课程标准(2022年版)》"国情教育"主题中的"推动高质量发展,知道统筹经济建设、政治建设、文化建设、社会建设、生态文明建设的'五位一体'总体布局"。

(二)教材内容分析

1.本框地位

"创新永无止境"是《道德与法治》九年级上册第一单元第二课"创新驱动发展"第二框内容,衔接小学《道德与法治》六年级下册"科技改变世界"一课内容。本框承接第一框"创新改变生活",从创新对国家发展的重要性到探讨如何建成创新型强国。作为本单元最后一节课,呼应单元主题"富强与创新",唯有改革和创新才能推动国家走向富强。

2.本框内容

本框由"创新强国"和"激活创新活力"两目组成。本框承接上一框创新的基础知识,第一目从我国科技创新现状说明我国建成创新型强国的必要性,并进一步说明我国为建设成为创新型强国所坚持的战略、道路及需要创造的条件。第二目主要阐述激活企业创新活力、培养个人创新精神,引导学生注重知识产权保护。

3.本框目标

本节课围绕"华为王者归来"大情境,通过课堂抢答、头脑风暴、撰写自荐信、为华为写新标语等探究式、体验式议学活动,让学生客观认识我国科技的成就和不足,深刻认同我国为推动创新所作的全方位布局,发展学生批判性思维、信息收集和课堂表达能力,增强学生法治意识和诚信意识,增强民族责任感,自觉培养创新思维能力,自觉投身社会主义创新大业。

4.本框重难点

建设创新型强国的举措。

(三)教学背景分析

国家议题:《国家创新驱动发展战略纲要》明确提出,"2030 年跻身创新型国家前列,2050 年建成世界科技创新强国"。

社会议题:在 2024 年政府工作报告中,"新质生产力"首次写入政府工作报告。发展新质生产力,科技创新是核心驱动力。战略性新兴产业、未来产业,是构建现代化产业体系的关键,是发展新质生产力的主阵地。人工智能快速发展,STEM 教育全国推广,创新实践在生活中无时不有、无处不在,社会需要创新的活力。如何引导祖国未来社会主义接班人开拓思维、热爱科学,成为社会热议的话题。

成长命题(学情分析):通过上一框的学习,九年级学生对科技创新给日常生活的影响有一定认识,但对我国科技实力与其他国家的差距还欠缺客观认识,认为建设创新型强国是国家和科技工作者的事,与未成年人无关,难以把学习责任与国家发展结合起来。

二、设计思路

(一)教学路线

议题线:围绕总议题"从华为王者归来看何以建成创新型强国",设计议题线:识局·如何认识我国科技现状;破局·如何建成创新型强国;谋局·如何激发创新活力。

情境线:华为王者归来引美国担忧;华为被制裁的 1500 个日夜在做什么;华为专利申请连续六年全球第一。

活动线:头脑风暴析原因;小组合作,调研报告;讨论分享。

知识线:我国科技现状;建成创新型强国的做法(国家、企业);创新精神的表现和知识产权维护;本节课综合知识。

（二）教学结构

总议题	议题线	情境线	活动线	任务线	知识线	核心素养
从华为王者归来看何以建成创新型强国	导入	视频:华为王者归来	观看、思考	衔接		政治认同责任意识法治观念
	识局·如何认识我国科技现状	华为王者归来引美国担忧	头脑风暴	理解	我国科技发展的成就与不足	
	破局·如何建成创新型强国	华为被制裁的1500个日夜在做什么	小组合作+撰写调研报告	理解	建成创新型强国的做法(国家、企业)	
	谋局·如何激发创新活力	华为专利申请连续六年全球第一	讨论分享	理解	创新精神的表现,知识产权的维护	
		风华少年何以成为创新人才	写自荐信和宣传语	应用、迁移	本框综合知识	

三、过程设计

[新课导入]视频《轻舟已过万重山,华为真的王者归来了》

2023年8月29号,华为的新手机mate60悄无声息地发布了。没有发布会,没有预热和海报,却一夜之间登上全网热搜。华为重回5G,完全自主国产的麒麟9000S芯片,史上第一部卫星通话手机,屏幕采用二代昆仑玻璃,一系列划时代的创新震惊全球,甚至在全球引发华为mate60 pro拆解热。"风雪压我三四年,我笑风雪轻如棉",这些年华为的不易,让人不禁感叹"轻舟已过万重山"。

[设计意图]以学生感兴趣的华为新手机发布开场,第一时间吸引学生注意、引燃学生激情。通过视频讲解,学生明白这款手机的非凡意义。引导学生从表面追求手机的新颖到逐步认识手机背后的国家间的科技竞争,顺利引出本节课主题。

环节一:识局·如何认识我国科技现状?

[必备知识]我国科技发展现状。

[议学情境1]国外媒体对华为新手机的报道:

"一款手机的推出在华盛顿引发担忧,即美国的制裁未能阻止中国取得关键技术进步,这似乎应验美国芯片制造商的警告,即制裁不会阻止中国,而是会

刺激中国加倍努力,打造美国技术的替代品。"——《华盛顿邮报》

"这款手机配备了华为海思芯片部门的新型麒麟 9000S 处理器,似乎使用了中芯国际的先进技术。"——美国的行业技术公司分析师丹·哈奇森

这款新手机"对所有华为前技术供应商(主要是美国公司)是重大打击","主要的地缘政治意义在于,这表明(中国)完全可以在没有美国技术的情况下设计、生产出可能不如西方尖端型号那么好,但仍然相当有能力的产品"。——《华盛顿邮报》

[议学任务 1]

(1)讨论并回答:为什么一款手机推出会引发美国担忧? 这说明什么?

(2)小组抢答:在我国,遥遥领先的不仅是 5G 技术,你还知道我国的哪些科技成果领先世界?

[答案提示]5G 技术不仅是美国与中国,更是全世界各个国家想要争抢的技术高地,华为新手机背后是中国突破美国技术封锁实现高端芯片自主研发,因此引发美国担忧。这充分说明科学技术是综合国力竞争的决定性因素。

[设计意图]通过国外媒体的反应,更加凸显华为手机背后技术的重要性和不可替代性,让学生明白技术争夺是当今国家竞争的重点,加深民族自豪感。简单的问题设置成课堂抢答,在能高效完成的同时,活跃课堂氛围,再通过一分钟视频让学生全面了解我国的科技成就。

[议学情境 2]专家分析:华为 mate60 既有突破也有不足。北京邮电大学教授吕廷杰表示:华为新手机搭载的芯片距离最先进技术仍有 2—2.5 节点的差距,这意味着我们跟先进制程的 5G 芯片还有 3—5 年的差距。我们虽然终于解决了 5G 智能手机先进的 5G 芯片问题,但我们必须承认它距离最先进技术还有很大差距。

[议学任务 2]思考并回答:如何理解这个差距? 你知道我们国家还有哪些技术被卡脖子?

[答案提示]我国的 5G 技术离世界顶级水平还有一定差距。我国科技创新现状——领跑世界的有:5G 技术、新能源汽车技术、超级计算机技术、高铁技术、航天领域空间站、风力发电技术等;"卡脖子"清单有:医学影像设备、航空钢材、核心算法、触觉传感器、激光雷达等。我们应该努力将"卡脖子"清单变成科研任务单,变成我们进一步突破的动力。

[设计意图]通过材料专家对华为技术的分析,让学生能够更客观地看待我

国科技现状,而不是一味陶醉其中,培养学生辩证思维。

[知识小结]我国科技发展现状如何——

(1)成就:党的十八大以来,我国加快科技自立自强,基础研究和自主创新不断加强,一些关键核心技术实现突破,战略性新兴产业发展壮大,成功进入创新型国家行列。

(2)不足:我国推动高质量发展还有许多卡点与瓶颈,科技创新能力还需要进一步提高,建成世界科技创新强国任重道远。

环节二:破局·如何建成创新型强国?

[必备知识]建成世界科技创新强国的做法。

[议学情境]华为被制裁的1500个日夜。

2019年:华为发布最新一代旗舰芯片麒麟990系列,操作系统鸿蒙1.0发布	2021年:孟晚舟历经艰难回国,华为组建五大军团应对困境

2020年:推出鸿蒙2.0,研发投入1427亿元,创历史最高。同年8月,带队与国内顶尖大学研发合作	2022年:制裁常态化下转危为安。华为的研究投入继续创历史新高。鸿蒙3.0正式发布	2023年:鸿蒙4.0正式发布。随后华为Mate60pro低调上市。同年9月,华为总裁任正非发表"华为储备人才,不储备美元"言论

华为官网宣传海报:除了胜利,我们已经无路可走。

[议学活动]小组合作,调研汇报:

(1)解码:面对美国打压,华为最终实现涅槃重生,有何密码?

(2)深思:"华为储备人才,不储备美元"这句话说明什么?

(3)启发:华为的突围战给我国企业成长有何启发?

(4)追溯:华为的成功除了自身强大实力,还离不开谁的支持?

(5)献策:借鉴华为成功经验,可否为我国建成创新型强国建言献策?

[答案提示]

(1)华为重生密码:不断加大研发投入,自力更生、执着追求,核心技术深入研发,未雨绸缪战略眼光,自强不息、永不服输精神。

(2)华为重视人才,重视教育,深知创新的背后是人才,而人才培养在于高质量教育。

（3）我国企业应该学习华为，牢牢把握核心技术，自主创新，自力更生。

（4）华为的成功，离不开中国政府对科技的大力支持和推动，中国政府提出的创新驱动发展战略为华为和其他科技企业提供了广阔的发展空间。

（5）国家应该从顶层设计、人才培养、平台创建等方面加大支持力度。

[设计意图]通过问题链条设置和教师逐步引导，学生开启头脑风暴，深入分析华为的付出和企业经营的深刻理念，同时明确企业发展的背后是国家大环境的支撑与国家长久以来的战略谋局。问题链的最后回归整个国家建成创新型强国该怎么做问题上，由浅入深，逐步递进。这一部分问题链具有开放性，鼓励学生不拘泥于课本，锻炼学生发散思维，引导学生及时捕捉关键词，回归主题展开剖析。

[知识小结]

（1）为什么要重视教育？

教育是民族振兴、社会进步的基石，是促进人全面发展的根本途径，也关系一个国家创新能力的提高。

（2）如何建设创新型强国？

①国家：深入实施科教兴国战略、人才强国战略和创新驱动发展战略；加快建设教育强国、科技强国、人才强国；增强自主创新能力，坚定不移走中国特色自主创新道路；加快形成有利于创新的平台和环境；坚持自力更生、自主创新。

②企业：提升创新能力，强化科技创新主体地位，加强企业主导的产学研深度融合。

[设计意图]知识小结是课堂的"画龙点睛"之笔，可以帮助学生梳理本节课主干知识，引导学生养成总结归纳的学习习惯。同时，为知识应用和知识迁移奠定基础，便于学生在理解主干知识基础上运用知识解决实际问题。

环节三：谋局·如何激发创新活力？

[必备知识]创新精神的表现、知识产权的维护、本框综合知识。

[议学情境1]视频：华为史上最燃广告

[议学任务1]讨论并分享：从华为宣传片中，你看到了哪些创新精神？

[答案提示]敢为人先、敢于冒险，好奇心、敢于挑战权威；承受挫折的坚强意志，沟通合作的团队精神；舍我其谁的担当。

[议学情境2]现象对比——

现象一：2022年华为PCT专利申请数达7689件，从2017—2022年国际专利申请人排名连续六年蝉联第一,2022年专利许可收入5.6亿元。

现象二:图片展示生活中侵犯知识产权的例子。

[议学任务2]思考:如果知识产权得不到保护,创新精神还能否持续? 生活中如何保护和尊重知识产权?

[设计意图]此部分内容较为简单,以感人视频引入,不仅让学生感性认识创新精神的重要性,还给予学生正面情感引导。在知识产权保护方面,通过正反例子对比,提高学生保护知识产权意识,尊重创造,遵守法律。

[拓展任务]风华少年如何成长为创新人才?

(1)华为公司计划成立创新少年特训营,你认为加入特训营需要符合什么条件?

(2)华为即将推出新款手机,请你撰写一条宣传语。

[答案提示]①树立崇高远大的理想,明确社会责任,努力学习科学文化知识,发扬艰苦奋斗精神;②敢于创新、善于创新,把创新热情和科学求实态度结合起来,努力使自己成为具有丰富创新能力的高素质人才;③敢于质疑,敢于向传统、权威挑战,树立敢为人先精神;④多动脑,勤动手,在实践中创新,积极参加各种科技小发明、小制作等实践活动,培养自己的创新意识和创新能力。

[设计意图]议题迁移既具有开放性,又充分调动学生的创造性思维。

[板书设计]

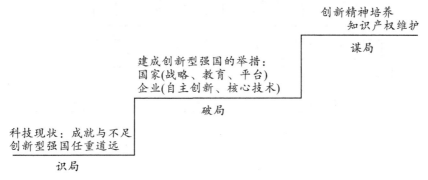

[设计意图]板书以步步高升的阶梯为载体,随着华为"通关打怪"步伐徐徐展开。华为重重突围,步步高升,也是我国科技发展之路的缩影。建成创新型强国任重道远,唯有不断攀登、自力更生、自主创新,才能长远发展。

九年级上册第二单元序言

　　本单元以"推动国家民主与法治建设"为主题,聚焦政治认同、法治观念、责任意识核心素养培育,围绕"共创共享同祖国和时代一起成长与进步的机会,做自信中国人"这一全书核心大概念,以社会主义核心价值观中国家层面的"民主"为思想主轴,从追求民主价值和建设法治中国两个视角,展现中国民主法治道路发展历程。根据"九年级的学生对事情的深度思考及理性辩证能力有所提高,民主法治意识也有所增强,行使民主权利、参与民主生活的意愿较以往强烈"学情,引导学生关心社会,知道我国社会主义民主制度的优越性,主动参与社会公益活动和实践活动,成为推动民主与法治建设的重要力量。

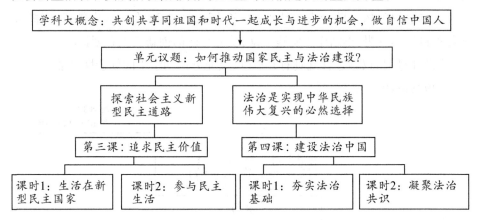

"生活在新型民主国家"议题式教学设计

刘秋燕　叶梓欣

议题:如何读懂全过程人民民主?

一、设计依据

(一)课程标准分析

本框内容对应《义务教育道德与法治课程标准(2022年版)》"法治教育"主题中的"树立民主、平等观念,积极参与民主管理""认识民主对社会生活的意义,初步具备民主参与、责任担当意识""理解全过程人民民主的制度优势"。

(二)教材内容分析

1.本框地位

"生活在新型民主国家"是《道德与法治》九年级上册第二单元第三课"追求民主价值"第一框内容,对应教材设计主线社会主义核心价值观国家层面的"民主"。本框题围绕"读懂全过程人民民主"展开,而民主需要法治保障,对第四课法治内容学习起铺垫作用。

关于民主相关内容,对低学段小学生而言,还没有形成实质性理解,因而没有过多赘述,而中高学段学生生活范围视野不断扩大,学校通过集体生活,让学生体会民主、平等的意义;初中阶段围绕各项民主制度及公民参与民主生活的各种途径展开,既有理论性理解,也有实际性操作;而在高中阶段,在必修3《政治与法治》教材中,阐明在党的领导下实现人民当家作主。

2.本框内容

本框由呈递进关系的两目组成。第一目"民主的足音",旨在帮助学生认同中国特色社会主义民主是经历长期奋斗形成的、完全符合我国具体国情的一种新型民主,学会用发展的眼光看待我国民主政治的特点;第二目"新型的民主",旨在引导学生了解我国社会主义民主是一种新型民主,应从其本质属性、本质特征、特点、真谛、民主形式及制度保障等方面深入探讨,体会人民的利益愈加得到保障的道理。

3.本框目标

学生通过参与分析民主价值的要求及实现方式、绘图剖析民主价值的发展历程、小组探究全过程人民民主等探究式、体验式议学活动,了解我国民主发展的艰辛历程,清楚不同民主各不相同,要找到符合自己国情的民主才是真正的民主,同时认识我国社会主义民主是一种新型民主,进而在不断探讨中形成政治认同,树立责任意识。

4.本框重难点

教学重点:民主的内涵及全过程人民民主新在哪里。

教学难点:正确认识全过程人民民主。

(三)教学背景分析

国家议题:发展全过程人民民主是中国式现代化的本质要求之一。

社会课题:我们生活在一个民主国家,没有民主就没有社会主义,就没有社会主义现代化。随着经济社会的发展,各种矛盾日益突出,人民参与国家的意识越来越强烈,途径也越来越多样。保证和支持人民当家作主不是一句口号、一句空话,而是真正落实到国家政治生活和社会生活之中。但是,民主并不是要实现全部人的民主,也要反对现实社会存在的一些少数人的专制或暴政,这是当代未成年人需要认清的事实。

成长命题(学情分析):初三学生见识和能力不断提高,并且在初二时已学中国特色社会主义民主政治制度,对民主制度相关内容有所了解,但由于受年龄、知识的限制,对民主政治生活了解不多,对民主价值的认识仅停留在表面。通过访谈了解,部分学生认为民主与自己关系不大,甚至认为没有真正的民主。因此,需要帮助学生充分了解我国民主发展的历程,并真正认识全过程人民民主。

二、设计思路

(一)教学路线

议题线:围绕总议题"如何读懂全过程人民民主",设计议题线:追本溯源·民主之路如何向前;深度剖析·全过程人民民主新在哪里;躬行实践·如何将民主渗透到生活中。

情境线:课前关于民主的小调查;华春莹对民主的比喻,时间轴的填写;广东省人大代表在两会上的履职内容;竞选学校共青团代会代表。

活动线:说说你所理解的民主;根据表格内容填写有关民主价值的要求及

实现形式等问题,绘制时间表了解民主历程;根据新闻材料分析全过程人民民主新在哪里;通过竞选少代会代表感受民主生活。

知识线:对民主的理解;民主价值的要求和实现形式,民主的历程;全过程人民民主新在哪里;综合知识应用。

（二）教学结构

总议题	环节·议题线	情境线	活动线	任务线	知识线	核心素养
如何读懂全过程人民民主?	导入	课前关于民主的小调查	分享、思考	衔接	对民主的理解	政治认同 责任意识
	追本溯源·民主之路如何向前	华春莹对民主的比喻,时间轴的填写	分析、填表	理解	民主价值的要求和实现形式,民主的历程	
	深度剖析·全过程人民民主新在哪里	广东省人大代表在两会上的履职内容	研讨、剖析	理解	全过程人民民主新在哪里	
	躬行实践·如何将民主渗透到生活中	竞选学校共青团代会代表	实践、体验	迁移	综合知识应用	

三、过程设计

[新课导入]课前小调查:说说你所理解的民主? 举例说明。

民主就是自由发表意见,想说什么就说什么。民主就是投票选举。民主就是少数服从多数……

[设计意图]通过调动学生已有知识和经验,激发学生对民主问题的兴趣,既原生态呈现学生对民主的认识,为新课开展做好准备、打好基础,又通过相对开放式设问法,引导学生畅所欲言,培养学生发散思维能力。

环节一:追本溯源·民主之路如何向前?

[必备知识]民主价值的要求和实现形式,民主的历程。

[议学情境1]视频:华春莹对民主的比喻

中国古代关于民主思想的论述有很多,这些都是中国民主价值追求的重要思想源头。关于什么是民主,如何评判一个国家是否真正民主,华春莹说道:"事实表明,民主不能先入为主,不能越俎代庖。民主没有固定模式。就像中国胃不适合每天喝冷牛奶,美国人不习惯用筷子,并不是每天用刀叉吃牛排或汉堡包才是吃饭。民主也不应是可口可乐,美国生产原浆,全世界一个味道。"

[议学任务 1]思考以下问题,并填写你的回答。

问题	你的回答
通常情况下,人们要通过一项决议,一般采取少数服从多数决定,这说明民主有何要求	
不同国家民主的实现会有所不同,美国实行总统共和制,日本实行君主立宪制,德国实行议会制民主共和制,中国实行人民代表大会制,这说明民主价值的实现要靠什么	
材料中华春莹说"民主不能先入为主,不能越俎代庖。民主没有固定模式",这句话说明了什么	

[答案提示]

问题	你的思考
通常情况下,人们要通过一项决议,一般采取少数服从多数决定,这说明民主有何要求?要遵循什么原则	民主在价值上要求:大多数人当家作主。(≠全部人或全民) 民主必须赋予和尊重每个人平等的权利,不能践踏他人的合法利益,要反对少数人的专制或暴政
不同国家民主的实现会有所不同,美国实行总统共和制,日本实行君主立宪制,德国实行议会制民主共和制,中国实行人民代表大会制,这说明民主价值的实现要靠什么	民主价值的实现要靠民主形式和民主制度的建立
材料中华春莹说"民主不能先入为主,不能越俎代庖。民主没有固定模式",这句话说明了什么	一个国家选择走什么样的民主道路,取决于它的具体国情

[设计意图]学生对民主的概念和认识仍比较表层,通过外交部发言人华春莹的一段贴近人民生活的民主比喻,逐步引导学生思考民主价值的内涵,帮助学生更好地认识民主。

[议学情境 2]回顾历史,1840 年鸦片战争以来,近代中国饱受压迫和屈辱,太平天国运动、洋务运动、戊戌变法等作了探索,都没有实现真正的"还权于民"。但是,中国始终在不断探索适合自身实际的民主实现形式。

[议学任务 2]请你结合课本第 31 页至 32 页内容及所学历史知识,将下列时

间轴填写完整(事件及探索结果),思考我国需要通过什么保障民主、为什么。

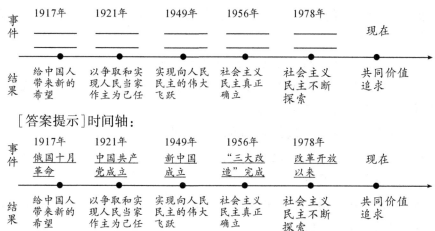

[答案提示]时间轴:

事件	1917年 俄国十月 革命	1921年 中国共产 党成立	1949年 新中国 成立	1956年 "三大改 造"完成	1978年 改革开放 以来	现在
结果	给中国人 带来新的 希望	以争取和实 现人民当家 作主为己任	实现向人民 民主的伟大 飞跃	社会主义 民主真正 确立	社会主义 民主不断 探索	共同价值 追求

[设计意图]学生通过绘制完善时间轴活动,在梳理过程中能够真切感受中国为了实现真正的民主所作的一切努力,为学习本框题内容奠定情感基调。时间轴形式清晰明了,能够培养与提高学生梳理事件能力。

环节二:深度剖析·全过程人民民主新在哪里?

[必备知识]理解全过程人民民主是一种新型民主。

[议学情境]2024年3月,全国两会召开,广东代表团有如下看法:

情况一:作为一名来自农村基层的人大代表,云浮罗定市黎少镇隆久村党总支部书记、村委会主任李小兰对全过程人民民主感触很深。她表示,要运用好民主协商方法,切实办好群众身边的好事、实事。去年,她所在隆久村设立人大代表联络站,联络站一共有8位人大代表,定期组织群众接访、下乡调研等活动,为帮助村民解决急难愁盼问题搭建了一个好平台。

情况二:全国人大代表、江门市市长吴晓晖发言时介绍,江门市江海基层立法联系点是广东省首个全国人大常委会法工委基层立法联系点。在工作过程中,他们创新方式方法,深入村庄、社区、企业听取意见,让"全过程人民民主"走到家门口。

情况三:会议期间,广东团代表不负重托,以高昂的履职热情、积极的担当精神和深切的为民情怀,共同为推进中国式现代化建设凝聚发展之智、汇聚奋进之力,共提出7件议案、512项建议。

[议学任务]小组合作探究:结合书本知识、宪法内容,联系生活实际及以上人大代表履职内容,为什么说全过程人民民主是一种新型民主?(要求:小组交

流讨论,有记录,代表发言,不重复观点,时长3分钟。)

提示:可从民主的本质属性、本质特征、特点、根本保证、真谛、民主形式及制度保障等方面回答。

[答案提示]根据材料书写的答案(学生分享略)

(1)情况一中"她所在的隆久村设立了人大代表联络站",可以看出我们的民主做到广泛听取民意、集中民智。

(2)情况二中"在工作过程中,他们创新方式方法,深入村庄、社区、企业听取意见",可以看出全过程人民民主是社会主义民主政治的本质属性,是最广泛、最真实、最管用的民主。

(3)情况三中"广东团代表提出7件议案、512项建议",可以看出我们的民主有人民代表大会制度做保障。

[设计意图]以广东为例,意在用本土事例,贴近学生生活实际:一是了解我们身边有许多人大代表,民主生活离我们并不遥远;二是通过小组合作探究,培养学生沟通交流能力,共同解决本框题"读懂全过程人民民主"重点问题,加深学生对民主的理解,培养学生探究学习、合作交流、深入思考问题能力。

[知识小结]

(1)民主价值的内涵是什么?

①民主在价值上要求大多数人当家作主。

②民主价值的实现,要靠民主形式和民主制度的建立。

③一个国家选择走什么样的民主道路,取决于本国的具体国情。

(2)为什么需要法治保障、体现民主?

实践证明,通过法治体现、保障的民主,才是人民自由幸福、国家繁荣发展、生活稳定有序、制度充满活力、社会长治久安的根基。

(3)为什么说全过程人民民主是一种新型民主?

①本质属性:全过程人民民主。

②本质特征:人民当家作主。

③民主特点:最广泛、最真实、最管用。

④根本保证:党的领导是发展全过程人民民主的根本保证。

⑤民主真谛:有事好商量,众人的事情由众人商量。

⑥民主形式:选举民主和协商民主(我国特有形式和独特优势)。

⑦制度保障:人民代表大会制度、中国共产党领导的多党合作和政治协

制度、民族区域自治制度、基层群众自治制度。

[设计意图]知识小结是课堂教学的"画龙点睛"之笔,可以帮助学生梳理本节课主干知识,引导学生养成总结归纳的学习习惯。同时,为知识应用和知识迁移奠定基础,便于学生在理解主干知识基础上运用知识解决实际问题。

环节三:躬行实践·如何将民主渗透到生活中?

[拓展情境]中国共产主义青年团全国代表大会每五年举行一次,2023 年是第十九次会议。为响应国家这一与青少年密切相关的国家大事,我们学校将进行校内团代会代表竞选活动,为做好准备,提前收集民意。

[拓展任务]请结合自身真实经历的学校生活,写出你的提案。(要求:字数不限,用词得当,有理有据。)

[设计意图]该拓展活动通过将本框所学民主内容应用于学校生活,在实践中体会如何正确行使民主权利,为以后步入社会真正参与民主生活做好准备。以提案方式,积极主动提出解决问题的建议,培养学生理论联系实际能力。

[结束语]聆听习语:

"橘生淮南则为橘,生于淮北则为枳。"我们需要借鉴国外政治文明有益成果,但绝不能放弃中国政治制度的根本。中国有 960 多万平方公里土地、56 个民族,我们能照谁的模式办? 谁又能指手画脚告诉我们该怎么办? 面对丰富多彩的世界,我们应秉持兼容并蓄的态度,虚心学习他人优长,在独立自主的立场上借鉴吸收,转化成符合我们自己实际需求的好东西,但决不能囫囵吞枣、邯郸学步。

[板书设计]

躬行实践

深度剖析

追本溯源 全过程人民民主

大多数人当家作主

[设计意图]板书以一条道路形象呈现,意在阐明本框内容主要是了解我国民主发展历程曲折向上,寓意未来虽经历风险,但仍旧一片光明。该板书层层递进,主旨内容明确、一目了然,成为串联和展示教学环节的重要载体,在帮助学生串联与巩固所学知识的同时,凸显正向价值引领。

"参与民主生活"议题式教学设计

刘秋燕　叶梓欣

议题：如何确保民主参与有序有效？

一、设计依据

（一）课程标准分析

本框内容对应《义务教育道德与法治课程标准（2022年版）》"法治教育"主题中的"树立民主、平等观念，积极参与民主管理""认识民主对社会生活的意义，初步具备民主参与、责任担当意识""认识基层民主制度对保障人民知情权、参与权、表达权、监督权的作用"。

（二）教材内容分析

1.本框地位

"参与民主生活"是《道德与法治》九年级上册第二单元第三课"追求民主价值"第二框内容，承接第一框初步了解中国全过程人民民主，有别于小学阶段简单的启蒙，旨在引导学生认识我国的民主要保障人民当家作主，我们要积极参与民主生活、增强民主意识，对学生将来走向社会提供理论支撑及实践基础。

2.本框内容

本框由"行使民主权利"与"增强民主意识"递进式两目组成。第一目从行动角度引导学生认识公民参与民主生活可以采用的五种主要方式，帮助学生提高行使民主权利能力；第二目在意识层面引导学生明确增强民主意识的重要性及做法，逐步提高学生依法有序参与民主生活能力。

3.本框目标

学生共同进入两会时间情境，通过感悟抢答、思考分享、研讨总结等探究式议学活动，探究公民行使民主权利的各种途径，增强民主意识，明晰参与民主生活的意义及做法，由此产生积极行使民主权利的想法，提高合法运用民主权利参与国家各项事务能力，为国家民主法治事业贡献力量。在此过程中，形成正确的民主态度，提高民主道德素养，增强责任意识。

4.本框重难点

教学重点:行使民主权利的途径与方式。

教学难点:如何增强民主意识、参与民主生活。

(三)教学背景分析

国家议题:人民民主是社会主义的生命,是全面建设社会主义现代化国家的应有之义。

社会课题:社会主义民主是近代以来中国人民的自觉选择,我国社会主义民主是一种新型民主,而社会主义民主发展正努力为每个公民合法参与民主生活提供各种保障。随着参与途径、形式不断丰富,民主参与的直接性和有效性也将不断得到增强。但是,现代人并没有深入了解国家赋予公民参与民主生活的各种途径,仍会产生"求助无门"、国家事务离自身较远的认知,甚至出现用不恰当手段谋取权益的情况,引发各种社会事件,因而需要普及宣传民主思想,增强青年学生民主意识。

成长命题(学情分析):比起初一、初二学生,初三学生深度思考、理性辩证、民主意识有所增强,行使民主权利、参与民主生活意愿也更为强烈。但是,民主内容对九年级学生而言比较遥远,增强民主意识有一定难度,理性、公正、客观的态度和全面、深刻、辩证的思维方式有待进一步增强。因此,年轻一代要加强对民主相关知识的学习。

二、设计思路

(一)教学路线

议题线:围绕总议题"如何确保民主参与有序有效",设计议题线:真知灼见·如何正确认识公民参与;外化于行·公民行使民主权利的途径体现在哪里;内化于心·民主意识如何增强;知行合一·民主参与如何落实。

情境线:中学生带着提案上两会,两会知识知多少;2024全国两会前夕系列活动;两会期间各人大代表议案案例;"我给两会捎句话"建言活动;《中华人民共和国爱国主义教育法》出台全过程。

活动线:观看视频后的感悟及两会知识知多少;思考网友由"围观"到"参与"说明了什么;公民民主意识增强的意义,正确看待参与民主生活。

知识线:理解民主内容;如何正确认识公民参与;公民行使民主权利的途径;如何增强民主意识,公民如何参与民主生活;综合知识应用。

（二）教学结构

总议题	环节·议题线	情境线	活动线	任务线	知识线	核心素养
如何确保民主参与有序有效	导入	中学生带着提案上两会,两会知识知多少	感悟、抢答	衔接	理解民主内容	政治认同 道德修养 责任意识
	真知灼见·如何正确认识公民参与	2024全国两会前夕系列活动	思考、分享	理解	如何正确认识公民参与	
	外化于行·公民行使民主权利的途径体现在哪里	两会期间各人大代表议案	研讨、分析	理解	公民行使民主权利途径有哪些	
	内化于心·民主意识如何增强	"我给两会捎句话"建言活动	总结、升华	理解	如何增强民主意识、参与民主生活	
	知行合一·民主参与如何落实	《中华人民共和国爱国主义教育法》出台全过程	思考	应用、迁移	综合知识应用	

三、过程设计

[新课导入]视频:中学生带着提案上两会。

（询问学生感悟）

[答案提示]有利于培养中小学生主动参与民主生活的意识,依法行使民主权利。

时政小考:两会知识知多少?

问题一:什么是两会?

[答案提示]全国人民代表大会和中国人民政治协商会议。

问题二:两会的性质分别是什么?

[答案提示]全国人民代表大会是最高国家权力机关;中国人民政治协商会议是中国共产党领导的多党合作和政治协商的重要机构,是中国人民爱国统一战线组织。

[设计意图]通过中学生参与两会相关视频情境及抢答方式,考查学生对两

会知识的了解,以此为导入,引导学生认识即使是未成年人,也可以积极行使各项民主权利并参与民主生活,凸显本节课内容,为后续教学做好准备。

环节一:真知灼见·如何正确认识公民参与?

[必备知识]如何正确认识公民参与。

[议学情境]2024年全国两会前夕,国家推出一系列行动、提供各种渠道,让大家建言献策。如国务院办公厅推出的"2024·代表/委员对政府工作留言"小程序、央广网推出《两会直通车》专栏,实时关注两会最新动态;中国政府网联合开展"我向总理说句话"网民建言征集活动……

[议学任务]思考问题:网站推出这些活动后,很多网友由围观到参与,体现了什么? 为了公民能有效参与政治生活,国家应提供何种保障?

[答案提示]体现了公民享有参加国家管理、参政议政的民主权利,说明我国公民的民主意识增强。国家需要不断推进社会主义民主制度化、规范化和程序化建设。

[设计意图]以两会话题为主线,学生通过开会前夕网民积极参与建言献策的情境,思考迁移公民公共参与意识不断增强,引出公民参与的内涵、要求,达到解决问题的目的。

环节二:外化于行·公民行使民主权利的途径体现在哪里?

[必备知识]认识各种公民行使民主权利的途径。

[议学总任务]我们可以通过什么方式参与民主生活、行使民主权利?

[答案提示]民主选举、民主协商、民主决策、民主管理、民主监督。

(以下内容需小组合作,针对教师呈现的情境,分别探究五种方式的具体内容)

[议学情境1]在2024年全国两会上,来自各地的人大代表纷纷上交提案。

全国人大代表、中国社会科学院学部委员陈众议呼吁,以十二年义务教育代替九年制义务教育,将"普职分流"推迟到高考阶段。

全国人大代表、重庆市作协主席冉冉向大会提交关于"加大对近亿抑郁症患者关爱救助力度"的建议。

全国人大代表霍启刚:强制实施带薪休年假政策,按工龄递增。

…………

[议学任务1]思考:中国拥有十几亿人口,遍布各行各业,全国人大代表如何产生? 需要遵循什么原则和要求?

[议学情境2]社区大小事,协商来解决。

江苏扬州市老城区龙头关社区有一间民生茶馆,许多与居民生活息息相关的大事小情都是在这里商讨和决定的。扬州市广陵区人大代表刘青提议,通过这种民主协商议事方式,少数服从多数,慢慢靠近大家的想法,这其实就是民主的一种体现,大家都参与进来,一起为小区建设出谋划策,做到心往一处想、劲往一处使。

[议学任务2]思考:以上情境体现了哪种民主形式? 有何意义?

[议学情境3]两会公布了十大热点提案。

热点1.实行全民免费医疗:从基层卫生机构开始逐步推进免费医疗。

热点2.免费教育:为生育"二孩""三孩"家庭发放家庭教育专项补贴,为第三孩提供从幼儿园到高中毕业阶段的免费教育。

热点3.延长假期:春节由原来的3天假期延长至5天或7天,调休后连续假期达到9天或11天。

…………

[议学任务3]思考:代表们的提案如何才能变成现实? 这是公民参与民主生活的哪种形式?

[议学情境4]村党组织、村民委员会要依据党的方针政策和国家的法律法规,组织全体村民,结合实际,讨论制定和完善村民自治章程、村规民约、村民会议和村民代表会议议事规则、财务管理制度,明确规定村干部的职责……用制度规范村干部和村民行为,增强村民自我管理、自我教育、自我服务能力,增强干部群众的法治观念和依法办事能力。

[议学任务4]思考:实行民主管理有何意义?

[议学情境5]没有落实,再好的政策也是一纸空文。东莞市人民政府官网开通《政民互动》栏目。

[议学任务5]思考:开通《政民互动》栏目保障了公民的什么权利? 公民就身边乱象进行举报投诉属于通过哪种方式参与民主生活? 政府开通这样的渠道有什么意义?

[设计意图]通过两会各种提案,迁移至身边各大小事,从总任务到分任务连续追问,引导学生在合作交流中归纳公民行使民主权利的五种途径,提高参与民主生活能力。

[答案总结]

公民行使民主权利的途径	内容
民主选举	①地位:民主选举是实现人民民主权利的一种重要形式 ②形式:直接选举和间接选举、等额选举和差额选举 ③原则:民主选举要遵循公开、公平和公正的原则 ④要求:公民要积极、主动、理性地参与民主选举
民主协商	①地位:民主协商保证了人民的意愿和要求得到充分表达 ②形式:在各领域各层级,人民群众就改革发展稳定的重大问题及事关自身利益的问题,通过提案、座谈、论证等多种途径和方式开展协商 ③意义:有利于充分发扬民主,广泛凝聚共识
民主决策	①地位:民主决策是保障人民利益得到充分实现的有效方式 ②要求:民主决策过程,要求保证公民广泛参与,决策方认真听取各方意见,集中民智,促进决策科学化 ③方式:社情民意反映制度、专家咨询制度、重大事项社会公示制度、社会听证制度,是公民参与民主决策的有力保证
民主管理	①地位:人人都有参与管理国家和社会各项事务的机会和渠道 ②意义:实行民主管理,有利于广大人民积极行使民主权利,实现人民的事人民管、人民的事人民办
民主监督	①地位:民主监督是公民参与民主生活、行使公民监督权的具体体现 ②实行民主监督,有利于国家机关和国家工作人员改进工作,提高工作效率,克服官僚主义,防止滥用权力,预防腐败 ③实行民主监督,有助于增强公民参与意识,激发公民参与热情

环节三:内化于心·民主意识如何增强?

[必备知识]公民为什么要培养民主意识及如何增强民主意识。

[议学情境1]人民网开展2024年度"我给两会捎句话"建言活动,20天来累计收到建言近3万件,每一件都体现了人民群众对美好生活的向往与期待。

[议学任务1]活动体现了公民什么意识增强?增强这种意识有何意义?

[议学情境2]许多人针对人民网发起的这个活动有不同看法——

网友1:我自己的事情那么多,哪有空留言哪!

网友2:随便写写就可以了,网上留言而已,不用那么重视。

网友3:反正是匿名留言,我可以想说什么就说什么。

[议学任务2]思考:如何看待他们的做法,作为公民该如何正确参与民主生活?

[设计意图]两个议学情境,截然不同的两种现象对比,旨在引导学生正确认识民主参与,了解增强民主意识对国家与社会的重要性。作为守法公民,应该用正确手段参与其中。

[知识小结]

(1)为什么要增强公民民主意识?

①在现代社会,民主应该成为公民的一种生活方式和生活态度。一个国家和社会民主生活的质量和水平,与公民的民主意识密切相关。

②在我国,塑造现代公民,需要增强民主意识,使民主思想和法治精神成为公民的自觉信仰,体现在日常言行中。

③增强我国公民民主意识,有利于完善中国特色社会主义民主,也是社会主义制度永葆生命力的重要保证。

(2)公民如何增强民主意识?

①自觉遵守宪法,始终按照宪法原则和精神参与民主生活。

②不断积累民主知识,形成尊重、宽容、批判和协商的民主态度。

③通过依法参与公共事务,在实践中逐步增强民主意识。

(3)公民怎样参与民主生活?

①要有社会责任感和主人翁意识。

②以理性、公正、客观的态度全面、深刻、辩证地看问题。

③立场正确、逻辑清晰地表达观点和意见。

④逐步提高依法有序参与民主生活能力。

[设计意图]知识小结是课堂教学的"画龙点睛"之笔,可以帮助学生梳理本节课主干知识,引导学生养成总结归纳的学习习惯。同时,为知识应用和知识迁移奠定基础,便于学生在理解主干知识基础上运用所学知识解决实际问题。

环节四:知行合一·民主参与如何落实?

[必备知识]综合知识应用。

[拓展情境]2023年10月24日,十四届全国人大常委会第六次会议表决通过《中华人民共和国爱国主义教育法》,该法自2024年1月1日起施行。

2022年7月,根据党中央批准的立法工作安排,中央宣传部和全国人大常委会法工委共同牵头启动爱国主义教育法起草工作。

2023年5月,重庆沙坪坝联系点接到爱国主义教育立法征询任务,考虑青少年群体是爱国主义教育的重点人群,工作人员走进重庆市南开中学认真倾听师生意见,让学生感受全过程人民民主就在身边。征询会上,有5名中学生共提出12条立法意见建议,充分体现了青年学生的家国情怀及对爱国主义教育的思考。这些意见在三次审议中得到体现。

[拓展任务]

(1)青少年提交意见体现了哪一项民主权利？有什么作用？

(2)有同学认为:"增强民主意识、行使民主权利是成年人的事情,与我们青少年无关。"请你对此观点进行评析。

[答案提示]

(1)民主决策,有利于保证广泛的公民参与,决策方认真听取各方意见,集中民智,促进决策科学化。

(2)此观点错误。①在现代社会,民主应该成为公民的一种生活方式和生活态度。一个国家和社会民主生活的质量和水平,与公民的民主意识密切相关;增强我国公民的民主意识,有利于完善中国特色社会主义民主,也是社会主义制度永葆生命力的重要保证。②在我国,塑造现代公民,需要增强民主意识,使民主思想和法治精神成为公民的自觉信仰,体现在日常言行中。

[设计意图]该拓展任务要求学生运用本课所学知识,分析《中华人民共和国爱国主义教育法》立法过程,有利于学生在知识应用中深化对知识的理解,锻炼信息获取与加工、语言组织与表达能力。

[板书设计]

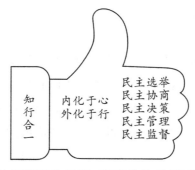

[设计意图]板书以点赞形象呈现,寓意作为公民应正确参与民主生活,以总议题"如何确保民主参与有序有效"推进,一只手上展现本框教学重点即正确认识行使权利的五种形式及增强民主意识。这一板书设计成为串联和展示教学环节的重要载体,在帮助学生巩固所学知识的同时,凸显正向价值引领。

"夯实法治基础"议题式教学设计

刘秋燕 周 秀

议题：良法何以善治？

一、设计依据

（一）课程标准分析

本框内容对应《义务教育道德与法治课程标准(2022年版)》"法治教育"主题中的"初步认识法治的内涵,理解法治是治国理政的基本方式""了解习近平法治思想,理解坚持中国特色社会主义法治道路就要坚持党的领导、坚持以人民为中心"。

（二）教材内容分析

1.本框地位

"夯实法治基础"是《道德与法治》九年级上册第二单元第四课"建设法治中国"第一框内容,承接第三课"追求民主价值",推进社会主义民主发展离不开法治保障,社会主义法治建立在民主基础之上。法治要求实行良法善治,以夯实法治基础。法治是本单元另一主线,在第三课民主的基础之上,用法治保障民主,由此开启法治学习新篇章。

2.本框内容

本框由呈递进关系的两目组成。第一目"选择法治道路",引导学生了解法治的内涵和价值,理解走法治道路是实现中华民族伟大复兴的必然选择,进而阐明"何谓良法和善治";第二目"描绘法治蓝图",引导学生了解党的十一届三中全会以来我国法治建设的进程、取得的历史性成就,知道全面依法治国是中国特色社会主义的本质要求和重要保障,阐释"如何建设法治中国"问题。

3.本框目标

学生通过参与商议(小组研讨)、评议(选择法治道路的意义)、建议(实行良法善治)等议学活动,认识良法,理解法治的重要意义,知道如何坚定不移地走中国特色社会主义法治道路;培养收集整理信息、总结发展规律能力;增强法治意识和法治能力,自觉成为法治的忠实崇尚者、自觉遵守者和坚定捍卫者。

4.本框重难点

教学重点:我国选择法治道路的重要性。

教学难点:理解法治要求实行良法和善治。

（三）教学背景分析

国家议题:习近平总书记在党的二十大报告中强调,坚持全面依法治国,推进法治中国建设。

社会课题:进入新时代,我国社会主要矛盾已经转变为人民日益增长的美好生活需要和不平衡不充分的发展之间的矛盾。良法善治,应是美好生活的基础和前提。在实际生活中,有些法律还存在规定不够明确,针对性、可操作性不高等问题。"以良法促进发展、保障善治",既是对提高立法质量的要求,又是对良法、法治作用的全面、精准阐释。学习本节课内容,有利于学生形成对良法善治的深入认识。

成长命题(学情分析):进入九年级,学生已经初步了解个人成长和参与社会生活必备的基本法律常识,初步具备运用法律知识辨别是非、依法维护自身合法权益、参与社会生活能力。法治作为社会主义核心价值观的重要内容,学生对其缺乏系统认识。伴随学生感受、认识和参与公共生活范围不断扩展,学生思维水平快速提升,思维开始由经验型向理论型转化,对国民身份认同的心理需要日益强烈。因此,需要引导学生认识建设法治中国的必要性及可能性。

二、设计思路

（一）教学路线

议题线:围绕总议题"良法何以善治",设计议题线:叩问·为何选择良法善治;探索·如何实现良法善治;践行·良法善治谁来守护。

情境线:新闻"中缅联合打击跨国电信诈骗取得重大战果";电信乱象,反电信网络诈骗法的出台,生活中的法治保障;观法治中国建设历程;公安部门打击电信诈骗取得成效 vs 上当受骗时有发生,反诈宣传行动。

活动线:分享对法治的理解;辨析法治的要求,实行良法和善治;明晰选择走法治道路是实现中华民族伟大复兴的必然选择;分析防范网络诈骗,实现天下无诈,建设法治中国,个人、社会、国家的做法。

知识线:法治的内涵;法治的要求,选择法治道路的原因;依法治国的重要性,全面依法治国的总目标、行动指南、基本要求;如何建设法治中国综合知识。

(二)教学结构

总议题	环节·议题线	情境线	活动线	任务线	知识线	核心素养
良法何以善治?	导入	打击跨国电信诈骗取得成效	分享、思考	衔接	法治的内涵	法治观念 健全人格
	叩问·为何选择良法善治	电信乱象 反诈法出台 生活中的法治保障	辩论、分享	理解	法治的要求 选择法治道路的原因	
	探索·如何实现良法善治	法治建设进程	分析、画图	理解	依法治国的重要性 全面依法治国的总目标、行动指南、基本要求	
	践行·良法善治谁来守护	防范网络诈骗,实现天下无诈	分析、做法	应用、迁移	本框综合知识	

三、过程设计

[新课导入]央视网消息:1月30日晚上,随着一架中国民航包机降落在云南昆明长水机场,缅甸移交我方的10名重大电信诈骗犯罪嫌疑人被我公安机关成功押解回国。此次行动是中缅两国开展国际警务执法合作取得的又一标志性重大战果。

思考:缅北等地区网络诈骗猖獗的原因有哪些?为什么中缅警方执法合作打击电信网络诈骗?

[设计意图]通过时事热点新闻,让学生了解国家发展动向,把思政教学和时事政治更好结合起来,增强思政课的时效性、针对性和系统性,实现思政小课堂和社会大课堂联动;增强学生防诈和反诈意识,明晰法治的重要性。

环节一:叩问·为何选择良法善治?

[必备知识]法治的内涵、要求;选择法治道路的原因。

[议学情境1]图片展示电信乱象:虚假信息、电话、链接、贷款、刷单、冒充公检法……

[议学任务1]结合所学知识和生活经验,谈谈如何有效减少电信乱象?

[设计意图]以现实生活素材为情境载体,学生通过探究当前电信网络乱象

的成因,思考如何有效减少电信乱象,即依靠法治力量,依法治理电信乱象。

[议学情境2]针对电信网络诈骗,2022年9月2日召开的第十三届全国人民代表大会常务委员会第三十六次会议通过《中华人民共和国反电信网络诈骗法》,于同年12月1日正式实施。

近年来,电信网络诈骗犯罪成为案发最高、损失最大、群众反映最强烈的突出犯罪,严重危害人民群众获得感、幸福感、安全感,已成为一个突出的社会问题。公众迫切需要出台相关法律,以维护自身合法权益。

反电信网络诈骗法有"快""防""准"三个特点。一是快。立法进程快,对关键环节、主要制度作出规定,建起"四梁八柱",条文数量不求太多,体现急用先行,将丰富全国人大常委会的立法形式。二是防。强化系统观念,立足源头治理、综合治理,侧重前端防范。三是准。坚持精准防治,防止"一刀切",依法保护公民和组织合法权益。在立法过程中,召开两次常委会议进行审议。随后,在中国人大网上公开征求意见,12390位民众提出了28 406条意见。

[议学任务2]小组讨论:阅读材料,结合所学知识,谈谈何谓"良法"、表现在哪些方面、善治有哪些要求。

[答案提示]电信网络诈骗已成为突出的社会问题,迫切需要出台相关法律维护民众权益。良法反映最广大人民群众的意志和利益,反映了社会发展规律,可以维护公民的基本权利;反诈骗法坚持精准防治,防止"一刀切",符合公平正义要求,促进人与社会共同发展。善治即法治建立在民主的基础上,通过赋予公民更多参与公共活动的机会和权利,实现公共利益最大化。立法公开征求意见,体现善治。

[设计意图]目前,学生对法治的理解比较抽象,缺乏系统性。通过反电信网络诈骗法出台的过程和特点,让学生通过具体的法律案例对良法形成认识,并进一步设问良法等于法治吗?通过立法过程中的征集意见,让学生懂得良法还需善治,明晰法治要求是实行良法和善治。

[议学情境3]《孤注一掷》导演申奥曾受到来自境外威胁,中国警察回应四个字"不要害怕",警察告诉他,这是在中国,你不用害怕,"我们不会让这样的事情发生,我们是做这一行的。每天都在面临这样的威胁"。短短四个字,温暖有力,你可以永远相信人民警察。

[议学任务3]阅读材料,"不要害怕"的力量源自哪里?举例说明生活中我们还受到哪些法律保护?

[答案提示]力量来自国家的依法治国,如生活中交警护航、法院审理案件、

政府便民服务……

[设计意图]通过阅读材料,感受祖国强大给人民带来的温暖和信心,激发民族自豪感;举例分享生活中的法律保障,理论与实践相结合,使学生真切感受选择法治道路的原因,理解法治对人民、社会、国家的重要性。

环节二:探索·如何实现良法善治?

[必备知识]依法治国的重要性;全面依法治国相关内容。

[议学情境1]视频:改革开放以来我国的法治建设。

党的十一届三中全会提出"有法可依、有法必依、执法必严、违法必究"要求。从此,我国社会主义民主法治建设走上健康发展的轨道,开启了蓬勃发展的新的历史时期。全面依法治国总体格局基本形成,中国特色社会主义法治体系加快建设,司法体制改革取得重大进展,社会公平正义保障更为坚实,法治中国建设开创新局面。

[议学任务1]观看视频,梳理依法治国重要性、总目标、行动指南、基本要求,填写下面表格。

	重要性	
依法治国	总目标	
	行动指南	
	基本要求	

[答案提示]

	重要性	①依法治国是党领导人民治理国家的基本方略 ②全面依法治国是中国特色社会主义的本质要求和重要保障
依法治国	总目标	建设中国特色社会主义法治体系,建设社会主义法治国家
	行动指南	习近平法治思想
	基本要求	实现科学立法、严格执法、公正司法、全民守法,促进国家治理体系和治理能力现代化

[设计意图]通过观看视频,让学生了解改革开放以来法治发展历程及取得的成就,明确这一切都得益于我国坚持全面依法治国。通过自主学习,培养学生学习的主动性、探索性,尊重学生主体地位,同时详细讲解16字方针,引导学生理清易错易混知识点。

[议学情境2]视频:快速读懂全面依法治国"新十六字"方针

[议学任务 2]思考"新十六字"方针对建设法治国家有何启示?

[答案提示]建设法治中国,要努力使每一项立法都得到人民群众的普遍拥护,使每一部法律法规都得到严格执行,使每一个司法案件都体现公平正义,使每一位公民都能成为法治的忠实崇尚者、自觉遵守者和坚定捍卫者。

[设计意图]对学生来说,全面依法治国"新十六字"方针有一定理解难度,其高度概括了不同主体在法治建设中的目标,要科学立法,巩固法治根基;严格执法,建设法治政府;公正司法,守卫公平正义;全民守法,倡导社会新风。借助视频动画,形象直观地让学生理解这部分知识,加深印象。

[知识小结]

(1)法治的内涵、要求

法治的内涵:依法治理。

法治的要求:①法治要求实行良法之治。良法反映最广大人民群众的意志和利益,反映社会发展规律,维护公民基本权利,符合公平正义要求,促进人与社会共同发展。②法治要求实行善治。法治建立在民主政治基础上,通过赋予公民更多参与公共活动的机会和权利,实现公共利益最大化。

(2)为什么选择法治道路?

①法治能够为人们提供良好的生活秩序,依法享有广泛的权利和自由,使人们安全、有尊严地生活(对个人)。

②追求并奉行法治已经成为现代世界各国的共识。法治是人类社会进入现代文明的重要标志(对世界)。

③法治是现代政治文明的核心,是发展市场经济、实现强国富民的基本保障,是解决社会矛盾、维护社会稳定、实现社会正义的有效方式(对国家)。

④走法治道路是实现中华民族伟大复兴的必然选择(对民族)。

(3)全面依法治国的重要性、总目标、行动指南、基本要求是什么?

①重要性:依法治国是党领导人民治理国家的基本方略,全面依法治国是中国特色社会主义的本质要求和重要保障。

②总目标:建设中国特色社会主义法治体系,建设社会主义法治国家。

③行动指南:习近平法治思想。

④基本要求:科学立法、严格执法、公正司法、全民守法。

(4)怎样建设法治中国?

①建设法治中国,要努力使每一项立法都得到人民群众的普遍拥护,使每

一部法律法规都得到严格执行,使每一个司法案件都体现公平正义,使每一位公民都成为法治的忠实崇尚者、自觉遵守者和坚定捍卫者。

②坚定不移走中国特色社会主义法治道路,必须坚持党的领导、人民当家作主、依法治国有机统一。

[设计意图]知识小结是课堂教学的"画龙点睛"之笔,可以帮助学生梳理本节课主干知识,引导学生养成总结归纳的学习习惯。同时,知识小结为知识应用和知识迁移奠定基础,便于学生在理解主干知识基础上运用知识解决实际问题。

环节三:践行·良法善治谁来守护?

[必备知识]本框综合知识。

[拓展情境1]视频:中泰缅老联合行动,严打"赌诈",取得成效 VS 现实生活中仍存在因转账、充值、交友等被骗的行为。

[拓展任务1]防范网络诈骗,实现天下无诈,国家、社会、个人应如何作为?

[答案提示]①建设法治中国,国家要坚持科学立法、严格执法、公正司法、全民守法。坚定不移走中国特色社会主义法治道路,必须坚持党的领导、人民当家作主、依法治国有机统一。②个人要树立法治意识,增强法治观念,学会依法办事。自觉遵纪守法,成为法治的忠实崇尚者、自觉遵守者和坚定捍卫者。遇到不法行为,敢于并善于斗争。

[设计意图]该拓展任务延伸课堂情境、呼应现实问题,需要学生综合运用本课所学知识,探讨国家、社会和个人如何实现天下无诈,落实于具体行动,达到学以致用。

[拓展情境2]法治是一场深刻革命

全面依法治国是国家治理的深刻革命,任重道远。党的二十大报告明确指出,全面依法治国是国家治理的一场深刻革命,关系党执政兴国,关系人民幸福安康,关系党和国家长治久安。必须更好发挥法治固根本、稳预期、利长远的保障作用,在法治轨道上全面建设社会主义现代化国家。

[拓展任务2]围绕争做法治青年,请同学们结合所学知识,向全体师生写一封主题为"建设法治中国,青年勇于担当"倡议书。(列出倡议要点即可)

[设计意图]争做法治青年,书写倡议书,体现了青年的责任担当,实现核心素养落地,将所学知识内化于心、外化于行。

［板书设计］

绘制法治蓝图—如何实现良法善治 ｛ 依法治国的重要性
全面依法治国的总目标、行动
指南、基本要求

良法善治谁守护

选择法治道路—为何选择良法善治 ｛ 法治的内涵
法治的要求
选择法治道路的原因

［设计意图］板书以层层台阶寓意选择法治道路与我国法治建设稳步前进，为国家发展奠定良好基础。选择法治道路的要求是实现良法善治。描绘法治蓝图，适应时代发展需求，板书中正在书写的画卷表达了对法治中国建设的美好畅想——法治中国，正在路上。夯实法治基础，需要共同守护，脚踏实地，方能行稳致远。

"凝聚法治共识"议题式教学设计

刘秋燕　周　秀

议题:如何谱写法治中国新篇章?

一、设计依据

(一)课程标准分析

本框内容对应《义务教育道德与法治课程标准(2022 年版)》"法治教育"主题中的"初步认识法治的内涵,理解法治是治国理政的基本方式""了解习近平法治思想,理解坚持中国特色社会主义法治道路就要坚持党的领导、坚持以人民为中心""理解权力是由人民授予的,行使权力必须受法律的约束"。

(二)教材内容分析

1.本框地位

"凝聚法治共识"是《道德与法治》九年级上册第二单元第四课"建设法治中国"第二框内容,承接第一框"夯实法治基础"内容,从主体维度阐释如何建设法治中国,落实单元"民主与法治"总目标主题,升华单元内容的价值导向。

2.本框内容

本框由呈并列关系的两目组成。第一目"法治政府",从公民与政府的关系角度,围绕法治政府建设问题展开,引导学生了解政府的性质、宗旨,理解政府要按照法治原则运作,明晰法治政府建设要求。第二目"厉行法治",引导学生认识全面依法治国必须坚持厉行法治,旨在增强学生法治观念,提高学生践行法治的责任感、使命感。

3.本框目标

学生通过参与商议(小组研讨)、评议(哈尔滨火出圈事件)、争议(不同执法行为的差异)、建议(法治政府和法治社会的做法)等议学活动,了解政府职能和宗旨,知道依法行政是法治政府行使权力的基本准则及厉行法治的基本要求;行使知情权、参与权、表达权、监督权,形成依法参与社会公共事务的意识和能力;树立法治意识,自觉尊法学法守法用法,践行法治精神。

4.本框重难点

教学重点:建设法治政府。

教学难点:厉行法治的要求。

(三)教学背景分析

国家议题:党的二十大报告中强调,坚持全面依法治国,推进法治中国建设。

社会课题:近年来,随着公民法治意识和权利意识日渐增强,政府部门进行公共管理、提供公共服务的范围与力度越来越大。其间,产生了一些纠纷,甚至成为社会争议的话题。行政执法工作面临的形势和环境发生了深刻而复杂的变化,对行政机关坚持用法治方式开展工作和处理问题提出了更高要求。法治政府建设,全社会厉行法治,对建设法治国家、维护广大人民群众切身利益至关重要。

成长命题(学情分析):通过前面知识的学习,学生对法治和政府有一定的理论知识基础,初步了解了坚持依宪治国、公民权利与义务、国家行政机关等内容。因此,学生对本课内容不陌生,但对政府的宗旨、如何依法行政等问题缺乏理性认识,尤其对厉行法治的要求有理解上的难度。通过本节课学习,帮助学生认识法治中国进程,正确看待法治建设进程中出现或可能出现的问题,进而把法治作为基本的生活方式,在实践中培育法治素养。

二、设计思路

(一)教学路线

议题线:围绕总议题"如何谱写法治中国新篇章",设计议题线:护民利·法治政府如何依法行;聚民力·法治社会如何共同建;顺民心·法治中国如何谱新篇。

情境线:时政新闻"尔滨,你让我感到陌生";哈尔滨花式宠游客,文旅局整治旅游乱象;冰城缘何成为热点,哈尔滨爆火原因分析;"法治进校园"主题活动。

活动线:理解"哈尔滨旅游热中政府的作用";研讨哈尔滨花式宠游客,以及辨析哈尔滨文旅局整治旅游乱象;分析哈尔滨爆火背后的原因;"法治进校园"宣传栏资料收集、内容展示编排。

知识线:政府的基础知识;依法行政的重要性,如何建设法治政府;如何厉行法治,法治与德治的关系;本框综合知识。

（二）教学结构

总议题	环节·议题线	情境线	活动线	任务线	知识线	核心素养
如何谱写法治中国新篇章	导入	"尔滨,你让我感到陌生"	分享、思考	衔接	政府的作用	政治认同法治观念健全人格
	护民利·法治政府如何依法行	哈尔滨花式宠游客 哈尔滨文旅局整治旅游乱象	对比、研讨	理解	政府相关知识 依法行政的重要性 如何建设法治政府	
	聚民力·法治社会如何共同建	哈尔滨爆火原因分析	分析、填表辨析	理解	如何厉行法治 法治与德治的关系	
	顺民心·法治中国如何谱新篇	"法治进校园"主题活动	宣传、绘画、讲演、学习	应用迁移	本框综合知识	

三、过程设计

[新课导入]时政新闻"尔滨,你让我感到陌生"

这个冬天,哈尔滨火了,一车车"南方小土豆"涌入冰城哈尔滨,就此开启"哄土豆"模式。为了招待好"小土豆",可以说是下足了功夫。12月15日,以东北民俗风格精心打造的哈尔滨至漠河 K7041 次主题旅客列车正式启程。这是国内首个沉浸式东北民俗文化体验列车;作为"音乐之都"哈尔滨,直接把交响音乐会搬进商场,想拍带月亮的雪景,哈尔滨就在圣索菲亚大教堂上空用无人机升起一轮圆圆的人造月亮,极致的浪漫梦幻,仿佛照进现实。

提问:让本地人直呼陌生的哈尔滨政府扮演了什么角色、发挥了哪些作用?

[设计意图]以爆火的时政新闻热点,"尔滨,你让我陌生""原来你是这样的滨子"等让学生感兴趣的生活化情境导入,符合学生认知特点,集中学生注意力。分析这一社会现象,思考政府的角色和作用,引入本课学习内容。

环节一:护民利·法治政府如何依法行?

[必备知识]建设法治政府。

[议学情境1]哈尔滨花式宠游客,各种花样层出不穷

连日来,哈尔滨各种花式"宠粉",让旅游体验感和氛围感持续飙升,"一天

一个新花样"。"尔滨"还有求必应,地铁推出免费"地铁摆渡票",文旅部门发布大雪人地图和旅游攻略,给中央大街地下通道铺地毯,志愿者免费提供红糖姜茶……政府部门和普通市民满腔热忱,感染了八方游客。

[议学任务1]结合课本知识,谈谈哈尔滨政府为何要花式宠游客。

[设计意图]以生活化素材为议学情境,引导学生从生活出发,认识到政府的重要作用。文旅部门发布大雪人地图和旅游攻略,地下通道铺地毯,免费地铁摆渡,帮助学生认识政府的职能,感受政府为人民服务、对人民负责。

[议学情境2]哈尔滨市人民政府整治旅游乱象

材料一:2024年1月2日晚,一南方女游客通过网络视频反映"在亚布力打车被宰"。3日上午,'亚布力文旅'账号的人找到我询问全过程,4日一早打来电话说做了扣车处理。'尚志市文旅局'公众号很快发布调查处理全过程:哈尔滨市尚志市启动文旅、交通、市场监管、公安等多部门联动机制,连夜对问题进行调查核实,对非法营运车辆实施行政管控措施,对驾驶员立案调查,对非法营运车辆责令停止违法经营,并处3万元罚款。黑龙江的办事效率真的好高!"该游客对处理结果由衷表示满意。

材料二:辨析不同执法观——

第一种:教科书式执法

2018年5月13日,上海警方在检查一辆无牌照汽车时,白衣当事人不予理睬并口头挑衅。警方口头传唤无果后连续三次警告:"把驾驶证拿出来。"男子叫嚣自己没有驾驶证。于是,警方行动进一步升级:"无关人员闪开!警方将使用警械!"民警依据现场情况,决定使用警械,同时告知现场无关人员,要求围观群众远离现场,躲避不必要伤害。最后,警员离开时提醒全程摄像的围观男子:"拍可以,但不能断章取义,掐头去尾,否则要为造成的不良社会后果负责。"这一系列操作被众人称为"教科书式执法"。

第二种:下跪式执法

2023年1月7日,一位卖糖葫芦的大爷因为占道经营对通过行人造成影响,城管好言劝离,但无果。面对大爷的行为,城管队员也有一点生气,于是又过来让大爷离开。在双方争执过程中,大爷表示城管队员态度有点凶。一名城管队员情绪激动之下,直接说道:"我不凶,那我给你磕头好吗?"然后便真的跪在地上磕了两三个头。

第三种:哈尔滨式执法

2024年1月22日,有网友发布视频反映"1680元报团旅游早餐吃稀饭馒头"问题,我局高度重视,立即组织工作人员开展调查,后涉事旅行社与游客达成和解,游客对处理结果表示满意,同时对该旅行社其他涉嫌违规违法行为立案调查。下一步,我们将持续加强对旅行社及从业人员的业务培训和管理,进一步强化游客至上服务理念,进一步提升服务水平和服务质量。同时,提醒广大游客认真核实旅游合同相关内容,特别是餐标方面的合同约定,共同营造安全文明健康旅游环境。

——哈尔滨市道里区文化体育和旅游局

[议学任务2]小组讨论——

(1)哈尔滨市人民政府整治旅游乱象,体现了建设什么政府? 如何建设?

(2)对比三种不同执法方式,请你运用法治政府相关知识,谈谈你最认可哪一种执法方式并说明理由。

[答案提示](1)整治旅游乱象体现了建设法治政府,就是按照法治原则运作的政府,政府的各项权力都应该在法治轨道上运行。要保证人民赋予的权力始终用来为人民谋利益,就必须让权力在阳光下运行,政府要按照法治原则运作,政府的各项权力都应该在法治轨道上运行,努力建设法治政府。

建设法治政府,要求政府依法行政,全面推进政务公开,保障公民的知情权、参与权、表达权和监督权,促进政府决策科学化、民主化。还必须依法行政,防范行政权力的滥用,维护广大人民群众的合法权益,提高政府公信力,从而推进民主法治建设进程。公民要积极参与,献计献策,主动监督,促进政府依法行政。

(2)学生通过对比分析得出:政府的各项权力都应该在法治轨道上运行,依法行政是对所有政府及其工作人员的要求。政府要理清权力清单和责任清单,自觉接受人民监督,防范行政权力滥用。只有这样,才能真正建设法治政府,做到用权于民。依法行政是现代法治政府行使权力普遍奉行的基本准则,要求政府及其工作人员在行使行政权力、管理公共事务时必须由宪法和法律授权,并且依据宪法和法律的规定正确行使权力(法无授权不可为,法定职权必须为),依法行政的核心是规范政府行政权。

[设计意图]以事实为依据的素材,让学生对法治政府和依法行政有更直观、更深刻的认识,同时在政府职能认识之下,通过对比分析不同执法方式,认识建设法治政府及依法行政的要求,层层递进,符合学生认知逻辑,增强思

辨性。

[知识小结]

(1)政府的含义、作用、权力来源、宗旨和工作原则

①含义:按照法治原则运作的政府,政府的各项权力都应该在法治轨道上运行。

②作用:一方面,人们的社会生活需要政府管理;另一方面,人们享受着政府提供的公共服务。

③来源:在我国,政府的权力来源于人民。

④宗旨:政府的宗旨是为人民服务,政府工作要对人民负责、受人民监督、为人民谋利益。

⑤原则:政府要按照法治原则运作,政府的各项权力都应该在法治轨道上运行,努力建设法治政府。

(2)如何理解依法行政的重要性、要求、核心

①重要性:依法行政是现代法治政府行使权力普遍奉行的基本准则。

②要求:政府及其工作人员行使行政权力、管理公共事务必须由宪法和法律授权,并且依据宪法和法律的规定正确行使权力(法无授权不可为,法定职权必须为)。

③核心:规范政府行政权。

(3)如何建设法治政府

①政府:政府依法行政,全面推进政务公开,保障公民的知情权、参与权、表达权和监督权,促进政府决策科学化和民主化。建设法治政府,必须依法行政,防范行政权力的滥用,维护广大人民群众的合法权益,提高政府公信力,从而推进民主法治建设进程。

②个人:积极参与,献计献策,主动监督,促进政府依法行政。

环节二:聚民力·法治社会如何共同建?

[必备知识]如何厉行法治;法治与德治的关系。

[议学情境]哈尔滨爆火背后

材料一:2024年1月1日、2日,哈尔滨市人民政府连续两天召开冬季旅游提高宾馆酒店服务质量座谈会,提示从业者珍惜城市"出圈"机遇,"让外地宾客切实体验到哈尔滨的大气洋气和货真价实,为促进哈尔滨冬季旅游、全季旅游的可持续发展营造更加优良的环境",要求市场监管、文旅、公安等部门进一步

加大客房价格、食品安全、消防安全、社会治安、服务质量等方面的监管力度,坚决打击侵害旅游者合法权益的不法行为,全力维护广大游客的合法权益和哈尔滨市的良好形象。

材料二:哈尔滨人的待客之道还在"帮理不帮亲"上。一位外地游客在网上吐槽哈尔滨某店家,总共13块肉的锅包肉一盘要价68元,一碗粥也要20元。虽说旅游景点物价贵一些,游客是有心理准备的,但这个店家没有明码标价,也与人们印象中的东北物价相差太远。哈尔滨市民看到这个视频后立刻"急眼"了,纷纷为游客打抱不平。还有一位出租车司机带游客去酒店,发现房价溢价到离谱,超出日常房价的五六倍,直接替游客打起价格举报电话。

[议学任务]小组合作交流:请运用"厉行法治"相关知识,分析哈尔滨爆火背后有哪些主体贡献了力量? 哈尔滨要想更好发展,还须如何做?

[答案提示]政府召开座谈会,加大监管力度,坚决打击侵害旅游者合法权益的不法行为,体现了各级政府及其工作人员要带头尊法、学法、守法、用法,提高运用法治思维和法治方式能力;哈尔滨人"帮理不帮亲",替游客拨打举报电话,体现公民的法治意识和规则意识,展现哈尔滨良好的法治文化环境。坚持厉行法治,要推进科学立法、严格执法、公正司法、全民守法,坚持依法治国和以德治国相结合。

[设计意图]以哈尔滨爆火背后素材为支撑材料,学生多角度分析,培养阅读材料、提取关键信息能力,提高发散性思维和运用知识的能力。哈尔滨文旅持续发展,需要从立法、执法、监管、社会宣传、道德风尚、公民守法等多角度、多方面进行综合治理,由此引出厉行法治的重要知识点。

[知识小结]

(1)如何厉行法治

①全体社会成员必须在宪法和法律范围内行使权利,履行义务。

②厉行法治要推进科学立法、严格执法、公正司法、全民守法。

③作为现代社会的公民,要增强尊法、学法、守法、用法意识,弘扬法治精神,强化规则意识,树立正确的权利义务观念。

④政府及其工作人员要带头尊法、学法、守法、用法。

⑤要加强法治宣传,共同营造良好的法治文化环境。

(2)法治与德治的关系

①国家和社会治理需要法律和道德共同发挥作用,既重视发挥法律的规范

作用,又重视发挥道德的教化作用。

②以法治体现道德理念,强化法律对道德建设的促进作用;以道德滋养法治精神,强化道德对法治文化的支撑作用。

③法律与道德相辅相成,法治与德治相得益彰。

环节三:顺民心·法治中国如何谱新篇?

[必备知识]本框综合知识。

[拓展情境1]"法治进校园"主题活动

为增强全校师生的法治观念和法律意识,全面推进法治进校园,八年级6班同学学习"建设法治中国"后,主动承办此次活动。

[拓展任务1]围绕本次活动,小组合作设计一份主题宣传海报,海报内容须结合本课知识,并将其在宣传栏中展示,完成普法宣传。

[设计意图]由学生自行确定主题,设计宣传海报内容,充分发挥学生学习的想象力和自主性,促使中学生从参与者、学习者、体验者、探究者转变为宣传者、传播者、践行者,在培养思维能力的同时提升实践能力。

[拓展情境2]家庭教育促进法:小家之事,大国之治

2021年10月23日,新制定的《中华人民共和国家庭教育促进法》经十三届全国人大常委会第三十一次会议表决通过,将在2022年1月1日起施行。"制定家庭教育促进法,是贯彻落实习近平总书记有关重要论述和党中央决策部署的法治成果,是大力弘扬中华民族家庭美德的法治体现,是促进未成年人健康成长和全面发展的法治保障,是全面总结地方立法与实践经验的法治载体。"将家庭教育传统认知上的家事上升为新时代的国事。

[拓展任务2]结合法治相关知识辨析:有部分人认为,通过德治就能解决的"家事",通过法治形式上升到"国事",小题大做,没有必要。

[答案提示]观点错误。

①坚持厉行法治要推进科学立法、严格执法、公正司法、全民守法,国家和社会治理需要法律和道德共同发挥作用,既重视发挥法律的规范作用,又重视发挥道德的教化作用。

②以法治体现道德理念,强化法律对道德建设的促进作用;以道德滋养法治精神,强化道德对法治文化的支撑作用。法律与道德相辅相成,法治与德治相得益彰。

[设计意图]以与学生生活密切相关法律——家庭教育法——为背景,既对

学生进行普法教育,也锻炼学生思辨思维,理清德治与法治的关系。

[板书设计]

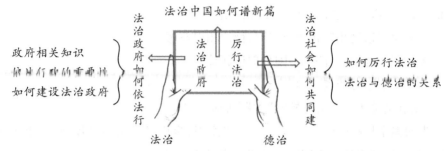

[设计意图]用一双手托举体现社会共识,突出本课主题"凝聚法治共识",包含法治政府和厉行法治。议题分别是法治政府如何依法行即法治政府的建设、法治社会如何共同建即厉行法治。在深入推进法治中国建设过程中,既要发挥法律的规范作用,又要重视发挥道德的教化作用,以法治承载道德理念,以道德滋养法治精神,真正实现法安天下、德润人心。

九年级上册第三单元序言

　　本单元以"建设文明中国"为主题,聚焦政治认同、责任意识等核心素养培育,围绕"共创共享同祖国和时代一起成长与进步的机会,做自信中国人"这一全书核心大概念,从"守望精神家园"和"建设美丽中国"两个视角,展现我国精神文明建设和生态文明建设取得的历史性成就、面临的现实挑战和作出的积极应对,对学生进行社会主义核心价值观教育,指出文明是社会进步、国家发展的目标,守望精神家园、共筑生命家园是实现国家富强、人民幸福的必由之路,并引导学生将对文明进步与发展的殷殷追求化作守望与建设美好家园的实际行动。

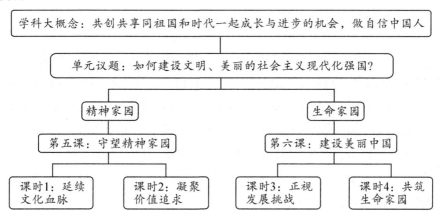

"延续文化血脉"议题式教学设计

刘秋燕　叶梓欣

议题:中华优秀传统文化魅力何在?

一、设计依据

(一)课程标准分析

本框内容对应《义务教育道德与法治课程标准(2022年版)》"中华优秀传统文化与革命传统教育"主题中的"弘扬中华优秀传统文化讲仁爱、重民本、守诚信、崇正义、尚和合、求大同的核心理念""理解中华民族孝悌忠信、礼义廉耻的荣辱观念""了解中华优秀传统文化修齐治平的理想追求,锤炼高尚人格"。

(二)教材内容分析

1.本框地位

"延续文化血脉"是《道德与法治》九年级上册第三单元第五课"守望精神家园"第一框内容,为第三单元起始,对应教材设计主线为社会主义核心价值观国家层面的"文明",衔接小学阶段重在对学生进行传统美德、良好家风教育及传统文化真实体验。本框内容主要引导学生了解中华文化的重要性及传承中华传统美德。作为青少年,要坚定文化自信。本框为高中政治必修4《哲学与文化》第三单元"文化传承与文化创新"中要求学生认识文化是民族的血脉、是人民的精神家园奠定情感基础。

2.本框内容

本框由"中华文化根"和"美德万年长"递进式两目组成。第一目从大概念角度分析中华文化的产生和特点,揭示中国特色社会主义文化是中华文化的血脉延续,旨在帮助学生坚定文化自信,努力为推动社会主义文化繁荣兴盛贡献力量;第二目延伸启发学生了解中华传统美德是中华文化的精髓,阐述传统美德的丰富内涵和重要价值,引导学生进行体验美好情感。

3.本框目标

以参观东莞博物馆为主线,学生通过线上游览博物馆虚拟展厅等体验式、探究式活动,评议国家文物是否有必要大力保护,分析国宝归来的重要性,在情境中感悟中华文化的魅力,阐明文化是一个国家、一个民族的灵魂。在情感体验和理性分析过程中,发展信息获取与加工、语言组织与表达、批判性思维能力,坚定政治认同,提高道德修养,树立责任意识。

4.本框重难点

教学重点:中华优秀传统文化的重要性与坚定文化自信的重要性。

教学难点:坚定文化自信的重要性及做法。

(三)教学背景分析

国家议题:建设社会主义文化强国是实现中华民族伟大复兴的基础支撑。

社会课题:当前,经济全球化趋势不可逆转,信息技术日新月异,多元文化相互激荡。在这样的大环境下,营造文化氛围、打造文化特色、深挖文化资源、构筑共同精神家园成为助推青少年成长的一大主题。然而,当今社会各种浅文化、俗文化充斥人们生活,给国家和社会贯彻落实爱国主义教育、传统文化教育带来不少阻碍。

成长命题(学情分析):随着年龄增长及学科知识积累,九年级学生对中华优秀传统文化有更深的情感认同,甚至有些学生掌握了一定的传统文化技艺。但是,大部分学生对中华优秀传统文化及美德内容的了解仅停留在一般认知和实践操作层面,对其深层次的文化价值、文化底蕴认识与思考不多,冲淡对自身文化价值的认同,及其内蕴忽视对中华优秀传统文化及其内蕴美德的传承。

二、设计思路

(一)教学路线

议题线:围绕总议题"中华优秀传统文化魅力何在",设计议题线:寻根·中华文化根在何方;传承·中华文化价值何在;启德·传统美德美在何处;明智·优秀传统文化何以落地。

情境线:习近平总书记关于博物馆工作的讲话;小助导带大家游览东莞博物馆;开展旅游地点推荐及微辩论"文化遗产是否需要保护"活动;参观博物馆中的成就展(航天、党史历程等);观看"逃出大英博物馆"视频;汉服火爆,"国潮"出海。

活动线:研讨四个展厅代表的中华文化内容;评析文化遗产是否有保护的价值;分享观展感受及启示;思考各界人士努力让文物回归祖国所体现的传统美德。

知识线:中华文化的内容、特点;中华文化的重要性;文化自信的含义及做法;中华传统美德的内容及做法;本框综合知识。

（二）教学结构

总议题	环节·议题线	情境线	活动线	任务线	知识线	核心素养
中华优秀传统文化魅力何在	导入	习近平总书记关于博物馆工作的讲话	思考	衔接		政治认同道德修养责任意识
	寻根·中华文化根在何方	小助导带大家游览东莞博物馆	体验、思考	理解	中华文化的内容、特点	
	传承·中华文化价值何在	推荐旅游地点	对比、研讨	理解	中华文化的重要性	
		微辩论"文化遗产是否需要保护"	辨析			
		参观博物馆中的成就展	研讨、分享	理解	文化自信的含义及做法	
	启德·传统美德美在何处	观看"逃出大英博物馆"视频	畅想、学习	理解	中华传统美德的内容及做法	
	明智·优秀传统文化何以落地	汉服火爆,"国潮"出海	思考	应用、迁移	本框综合知识	

三、过程设计

[新课导入]5 月 18 日是国际博物馆日,一场博物馆热悄然兴起。博物馆是保护和传承人类文明的重要场所,是连接过去、现在、未来的一道桥梁。参观西安市博物院后,习近平总书记强调:"一个博物院就是一所大学校。要把凝结着中华民族传统文化的文物保护好、管理好,同时加强研究和利用,让历史说话,让文物说话,在传承祖先的成就和光荣、增强民族自尊和自信的同时,谨记历史的挫折和教训,以少走弯路、更好前进。"思考:为什么习近平总书记高度重视博物馆工作?

[设计意图]整框题以"博物馆热"为主线,以习近平总书记的重要讲话为思想主线,符合思政课特质;主旨明确,让学生清楚本节课要探讨的内容与中华文化有关,思考中华文化的重要性,自然引出本节课议题。

[教师过渡]博物馆热的掀起,引起大家关注,东莞也迎来了各大博物馆游的浪潮,本节课将带领大家一起走进东莞博物馆。

环节一:寻根·中华文化根在何方?

[必备知识]中华文化的内容及特点。

[议学情境1]东莞博物馆官网推出一系列虚拟展馆,请四位小助导为大家展示四类文化展厅,一起感受文化的魅力。

助导1:语言文字类(展厅:《纸短情长——莞邑书信文化展》)

助导2:文化典籍类(展厅:《精诚所"治"金石为开——纪念容庚先生诞辰120周年展览》)

助导3:科技工艺类(展厅:《大唐宝藏——云上主题展览》)

助导4:文学艺术类(展厅:《何以"白石"——从木匠到巨匠》)

[议学任务1]除了上述内容,你还能想到哪些代表中华文化的内容?(可结合家乡传统文化谈谈)通过以上分享,请概括中华文化的特点。

[设计意图]游览网上虚拟展厅的方式形式新颖,学生如亲临其中,通过沉浸式体验,感知中华文化的博大精深、历久弥新,油然生出对中华文化的自豪感、认同感。同时,主动响应国家号召,学生由此对博物馆产生兴趣,在实践中学习。

[议学情境2]2023年5月18日,东莞市博物馆"国宝归来——圆明园兽首暨海外回流文物特展"开展以来,吸引络绎不绝的观众慕名观展,至今仍热度不减,一票难求。

[议学任务2]思考:为什么"国宝归来特展"能赢得大家的热捧?

[答案提示]博物馆在策展、传播与互动上的新探索,让博物馆"活"起来,增添展览传播的趣味性和丰富性,让年轻人爱上打卡博物馆,博物馆逐渐成为人们休闲的新去处、打卡新潮流,体现出中华文化具有创造力和包容力的特点。

[设计意图]通过真实新闻报道情境,展现博物馆注重线上线下相结合的立体传播创新方式,同时将一些东莞的历史事件融入其中,在社会上起到传统文化弘扬及爱国主义教育作用,让学生体会中华文化在创新中薪火相传,涵养学生关注生活实际、用心思考问题的学习习惯和学习能力。

环节二:传承·中华文化价值何在?

[必备知识]中华文化的重要性与坚定文化自信。

[议学情境1]材料链接:东江泱泱,流淌着绵长的莞邑文脉;狮子洋汤汤,见证了虎门销烟的开篇壮举;大岭山巍巍,书写着东纵的红色之歌……随着改

革开放不断深入,东莞文化在交流与传播中不断萃取、更迭出新,发展出多姿多彩的文化。

[议学任务1]除东莞博物馆外,请你向来东莞的朋友推荐体现中国特色社会主义文化的地点。

[设计意图]结合生活实际,从学生身边人和事出发,深入挖掘本土资源,素材紧贴学生学习生活,拉近学生与教材内容之间的距离,通过思考分享方式,探究中国特色社会主义文化的主要构成部分,实现对知识的迁移理解。

[议学情境2]随着博物馆热不断升级,开始涌现出一些不同的声音。有人认为,有些文化遗产在现代生活中没有实用价值,没有必要大力保护。

[议学任务2]微辩论:正方:有必要保护 VS 反方:没有必要保护。

要求:分为两大阵营,选出代表为辩手,展开微辩论,各抒己见,据理力争,简明扼要,正确运用学科知识。

[答案提示]文化遗产是历史留给人类的财富,从存在形态上分为物质文化遗产(有形文化遗产)和非物质文化遗产(无形文化遗产),是中华民族的标志,给我们增添了自信和自豪。因此,保护文化遗产非常有必要。但是,对于中华传统文化,我们要取其精华、去其糟粕,批判继承、古为今用,推陈出新、革故鼎新。

[设计意图]通过微辩论,实现思维碰撞,培养学生创新意识和实践能力,深化学生情感、态度、价值观,实现问题探究效果,引导学生体会中华文化对一个国家、一个民族的重要性。

[议学情境3]继续带领大家游览相关成就展。

"大观——18-20世纪中国外销精品特展" 展出18至20世纪170套逾300件的外销精品展品。通过展示外销精品文物的诞生背景、工艺纹饰,呈现中国传统文化中高超的匠心技艺。

"神秘古蜀国·理解三星堆特展" 结合展览场景模拟和出土文物,观众可以领略古蜀国祭祀文化的精华,感受长江流域与黄河流域青铜文明的交流与融合。

[议学任务3]很多人观展后纷纷感叹:"这次参观让我们增强了文化自信!"结合材料,请分析大家发出该感叹的理由,以及我们该如何坚定文化自信。(要求:小组交流讨论,有记录,代表发言,不重复观点,3分钟)

[答案提示]从展厅中感受中华文化源远流长、博大精深,而这一切都离不开中华优秀传统文化在继承发展中不断以创新手段呈现,铸就中华文化新辉

煌,增强我们对中华文化的自豪感、认同感和自信心。对于坚定文化自信,要做到创造性转化、创新性发展,做到继承发展,做到在不忘本来的同时吸收外来、面向未来。

[设计意图]学生游览完多个展厅后,对中华文化的博大精深已经有了深层次感受,体悟作为中国人的唯美精神与人文气韵。通过小组商讨、思考、总结方式,在从原因到做法的层层追问下,探究必须坚定文化自信,感悟作为中国人的气度神韵,培养责任意识。

环节三:启德·传统美德美在何处?

[必备知识]中华传统美德的内容及其传承。

[议学情境]视频《逃出大英博物馆》——

"国宝归来——圆明园兽首暨海外回流文物特展"展出以来,吸引了络绎不绝的观众慕名观展。文物是否能回家这个问题,始终牵引着无数中国人的心。《逃出大英博物馆》这部短剧以拟人手段展现,全剧中心围绕"如果文物会说话,如果思念有声音,剧中的那句回国一定是共同的呼唤"主旨展开。

[议学任务]思考追问:结合材料内容,编剧创作这部短剧的目的是什么?从编剧身上及许多爱国人士身上体现的传统美德有哪些? 你还能列举更多传统美德吗? 这些传统美德对我们有什么价值? 作为青少年,你应该如何践行中华传统美德?

[答案提示]编剧的目的是想唤起更多人关注丢失文物的去向,共同努力继承中华优秀传统文化;从他们身上感受到忧国忧民、道济天下的爱国情怀,除此之外还有各种和乐风范、伦理规范;中华传统美德是我们的精神力量,在日常生活中要积极践行。

[设计意图]以热门短剧视频创设情境,视听效果到位,引起学生兴趣及思考。对于中国人而言,中华传统美德是文化的精髓,我们任何时候都不能丢失美德。因此,通过一系列问题的追问与商讨,学生从中体悟中华传统美德的深刻内涵,并最终落脚到青少年身上。如何践行美德是至关重要的课题,培养学生用心思考、深刻感悟能力。

[知识小结]

(1)中华文化的内容及特点

①内容:独具特色的语言文字,浩如烟海的文化典籍,名扬世界的科技工艺,异彩纷呈的文学艺术,等等。

②特点:源远流长、博大精深、薪火相传、历久弥新。

③中华文化能够薪火相传、历久弥新的原因：具有应对挑战、与时俱进的创造力和海纳百川、有容乃大的包容力。

（2）中华文化的重要性

①文化是一个国家、一个民族的灵魂。

②中华文化积淀着中华民族最深层的精神追求，代表着中华民族独特的精神标识，为中华民族伟大复兴提供精神动力。

③中华文化的独特性，增添了中国人民和中华民族内心深处的自信和自豪。

（3）文化自信含义、意义、做法

①含义：文化自信是对自身文化价值的充分肯定，是对自身文化生命力的坚定信念，是更基础、更广泛、更深沉的自信，是一个国家、一个民族发展中最基本、最深沉、最持久的力量。

②意义：没有高度的文化自信，没有文化的繁荣昌盛，就没有中华民族伟大复兴。坚定文化自信，事关国运兴衰、文化安全和民族精神的传承发展。

③做法：坚持以马克思主义为指导，推动中华优秀传统文化创造性转化、创新性发展；继承革命文化，发展社会主义先进文化；不忘本来，吸收外来，面向未来，不断铸就中华文化新辉煌。

（4）中华传统美德的重要性、特点、做法

①重要性：中华传统美德是中华文化的精髓，蕴含丰富的道德资源，熔铸了中华民族坚定的民族志向、高尚的民族品格和远大的民族理想，是世代相传的民族智慧，是建设富强民主文明和谐美丽的社会主义现代化国家的精神力量。

②特点：内涵丰富，博大精深。

③做法：美德的力量在于践行。推进社会公德、职业道德、家庭美德、个人品德建设，青少年责无旁贷。倡导向上向善、孝老爱亲、忠于祖国、忠于人民，青少年必须身体力行。让美德走进生活、走向未来。

［设计意图］知识小结是加深课堂知识理解的"画龙点睛"之笔，可以帮助学生梳理本节课主干知识，引导学生养成总结归纳的学习习惯。同时，它为知识应用和知识迁移奠定基础，便于学生在理解主干知识基础上运用知识解决实际问题。

环节四：明智·优秀传统文化何以落地？

［必备知识］本框综合知识。

［拓展情境］汉服火爆，"国潮"出海。

2023年，中央电视台春晚节目《年锦》和西安分会场《山河诗长安》赢得广泛赞誉。"有了'国潮'加持，夜幕下的西安恍然间变身长安。"传承和创新传统文化有多种可能，如在服装设计中融入传统文化色彩、马面裙摇身变为时尚文化元素就是很好的案例。除此之外，运用人工智能 AI 等新领域新技术进行传统文化嫁接，也可以让"国潮"真正"潮"起来。

不仅是国内年轻人，很多外国人也开始喜欢汉服等"国潮"新品。"国潮"走向世界，要更注重文化和本地实际契合，挖掘更多样的形态，扩展更丰富的路径，给国际友人更多新鲜感、吸引力，让他们感受中国文化的魅力、价值。文化传播要坚持把中国文化的精神内涵传达出去。

[议学任务]结合所学知识思考："国潮"文化怎么走向更大的国际舞台？

[答案提示]①坚定文化自信，推动中华优秀传统文化创造性转化、创新性发展。②运用现代科技创新手段，实现中华优秀传统文化创新。③不忘本来，吸收外来，面向未来，不断铸就中华文化新辉煌。④学习和借鉴人类文明的一切优秀成果，坚持以我为主，兼收并蓄。⑤积极主动与世界各国交往，从不同文明中寻求智慧、汲取营养。

[设计意图]该拓展任务要求学生运用本课所学知识，分析"国潮火爆出圈"现象，既有利于学生在知识应用中深化理解，锻炼信息获取与加工、语言组织与表达能力，又为学生传承发展中华优秀传统文化提供思路。

[板书设计]

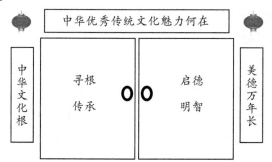

[设计意图]板书以传统家门设计展开，以横批呈现总议题"中华优秀传统文化魅力何在"，上联和下联分别是两目的标题，门内呈现本节课的四个环节。这一板书设计切合传统文化主题，成为串联和展示教学环节的重要载体，凸显正向价值引领。

"凝聚价值追求"议题式教学设计

刘秋燕　叶梓欣

议题:如何建构中国价值?

一、设计依据

(一)课程标准分析

本框内容对应《义务教育道德与法治课程标准(2022年版)》"中华优秀传统文化与革命传统教育"主题中的"了解在民族独立、人民解放斗争中涌现出的革命领袖和英雄人物""了解当代社会生活中的英雄模范人物,见贤思齐,学习他们高尚的道德情操""领悟伟大建党精神是中国共产党的精神之源"。

(二)教材内容分析

1.本框地位

"凝聚价值追求"是《道德与法治》九年级上册第三单元第五课"守望精神家园"第二框内容,是对前一框内容的进一步拓展和延伸。本框为中国特色社会主义文化建设的重要内容,为实现中华民族伟大复兴凝聚中国精神、构筑中国价值、奠定情感基础。

2.本框内容

本框由"高扬民族精神"和"构筑中国价值"两目组成。第一目回顾中华民族精神发展历程,使学生更加深入地理解民族精神的内涵和价值,培养学生爱国主义情感和民族自豪感;第二目强调社会主义核心价值观对国家和社会发展的重要性,引导学生树立正确的价值观,自觉践行社会主义核心价值观。

3.本框目标

通过"聚焦偶像、追寻偶像、走近偶像"主线,开展评议(举例心中的偶像)、商议(小组合作探究)、建议(结合实际促进自我成长)等议学活动,使学生感知培育和弘扬中华民族精神与践行社会主义核心价值观的重要性,努力成为新时代有理想、有道德的好青年。同时,发展语言组织与表达能力,坚定政治认同、提高道德修养、树立责任意识。

4.本框重难点

教学重点:民族精神的具体内涵及重要性。

教学难点:培育社会主义核心价值观。

（三）教学背景分析

国家议题:新时代爱国主义教育要面向全体人民、聚焦青少年。

社会课题:当前,全社会都在大力倡导爱国主义教育,重视对社会主义核心价值观的培育和践行,价值追求引领教育势在必行。然而,弘扬民族精神和践行社会主义核心价值观不会一蹴而就,学生虽享受国家提供的优质教育服务和资源,但情感上的追求与认知有所欠缺,只有将教学内容融入生活,才能增进学生的认同感、信任感。

成长命题(学情分析):九年级学生正处于世界观、人生观、价值观形成的关键时期,打牢爱国底色、弘扬民族精神对学生健康成长具有重要意义。但是,学生对民族精神的认知停留在知识层面,缺乏情感体验和深刻思考,对社会主义核心价值观也仅停留在记忆层面,对其含义理解浅显,容易受到各种错误价值观的影响和冲击。

二、设计思路

（一）教学路线

议题线:围绕总议题"如何建构中国价值",设计议题线:聚焦·何谓价值追求;追寻·如何践行价值追求;成长·青少年如何汲取偶像的力量。

情境线:鲁迅杂文中的"中国的脊梁"描述;"中国脊梁"系列人物视频;不同时期民族精神的表现;中国抗美援朝战争回顾;走近偶像,汲取榜样的力量;娃哈哈董事长宗庆后一生概述。

活动线:结合鲁迅先生的描述及视频示例,举例心中的偶像;了解抗美援朝历史,小组合作探究三个问题;小组内分享偶像的力量及小结如何落实;分析宗庆后事迹对青少年成长的启示。

知识线:民族精神的内涵及重要性;如何弘扬民族精神和践行社会主义核心价值观;本框综合知识。

（二）教学结构

总议题	环节·议题线	情境线	活动线	任务线	知识线	核心素养
如何建构中国价值	导入	鲁迅杂文中的"中国的脊梁"描述	思考	衔接		政治认同 道德修养 责任意识
	聚焦·何谓价值追求	"中国脊梁"系列人物视频	分享、思考	理解	民族精神的内涵及重要性	
		不同时期民族精神的表现	对比、分析			
		中国抗美援朝战争回顾	分析、研讨			
	追寻·如何践行价值追求	英雄偶像人物事迹呈现	思考	理解	如何弘扬民族精神和践行社会主义核心价值观	
		走近偶像，汲取榜样的力量	合作、探究			
	成长·青少年如何汲取偶像的力量	娃哈哈董事长宗庆后一生概述	总结、应用	应用、迁移	本框综合知识	

三、过程设计

[新课导入]鲁迅在杂文《中国人失掉自信力了吗》中写道："我们自古以来就有埋头苦干的人,有拼命硬干的人,有为民请命的人,有舍身求法的人……这就是中国的脊梁。"请你谈谈什么是中国的脊梁? 什么样的人物才是中国的脊梁?

[设计意图]以鲁迅先生的一段话引发学生思考,让学生明白这些"中国的脊梁"展现的精神就是中华民族精神,进而引出本节课议题。

环节一:聚焦·何谓价值追求?

[必备知识]中华民族精神的内涵和重要性。

[议学情境1]播放视频《谁是你心中的中国脊梁》。视频中呈现袁隆平、钱学森、屠呦呦、顾方舟等人物,感受"中国脊梁"的力量。

[议学任务1]谈谈谁是你心中的偶像? 理由是什么?

[设计意图]以视频资源为情境载体,在富有感染力的视频冲击下,学生发自内心地思考自己崇拜的偶像及理由,探究在其身上能学习到的优秀品质,进而引出中华民族精神的具体内涵。从分享到追问,从关注自身实际到深入思考,培养学生用心思考能力。

[议学情境2]展示四个不同时期的图片及其对标的精神。

(新民主主义革命时期)长征精神:救国救民、不怕牺牲、众志成城、期盼和平;(社会主义革命和建设时期)雷锋精神:信念的能量、大爱的胸怀、忘我的精神、进取的锐气;(改革开放和社会主义现代化建设新时期)抗洪精神:万众一心、不怕困难、顽强拼搏、坚韧不拔;(中国特色社会主义新时代)新时代北斗精神:自主创新、开发融合、万众一心、追求卓越。

[议学任务2]这些精神在特定时代背景下形成,说明中华民族精神具有怎样的特征?

[答案提示]中华民族精神具有与时俱进的品格,它在不同的历史时期有着不同的表现,并随着时代进步而不断丰富和发展。因此,我们要始终高扬、不断传承和发展民族精神。

[设计意图]学生生活在最好的时代,享受国家提供的各种资源,对过去的事情缺少认知。因此,通过不同时期不同精神的体现,使学生了解各种精神品质产生的背景,进而探究中华民族精神与时俱进的特点。

[议学情境3]视频:中国抗美援朝战争回顾

2023年11月23日,第十批在韩中国人民志愿军烈士遗骸由中国空军运-20护送,从韩国接回辽宁沈阳,25位志愿军烈士遗骸及相关遗物回到祖国。回顾历史,1950年6月25日,朝鲜战争爆发。1950年10月1日,美军不顾中国政府一再警告,悍然越过"三八线",把战火烧到中朝边境,多次轰炸中国东北边境地区。1950年10月8日,朝鲜政府请求中国出兵援助。经过三天的会议讨论,中国共产党和中国政府最终作出"抗美援朝,保家卫国"的历史性决策。

[议学任务3]小组探究:明知差距悬殊,为什么要打这场仗?志愿军明知九死一生,为什么敢去参战?面对武装到牙齿的敌人,面对极其艰苦的作战条件,面对这场实力悬殊的战争,我们为什么能赢?

[答案提示]在美军步步逼近的严峻局势下,为了保卫国家和人民,中国毅然决然投入战争,体现的是国家大义;志愿军也意识到,一个有前途的国家不能没有英雄,一个有希望的民族不能没有先锋;面对实力悬殊的战争,伟大的民族

精神支撑着中华儿女,是激励中华儿女奋起抗争的不竭精神动力。

[设计意图]学生心智发育尚未完全成熟,情感认知有所欠缺。为了让学生认识到抗美援朝精神是弥足珍贵的精神财富,通过视频载体与接连追问,探讨"三个为什么"问题,深入思考中华民族精神的重要性,培育道德修养等学科核心素养。

环节二:追寻·如何践行价值追求?

[必备知识]践行社会主义核心价值观的重要性及做法。

[议学情境1]英雄人物事迹呈现——

远看:舍身堵枪黄继光、严守纪律邱少云、壮烈牺牲杨根思、见义勇为罗盛教、空中雄鹰蒋道平、长眠朝鲜毛岸英。宋阿毛战士绝笔信:"我爱亲人和祖国,更爱我的荣誉。我是一名光荣的志愿军战士,冰雪啊,我绝不屈服于你,哪怕是冻死,我也要高傲地耸立在我的阵地上。"

近看:袁隆平、屠呦呦、中印边境冲突中牺牲的战士等。

[议学任务1]"清澈的爱,只为中国。"除了中华民族精神,这些英雄身上还体现出社会主义核心价值观的哪些内涵?具有怎样的重要意义?

[答案提示]他们身上体现出"爱国"核心价值观,给我们带来了正确的价值导向及价值引领,促进人的全面发展,引领社会全面进步。

[设计意图]以一系列典型人物为情境载体,学生探究体会并归纳这些英雄展现的价值观,并且与开头所引用的"中国的脊梁"形成呼应之势,培养知识迁移能力。

[议学情境2]视频:走近偶像,汲取榜样的力量。

观看人物访谈视频,做真正的追星族,见贤思齐,择善从之。

[议学任务2]小组分享及总结:你最想拥有偶像身上哪些精神品质?在生活中可以作哪些努力?

[答案提示]在国家危难、民族危亡时,要挺身而出;在他人生命、财产遇到危险的关键时刻,要见义勇为;在日常学习工作中,要勤勤恳恳。从自己做起、从现在做起、从小事做起,做到落细、落小、落实。

[设计意图]问题由浅入深,让学生感受传承和弘扬民族精神、践行社会主义核心价值观要从自己做起、从现在做起、从小事做起。从思想上的升华到行动上的落实,推动学生道德修养形成及责任意识增强,更好地贯彻新课程标准对培养学生核心素养的要求。

[知识小结]

（1）中华民族精神的内涵及特征

①以爱国主义为核心的团结统一、爱好和平、勤劳勇敢、自强不息的伟大民族精神。

②中华民族精神具有与时俱进的品格，它在不同的历史时期有着不同的表现，并随着时代进步而不断丰富和发展。

（2）为什么要高扬民族精神

①一个民族要生存和发展，就要有昂扬向上的民族精神。一个民族如果没有振奋的民族精神，没有坚定的民族志向和理想，就会失去凝聚力和生命力，就难以屹立于世界民族之林。

②中华民族精神是中华民族生生不息、发展壮大的强大精神支柱，是维系我国各族人民世世代代团结奋斗的牢固精神纽带，是激励中华儿女为实现中华民族伟大复兴而奋斗的不竭精神动力。

（3）社会主义核心价值观的重要性

①社会主义核心价值观是当代中国精神的集中体现，是当代中国人评判是非曲直的价值标准，凝结着全体人民共同的价值追求，是坚持和发展中国特色社会主义的价值导向，也是实现中华民族伟大复兴的价值引领。

②社会主义核心价值观促进人的全面发展，引领社会全面进步。

（4）如何传承和弘扬中华民族精神、践行社会主义核心价值观

①在国家危难、民族危亡的紧要关头挺身而出、舍生忘死、前仆后继；在他人生命、财产遇到危险的关键时刻见义勇为、扶危济困、无私奉献；在日常学习工作中勤勤恳恳、任劳任怨、敬业创优。

②要与日常生活紧密联系，做到落细、落小、落实。勤于学习、敏于思考，注重修养、勇于实践，明辨是非、善于选择，认真做事、踏实做人。

[设计意图]知识小结是课堂教学的"画龙点睛"之笔，可以引导学生养成总结归纳的学习习惯。同时，为知识应用和知识迁移奠定基础，便于学生在理解主干知识基础上运用知识解决实际问题。

环节三：成长·青少年如何汲取偶像的力量？

[必备知识]本框综合知识。

[拓展情境]宗庆后，只有天空才是他的极限。

2024年2月25日，娃哈哈集团创始人、董事长宗庆后逝世。宗庆后出生在旧中国，幼时随父母颠沛流离，成长于物资极度匮乏的年代，青年时期经历了一

段艰苦岁月。这一段经历造就了宗庆后强健的体魄和坚韧的个性,使他在后来能坚强面对创业的种种艰辛。谈起那段艰苦的岁月,宗庆后认为,这段经历于他是一笔宝贵的财富。古稀之年,宗庆后依然每天工作十几个小时,一年三分之一时间在"走读市场",之所以"退而不休",是因为想将一生奉献给中国制造业。他说:"我唯一的念头是,当我真的老去,可以对所有人说,我这一生并不非凡,但我干了一番事业,改变了一些人的命运,为时代、社会和国家提供了一些正能量。"

[拓展任务](1)结合材料谈谈你从宗庆后身上获得哪些精神力量。

(2)结合材料,从民族精神角度谈谈宗庆后事迹对青少年成长的启示。

[答案提示](1)爱国主义、艰苦奋斗、勤劳勇敢、自强不息等。

(2)①中华民族精神是激励中华儿女为实现中国梦而奋斗的不竭精神动力。爱国主义精神不断支撑着他为中国制造业贡献力量。②在国家危难、民族危亡的紧要关头挺身而出、舍生忘死、前仆后继;在日常学习工作中勤勤恳恳、任劳任怨、敬业创优。③弘扬社会主义核心价值观,要与日常生活紧密联系起来,做到落细、落小、落实。勤于学习、敏于思考,注重修养、勇于实践,明辨是非、善于选择,认真做事、踏实做人。

[设计意图]学生运用本节课所学知识分析问题,有利于学生在知识应用中深化理解,锻炼信息获取与加工、语言组织与表达能力,为学生自我发展树立榜样,鼓励学生传承民族精神、成就人生新高度。

[板书设计]

[设计意图]从整体看,板书以星星的形象呈现,与整节课偶像主题相契合,融合形象思维和抽象思维,凸显正向价值引领;三个环节有序展开,最终落实到生活当中,从自己做起、从现在做起、从小事做起。

"正视发展挑战"议题式教学设计

刘秋燕　刘玉玲

议题:为何要锚定绿色发展道路?

一、设计依据

(一)课程标准分析

本框内容对应《义务教育道德与法治课程标准(2022年版)》"法治教育"主题中的"了解环境保护的法律规定,树立生态文明观念"与"国情教育"主题中的"了解我国以国内大循环为主体、国内国际双循环相互促进的新发展格局,推动高质量发展,知道统筹推进经济建设、政治建设、文化建设、社会建设、生态文明建设的'五位一体'总体布局"。

(二)教材内容分析

1.本框地位

"正视发展挑战"是《道德与法治》九年级上册第三单元第六课"建设美丽中国"第一框内容,本框主要阐述我国在发展过程中所面临的挑战,旨在使学生认识到中国在快速发展、实现经济腾飞的同时,也面临严峻的人口、资源、环境问题。要正视发展挑战,坚持并完善计划生育基本国策和节约资源、保护环境基本国策,坚持走绿色发展道路,促进人与自然和谐共生。本框是第六课第二框"共筑生命家园"的逻辑起点。

2.本框内容

本框由呈递进关系的两目组成。第一目"发展中的人口问题",引导学生认识人口问题是我国面临的全局性、长期性和战略性问题,介绍我国计划生育基本国策;第二目"资源环境面临危机",旨在让学生认清我国资源环境的形势,理解坚持走绿色发展,走生产发展、生活富裕、生态良好的文明发展道路,是我们的必然选择。

3.本框目标

学生通过商议(小组探究生育政策调整)、评议(石嘴山市成功转型)等议学活动,了解我国人口和资源环境的现状及特点,认识人口和资源环境问题对我国经济和社会发展的影响,明确我国面临严峻的人口、资源和环境问题,从而树立正确的人口观,树立保护环境和节约资源意识,知道走绿色发展道路是必然选择,增进对国家生态环境事业的政治认同,培养家国情怀。

4.本框重难点

教学重点:人口、资源、环境问题的本质及其带来的影响。

教学难点:我国人口、资源、环境现状。

(三)教学背景分析

国家议题:党和国家以系统观念统筹谋划人口问题,更好统筹人口与经济社会、资源环境的关系。

社会课题:当前,我国人口老龄化趋势明显,人口问题加重资源和环境压力,带来严重的社会问题,如养老、就业、教育、就医等。同时,急速发展的工业化带来生态环境污染。党的十八大以来,我们党坚持"绿水青山就是金山银山"理念,把建设美丽中国摆在强国建设、民族复兴的突出位置,以高品质生态环境支撑高质量发展,绿色已经成为新时代中国的鲜明底色。

成长命题(学情分析):通过之前的学习,学生对人口资源环境方面的知识有所了解,对社会生活有一定了解和关注,但关注程度有限,对我国面临的严峻的人口、资源和环境问题认识不充分、不全面,对国家实施的一系列改革、政策和发展战略理解不深刻,对人口政策调整存在认识误区,在日常生活中也会出现浪费资源、破坏环境的行为。因此,有必要使学生全面而深入地认识人口、资源和环境现状,树立关爱和保护环境意识。

二、设计思路

(一)教学路线

议题线:围绕总议题"为何要锚定绿色发展道路",设计议题线:数据连连看·为什么要重视人口问题;资料我收集·如何破解资源环境危机;环保放大镜·如何助力美丽中国建设。

情境线:观看视频《世界地球日:地球写给人类的独白》;计划生育标语演变,第七次全国人口普查数据;石嘴山市成功转型;习近平总书记重要讲话。

活动线:分享对我国计划生育政策调整的理解;思考讨论石嘴山市成功转型;书写环保倡议书,学习习近平总书记重要讲话。

知识线:我国人口现状及新的特点;我国实行计划生育的意义;我国的资源

现状及其影响；我国的环境问题及其危害；如何解决我国发展中出现的问题。

（二）教学结构

总议题	环节·议题线	情境线	活动线	任务线	知识线	核心素养
为何要锚定绿色发展道路	导入	观看《世界地球日：地球写给人类的独白》	观看、思考	衔接		政治认同 家国情怀
	数据连连看·为什么要重视人口问题	计划生育标语演变，第七次全国人口普查数据	对比、研讨	理解	我国的人口现状及新的特点，我国实行计划生育的意义	
	资料我收集·如何破解资源环境危机	石嘴山市转型调查	分析、研讨	理解	我国的资源现状及其影响，我国的环境问题及其危害	
	环保放大镜·如何助力美丽中国建设	形成倡议书	思考	迁移	本框综合知识	

三、过程设计

[新课导入]观看视频《世界地球日：地球写给人类的独白》。

地球频频发生高温、暴雨、干旱、暴雪等自然灾害，与发展中遇到的人口、资源、环境问题有很大关系，我们必须正视发展挑战，选择正确发展道路。

[设计意图]以视频导入，吸引学生注意力；调动学生主动参与的积极性，引导学生关注资源环境问题，激发学生责任感，进而引出本节课议题。

[过渡]九年级一班学生小明在暑假参加社会实践活动，让我们跟随他的脚步，一起正视并探究发展挑战吧！

环节一：数据连连看·为什么要重视人口问题？

[必备知识]我国人口现状及新的特点。

[议学情境1]计划生育标语演变。

小明在居委会宣传栏里看到《"三孩"生育政策》宣传画，并上网搜索我国2023年人口数据，想了解生育政策的变化。

　　据国家统计局数据显示,2023 年年末全国人口(包括 31 个省、自治区、直辖市和现役军人的人口,不包括居住在 31 个省、自治区、直辖市的港澳台居民和外籍人员)140967 万人,比上年末减少 208 万人。全年出生人口 902 万人,人口出生率为 6.39‰;死亡人口 1110 万人,人口死亡率为 7.87‰;人口自然增长率为-1.48‰。从年龄构成看,16 至 59 岁的劳动年龄人口 86481 万人,占全国人口的比重为 61.3%;60 岁及以上人口 29697 万人,占全国人口的 21.1%,其中 65 岁及以上人口 21676 万人,占全国人口的 15.4%。

　　[议学任务 1]结合议学情境,谈谈我国的计划生育政策为什么在十年间调整三次、如果不调整会带来什么影响。

　　[答案提示]人口问题始终是我国面临的全局性、长期性、战略性问题。如果不调整,则可能引发人口断崖式下降、劳动力短缺、养老负担加重、社会经济压力大、消费能力不足,影响人口再生产及社会和谐稳定,制约经济发展。

　　[设计意图]通过数据让学生直观看到人口发展是关系中华民族发展的大事情。党和国家从我国实际国情出发,始终坚持人口与发展综合决策,科学把握我国人口发展规律,调整我国人口政策。

　　[议学情境 2]为了一探究竟,小明查阅第七次人口普查数据。展示第七次全国人口普查公报(视频、图片、表格),并与世界人口数据作比较。

　　[议学任务 2]我国人口国情、人口现状的基本特点及新特点。

　　[答案提示]①我国是世界上人口众多的国家。②新特点:总人口增速趋缓,总和生育率明显低于更替水平,出生人口男女性别比偏高,人口老龄化加剧,大量的人口流动。

　　[设计意图]通过真实数据展示,引导学生思考如何解决人口问题,正确认识目前中国人口问题。

　　[议学任务 3]结合议学情境,小组合作分析我国为什么要实行计划生育基本国策。

　　[答案提示]坚持计划生育基本国策,调控人口数量,提高人口素质,推动实现适度生育水平,有力促进经济发展与社会进步。

　　[设计意图]借助真实数据,引导学生分析问题的产生原因和本质,激发学生学习主动性,注重对学生思维和问题解决能力评价和反馈,及时发现并纠正学生思维偏差,为更高学段理论学习和行为实践奠定基础。

环节二:资料我收集·如何破解资源环境危机?

[必备知识]我国的资源、环境现状及其影响。

[议学情境1]展示我国资源现状数据及图片。暑假里,热衷时事政治的小明看到了一则介绍石嘴山市的新闻,借此机会了解我国的资源与环境状况,一起来看看吧!

改革开放以来,我国经济快速增长,创造了巨大的社会财富,成为世界经济增长的引擎,为世界发展作出了巨大贡献。同时,资源日益短缺,环境污染严重,生态系统退化,经济发展与资源、环境之间的矛盾日益突出,已经成为我国经济社会发展必须面对的严峻挑战。

石嘴山市:"煤城"不产煤之后,一个西部资源枯竭型城市的转型调查。

[议学任务1]观看小明搜集的视频资料,小组合作探究以下问题:

(1)为什么说石嘴山的传统工业为"黑色产业"?

(2)粗放开发利用资源给当地带来了什么影响?

(3)石嘴山成功转型给我们带来哪些启示?

[答案提示]①我国的优势和竞争力不是资源而是生态,前者是不可持续的,而后者绝对是可持续的。生态转型的目的是为了制造投资洼地,带动产业转型,而产业转型的最终目的是改善民生。②对资源的过度开发、粗放利用和无节制消耗,必然导致资源的枯竭和对生态环境的破坏,严重影响经济可持续发展,经济发展的空间和后劲也会越来越小。

[设计意图]通过石嘴山成功转型案例分析,归纳总结我国的资源状况和环境状况,引导学生感受生态文明建设的紧迫性。

[议学任务2]我国环境现状如何? 原因为何? 环境问题带来了哪些影响?

[答案提示]现状:当前我国环境虽整体有所改善,但生态环境形势不容乐观。大气污染、水污染、土壤污染等各类环境问题时有发生,成为民生之患、民心之痛。

原因:①一些地方、一些领域没有处理好经济发展与生态环境保护的关系。②工业化进程加快,资源短缺、人口基数大等问题所产生的多重叠加效应。

影响:环境恶化加剧自然灾害发生,严重破坏生态平衡,威胁人民的生命安全和身体健康。

[设计意图]真实的、典型的材料具有感染力和说服力,能够引导学生关注我国生态污染问题。

[议学情境 2]"尊重自然、顺应自然、保护自然,是全面建设社会主义现代化国家的内在要求。生态环境没有替代品,用之不觉,失之难存。"

——习近平

[议学任务 3]我国如何处理突出的人口、资源、环境问题?

[答案提示]转变发展方式,坚持绿色发展,走生产发展、生活富裕、生态良好的文明发展道路。

[设计意图]通过学习习近平总书记重要讲话,让学生明确如何面对发展中存在的问题。

[知识小结]

(1)我国人口的现状及新特点

①我国人口众多,这是我国社会主义初级阶段的重要国情。

②新特点:总人口增速趋缓,总和生育率明显低于更替水平,出生人口男女性别比偏高,人口老龄化加剧,大量的人口流动。

(2)人口问题带来的影响

加重了资源和环境的压力;带来了严重的社会问题,如养老、就业、上学、就医等;影响人民生活水平提高;制约经济可持续发展。

(3)我国实行计划生育的原因及意义

①原因:人口问题始终是我国面临的全局性、长期性、战略性问题。

②意义:坚持计划生育基本国策,调控人口数量,提高人口素质,推动实现适度生育水平,有力促进经济发展与社会进步。

(4)我国的资源现状及其影响

①现状:我国自然资源丰富,总量大,种类多,但人均资源占有量少,开发难度大,总体上资源紧缺。长期以来,我国资源开发利用不尽合理、不够科学,依靠消耗大量资源换取经济发展的现象突出,由此造成的浪费、损失、污染和破坏都很严重。

②影响:对资源的过度开发、粗放利用和无节制消耗,必然导致资源枯竭和生态环境破坏,严重影响经济可持续发展,经济发展的空间和后劲也会越来越小。

(5)我国的环境问题及其影响

当前,我国生态环境虽总体有所改善,但生态环境形势仍不容乐观。由于一些地方、一些领域没有处理好经济发展与生态环境保护的关系,加上工业化进程加快、资源短缺、人口基数大等问题所产生的多重叠加效应,大气污染、水污染、土壤污染等各类环境问题时有发生,成为民生之患、民心之痛。

对资源过度开发、粗放利用和无节制消耗,必然导致资源枯竭和生态环境破坏,严重影响经济可持续发展,经济发展的空间和后劲也会越来越小。

(6)如何解决我国发展中出现的问题

转变发展方式,坚持绿色发展,走生产发展、生活富裕、生态良好的文明发展道路。

环节三:环保放大镜·如何助力美丽中国建设?

[必备知识]本框综合知识。

[拓展任务]作为有担当的中国公民,请为家乡起草一份环保倡议书,为保护家乡生态尽绵薄之力。

[答案提示]

亲爱的同学们:

生态文明建设关系人民福祉,关乎民族长远大计。面对资源约束趋紧、环境污染严重、生态系统退化的严峻形势,必须树立生态文明理念。为共建美丽家乡,我发出以下倡议:

①树立节约资源、保护环境理念,做美丽家乡的宣传者;

②参加共建美丽家乡活动,低碳生活,做美丽家乡的参与者;

③爱护家乡环境,制止不文明行为,做美丽家乡的守护者。

[设计意图]引导学生关注家乡生态环境,学以致用,解决实际问题,为家乡生态优化尽责尽力,培养环保意识和公共参与素养。

[板书设计]

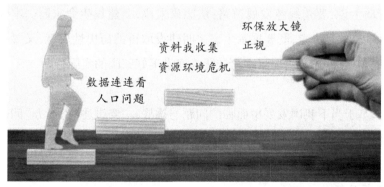

[设计意图]从整体看,板书以1个人上台阶的形式呈现。从板书组成要素看,随着教学推进,一步步展现本框三个环节及其对应主干知识,有利于学生在把握本课内容逻辑的基础上巩固所学知识。教师将知识点分段展示,用简洁明了的语言表达,学生更易理解和掌握。

"共筑生命家园"议题式教学设计

刘秋燕　刘玉玲

议题:如何绘就美丽中国新图景?

一、设计依据

(一)课程标准分析

本框内容对应《义务教育道德与法治课程标准(2022年版)》"法治教育"主题中的"了解环境保护的法律法规,树立生态文明观念"与"国情教育"主题中的"了解我国以国内大循环为主体、国内国际双循环相互促进的新发展格局,推动高质量发展,知道统筹推进经济建设、政治建设、文化建设、社会建设、生态文明建设的'五位一体'总体布局"。

(二)教材内容分析

1.本框地位

"共筑生命家园"是九年级上册第六课"建设美丽中国"第二框内容,回应我国面临的人口问题与资源、环境挑战。从理念上说,要处理好人与自然的关系;从行动上说,要走绿色发展道路;从愿景上说,要建设生命家园。本框是第六课的重点,也是难点,既要展示生态文明建设取得的历史性成就,又要认清所面临的现实挑战,还要将愿景理念转化为建设美好家园的实际行动。

2.本框内容

本框基于当下我国发展中面临的问题与挑战,主要讲述"怎么办"问题。理念上,处理好人与自然的关系;行动上,走绿色发展道路;愿景上,建设生命家园。这是美丽中国建设的具体要求和最终落脚点。

3.本框目标

学生通过小组合作完成余村的过往、余村的华丽转身等探究式议学任务,理解坚持人与自然和谐共生的做法,认同中国坚定选择走绿色发展道路,自觉增强建设生态文明的政治认同、法治意识和责任担当。

4.本框重难点

教学重点:坚持人与自然和谐共生。

教学难点:走绿色发展道路,建设生态文明。

(三)教学背景分析

国家议题:国家坚持生态文明建设,走一条促进人与自然和谐发展、绿色发展的道路。

社会课题:我国经济社会发展已进入加快绿色化、低碳化的高质量发展阶段,但生态文明建设仍处于压力叠加、负重前行的关键期,美丽中国建设任务依然艰巨。新征程上,必须把美丽中国建设摆在强国建设、民族复兴的突出位置,保持加强生态文明建设的战略定力,坚定不移走生产发展、生活富裕、生态良好的文明发展道路,建设天蓝、地绿、水清的美好家园。

成长命题(学情分析):通过之前的学习,学生对生态文明建设有所了解,内心逐渐形成生态文明意识,但对人口、资源、环境问题的本质认识深度不够且具有片面性,对解决这些问题的历史必然性、必要性、迫切性认识不足,对人与自然和谐共生、走绿色发展道路的内涵了解不全面,对"绿水青山就是金山银山"理念理解不深。因此,需要加大对中学生资源环境国情教育和生态意识培育的力度,增强忧患意识,主动参与生态文明建设,促进人与自然和谐共生,培育生态文明意识。

二、设计思路

(一)教学路线

议题线:围绕总议题"如何绘就美丽中国新图景",设计议题线:探秘·为何要共筑我们的生命家园;揭秘·如何走好绿色发展道路;解密·怎样让生命家园更美丽。

情境线:视频《把美好生活写在了绿水青山上:(三)"两山"理念在余村的成功实践》;余村"灰色的记忆";余村的"华丽转身";家乡的生态文明建设。

活动线:观看、思考视频内容;对比、研讨余村致富道路带来的启发;分析、研讨余村两条不同发展道路对走绿色道路的启示;思考、调研家乡生态文明建设情况。

知识线:为什么要坚持人与自然和谐共生;如何坚持人与自然和谐共生;如何坚持绿色发展道路;本框综合知识。

（二）教学结构

总议题	环节·议题线	情境线	活动线	任务线	知识线	核心素养
如何绘就成美丽中国新图景	导入	视频《把美好生活写在了绿水青山上：（三）"两山"理念在余村的成功实践》	观看、思考	衔接	为什么要坚持人与自然和谐共生	政治认同法治观念责任意识
	探秘·为何要共筑我们的生命家园	余村"灰色的记忆"	对比、研讨	理解	如何坚持人与自然和谐共生	
	揭秘·如何走好绿色发展道路	余村的"华丽转身"	分析、研讨	理解	如何坚持走绿色发展道路	
	解密·怎样让生命家园更美丽	家乡的生态文明建设	思考、调研	迁移	本框综合知识	

三、过程设计

[新课导入]观看视频《把美好生活写在了绿水青山上：（三）"两山"理念在余村的成功实践》，共同探寻生命家园的生态密码。

[设计意图]从余村的成功实践切入话题，引发学生学习兴趣，直奔本节课主题。

环节一：探秘·为何要共筑我们的生命家园？

[必备知识]为何要坚持人与自然和谐共生。

[议学情境]余村"灰色的记忆——

20世纪八九十年代，该村石灰岩资源丰富，村民靠开采矿石建成水泥厂和石灰窑，集体经济收入一度达到300多万元，成为当地有名的"富裕村"。但随之而来的是粉尘蔽日、竹林失色，山体大面积破坏，环境污染十分严重，村民深受其害。这样的情况持续了10多年。村里如果关停矿山、石灰窑和水泥厂，集体经济收入将下降到20万元，收入锐减，村民情绪很大。

[议学任务]小组合作：谈谈人类该怎样处理与自然的关系。

[答案提示]坚持人与自然和谐相处。与自然相互依存、共生共荣，自然为人类的生存与发展提供滋养和必要条件。如果余村一味开采矿山，最终势必受

到大自然的惩罚。

[设计意图]学生在课堂上发表看法,锻炼思维能力、认知能力,培育学科核心素养。从真实情境出发,培养学生热爱家乡情感。在人类与自然能否和谐共生的探讨中,渗透辩证思维,学会全方位看问题。

环节二:揭秘·如何走好绿色发展道路?

[必备知识]如何走绿色发展道路。

[议学情境]视频:余村的"旧貌换新颜"。

[议学任务]小组合作:余村在谋求发展时走过两条不同的道路,两条道路有什么不同? 余村怎样坚持走绿色发展道路?

[答案提示]

(1)第一条:只注重经济发展,忽视环境保护,以牺牲环境、浪费资源为代价换取一时的经济增长;第二条:走绿色发展道路,既要绿水青山,又要金山银山,实现生态保护和经济发展"双赢"。

(2)余村关停矿山、封山护林、大力发展生态旅游业,带动旅游经济发展,体现了保护环境就是发展生产力。引进无污染高效益企业,增强发展后劲,实现了生态保护和经济发展双赢。坚持走绿色发展道路,坚持经济建设与环境保护协调发展,实现绿色惠民、绿色富民,生动体现"绿水青山就是金山银山"理念。

[设计意图]对视频材料进行思考、讨论,激发学生兴趣,明确知识点。

[知识小结]

(1)为什么要坚持人与自然和谐共生

①坚持人与自然和谐共生是人类面对生态危机作出的智慧选择。

②自然为人类生存发展提供滋养和必要条件,人类作为自然的一部分,要为开发和利用自然作出必要的补偿和修复。

③人与自然相互依存、共荣共生。

④人类可以开发和利用自然,但必须遵循自然规律,如果对自然只是一味地索取,必然受到它的惩罚。

(2)怎样坚持人与自然和谐共生

①以资源环境承载能力为基础,以自然规律为准则,以可持续发展、人与自然和谐共生为目标。

②要坚持节约资源和保护环境的基本国策。

③贯彻创新、协调、绿色、开放、共享新发展理念,实现中华民族永续发展。

(3)为什么要坚持绿色发展道路

走绿色发展道路,建设生态文明,必须严守资源消耗上限、环境质量底线、生态保护红线。只有实行最严格的生态环境保护制度、全面建立资源高效利用制度、健全生态保护和修复制度、严明生态环境保护责任制度,才能为生态文明建设提供可靠保障。

(4)如何坚持走绿色发展道路?

①走绿色发展道路,要处理好经济发展与生态环境保护的关系。

②走绿色发展道路,坚持绿色富国,坚持绿色惠民。

③走绿色、循环、发展之路,坚持节约优先、保护优先、自然恢复为主的方针。

④走绿色发展道路,建设生态文明,必须严守生态保护红线、环境质量底线、资源利用上线。

环节三:解密·怎样让生命家园更美丽?

[必备知识]本框综合知识。

[拓展任务1]制作一幅与人口、资源、环境相关的宣传海报。(任选其一,海报中要包含一句宣传标语)

[设计意图]让学生理解如何走绿色发展道路,共建美丽中国,增强国家意识,为国家发展贡献自己的力量。

[拓展任务2]以"我生活周边的生态环境"为主题,以小组为单位,查阅相关资料,或者实地考察,从现状及成因、解决建议等方面入手,形成一份调查报告。

[参考答案]

我生活的周边的生态环境调查报告

一、引言

随着人类社会的发展,生态环境问题日益突显。为了解我们所处环境的现状,我对周边生态环境进行调查。本报告旨在通过实地考察和数据收集,揭示周边环境的生态状况,以期为环境保护提供参考。

二、调查方法

本次调查主要采用实地考察、问卷调查和数据收集等方法。实地考察包括对周边环境的直接观察和记录;问卷调查则是向周边居民了解他们对环境问题的认知和态度;数据收集主要从政府相关部门获取。

三、调查结果

空气质量:根据最近一年的空气质量监测数据,周边的空气质量处于轻度污染状态,主要污染物为 PM2.5 和 PM10。

水质:周边河流的水质较差,主要受到生活污水和工业废水污染,部分河段存在水体浑浊、异味等问题。

土壤质量:土壤质量总体良好,但部分地区的土壤存在重金属超标现象。

绿化覆盖率:周边的绿化覆盖率较低,人均绿地面积不足。

噪声污染:周边噪声污染较为严重,主要来自交通工具和工业设备。

居民环保意识:大部分居民对环境问题有一定的关注,但实际行动较少,环保意识有待提高。

四、建议措施

针对以上调查结果,提出以下建议措施:

1.加强空气质量监测,控制污染物排放。

2.治理周边河流,提高水质。

3.提高土壤质量,减少重金属污染。

4.提高绿化覆盖率,增加人均绿地面积。

5.降低噪音污染,改善交通环境。

6.加强环保宣传教育,提高居民环保意识。

五、结论

通过本次调查,我认识到周边环境的生态状况并不乐观,需要人们共同努力改善。政府、企业和居民都应该承担起环保责任,共同保护我们的家园。只有通过全社会的共同努力,才能创造一个美好的生态环境。

[设计意图]通过实地考察等方式走向社会,增进学生对社情的了解,提高自己的能力水平,学以致用,知行合一。

[拓展任务3]以小组为单位,搜集党的二十大召开以来家乡的生态文明建设成就,以手抄报、美篇、视频等方式记录,并向身边人讲述家乡绿色发展故事。

参考方向:河流生态治理、城市大气污染治理、城市绿道建设等。

[设计意图]通过搜集家乡相关材料,参与社会环境保护实践行动,在参与、

体验和感悟中内化学科观点,达到价值认同,最终落实到实际行动上。

[板书设计]

[设计意图]从整体看,板书以地球生命家园整体呈现,融合形象思维和抽象思维,凸显正向价值引领;从组成要素看,重点在于对生命体进行探索,呈现本框三个环节议题及其对应主干知识,有利于学生在把握本节课内容逻辑的基础上巩固所学知识。

九年级上册第四单元序言

　　本单元聚焦国家认同核心素养培育,将"建设和谐中国"作为社会主义核心价值观教育主题,围绕"共创共享同祖国和时代一起成长与进步的机会,做自信中国人"这一全书核心大概念,以中华文化崇尚"和合"为导语,揭示和谐的内涵,进而明确促进民族团结、维护祖国统一是实现中国梦的客观要求和应有之义。新时代新征程是实现中国梦的历史机遇和现实行动,做自信中国人是实现中国梦的主体条件和必然结果。由此引导学生深入理解实现中国梦与做自信中国人的内在联系,培养学生人心和善的道德观、和而不同的社会观、协和万邦的国际观,自觉与祖国和时代共成长,树立民族自信心。

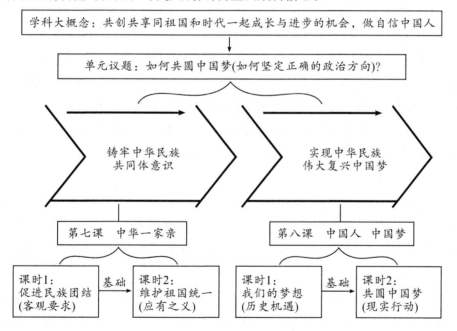

"促进民族团结"议题式教学设计

刘秋燕　黄淑君

议题:如何让民族之花常开长盛?

一、设计依据

(一)课程标准分析

本框内容对应《义务教育道德与法治课程标准(2022年版)》"法治教育"主题中的"了解民族区域自治制度对维护和发展平等团结互助和谐的社会主义民族关系的意义",对应"中华优秀传统文化教育"主题中的"弘扬中华优秀传统文化中尚和合、求大同"核心理念。

(二)教材内容分析

1.本框地位

"促进民族团结"是《道德与法治》九年级上册第四单元第七课"中华一家亲"第一框内容,与五年级上册"中华民族一家亲"、八年级上册"民族区域自治制度"、高中《政治与法治》"民族区域自治制度"相关内容一脉相承,遵循学生身心发展特点和成长规律,体现德育课程一体化设计。本框主要落实学生对我国民族区域自治制度和中华民族共同体意识的理解和认知。

2.本框内容

本框由呈递进关系的两目组成。第一目"民族大家庭",引导学生了解我国的民族国情、方针和政策,加深对中华民族共同体的理解;第二目"家和万事兴",全面贯彻党的民族政策,促进各民族团结奋斗,铸牢中华民族共同体意识。

3.本框目标

学生通过参与商议(调查、讨论),评议(评议新疆小朋友的答案、非遗保护措施),合议(莞式援助),建议(我为民族团结做些什么)等议学活动,懂得维护和促进民族团结是每个公民的义务,能够从民主政治、经济发展、文化教育、民族情感等方面分析理解与民族区域自治制度的优越性,铸牢中华民族共同体意识。

4.本框重难点

教学重点:感受个人成长与民族文化和国家命运之间的联系,铸牢中华民族共同体意识。

教学难点:理解民族区域自治制度的优越性。

(三)教学背景分析

国家议题:党和国家强调和重视民族团结进步事业。

社会课题:中国特色社会主义进入新时代,中华民族迎来了历史上最好的发展时期。同时,随着中国的发展壮大,我们面临的国内外形势日益复杂,全国各族人民更要团结一致、凝聚力量。实践证明,只有中国共产党才能实现中华民族大团结,只有中国特色社会主义才能凝聚各民族、发展各民族、繁荣各民族。把加强青少年的爱国主义教育摆在更加突出的位置,把爱我中华的种子埋入每个学生的内心深处,不断增强青少年对伟大祖国、中华民族、中华文化、中国共产党、中国特色社会主义的认同。

成长命题(学情分析):一方面,学生对民族习俗和民族政策有一定程度的了解,但对国家民族政策和制度等知识掌握不够系统、认识不够深刻;另一方面,部分学生较少接触少数民族人群,对如何处理民族问题、树立中华民族共同体意识缺乏经验和思考。

二、设计思路

(一)教学路线

议题线:围绕总议题"如何让民族之花常开长盛",设计议题线:和·百花之美在哪里;为·何谓民族共同体;贵·怎样做好"护花使者"。

情境线:第十二届少数民族传统体育运动会新闻发布会;"民族风采我知道"小调查,第十二届全国少数民族传统体育运动会会徽和吉祥物,民族平等判断;新疆小朋友的回答,在线浏览"中国非物质文化遗产数字博物馆";"莞式援助",每日习语,制作手抄报宣传。

活动线:分享、对比举办世界奥林匹克运动会和全国少数民族传统体育运动会价值;填写"民族风采我知道"小调查,辨析、思考民族平等;研讨、展示新疆小朋友的回答;体验在线浏览中国非物质文化遗产数字博物馆;学习、分享"莞式援助"地方帮扶措施,学习思考"每日习语",小组合作提出建议。

知识线:少数民族百科知识;铸牢中华民族共同体的价值;民族区域自治制度优越性,公民意识和行动;本框综合知识。

（二）教学结构

总议题	环节·议题线	情境线	活动线	任务线	知识线	核心素养
如何让民族之花常开长盛	导入	第十二届全国少数民族传统体育运动会新闻发布会	分享、对比	衔接	民族百科知识	国家认同责任意识
	和·百花之美在哪里	"民族风采我知道"小调查	填表、分析	理解	处理民族关系的方针和基本制度	
		第十二届全国少数民族传统体育运动会会徽和吉祥物	研讨、分享			
		民族平等判断	辨析、思考			
	为·何谓民族共同体	新疆小朋友的回答	研讨、展示	理解	铸牢中华民族共同体的意义	
		在线浏览中国非物质文化遗产数字博物馆	体验、分析			
	贵·怎样做好"护花使者"	"莞式援助"	学习、分享	理解、应用、迁移	民族区域自治制度的优越性,本框综合知识	
		每日习语	研讨、思考			
		制作手抄报宣传				

三、过程设计

[新课导入]2024年1月19日,第十二届全国少数民族传统体育运动会新闻发布会在京举行,组委会发布了本届运动会的会徽、吉祥物、宣传画和运动会歌曲。本届运动会于2024年11月22日至30日在海南省三亚市举办。

思考:我国举办奥林匹克运动会和少数民族运动会的意义有什么不同？你知道哪些民族传统体育项目呢？

[设计意图]通过链接与本框内容有关的时政事件,激发学生兴趣,凸显学科特色。同时,加深学生对我国民族政策的了解,增加有关少数民族知识储备,为提高民族情谊奠定基础。

环节一:和·百花之美在哪里?

[必备知识]民族民俗百科知识。

[议学情境1]第十二届全国少数民族传统体育运动会新闻发布会。

[议学任务1]"民族风采我知道"小调查

分类	问题
民族数量	1.我国是统一的多民族国家,一共有(　　)个民族
少数民族	2.你知道哪些少数民族
民族自治区	3.我国一共有(　　)个民族自治区,分别是什么,成立于哪年
民族文化	4.泼水节是(　　)族的节日,献"哈达"是(　　)族和(　　)族的礼节
少数民族语言文字	5.人民币上的少数民族文字有_____、_____、_____、_____
少数民族风俗习惯	6.你知道哪些少数民族的风俗习惯

[答案提示]

1.我国是统一的多民族国家,一共有56个民族。

2.我国的少数民族有55个:阿昌族、白族、保安族、布朗族、布依族、朝鲜族、达斡尔族、傣族、德昂族、侗族、东乡族、独龙族、鄂伦春族、俄罗斯族、鄂温克族、高山族、仡佬族、哈尼族、哈萨克族、赫哲族、回族等。

3.我国一共有5个民族自治区,分别是内蒙古自治区(1947年)、广西壮族自治区(1958年)、西藏自治区(1965年)、宁夏回族自治区(1958年)、新疆维吾尔自治区(1955年)。

4.泼水节是傣族的节日,献哈达是蒙古族和藏族的礼节。

5.人民币上的少数民族文字有蒙古文、维吾尔文、藏文、壮文。

6.每年七八月牲畜肥壮的季节举行那达慕大会,是蒙古族历史悠久的传统节日,是人们为了庆祝丰收而举行的文体娱乐大会。那达慕大会上有惊险动人的赛马、摔跤,令人赞赏的射箭,争强斗胜的棋艺,引人入胜的歌舞,显示出草原民族独有的特色。

[设计意图]通过小调查了解学生对民族知识的掌握情况,引导学生多关注相关知识,内化与强化尊重少数民族的观念,为维护民族团结统一奠定坚实认知基础。

[议学情境2]第十二届全国少数民族传统体育运动会会徽和吉祥物。

［议学任务2］小组探究:通过网络搜索本次运动会的办会宗旨、会徽、吉祥物、宣传画、运动会歌曲等代表的意义,小组内展示说明。

［答案提示］海南省坚持以铸牢中华民族共同体意识为主线,紧扣"平等、团结、拼搏、奋进"办会宗旨。会徽由三角梅、鹿回头造型以及数字12构成。三角梅是海南的省花,代表热情、坚韧不拔、顽强奋进,鹿回头是三亚市的文化标志,坡鹿展现了体育赛事的运动之美。吉祥物是名为"吉贝"的海精灵,名字取自《尚书·禹贡》和苏东坡的诗词,在历史上专指黎锦这一中华优秀传统文化的典型代表,黎锦是世界级非物质文化遗产,同时吉贝也有"吉祥宝贝"的意思;海精灵身着宇航服,寓意星辰大海,AI智能眼镜中映射出海南自贸港的标志,展现了迈向中国式现代化的精气神。

［设计意图］学生通过参与探究和展示体验活动,从时政事件中多方面理解党和国家尊重少数民族人民传统习俗、保障少数民族人民的基本权利。

［议学情境3］少数民族法律保障:同等的社会地位、享有平等的权利、承担相同的法定义务。

材料一:党的二十大代表共有2296名,少数民族党员264名,占比11.5%。

材料二:第七次全国人口普查显示,汉族人口为1 286 311 334人,占91.11%,少数民族人口为125 467 390人,占8.89%。在十四届全国人大代表中,少数民族代表占14.85%,55个少数民族都有代表。

材料三:我国新修订的选举法明确规定,各民族都应当有适当数量的代表,人口再少的民族,也要有至少一名代表。

［议学任务3］

1.上述材料体现我国哪项民族方针政策?

2.判断以下关于民族平等的观点是否正确?

(1)坚持民族平等=消除民族差别。

(2)民族平等=各民族发展程度相同。

(3)对少数民族地区的特殊照顾=违背了民族平等原则。

［答案提示］

1.民族平等。

2.(1)坚持民族平等=消除民族差别(×)

(2)民族平等=各民族发展程度相同(×)

(3)对少数民族地区的特殊照顾=违背了民族平等原则(×)

［设计意图］厘清核心知识,提升思辨能力,及时反馈学生对民族平等的理

解情况。

环节二:为·何谓民族共同体?

[必备知识]了解中华优秀传统文化知识,尊重少数民族人民的合法权利。

[议学情境1]视频:游客询问新疆小朋友的民族。

嘉兴小伙子:你是什么民族的? 是塔吉克族还是维吾尔族的?

小朋友:我是中华民族!

嘉兴小伙子:啊! 来握个手! 我也是!

嘉兴小伙子(旁白):想骑行到非洲,路过他们村,想在村里露营,正好遇到他们放学。当听到"中华民族"四个字的时候,我觉得震惊、意外。这么小的孩子竟然能说出这样一句话,而且是发自肺腑的,很真诚。

[议学任务1]小组讨论——

(1)视频中,小孩子的回答是否也给你带来震惊? 为什么?

(2)何谓中华民族共同体? 其核心内涵是什么?

(3)结合教材92页和93页《探究与分享》,分析我国各民族团结互助的优良传统能跨越时空、历久弥新的原因。

[答案提示]

(1)是,被少数民族的大局观所震撼。加强和巩固民族团结,维护祖国统一,是中华民族的最高利益。我国各民族在数千年迁徙、贸易、婚嫁等交往中,孕育了团结友爱的宝贵传统。

(2)中华各族人民在长期历史发展中形成的中华民族共同体,政治上团结统一,文化上兼容并蓄,经济上相互依存,情感上相互亲近。你中有我、我中有你,谁也离不开谁,是建立在共同历史条件、共同价值追求、共同物质基础、共同身份认同、共有精神家园基础上的命运共同体。

(3)我国之所以形成了中华民族共同体,是因为——①历史渊源:在数千年交往中,孕育了团结友爱的宝贵传统。②价值追求:各民族始终同呼吸、共命运、心连心,追求共同发展、共同富裕、共同繁荣。③民族精神:以爱国主义为核心,团结统一、爱好和平、勤劳勇敢、自强不息。④国家利益:加强和巩固民族团结,维护祖国统一,是中华民族的最高利益。⑤基本义务:维护和促进民族团结,是每个公民的神圣职责和光荣义务。

[设计意图]从新疆小朋友的回答真切体验民族团结氛围,理性思考铸牢中华民族共同体意识的价值,以情动人,以理服人,全面提升学生对中华民族共同体的情感体验和认知深度。

[议学情境2]在线浏览中国非物质文化遗产数字博物馆。

[议学任务2]小组探究以下任务——

(1)数一数:国家级非物质文化遗产代表性项目名录中与少数民族有关的项目有多少? 说明了什么?

(2)查一查:阅读数字图书馆中关于国家政策的相关文章,简述我国如何系统地保护少数民族的文化传本。

(3)议一议:国家花费大量人力物力推动少数民族非物质文化遗产保护工作是否值得? 为什么?

[答案提示]

(1)略。少数民族文化是中华民族文化的重要组成部分,汉族离不开少数民族,少数民族离不开汉族,各少数民族之间也相互离不开。

(2)王晨阳:《中国式现代化进程中的非物质文化遗产系统性保护》

①履行缔约国义务,促进文明交流互鉴;②坚持政府主导,提升制度化法治化水平;③在继承中发展,不断夯实非遗保护的基础;④以人民为中心,推动非遗融入当代生活。

(3)值得。加快民族地区经济社会文化发展,逐步缩小发展差距,促进各地区共同繁荣,是增进民族团结、发展社会主义民族关系的必由之路。(国家加快民族地区发展的原因)

[设计意图]通过浏览网站、查阅资料、形成导图,从非物质文化遗产保护过程中感受国家对民族文化建设的重视;通过研读材料、提取信息、展示观点、以小见大等思维过程,深化理解相关民族政策,提高综合思维能力。

[知识小结]

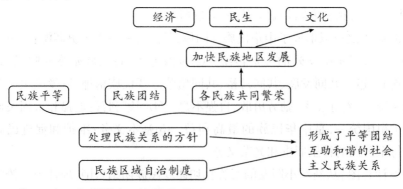

环节三:贵·怎样做好"护花使者"?

[必备知识]国家保障少数民族人民权利的有关政策;本框综合知识。

[议学情境1]诗句:"同心掬得满庭芳。"(同心协力、全面帮扶)

资料展示:"莞式"(广东)援藏打破以往"一市对一点"做法,把资金、项目、干部分配权收归援藏队,统一指挥和管理;通过贴息、补助等方式,带动银行贷款和引入社会资金,引导和动员广东省市场主体和社会力量参与到援藏中来;建设巴宜区、波密县、察隅县1019户安居工程,以及察隅县小康示范村和波密县产业园区,注册成立西藏林芝广药发展有限公司,建设天麻、藏丹参、灵芝菌等药材(GAP)规范化种植基地村;打造林芝旅游线路,引进珠江投资和恒大地产等参与鲁朗国际旅游小镇建设;成立西藏第一个县级文联——波密县文学艺术联合会,推动文化下基层、进农牧区;建设"林芝市就业服务综合网",建立"就(创)业扶持基金",组织赴京培训,下基层义诊。

[议学任务1]结合材料,分析国家加快民族地区发展的举措有哪些。

[答案提示]

(1)经济方面:①党和国家在人力、物力、财力等方面大力支持民族地区经济社会发展。②国家进一步加大对民族地区支持力度,推动西部大开发战略,实施兴边富民行动,通过输入技术、管理、人才等方式,增强民族地区自我发展能力。③民族地区经济社会发生翻天覆地变化,驶上了跨越式发展快车道。

(2)民生方面:国家支持民族地区发展教育,实施积极的就业政策,建立健全基本养老、基本医疗保险制度,促进民族关系更加融洽、社会更加和谐稳定、人民群众有更多获得感。

(3)文化方面:国家大力扶持少数民族文化保护、继承、创新和发展工作,积极促进各民族之间的文化交流,使少数民族文化获得前所未有的发展。

[设计意图]展示国家和地方政府为促进民族地区发展采取的积极举措和取得的成就,引导学生分析国家鼓励和支持少数民族经济、民生、文化等的发展,帮助学生理解我国坚持民族平等、民族团结和各民族共同繁荣原则,使学生铸牢中华民族共同体意识、增强民族自信心与自豪感。

[议学情境2]每日习语:各族干部要全面理解和贯彻党的民族理论和民族政策,自觉从党和国家工作大局、从中华民族整体利益的高度想问题、作决策、抓工作,只要是有利于铸牢中华民族共同体意识的工作就要多做,并且要做深做细做实;只要是不利于铸牢中华民族共同体意识的事情坚决不做。(2022年3月5日,习近平总书记在参加十三届全国人大五次会议内蒙古代表团审议时发表的讲话)

[议学任务2]小组探究:我可以为民族团结做些什么?

[答案提示]

(1)铸牢中华民族共同体意识。

(2)尊重各民族的风俗习惯和语言文字、宗教信仰,关心爱护少数民族同学。

(3)宣传和拥护民族政策,自觉履行维护民族团结的义务。

(4)与破坏民族团结、制造民族分裂的行为作斗争。

[总结]维护和促进民族团结,是每个公民的神圣职责和光荣义务。各族人民只有铸牢中华民族共同体意识,像石榴籽一样紧紧抱在一起,手足相亲、守望相助、齐心奋斗,伟大的祖国才能繁荣发展。

[设计意图]通过学习国家领导人语录和小组合作探究,促进学生从思想认识层面转化为维护与促进民族团结的行动层面,有助于学生在实际生活中自觉维护民族团结。

[拓展任务]

(1)制作一份关于本地区助力民族团结的手抄报,在班级张贴宣传。(政策、举措、成效、人物、典型事迹等)

(2)小组合作选取一个民族团结互助故事,改编成8分钟左右的短剧在校园文化节中展示。

[设计意图]利用校园文化平台,创新性提升学生促进民族团结的认识和行为自觉性。

[板书设计]

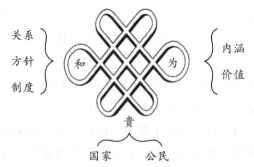

[设计意图]如花一般的富有中华文化特色的中国结,寓意中华民族紧密联系、团结一致、和和美美;关键词结构图能够清晰、形象、直观地展示本节课逻辑关系和重难点内容。

"维护祖国统一"议题式教学设计

刘秋燕　黄淑君

议题:为什么说祖国统一是大势所趋?

一、设计依据

(一)课程标准分析

本框内容对应《义务教育道德与法治课程标准(2022年版)》"法治教育"主题中的"认识国家主权的内涵,树立国家利益至上的观念,理解总体国家安全观,知道维护国家安全是每个公民的义务,自觉维护国家安全",对应"中华优秀传统文化教育"主题中的"尚和合、求大同"核心理念与"感悟天下兴亡、匹夫有责的担当意识,厚植爱国主义情怀"。

(二)教材内容分析

1.本框地位

"维护祖国统一"是《道德与法治》九年级上册第四单元第七课"中华一家亲"第二框,呼应德育课程加强青少年爱国主义教育。本框基于小学五年级上册"我们神圣的国土"基本认知,连接高中《中国特色社会主义》中近现代中国发展历程的历史知识,也为第八课实现中华民族伟大复兴铺垫,有利于培育学生的道路自信、制度自信。

2.本框内容

第一目"反对分裂",通过提出"为什么说维护国家安全是'头等大事'"问题,阐明分裂的危害及反分裂的要求,坚定反分裂的决心,并结合台湾问题分析国家统一的重要性;第二目"一国两制",介绍"一国两制"的内涵和意义,以及香港、澳门地区回归以来的发展情况、实践成果,培养学生爱国主义精神。

3.本框目标

学生通过参与商议(网络上的间谍陷阱)、评议(电视剧《特工任务》)、合议(海峡两岸情)、建议(如何牢牢抓住粤港澳大湾区建设大机遇)等议学活动,增强有关反分裂、反间谍的时政案例体验,理解维护国家安全的重要性。在关注国际时局、国家国情的基础上,发展批判性思维、合作探究和语言组织表达能力,在生活和学习中能够采取反对分裂、促进国家统一的自觉行为。

4.本框重难点

教学重点:反对分裂,维护国家统一。

教学难点:"一国两制"的基本内涵和现实意义。

(三)教学背景分析

国家议题:国家统一是全体中华儿女的共同愿望。

社会课题:当前,国际局势复杂多变,国内外各种反华势力企图分裂中国。国家陆续出台《中华人民共和国反分裂国家法》《中华人民共和国反间谍法》,提升人民的身份意识和国家认同。正如党的十九大报告指出的"意识形态领域斗争依然复杂,国家安全面临新情况",我们绝不容忍一切分裂国家行为,在中华民族伟大复兴道路上,学生要与祖国和时代共成长。

成长命题(学情分析):九年级学生对中华民族大家庭、反对恐怖主义活动和反对分裂有一定认识,但大多数学生缺少相关生活经验。尤其处于珠三角经济发展繁荣地区,学生更应该理解国家与人民的紧密联系,提高警惕性,学习相关法律知识,自觉维护国家安全、国家统一。

二、设计思路

(一)教学路线

议题线:围绕总议题"为什么说祖国统一是大势所趋",设计议题线:观时势·为什么说维护国家安全是头等大事;明时态·为什么"台独"是一条走不通的绝路;谋时局·如何牢牢抓住粤港澳大湾区建设大机遇。

情境线:国家安全知多少;网络上的间谍陷阱,电视剧《特工任务》;海峡两岸情(《乡愁》、"海峡之声"、厦门必游景点、东莞台商),东莞深化两岸创新发展特别策划;粤港澳大湾区生活。

活动线:国家安全知识竞赛;研讨、分析网络上的间谍陷阱;思考海峡两岸情,访谈东莞台商及其家人并分享感悟;学习分享港澳历史地理知识,欣赏澳门少年传承传统文化,感悟"每日习语"。

知识线:维护国家安全基础知识;反分裂的意义,维护国家安全意义和做法;"一国两制"的作用、内涵和意义;本框综合知识。

（二）教学结构

总议题	环节·议题线	情境线	活动线	任务线	知识线	核心素养
为什么说祖国统一是大势所趋	导入	国家安全知多少	知识竞赛	衔接	维护国家安全基础知识	国家认同 法治观念 责任意识
	观时势·为什么说维护国家安全是头等大事	网络上的间谍陷阱	学习、研讨	理解	反对分裂的原因、做法，我们应当如何增强国家安全意识	
		电视剧《特工任务》	研讨、分析			
	明时态·为什么"台独"是一条走不通的绝路	海峡两岸情	思考、访谈	理解、应用	"一国两制"的作用、内涵和意义	
		东莞深化两岸创新发展特别策划	分享、研讨			
	谋时局·如何牢牢抓住粤港澳大湾区建设大机遇	粤港澳大湾区生活（《澳门双行线》，每日习语）	学习、分享	应用、迁移	本框综合知识	

三、过程设计

[新课导入]"国家安全知多少"（希沃白板双人对战小游戏）

每小组选一位同学参与知识竞赛游戏，设计20道常识题，活动时间2分钟。

环节一：观时势·为什么说维护国家安全是头等大事？

[必备知识]国家安全相关知识。

[议学情境1]网络上的间谍陷阱——

材料一：新修订的《中华人民共和国反间谍法》于2023年7月1日起实施，该法是规范和保障反间谍斗争的专门法律，对维护国家安全发挥重要作用。近日，国家安全部曝光多个"间谍网勾"案例，如低息贷款、美女交友、高薪兼职等。

材料二：反分裂是国际社会普遍关注的全球治理的难点之一。联合国前秘书长加利曾警告说："以种族、宗教社会、文化和语言为借口进行反叛斗争，正在威胁着国与国之间的和睦关系。"世界范围内因分裂活动导致的战争和难民潮难以计数，各国都将反分裂斗争纳入本国宪法和法律框架。我国外交部发言人王文斌强调："世界最需要的是团结，最应当防止的是分裂。"

[议学任务1]结合材料,小组探究以下问题:

(1)为什么要严防死守各类间谍入侵我国?为什么要反对分裂?

(2)我国维护国家安全的法律法规有哪些?

(3)为什么说维护国家安全是头等大事?

[答案提示]

(1)①为了维护国家安全,保护人民利益。

②维护国家统一的原因有:分裂会导致社会动荡、经济发展停滞不前,各族人民就会遭殃;一切破坏民族团结、制造民族分裂的行为都将受到法律的制裁;维护国家统一,反对分裂,是爱国主义精神的具体体现,是每个公民义不容辞的责任。

(2)《中华人民共和国宪法》《中华人民共和国国家安全法》《中华人民共和国反间谍法》《中华人民共和国反分裂国家法》《中华人民共和国网络安全法》《中华人民共和国数据安全法》《中华人民共和国反电信网络诈骗法》。

(3)①国家安全是安邦定国的重要基石。

②国泰民安是人民群众最基本、最普遍的愿望。

③当前,国际形势风云变幻,国家安全和发展环境复杂多变,我们要树立总体国家安全观,自觉维护国家安全。

[设计意图]结合时政热点、国际分析和名人名言,加深学生对国家安全问题的认识。通过学习反间谍法,提升学生法律意识,增强法治观念。

[议学情境2]视频:电视剧《特工任务》片段。视频揭露境外间谍情报机关以"网络游戏"方式进行"网络勾连"的手段。

[议学任务2]小组研讨——

(1)为何"夜雾"组织能够发展迅速甚至渗透到我国社会各领域?

(2)教材第99页《探究与分享》中的案例带给我们哪些警示?在互联网时代,我们应当如何增强国家安全意识?

[答案提示]

(1)利用了网络游戏的虚拟性和隐秘性,也利用年轻人猎奇心理等人性弱点。

(2)①当前,国家安全和发展环境复杂多变,我国正处于中华民族伟大复兴的关键阶段,要增强维护国家安全意识,树立总体国家安全观,自觉维护国家安全。

②文明上网,提升防范意识。加强对病毒和陌生软件的防范,不把涉密信息随意发送网络;在网络晒照片时,要留意照片中的背景信息,不能在军事设施前拍摄;不在社交平台发布不当言论;一旦发现危害国家安全的情况和线索,要及时向国家安全机关举报。

[设计意图]从热播电视剧中挖掘与本框知识相关的情节,通过研讨和分享,提高学生对国际复杂形势的认识,增强识别间谍、分裂国家等违法行为的警惕性,掌握相关法律知识,增强责任意识。

[知识小结]中学生应怎样维护国家统一、反对分裂?

(1)维护国家统一、国家主权和领土完整。

(2)反对一切形式的民族分裂活动,尤其要坚决反对借民族和宗教之名搞暴力恐怖活动。

(3)树立总体国家安全观,自觉维护国家安全。

环节二:明时态·为什么"台独"是一条走不通的绝路?

[必备知识]台湾问题基本知识。

[议学情境1]视频《旗帜·中国青年说——海峡两岸》。

[议学任务1]小组讨论——

(1)视频中,著名诗人余光中的哪首诗生动诠释了两岸人民深厚的血脉亲情?

(2)我国为何要建立"海峡之声"广播电台,甚至设立了世界最大的军事喇叭?

(3)厦门的环岛路巨型"和平统一,一国两制"牌子成为旅游必经观光点,如何理解"一国两制"?

[答案提示]

(1)《乡愁》(余光中)

小时候,乡愁是一枚小小的邮票,我在这头,母亲在那头。

长大后,乡愁是一张窄窄的船票,我在这头,新娘在那头。

后来啊,乡愁是一方矮矮的坟墓,我在外头,母亲在里头。

而现在,乡愁是一湾浅浅的海峡,我在这头,大陆在那头。

(2)为了实现祖国的完全统一大业。

①解决台湾问题,实现祖国完全统一,是全体中华儿女的共同愿望,是中华民族根本利益所在,是实现中华民族伟大复兴的必然要求。

②世界上只有一个中国,大陆和台湾同属一个中国。

③两岸同胞同根同源、同文同种,是命运与共的骨肉兄弟,是血浓于水的一家人。中华文化是两岸同胞共同的精神财富,也是两岸同胞血脉相连的精神纽带。

(3)"一国两制"地位和内涵。

①地位:"一国两制"是党领导人民实现祖国和平统一的一项重要制度,是中国特色社会主义的一个伟大创举。

②基本内涵:在祖国统一的前提下,国家的主体坚持社会主义制度,同时在台湾、香港、澳门保持原有的资本主义制度和生活方式长期不变,享有高度的自治权。

③"一国两制"图示。

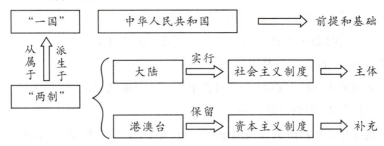

[设计意图]通过视频中海峡两岸情娓娓道来,以诗句、历史事件和旅游景点等情理相融方式,让学生从内心深处感悟国家统一的历史客观性和现实必要性,结合图示加深对"一国两制"的理解,增强民族自信心,提升国家认同感。

[议学情境2]视频《水天一色共明月——东莞深化两岸创新发展特别策划》。

东莞是台商赴大陆最早、台胞最集聚的城市之一,莞台经贸经久繁荣,两岸同胞关系密切。台商与东莞同频共振近40年,从"办企业"成就"东莞制造""世界工厂",到"搞创新"集聚"松山湖高新科技园",尽显"东莞速度"。2023年9月6日,国务院批复《东莞深化两岸创新发展合作总体方案》(简称《东莞方案》)。东莞正以该方案为契机,聚焦产业、市场、民生三大关键领域,为台胞企业分享更多大陆发展机遇和成果。

[议学任务2]小组研学——

(1)课前访谈活动:对一位台湾同学或其家人开展一次视频访谈。围绕其来莞缘由、对莞印象、莞台文化和未来规划等方向,制订问题纲要,组长合理分工、高效协助,活动过程剪辑成约 3 分钟视频并分组展示成果。

(2)观看小组采访视频并互评、分享感想,思考解决台湾问题的最佳方式是什么、具体有哪些政策措施。

[答案提示]

(1)略。

(2)①"和平统一,一国两制"是解决台湾问题的基本方针,也是实现国家统一的最佳方式。②一个中国原则是两岸关系的政治基础,必须坚持"九二共识",坚决反对"台独"。③两岸同胞要共同弘扬中华文化,实现心灵契合,增进对和平统一的认同。④深化两岸融合发展,推进两岸经济合作制度化,壮大中华民族经济,夯实和平统一基础。⑤两岸同胞要多走动、多交流、多沟通,增进理解、信任,共同推动两岸关系和平发展。

[设计意图]结合东莞改革开放历史,发挥学生主体性,挖掘学生身边台商人物素材。以小组合作形式开展访谈活动,能够促进学生提问、合作等能力发展,增进东莞和台湾两岸人民情谊,提升共同促进国家统一的使命感。

环节三:谋时局·如何牢牢抓住粤港澳大湾区建设大机遇?

[必备知识]维护祖国统一综合知识。

[议学情境1]港澳知识·互问互答(小游戏)

[议学任务1]小组竞赛——

(1)组内合作:小组合作设计关于港澳历史、地理等问题,并派 1 位成员代表参加竞赛。

(2)组间竞赛:第 1 位学生开始问,第 2 位学生回答,第 2 位学生问,第 3 位学生回答,以此类推,答错或者不会的小组成员被淘汰,其他学生继续,直到最后一位学生获胜。

(3)颁奖仪式:获胜的学生所在小组上台领奖,并谈谈获得这么丰富的港澳历史地理知识的方法或渠道。

[设计意图]从学生实际出发,通过小组合作、互问竞答和颁奖仪式,帮助学生增加大湾区相关知识。

[议学情境2]视频《澳门双行线》——

2023 年 12 月 20 日是澳门回归祖国 24 周年纪念日。中央广播电视总台与澳门特别行政区政府联合推出大型美食文旅节目《澳门双行线》,带领观众深度打卡澳门的秀美风景,品尝地道的澳门美食,体验"城美、人美、情美",全景式描绘澳门回归 24 年日新月异的变化,展现粤港澳大湾区的蓬勃活力。

[议学任务 2]小组合作探究——

(1)从澳门回归 24 年的发展成就谈"一国两制"的意义。

(2)怎样保持香港、澳门长期繁荣稳定?

[答案提示]

(1)①香港、澳门回归祖国以来,"一国两制"实践取得举世公认的成功。②香港、澳门回归以来,与祖国内地优势互补、共同发展,共担民族复兴的历史责任,共享祖国繁荣富强的伟大荣光。

(2)①必须全面准确、坚定不移贯彻"一国两制"、港人治港、澳人治澳、高度自治方针。②坚持依法治港治澳,维护宪法和基本法确定的特别行政区宪制秩序,落实中央对特别行政区全面管治权,落实"爱国者治港""爱国者治澳"原则,落实特别行政区维护国家安全的法律制度和执行机制。③维护国家主权、安全、发展利益和特别行政区社会大局稳定,坚决防范和遏制外部势力干预港澳事务。④支持港澳巩固与提升竞争优势,更好融入国家发展大局。

[设计意图]展示真实情境,通过视频了解香港、澳门回归后两地发展成就,引导学生交流讨论并提出建议,增强学生主人翁意识和社会责任感。

[议学任务 3]小组讨论辨析知识易错点。

(1)国家安全就是指国家主权、领土完整不受侵犯。(×)

(2)反对民族分裂、打击暴力恐怖活动是当前一切工作的中心。(×)

(3)一个中国原则是解决台湾问题的基本方针。(×)

(4)"一国"与"两制"同等重要。(×)

[设计意图]通过辨析本课重点知识,加深理解维护国家统一综合知识,提升家国情怀,增强政治认同。

[板书设计]

观时势:反间谍、反分裂
●为什么说维护国家安全是头等大事?
明时态:只有一个中国
●为什么"台独"是一条走不通的绝路?
谋时局:"一国两制"
●如何牢牢抓住粤港澳大湾区建设大机遇?

[设计意图]以"观时势""明时态""谋时局"三个关键词和关键问题分层呈现本框三个子议题,情理相融,逐步推进本框总议题。

"我们的梦想"议题式教学设计

刘秋燕　黄淑君

议题：中国梦何以实现？

一、设计依据

（一）课程标准分析

本框内容对应《义务教育道德与法治课程标准（2022年版）》"革命传统教育"主题中的"理解中国特色社会主义道路是指引中国发展繁荣的正确道路"和"国情教育"主题中的"了解中国特色社会主义新时代是我国发展新的历史方位，中国社会的主要矛盾发生了新变化，理解中国发展的历史方位"。

（二）教材内容分析

1.本框地位

"我们的梦想"是《道德与法治》九年级上册第四单元第八课"中国人　中国梦"第一框内容，属于单元主题"和谐与梦想"的第二个关键词，以阐明中国梦内涵为逻辑出发点，从历史变迁到新时代要求，全面勾勒实现中华民族伟大复兴的时代图景，为探寻实现中国梦的路径加深认知、奠定感情基础。

中国梦的相关内容是践行《中华人民共和国爱国主义教育法》的重要教学内容。小学阶段引导学生"初步感知基本国情，为自己是中国人感到自豪"，初中阶段重点引导学生从感知升华为理性，通过加深对中国特色社会主义发展的强大现实的认识，提高学生自信心和政治认同，为高中阶段论证中国特色社会主义是当代中国发展的根本方向做铺垫。

2.本框内容

本框分为两目。第一目"民族复兴梦"，展现中华民族对美好幸福生活的向往，阐述中国梦的内涵和价值；第二目"新时代　新征程"，感知中国共产党团结带领中国人民取得的伟大成就，结合前三个单元的国家成就、政策方针和党的二十大报告等内容，理性辨析当今时代中国发展面临的机遇与挑战，探究我国国家制度和国家治理体系显著优势，激发制度自信。

3.本框目标

学生通过对比新时代中学生和百年前的中国人的梦想、了解中国梦的内涵与价值、评析流失海外文物的归家路、体验改革开放以来中国特色社会主义事业所取得的伟大成就等体验式、辨析式议学活动,理解中国特色社会主义进入新时代的重要意义,坚定拥护中国共产党领导地位和走中国特色社会主义道路的自信,自觉践行社会责任、追逐梦想、实现价值。

4.本框重难点

教学重点:理解中国梦的内涵、价值与实践路径。

教学难点:理解中国特色社会主义进入新时代。

(二)教学背景分析

国家议题:党和国家高度重视《中华人民共和国爱国主义教育法》的落实。

社会课题:今天,我们比历史上任何时期都更接近、更有信心和能力实现中华民族伟大复兴的目标。但是,实现的道路并不是一帆风顺的,需要万众一心克服未来道路上的重重困难,需要加强爱国主义教育、凝聚团结力量,为战胜风险挑战提供强大的精神动力。爱国主义不是空洞的口号和理论,只有接地气、融入日常,才能够增进人们的认同,达到内化于心、外化于行。

成长命题(学情分析):初中阶段是培养学生理想信念和爱国主义情感的关键期,九年级学生正处于从形象思维向抽象思维过渡的时期,对国家和社会的发展有初步认知,但缺乏理性思考和辩证思维,没有深入系统地理解中国梦的价值,对个人梦和中国梦的辩证关系认识模糊,最终导致知行割裂,陷入知道要爱国却又无从爱国的矛盾中。

二、设计思路

(一)教学路线

议题线:围绕总议题"中国梦何以实现",设计议题线:梦想传承·中国梦缘起何由;审视当今·新时代征途何处。

情境线:时空对话"我的梦想";中国梦知多少;近代中国百余年的寻梦历程;时政述评"流失海外文物的归家路";新时代的变化,共青团歌曲。

活动线:师生对话分享;小组合作辨析中国梦内涵;百年追梦图示感悟;时政述评分享;小组合作探究新时代的成就;挑战与应对良策,欣赏共青团团歌。

知识线:中国梦的内涵、价值与实践路径;进入新时代的意义;中国特色社会主义理论综合知识。

(二)教学结构

总议题	环节·议题线	情境线	活动线	任务线	知识线	核心素养
中国梦何以实现	导入	我的梦想	对话、分享	衔接	个人梦想	政治认同 道德修养 责任意识
	传承梦想·中国梦缘起何由	时空对话"我的梦想"	讨论、分享	理解、应用	中国梦的内涵	
		中国梦知多少	争议、展示	理解、应用	中国梦的价值	
		近代中国百余年的寻梦历程	学习、感悟	理解	中国梦的实践路径	
	审视当今·新时代征途何处	时政述评"流失海外文物的归家路"	讨论、评议	理解、迁移	中国特色社会主义理论	
		新时代的变化	合议、展示	理解		
		共青团歌曲	体验、感悟	迁移		

三、过程设计

[新课导入]师生对话:梦想是什么? 你的梦想是什么?

[设计意图]学生分享个人梦想,创设情境,营造良好学习氛围,激发学生学习兴趣。

环节一:传承梦想·中国梦缘起何由?

[必备知识]中国梦的内涵、价值与实践路径。

[议学情境1]时空交错话梦想:播放视频,对比新时代中学生的梦想和百年前中国人的梦想。

[议学任务1]小组讨论——

(1)不同时代背景下的中国人的梦想有哪些共同点?

(2)滕白也先生认为,中国梦是"人人能拿枪,人人有饭吃,人人有事做"。你同意他的说法吗? 为什么?

[答案提示]

(1)分层教学提示:可以从词语或者句子出发,引导学生表述。梦想是对美好生活的向往,有梦就有前行的力量。中华民族凤兴夜寐,执着地追求幸福生活的社会梦想。

(2)学生 1:不同意。中国梦不是为了能拿枪。学生 2:同意。枪是比喻,指的是中国要具有自我保护能力,不继续被列强欺压……

[知识小结]

(1)中国梦的内涵:中国共产党团结带领中国人民进行的一切奋斗、一切牺牲、一切创造,归根结底就是一个主题:实现中华民族伟大复兴的中国梦,实现国家富强、民族振兴、人民幸福。

(2)为什么要实现中国梦?

①中国梦反映了近代以来一代又一代中国人的美好夙愿,揭示了中华民族的历史命运和当代中国的发展走向,指明全国各族人民共同的奋斗目标。

②实现中华民族伟大复兴,体现了中华民族和中国人民的整体利益,是国家的梦、民族的梦,也是每个中国人的梦。

[议学情境 2]教材第 107 页《探究与分享》。

(1)中国梦是遥远的,遥不可及。

(2)经济腾飞就是实现中国梦。

(3)实现中国梦是国家的事,与个人无关。

[议学任务 2]小组讨论:上述关于中国梦的理解是否正确? 为什么?

[议学情境 3]资料展示:近代中国百余年的寻梦历程。

(1)"三步走"战略目标(党的十三大)。

(2)"两个一百年"奋斗目标(党的十八大)。

[议学任务 3]独立思考:哪些目标已经实现? 哪些目标仍未实现?

[答案提示]经过全党全国各族人民持续奋斗,我们已经实现了第一个百年奋斗目标,在中华大地上全面建成了小康社会,历史性解决了绝对贫困问题,正在意气风发向着全面建成社会主义现代化强国的第二个百年奋斗目标迈进。

[设计意图]本活动以"中国梦缘起何由"为议题,以真实的梦想传承情境为主线,以个人梦想为起点,从历史的、当代中国人的梦想对比中加深学生对中国梦内涵的理解;通过讨论活动、展示辨析及梳理中国追梦的历程图示,提升学生学科关键能力,增强学生对中国共产党领导地位的政治认同,增强学生的责任意识和使命担当意识。

环节二:审视当今·新时代征途何处?

[必备知识]我国发展取得的成就和所面临的挑战。

[议学情境 1]时政述评道"时代"。

展示视频:《圆明园罹难 163 周年纪念,五兽首首聚圆明园》。

材料说明:2023 年 10 月 18 日,圆明园罹难 163 周年纪念日当天,"五首重聚·故园新语"圆明园兽首铜像特别展览。这是自 1860 年英法联军火烧圆明园后,五兽首首次重聚圆明园。

- 2000 年,牛首、虎首、猴首(国家购回)。
- 2003 年,猪首(私人购回)。
- 2007 年,马首(私人购回)。
- 2013 年,鼠首、兔首(法国归还)。

[议学任务 1]小组讨论——

(1)观看视频后分析:从买回到归还,流失海外文物回家的路为何变了?

(2)分组举例展示:我国在社会经济、生态环境、科技文化、人民生活等方面取得的成就。

[设计意图]通过分组展示方式,让学生回顾九年级上册前三个单元关于社会经济、生态环境、科技文化、人民生活等方面国家发展取得的成就,温故知新,提升学生关键能力。小组间可以通过互评方式补充,突出学生主体性,让课堂氛围活跃起来。

[议学情境 2]改革开放后我国发展情况。

[议学任务 2]小组探究:中国特色社会主义进入新时代的变化和意义。

[答案提示]

(1)中华民族屹立世界东方:经济、科技、国防、综合实力进入世界前列;国际地位实现前所未有的提升,党、人民、军队、中华民族的面貌发生前所未有的变化。社会主要矛盾发生变化,我国发展处于新的历史方位——中国特色社会主义进入新时代。

(2)中国特色社会主义进入新时代的意义——

①对中华民族来说,意味着近代以来久经磨难的中华民族迎来了从站起来、富起来到强起来的伟大飞跃,迎来了实现中华民族伟大复兴的光明前景。

②对科学社会主义来说,意味着科学社会主义在 21 世纪的中国焕发出强大的生机活力,在世界上高高举起了中国特色社会主义伟大旗帜。

③对世界来说,意味着中国特色社会主义道路、理论、制度、文化不断发展,拓展了发展中国家走向现代化的途径,给世界上那些既希望加快发展又希望保持自身独立性的国家和民族提供了全新选择,为解决人类问题贡献了中国智慧

和中国方案。

［议学情境3］无论是无从查起的四个兽首、大英博物馆里的玉壶，还是众多流失海外的国宝，仍然"归期未定"。

［议学任务3］小组探究：面对国内外种种挑战和困难，我们应该如何奋进新时代、全面推进中华民族伟大复兴？

［答案提示］

(1)新征程：建设现代化国家第二个百年奋斗目标

党的二十大报告指出："从现在起，中国共产党的中心任务就是团结带领全国各族人民全面建成社会主义现代化强国、实现第二个百年奋斗目标，以中国式现代化全面推进中华民族伟大复兴。"

(2)新指导思想：习近平新时代中国特色社会主义思想

习近平新时代中国特色社会主义思想是全党全国人民为实现中华民族伟大复兴而奋斗的行动指南。习近平新时代中国特色社会主义思想是当代中国马克思主义、二十一世纪马克思主义，是中华文化和中国精神的时代精华，实现了马克思主义中国化时代化新的飞跃。

(3)战略擘画：中国式现代化

中国式现代化是中国共产党领导的社会主义现代化。既有各国现代化的共同特征，更有基于自己国情的中国特色。中国式现代化是人口规模巨大的现代化，是全体人民共同富裕的现代化，是物质文明和精神文明相协调的现代化，是人与自然和谐共生的现代化，是走和平发展道路的现代化。中国式现代化九个方面的本质要求：坚持中国共产党领导，坚持中国特色社会主义，实现高质量发展，发展全过程人民民主，丰富人民精神世界，实现全体人民共同富裕，促进人与自然和谐共生，推动构建人类命运共同体，创造人类文明新形态。

(4)党建精神引领

在新的伟大征程上，我们党将继续弘扬坚持真理、坚守理想，践行初心、担当使命，不怕牺牲、英勇斗争，对党忠诚、不负人民的伟大建党精神，团结带领全国各族人民，向着第二个百年奋斗目标、向着中华民族伟大复兴中国梦奋勇前进。

(5)青年学生做法

①树立远大理想，努力学习，立志成才，报效祖国。

②积极宣传科教兴国、人才强国战略，增强社会责任感，热心公益、服务社会。

③培养创新精神，提高创新能力，争做创新型人才。

④从自我做起,从身边做起,从小事做起。

[设计意图]以"新时代征途何处"为议题,以时政热点情境为主线,通过小组讨论分享、资料展示,引导学生全面审视当代中国发展取得的成就和面临的挑战,提升辩证思维能力,激发爱国情感、责任意识和行动自觉。

[拓展情境]欣赏歌曲:《光荣啊,中国共青团》。

我们是五月的花海/用青春拥抱时代/我们是初升的太阳/用生命点燃未来/"五四"的火炬/唤起了民族的觉醒/壮丽的事业/激励着我们继往开来/光荣啊,中国共青团/光荣啊,中国共青团/母亲用共产主义为我们命名/我们开创新的世界。

[结束语]一百多年前,毛泽东同志说:"我们总要努力!我们总要拼命的向前!我们黄金的世界,光华灿烂的世界,就在前面!"今天,毛泽东等老一辈革命家开创的伟大事业正欣欣向荣,他们追求的伟大理想正在变成现实,中华民族伟大复兴展现出前所未有的光明前景。让我们更加紧密地团结起来,只争朝夕、顽强奋斗,沿着中国特色社会主义道路,为以中国式现代化全面推进强国建设、民族复兴伟业而奋勇前进!(习近平2023年12月26日在纪念毛泽东同志诞辰130周年座谈会上的讲话)

[设计意图]通过共青团团歌赏析,引发学生情感共鸣,升华理想信念追求,并成为中学生日常行为指引;领导人寄语有利于学生爱国主义思想形成,提升家国情怀,增强政治认同。

[板书设计]

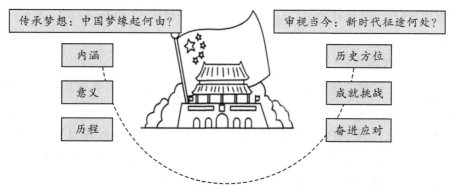

中国梦何以实现?

传承梦想:中国梦缘起何由?　　审视当今:新时代征途何处?

内涵　意义　历程　　历史方位　成就挑战　奋进应对

[设计意图]天安门和五星红旗寓意中国,以半圈凸显左右两个子议题,同时表达中国未来的发展具有多元开放和无限潜力。

"共圆中国梦"议题式教学设计

刘秋燕　黄淑君　刘利玲

议题:如何同心共圆中国梦?

一、设计依据

（一）课程标准分析

本框内容对应《义务教育道德与法治课程标准（2022 年版）》"中华优秀传统文化教育"主题中的"感悟天下兴亡、匹夫有责的担当意识,厚植爱国主义情怀",对应"国情教育"主题中的"以实现中华民族伟大复兴为己任,树立'劳动光荣、创造伟大'观念,进行合理的生涯规划,坚定为实现远大理想而奋斗的信念"。

（二）教材内容分析

1.本框地位

"共圆中国梦"是《道德与法治》九年级上册第四单元第八课"中国人　中国梦"第二框内容,是本册教材最后一框,既承接上一框"我们的梦想",继续阐明实现中国梦的路径,又落脚于青少年、个人的具体行动层面。"中国梦"主题内容在小学低年级"社会主义核心价值观"教学中已开始涉及,延伸至高中教学必修模块《中国特色社会主义》,贯穿大中小学德育课程,回答"培养什么人"这一教育首要问题。

2.本框内容

第一目"圆梦大舞台",让学生体会国家圆梦的强大能力和圆梦路径,阐明"奋进中国如何聚力'共圆中国梦'"（国家层面）,引导学生理解、明确幸福是奋斗出来的;第二目"自信的中国人",从身边"先锋榜样如何齐力'共圆中国梦'",引导学生了解自信中国人的特点和自信的源泉,在阐明"时代少年如何接力'共圆中国梦'"（个人层面）中,引导学生做自信的中国人。

3.本框目标

学生通过参与商议（小组绘制党的二十大报告思维导图）、评议（"流动的中国"变迁故事和"城市 110"人物）、争议（自信中国人的内涵）、建议（助农直播活动)等议学活动,体验中国发展成就,感悟榜样力量,理解中国自信、民族自信的根本,自觉做自信中国人;发展批判性思维、信息获取与加工、合作探究和生涯规划能力;增强责任意识和爱国情怀并付诸行动,强化国家认同。

4.本框重难点

教学重点:坚定"四个自信",做自信的中国人。

教学难点:理解实现中国梦的路径。

(三)教学背景分析

国家议题:党和国家高度重视《中华人民共和国爱国主义教育法》的落实。

社会课题:"培养什么人"是教育的首要问题。我们要培养的人,必须是拥护中国共产党领导和我国社会主义制度,立志为中国特色社会主义奋斗终身的有用人才,必须是树立共产主义远大理想和中国特色社会主义共同理想的有志之士。深入开展中国梦教育,引导人们深刻认识中国梦是国家的梦、民族的梦,也是每个中国人的梦,深刻认识中华民族伟大复兴绝不是轻轻松松、敲锣打鼓就能实现的,要付出更为艰巨、更为艰苦的努力,争做新时代的奋斗者、追梦人。

成长命题(学情分析):初三学生通过学习本册教材内容,已经对国家发展和中国梦有了一定认识,但这不代表强烈意愿,不代表不一定能做到,不代表懂得如何做到。这就需要激励学生自觉把个人理想追求融入国家和民族事业,以情理相融和榜样力量感染学生,用生活化事例启发、鼓励学生,发挥学生的主观能动性,争做新时代奋斗者。

二、设计思路

(一)教学路线

议题线:围绕总议题"如何同心共圆中国梦",设计议题线:迎梦·奋进中国如何聚力;筑梦·先锋榜样如何齐力;圆梦·时代少年如何接力。

情境线:小李的畅想;点赞中国图鉴;向榜样致敬;为少年赋能。

活动线:判断、思考国家奋斗目标;分享和研讨"流动的中国",绘制和展示党的二十大报告思维导图;探究和填空身边榜样的力量;研讨和展示"青耘中国"助农直播活动。

知识线:"我们的梦想"综合知识;如何共圆中国梦(国家篇);我们为何能够齐力共圆中国梦,自信的中国人表现在哪些方面;如何共圆中国梦(青少年篇),"共圆中国梦"综合知识。

（二）教学结构

总议题	环节·议题线	情境线	活动线	任务线	知识线	核心素养
如何同心共圆中国梦	导入	小李的畅想	判断、思考	衔接	"我们的梦想"综合知识	国家认同 责任意识 道德修养
	迎梦·奋进中国如何聚力	点赞中国图鉴（"流动的中国"变迁故事，《青述二十大》）	分享、研讨、绘制、展示	理解、应用、迁移	如何共圆中国梦（国家篇）	
	筑梦·先锋榜样如何齐力	向榜样致敬（"城市110"，身边的榜样）	探究、填空	理解	我们为何能够齐力共圆中国梦，自信的中国人表现在哪些方面	
	圆梦·时代少年如何接力	为少年赋能（"自信的中国人""青耘中国"）	研讨、展示	应用、迁移	如何共圆中国梦（青少年篇）本框综合知识	

三、过程设计

[新课导入]小李的畅想。

中国梦是国家的梦、民族的梦，也是我们每一个人的梦。2024 年，15 岁的小李在畅想自己未来的人生奋斗轨迹。结合上一课时所学，其中有可能实现的是（ D ）

A.20 岁，在大学举办主题为"加快实现全面小康"班会活动。

B.21 岁，出去旅游，感受我国基本实现社会主义现代化带来的变化。

C.30 岁，和好友相约一起去北京天安门庆祝我国建成社会主义现代化强国。

D.43 岁，和全国人民共同见证我国实现中国梦。

[答案提示]D 项有可能实现，其他错误。全面建设小康社会是党和国家在 2020 年已完成的奋斗目标，基本实现社会主义现代化是 2035 年远景目标，建成社会主义现代化强国和实现中华民族伟大复兴的中国梦是我国第二个百年奋斗目标（2049 年）。

[知识小结]现在，我们比历史上任何时期都更接近中华民族伟大复兴的目

标,比历史上任何时期都更有信心、更有能力实现这个目标。

[设计意图]通过"小李的畅想",温故知新,同时引出中国梦圆梦时间线,激发学生兴趣,引导学生树立民族自信心。

环节一:迎梦·奋进中国如何聚力?

[必备知识]"我们的梦想"综合知识。

[议学情境1]展示视频《第一批春运旅客讲"流动的中国"变迁故事》。

文字资料:截至2023年底,全国铁路营运里程达到15.9万公里,其中高铁4.5万公里,稳居世界第一。1949年新中国成立,当时我国铁路营运里程只有2.18万公里,其中能够维持通车的仅有1.1万公里。

旅客1(60后):"来北京十三年了。那时赶火车要坐72小时,三天三夜,过道里睡着人、坐着人,上厕所得从人身上、肩膀上、头顶上翻过去。坐票(卖)108人,站票都有一百二三十人,人就很多。偷别人钱的、打架斗殴的时有发生,但现在没这些事了。现在秩序好了,车厢里环境也好了,尤其是对(我们)这些农民工(很友好)。"

旅客2(70后):"大学寒暑假回家都是坐绿皮火车。我家是辽宁的,上大学在大连。春节回家的时候,无座八小时,还抱着一大堆行李站着,连放行李的地方都没有。抱到一两个小时后,就已经彻底抱不动了。"

旅客3(80后):"越来越好了,高铁什么的速度也提升了。现在坐火车,如果没有带身份证,随时打开App就可以办理一个临时身份证。以前的话,没带身份证肯定就不能乘车。现在出行没有那么拥挤,人也不用那么慌。现在到浙江,8个小时就够了。"

[议学任务1]小组合作分享坐高铁的经历和感受,思考为何我国铁路建设发展如此迅速。

[答案提示]习近平总书记在党的二十大报告中指出:"从现在起,中国共产党的中心任务就是团结带领全国各族人民全面建成社会主义现代化强国、实现第二个百年奋斗目标,以中国式现代化全面推进中华民族伟大复兴。"这是中国共产党作出的郑重宣示,是激励全党全国各族人民奋进新征程、建功新时代的总动员令。为此,我国无论是铁路建设,还是其他方面,都在中国共产党带领下,竭尽全力、同心奋进。

[设计意图]通过真实的情境和人物讲述,直观展示我国高铁发展轨迹和成就,感受党和国家全面改革发展的决心和能力,增强民族自信心,引导学生思考

背后的原因,探究实现中国梦的路径。

[议学情境2]视频《青述二十大》——党的二十大报告诞生记。

[议学任务2]制图鉴·为中国点赞。

(1)课前印发党的二十大报告,以小组为单位认真学习,进行主题研讨"奋进中国如何聚力共圆中国梦"。

(2)小组合作制作思维导图,并选派代表上台解说(分为4个小组,每组1分钟左右)。

[设计意图]引导学生研读党的二十大报告,发挥创新创造能力,深化对我国"五位一体"、"四个全面"、新发展理念的认识,坚定"四个自信"。

环节二:筑梦·先锋榜样如何齐力?

[必备知识]社会主义核心价值观相关知识。

[议学情境]视频《"城市110"》片段(CCTV12《天网》栏目)。

2020年7月21日,国务院发布《国务院关于同意设立"中国人民警察节"的批复》,同意自2021年起,将每年1月10日设立为"中国人民警察节"。

[议学任务]谈感想·向榜样致敬。

(1)你知道和平时代最危险的职业是什么吗? 为什么?

(2)视频中,警察叔叔哪些举动感动了你?

(3)还有哪些人物感动了你? 带给你哪些启发?

[设计意图]挖掘身边的榜样,了解警察的专业与奉献,发现普通群众、千万劳动者的温度和力量,逐步展现社会各行各业奋斗者的故事,促进学生情理相融,逐步升华国家认同,增强民族自豪感、自信心。

[每日习语]教材116页《阅读感悟》。

"生活在我们伟大祖国和伟大时代的中国人民,共同享有人生出彩的机会,共同享有梦想成真的机会,共同享有同祖国和时代一起成长与进步的机会。有梦想,有机会,有奋斗,一切美好的东西都能够创造出来。"

——习近平总书记2013年在十二届全国人大一次会议上的讲话

环节三:圆梦·时代少年如何接力?

[必备知识]"共圆中国梦"综合知识。

[议学情境1]为少年赋能。

[议学任务1]小组讨论——

(1)自信的中国人是否等于妄自尊大?

（2）怎样的心态才是自信的中国人该有的?

（3）我们怎样做自信的中国人?

[答案提示]

（1）自信不是妄自尊大，也不是故步自封。我们不忘初心，继续前进，坚定中国特色社会主义道路自信、理论自信、制度自信、文化自信。

（2）在经济全球化时代，面对各种思想文化的碰撞和价值观念的冲突，我们需要培育理性平和、积极向上、开放包容、不卑不亢的心态。

（3）自信的中国人既是梦想家又是实干家，既要胸怀理想又要求真务实，既要满怀激情又要锲而不舍。

[设计意图]一方面，通过质问、追问和讨论活动，加深对"自信的中国人"的理解;另一方面，从认知层面到行动层面深化延伸，综合提升学生的思维能力和行动能力。

[议学情境2]时政链接:共青团中央、农业农村部联合印发《关于表彰第二届全国乡村振兴青年先锋的决定》，授予马晓丽等10名同志第二届全国乡村振兴青年先锋标兵称号，授予常富东等380名同志第二届全国乡村振兴青年先锋称号。

[议学任务2]小组展示:以小组为单位，开展"青耘中国"直播助农活动，自选家乡特色农产品，自编2分钟宣传对白、动作，为支持乡村发展贡献力量。

[设计意图]通过青年榜样，启发学生从自己做起、从点滴做起，增强奋斗意识，自然将圆梦方式方法由国家做法过渡到个人做法。

[知识小结]

（1）如何共圆中国梦?（国家篇）

①实现中华民族伟大复兴中国梦，必须坚持中国共产党领导，统筹推进经济建设、政治建设、文化建设、社会建设、生态文明建设"五位一体"总体布局，协调推进全面建设社会主义现代化国家、全面深化改革、全面依法治国、全面从严治党"四个全面"战略布局，贯彻创新、协调、绿色、开放、共享新发展理念。

②必须走中国道路。中国道路就是中国特色社会主义道路。（中国自信的根本所在:坚持中国特色社会主义道路，坚持中国特色社会主义理论体系，坚持中国特色社会主义制度，发展中国特色社会主义文化。）

③必须弘扬中国精神。中国精神就是以爱国主义为核心的民族精神和以改革创新为核心的时代精神。

④必须凝聚中国力量。中国力量就是全国各族人民大团结的力量。

（2）我们为何能够齐力共圆中国梦？

①对国家有认同。

②对文化有底气。

③对发展有信心。

（3）自信的中国人表现在哪些方面？

①对国家有认同：具有强烈的国家认同感、与国家民族休戚与共的责任感、以天下为己任的使命感。能够自觉维护国家利益和国家尊严，自觉维护祖国统一和领土完整。

②对文化有底气：能够坚守中华文化立场，传承中华文化基因，讲好中国故事，传播好中国声音，阐发中国精神，展现中国风貌。

③对发展有信心：坚信中国特色社会主义道路是人间正道。坚信创新、协调、绿色、开放、共享新发展理念能够引领中国发展、创造中国奇迹。

（4）如何共圆中国梦？（青少年篇）

①树立远大理想，把个人前途与祖国前途命运结合在一起，承担历史使命。

②努力学习科学文化知识，掌握技能，培养创新能力和终身学习能力。

③践行社会主义核心价值观，积极参加公益活动，培养奉献精神和亲社会行为。

④发扬艰苦奋斗精神，磨砺坚强意志，培养良好的道德品质和健康人格。

⑤增强法治意识，积极行使权利，认真履行义务。

⑥树立人类命运共同体意识，培养国际视野，做自信的中国人。

[设计意图]结合时政热点，以学生喜闻乐见的活动式、游戏式小组合作直播表演，搭建发挥学生创造力和综合能力的课堂展示平台，提高学生对"三农"问题的关注度，在体验个人行动助推国家乡村振兴的过程中，加深对个人梦与国家梦之间关系的理解，增强社会责任感和爱国情感。

[寄语总结]

愿世间美好，与你们，亦与祖国，相伴相随！

愿同学们：眼里有光，心中有梦，身体有能量，思想有觉悟。希君生羽翼，展翅高飞，强国有你，华章绚丽！

[拓展任务]时政微述评：贯彻党的二十大精神，中国故事我来讲。

温馨提示——

时政:时事政治或社会热点(具体的、有针对性的);

述:理性表述、描述时政(整合材料、熟悉材料);

评:对时政内容进行点评和分析(用学科知识分析评价)。

[设计意图]分层任务难度较大,能够激发学生兴趣、培育高阶思维能力,不断促进学生独立思考,提升逻辑思维和语言表达等学科综合能力。

[板书设计]

[设计意图]红心代表中国梦,三个齿轮互接互助代表本课三个子议题互促互进的逻辑关系,同时寓意"共圆中国梦"需要共同奋斗、共同创造。